D1690978

MUT – HOFFNUNG – ZUVERSICHT

Festschrift für Bernhard Vogel zum 75. Geburtstag

Bernhard Vogel

Mut
Hoffnung
Zuversicht

FESTSCHRIFT FÜR BERNHARD VOGEL ZUM 75. GEBURTSTAG

Herausgegeben von

Dieter Althaus, Günter Buchstab
Norbert Lammert und Peter Molt

Ferdinand Schöningh

Paderborn · München · Wien · Zürich

Bibliografische Information der Deutschen Nationalbibliothek

Die Deutsche Nationalbibliothek verzeichnet diese Publikation in der Deutschen Nationalbibliografie;
detaillierte bibliografische Daten sind im Internet über http://dnb.d-nb.de abrufbar.

Umschlaggestaltung: Evelyn Ziegler, München

Gedruckt auf umweltfreundlichem, chlorfrei gebleichtem
und alterungsbeständigem Papier ⊚ ISO 9706

© 2007 Verlag Ferdinand Schöningh GmbH & Co. KG
(Verlag Ferdinand Schöningh GmbH & Co. KG, Jühenplatz 1, D-33098 Paderborn)

Internet: www.schoeningh.de

Alle Rechte vorbehalten. Dieses Werk sowie einzelne Teile desselben sind urheberrechtlich geschützt.
Jede Verwertung in anderen als den gesetzlich zugelassenen Fällen ist ohne vorherige schriftliche
Zustimmung des Verlages nicht zulässig.

Printed in Germany. Herstellung: Ferdinand Schöningh, Paderborn

ISBN 978-3-506-76481-2

Inhaltsverzeichnis

Zum Geleit XI

Peter Molt
Lehr- und Wanderjahre 1

Helmut Herles
Ornithologie: Kein Vogel im Wolkenkuckucksheim
Anekdotisches und Persönliches zum 75. Geburtstag von
Bernhard Vogel.. 19

CHRISTENTUM UND POLITIK 25

Otto Depenheuer
Politik aus christlicher Verantwortung
Staatsphilosophische Überlegungen............................. 27

Alois Glück
Politik aus christlicher Verantwortung und Partnerschaft zwischen
Staat und Kirche.. 39

Hans Joachim Meyer
Christ in der Gesellschaft
Bernhard Vogel als Präsident des Zentralkomitees der deutschen
Katholiken 45

Norbert Lammert
Mitten in dieser Welt
Die Kirche in der Zeit, die Zeit in der Kirche 57

POLITIK IN RHEINLAND-PFALZ 65

Georg Gölter
Bernhard Vogel und die CDU – eine nicht ganz einfache Beziehung...... 67

Karl Martin Graß
Bernhard Vogel und die Bildungspolitik in Rheinland-Pfalz..... 87

POLITIK IN THÜRINGEN 131

Karl Schmitt
»So viel Anfang war nie«: Bernhard Vogel –
ein Glücksfall für Thüringen. 133

Michael Krapp
Wiedervereinigung und Aufbau in Thüringen 147

Hermann Ströbel
Bildungspolitik in Thüringen 1990 bis 2005
Reformen und Qualifizierung von Schule und Hochschule,
Hochschulgründungen 163

MEDIENPOLITIK 183

Jürgen Wilke
Ordnung und Neugestaltung der Medien in Deutschland. 185

DER DEUTSCHE FÖDERALISMUS 197

Hans Maier
Wandlungen des Föderalismus in der deutschen Geschichte. 199

Heinrich Oberreuter
Wandlungen im deutschen Föderalismus seit 1949. 207

Erwin Teufel
Deutschland hat ein Zentralismusproblem –
nicht ein Föderalismusproblem 225

WISSENSCHAFT UND POLITIK 235

Hans-Joachim Veen
Der Deidesheimer Kreis.
Eine Brücke zwischen Wissenschaft und Politik 237

INTERNATIONALE VERSTÄNDIGUNG 251

Andreas Khol
Bernhard Vogel im Dienste christlich-demokratischer
Europavisionen... 253

Friedrich Kronenberg
Deutsch-polnische Versöhnung und Partnerschaft.................... 263

Josef Thesing
Bernhard Vogel: Kultur des Dialogs – ein glaubwürdiges Mittel
in der internationalen Zusammenarbeit............................ 277

Gerhard Wahlers
Bernhard Vogel als Außenpolitiker 293

Lebenslauf... 307
Publikationen 310
Autoren und Herausgeber....................................... 321

Zum Geleit

Am 19. Dezember 2007 wird Bernhard Vogel 75 Jahre alt. Freunden, Kollegen und Wegbegleitern aus Wissenschaft, Kultur, Administration und Politik ist dieses Datum freudiger Anlass, um den Jubilar mit einer besonderen Festgabe zu ehren.

Wie unterschiedlich die beitragenden Autoren nach Herkunft und Beruf auch sein mögen, gemeinsam ist ihnen, dass sie sich Bernhard Vogel eng verbunden fühlen. Verständlicherweise können jedoch nicht alle vertreten sein, die mit Bernhard Vogel fachlich oder beruflich enger zusammengetroffen sind, zudem manche von ihnen ihre Wertschätzung des Jubilars bereits in den Festschriften zu dessen 60. und 70. Geburtstag dokumentieren konnten.

Der vorliegende Band soll nicht nur eine Hommage an den Jubilar sein, er soll vielmehr, gutem akademischem Brauch gemäß, seinen Werdegang nachzeichnen und jene Tätigkeitsfelder beleuchten, auf denen er jahrzehntelang gearbeitet hat und zu hohem Ansehen gelangt ist. Wie nur wenige Politiker hat Bernhard Vogel in seinem nunmehr über 45 Jahre währenden Wirken in verantwortungsvollen Positionen des öffentlichen Lebens auf Gestalt und Wesen unserer Res publica prägenden Einfluss genommen: in Gesellschaft und Politik, im Raum von Kirche, Kultur und Bildung – als Abgeordneter und prominenter Vertreter der Christlich-Demokratischen Union Deutschlands, als Kultusminister, als Ministerpräsident von Rheinland-Pfalz und Thüringen, als Repräsentant kirchlicher Organisationen sowie – nicht zuletzt – als Vorsitzender der Konrad-Adenauer-Stiftung e.V. Seine imponierenden Verdienste um das Gemeinwohl und seine noble Persönlichkeit sind mit zahlreichen in- und ausländischen Auszeichnungen gewürdigt worden. Die Vielfalt seines reichen geistigen und praktischen Engagements spiegelt sich auch in der Spannweite der hier versammelten Beiträge wider.

Wer die immense Schaffenskraft Bernhard Vogels, sein Arbeitstempo, seine Energie, nicht zuletzt den – heute nur mäßig gebremsten – Elan beim geliebten Wandern kennt, ist sich gewiss, dass er sein Tätigsein mit 75 Jahren nicht beenden, sondern mit »Mut, Hoffnung und Zuversicht« fortsetzen wird. Sein weiteres Engagement als Vorsitzender der Konrad-Adenauer-Stiftung, deren modernes Profil er maßgeblich geprägt hat, beweist: Er hat sich noch einiges vorgenommen.

Im Hinblick auf das breite Schaffensspektrum Bernhard Vogels ist ein Sammelband wie dieser kein leichtes Unterfangen. Umso dankbarer sind die Herausgeber den Autoren, die mit ihrer spontanen Bereitschaft zur Mitwirkung und ihrer verständnisvollen Hinnahme von Terminvorgaben die zügige Realisierung des Projekts ermöglicht haben. Die redaktionellen und finanziellen Voraussetzungen hat dankenswerterweise die Konrad-Adenauer-Stiftung bereitgestellt.

Herausgeber, Autoren und der Verlag Ferdinand Schöningh gratulieren Bernhard Vogel mit dieser Geburtstagsfestschrift aufs herzlichste. Besonders (und nicht ganz uneigennützig) schließen sie hierbei den Wunsch ein, dass sein vorbildliches Wirken im Dienst von Staat und Gesellschaft ad multos annos fruchtbar sein möge – zum Wohle unseres Gemeinwesens.

Dieter Althaus	Günter Buchstab
Norbert Lammert	Peter Molt

Peter Molt

Lehr- und Wanderjahre

Bernhard Vogel ist einer der letzten noch aktiven Politiker, der zu den »weißen« Jahrgängen gehört, also der Altersgruppe – er war zu Kriegsende gerade 12 Jahre alt –, die zwar nicht mehr in den Krieg musste, aber den Krieg noch sehr unmittelbar erfuhr. Er erlebte die alliierten Luftangriffe auf Gießen, die Ausbombung, d.h. den Verlust der elterlichen Wohnung, die Flucht aufs Land, die Sorge um den älteren Bruder, der Soldat war. Der Krieg war, wie einer seiner damaligen Freunde schrieb, das alles entscheidende Ereignis der damaligen Jugend: »Die permanente Lebensbedrohung, die große Rechtsunsicherheit, Hunger und Entbehrungen aller Art engten unseren Erlebniswillen zwanghaft ein, und als dieser Druck plötzlich nachließ, als man zwar immer noch hungerte und Entbehrungen ertragen musste, aber wenigstens offen sagen durfte, was man dachte, und als man den Horizont wieder offen sah, da teilte sich uns ein Gefühl der Befreiung mit, das zugleich ungeahnte, zurückgestaute Kräfte in uns freisetzte.«[1]

So erlebte der heranwachsende Bernhard die wirtschaftliche Not des vorher wohl situierten bürgerlichen Elternhauses und den Notunterricht im humanistischen Gymnasium, aber er gehörte zu einer Altersgruppe, die vor allem nach vorn in die Zukunft blickte. Helmut Schelsky[2] hat in den 50er Jahren den Versuch unternommen, den Typus der Nachkriegsjugend als ideologisch desillusionierte und dem Praktischen zugewandte Kontrastgeneration zur bündisch und politisch geprägten Jugend der ersten Jahrzehnte des 20. Jahrhunderts zu identifizieren. Das Buch wurde damals viel diskutiert, aber wohl wegen seiner Fokussierung auf das Arbeiter- und Angestelltenmilieu und wegen der Verallgemeinerung so unterschiedlicher Erfahrungen der Jugendzeit von vielen Betroffenen kaum als wirklich zutreffende Beschreibung der eigenen Lebenseinstellung empfunden. Eine pragmatische Nüchternheit und Eigenständigkeit des Denkens gegenüber der Welt der Eltern prägte sicherlich auch das Umfeld Bernhard Vogels in Schule und Freundeskreis, aber daraus erwuchs vor allem der Wille zum Engagement für eine neue Ordnung von Gesellschaft und Politik.

1949 zog die Familie Vogel von Gießen nach München um und Bernhard trat in das renommierte humanistische Max-Gymnasium ein. Für den 17-Jährigen bedeutete dies den Eintritt in eine enge Klassengemeinschaft. Noch heute trifft er sich jährlich mit seinen Klassenkameraden und zwei damals jungen Lehrern der

---

[1] Bernard Andreae, *Gemeinsame Jugendarbeit in den Nachkriegsjahren*, in: Peter Haungs/Karl Martin Graß/Hans Maier/Hans-Joachim Veen (Hg.), *Civitas. Widmungen für Bernhard Vogel zum 60. Geburtstag*, Paderborn 1992, S. 37–39.
[2] Helmut Schelsky, *Die skeptische Generation*, Düsseldorf 1957.

Kriegsgeneration. Eine intensive politische Debatte, motiviert von diesen Lehrern, prägte diese Jahre und führte Bernhard Vogel zur Soziologie und später zur wissenschaftlichen und praktischen Politik.

Neudeutschland

In München wuchs Bernhard Vogel auch begeistert in die Gemeinschaft »Neudeutschland«, der er sich schon in Gießen angeschlossen hatte, hinein. Der 1919 gegründete katholische Schülerbund hatte sich in der Weimarer Zeit unter dem Einfluss der deutschen Jugendbewegung zu einer bündischen Gemeinschaft gewandelt, die sich als Erneuerungsbewegung in Kirche und Gesellschaft verstand. 1939 von den Nationalsozialisten verboten, wurde er bereits 1945 wieder gegründet. Er blieb vor allem in Süddeutschland eine kleine Gemeinschaft. 1947 bildete sich aus ehemaligen Angehörigen des Schülerbundes ein Hochschulring, 1948 ein Männerring, wodurch eine generationenübergreifende Lebensbewegung entstand. Kennzeichen dieser Gemeinschaft war von Anfang an die persönliche Verpflichtung zum Engagement bei der Neugestaltung von Politik, Gesellschaft und Kirche. »Jeder Neudeutsche ist zu bestmöglichster Leistung in Schule und Beruf, Familie, Bund und öffentlichem Leben verpflichtet. Damit trägt er zu einer neuen politischen und sozialen Ordnung bei« (Neufassung des Programms 1948). Die Katastrophe des Nationalsozialismus wurde als Herausforderung zur Gestaltung einer neuen, von den christlichen Werten geprägten Gesellschaftsordnung begriffen. Die Neudeutschen der Jahrgänge 1926 bis 1929, die noch als letztes Aufgebot in den Krieg geschickt worden waren und nach 1945 gegen den Willen der deutschen Bischöfe die Wiedergeburt des Bundes erstritten hatten, und die ihnen folgende Altersgruppe der Jahrgänge 1930 bis 1934, die mit ihnen noch das katastrophale Erlebnis des Kriegs und die Ahnung von den geistigen Verwüstungen durch den Nationalsozialismus teilten, entwickelten ein großes soziales Engagement. Dies ist sehr konkret zu verstehen. Schon die Jugendgruppe in Gießen, der der 13-jährige Bernhard beitrat, half im Durchgangslager für die zurückkehrenden Soldaten und später die Heimatvertriebenen beim Verteilen von Essen, beim Abladen der Koffer und Ballen, die die Vertriebenen gerettet hatten. Die Jugendlichen erlebten das Leid anderer Menschen und vergaßen darüber den eigenen Mangel.[3] Soziales und später politisches Engagement als persönliche Verpflichtung, als Kern der Lebensgestaltung prägte auch später ihr Leben.

Aus der relativ kleinen Gemeinschaft der Neudeutschen dieser Jahrgänge haben sich deshalb überdurchschnittlich viele in der Kirche, in Gesellschaft und Politik engagiert. Bernhard Vogel wurde in München und danach in Heidelberg bald Gruppenführer, später gehörte er zur Führung des Hochschulrings. Er erlebte

---

[3] Andreae (wie Anm. 1).

noch die charismatischen Kapläne des Bundes, die bedeutenden Jugendpädagogen P. Martin Manuwald SJ und P. Ludwig Esch SJ. Besonders beeindruckend war auch die Begegnung mit dem Moraltheologen der Münchner Universität Richard Egenter und mit Hans Hien, der als Bundesführer des Schülerbundes schon 1933 von den Nationalsozialisten eingekerkert worden war. Viele seiner frühen Aktivitäten als Student in Heidelberg und seine späteren Ehrenämter im katholischen Verbandswesen, wie vor allem im Zentralkomitee der Deutschen Katholiken, aber auch seine Freundschaften, gehen auf dieses frühe Engagement im Bund Neudeutschland zurück, vor allem aber seine tiefe Verbundenheit zur Kirche und den christlichen Werten.

Nach dem Abitur brach Bernhard Vogel im Herbst 1953 zum Studium nach Heidelberg auf, nachdem ihm der Münchner Romanist Fritz Paepcke, der die Leitung des Heidelberger Dolmetscher-Instituts übernommen hatte, vom dortigen Mythos um Max und Alfred Weber berichtete. Der Auszug aus dem Elternhaus zum Studium war damals nicht üblich, wenn die Eltern in einer Universitätsstadt wohnten. Er war wohl motiviert von dem unbedingten Willen, den eigenen Weg zu suchen, aber auch einen Beruf mit gesellschaftlichem Engagement zu ergreifen. Das zeigte sich auch in der Wahl der Studienrichtung Soziologie, die damals noch als exotisches Fach galt, von dem die wenigsten Abiturienten genaue Vorstellungen hatten. Gebilligt durch seine Eltern wurde diese Wahl nur mit dem Zugeständnis, neben Soziologie Volkswirtschaft als zweites Fach zu studieren. Verbunden aber war sie mit einem äußerst schmalen Wechsel, der den jungen Studenten zwang, sofort nach einem Zusatzverdienst zu suchen. Dieser fand sich zunächst in einem »Schülerhort« des »Pfaffengrundes«, einer Arbeitersiedlung der 30er Jahre vor den Toren der Stadt. Dort betreute Bernhard Vogel am Nachmittag Arbeiterkinder, deren Eltern berufstätig waren.

ALFRED WEBER

Die Wahl Heidelbergs[4] erwies sich als äußerst glücklich, denn zu Ende der 50er Jahre war der berühmte »Geist Heidelbergs« noch zu spüren. Dort hatte Alfred Weber 1945 mit 77 Jahren seine 1933 durch die Nationalsozialisten beendete Lehrtätigkeit wieder aufgenommen. Er setzte durch, dass sich Nationalökonomie, Soziologie und Publizistik – ab 1950 kam dann noch die Politische Wissenschaft hinzu – wieder interdisziplinär zur »Staatswissenschaft« verbanden. Er kämpfte für die Entnazifizierung des Lehrkörpers und betrieb die Berufung unbelasteter

---

[4] Zur Heidelberger Zeit siehe auch meinen Beitrag, *Bernhard Vogel in Heidelberg 1953–1965*, in: Haungs, *Civitas* (wie Anm. 1), S. 155–164, in dem eher die äußeren Daten und Geschehnisse geschildert wurden. Die vorliegende Veröffentlichung ist als Ergänzung zu verstehen, in der ich auf das gesellschaftliche und wissenschaftliche Umfeld und die daraus resultierenden Konsequenzen zur Biografie Bernhard Vogels eingehe.

Professoren. So gelang ihm die Berufung Erich Preisers auf den volkswirtschaftlichen Lehrstuhl Max Webers und – nach langen Verhandlungen – des Kultursoziologen Alexander Rüstow auf seinen eigenen Lehrstuhl. Er bewegte seinen an der Harvard-Universität lehrenden Schüler Carl-Joachim Friedrich dazu, den neuen Lehrstuhl für Politikwissenschaft an der Juristischen Fakultät zu übernehmen, und er verhalf Dolf Sternberger zu amerikanischen Forschungsmitteln für ein politikwissenschaftliches Forschungsprogramm.[5]

Alfred Weber hatte nach dem Tod seines Bruders Max 1920 dessen Idee einer interdisziplinären sozialwissenschaftlichen »Akademie« aufgegriffen und 1924 das Institut für Sozial- und Staatswissenschaften innerhalb der Philosophischen Fakultät gegründet. Dieses Institut spielte nicht nur für die Max-Weber-Rezeption eine entscheidende Rolle, sondern dort begannen auch die Soziologen Karl Mannheim, Norbert Elias, Talcot Parsons und die Politikwissenschaftler Carl-Joachim Friedrich, Arnold Bergstraesser und Golo Mann, aber auch einer der Begründer der Ökonometrie, Jacob Marshak, ihre wissenschaftliche Karriere. Eng verbunden war Alfred Weber mit dem Philosophen Karl Jaspers bis zu dessen Weggang nach Basel. Nach dem Zweiten Weltkrieg zählten zu Alfred Webers Schülern vor allem eine Reihe einflussreicher Publizisten, wie Bruno Dechamps (»Frankfurter Allgemeine Zeitung«), Hans Heigert (»Süddeutsche Zeitung«) und Harry Pross (FU Berlin).

Der greise Gelehrte engagierte sich nach 1945 nicht nur für die Lehre und Forschung, sondern er wollte erneut, wie schon in der Weimarer Republik, gestaltend in die Politik eingreifen. Alfred Weber war für die demokratische Linke in der Weimarer Republik, für die innere Emigration des humanistisch gebildeten Bürgertums in den Jahren des Naziterrors, vor allem aber für die von tiefem Pessimismus geprägte Nachkriegsgeneration ein Helfer zum geistigen und moralischen Neubeginn (Karl-Dietrich Bracher). Zunächst ist er ein viel gefragter Ratgeber für die amerikanische Militärregierung. Er erhält die Lizenz für die Zeitschrift »Die Wandlung«, für deren Redaktion er Dolf Sternberger gewinnt. Sie ist in den ersten Nachkriegsjahren, bis zur Währungsreform 1948, die einflussreichste Kulturzeitschrift Westdeutschlands. Zusammen mit Alexander Mitscherlich verfasst Alfred Weber ein Aktionsprogramm für den Wiederaufbau Deutschlands und gründet die Heidelberger Aktionsgruppe für einen Freien Sozialismus. Er tritt in die SPD ein und äußert sich vielfältig zur neuen Verfassung, vor allem fordert er gegen die Oligarchisierung und Bürokratisierung der Parteien das relative Mehrheitswahlrecht. 1950 ist er einer der Hauptredner auf dem Kongress für kulturelle Freiheit in Berlin gegen die wachsende kommunistische Bedrohung, 1953 setzt er sich bei den Ruhrfestspielen in Recklinghausen für die gewerkschaftliche Mitbestimmung ein. Seine Rolle als einer der wichtigsten Vordenker einer sich aus den

---

[5] Dazu Peter Molt, *Der Beitrag Alfred Webers zur Begründung der Politikwissenschaft in Deutschland*, in: Eberhard Demm (Hg.), *Soziologie, Politik und Kultur. Von Alfred Weber zur Frankfurter Schule*, Frankfurt/M. 2003, S. 235–262.

Fesseln des marxistischen und planwirtschaftlichen Denkens befreienden Sozialdemokratie ist zwar vielen Sozialdemokraten unbekannt, aber sie ist nicht zu bestreiten.

Die Ursachen der Katastrophe des wilhelminischen Deutschland und des Nationalsozialismus sah er im Versagen der politischen und geistigen Elite. Dies war auch das Motiv dafür, dass er trotz seines hohen Alters bis zu seinem Tode sich der Heranbildung einer neuen Führungsschicht verpflichtet fühlte. Die Gestaltung der Zukunft aus der Erkenntnis der Handlungschancen und -gebote durch eine verantwortliche politische und geistige Führung gründete sich für Alfred Weber auf dem Erfassen der Gegenwart in all ihren Bezügen, des Geistigen, des Sozialen und des Materiellen.

Der Zugang zu dieser Ideenwelt war die Teilnahme am Kolloquium von Alfred Weber, »privatissime et gratis«, am Mittwochnachmittag. Es stand über eine Dekade hinweg immer unter dem programmatischen Thema »Demokratie und Sozialismus«. Dazu waren höchstens 20 Teilnehmer zugelassen, und da diese oft über mehrere Jahre teilnahmen, war der Zugang äußerst begrenzt. Alfred Weber stellte an die Teilnehmer hohe Anforderungen. Die Teilnehmer mussten ihr jeweiliges Referatsthema in die von Alfred Weber entwickelten Kategorien des Wirtschafts- und Sozialprozesses, der Entwicklung der Zivilisationssphäre und der Kulturbewegungen und die jeweiligen historischen Konstellationen einordnen. Die Ausarbeitungen mussten ihm rechtzeitig vor den Sitzungen vorgelegt werden. Entsprachen sie nicht seinen Vorstellungen, wurden die Referenten in die Sprechstunde bestellt. Alfred Weber legte ihnen nochmals dar, worauf es ihm ankam, und bat um Überarbeitung. Wenn das Ergebnis dann immer noch nicht seinen Vorstellungen entsprach, konnte er sehr ungehalten werden. Auch verlangte er von allen Teilnehmern eine aktive Teilnahme an den Diskussionen. Diejenigen, die seinen Ansprüchen nicht entsprachen, wurden im nächsten Semester nicht mehr zugelassen.

Bernhard Vogel wurde, nachdem er zwischenzeitlich zwei Semester in München zum notwendigen Erwerb der volkswirtschaftlichen Proseminarscheine studiert hatte, von Alfred Weber nach einer persönlichen Vorstellung in der Sprechstunde, die am Montag Vormittag stattfand, zum Kolloquium im Wintersemester 1955/56 zugelassen. Das Oberthema in diesem Semester galt einem Ereignis von aktueller Bedeutung, nämlich den Folgen der Afroasiatischen Konferenz im April 1955 in Bandung, auf der 23 asiatische und 6 afrikanische Länder die Blockfreienbewegung gegründet hatten und sich zum ersten Mal offiziell die Selbstbezeichnung »Dritte Welt« als Abgrenzung gegenüber der ersten (Westblock), beziehungsweise der zweiten Welt (Ostblock) gegeben hatten. Bernhard Vogel bekam als Thema seines Einstandsreferates die Darlegung der »Bantuphilosophie«, ein Begriff, der von Placide Tempels stammt.[6] Dieser wollte darlegen,

---

6 Placide Tempels, *Bantu-Philosophie: Ontologie und Ethik*. Heidelberg 1956.

dass ontologisch die Bantu keine Individualität im westlichen Sinne kennen, sondern sich als Teil einer Entität, eines Kraftwesens von Menschen, Ahnen und Geistern verstehen. An diesen Vorstellungen interessierte Alfred Weber die möglichen Auswirkungen für den Aufbau von Staat und Gesellschaft in Afrika.

Bernhard Vogel bestand diese erste Aufgabe so gut, dass er schon im nächsten Semester, im Sommersemester 1956, von Alfred Weber gebeten wurde, ihm als »Privatassistent« bei der Organisation des Kolloquiums zu helfen. Das bedeutete, in den Sprechstunden zu assistieren und dafür zu sorgen, dass die Referate rechtzeitig vorlagen, ggf. die Referenten in die Sprechstunde einzubestellen, und die oft recht umfangreichen Wünsche Alfred Webers nach Büchern aus der Universitätsbibliothek zu besorgen. Dafür bekam er von diesem privat 20 DM im Monat und wurde gelegentlich von Alfred Weber und seiner langjährigen Lebensgefährtin Else Jaffé-von Richthofen[7] zum Mittagessen in die Mansardenwohnung in der Bachstrasse eingeladen.

Das Seminar war außerordentlich anregend und vermittelte viele Anstöße und Einsichten. Am besten hat wohl Karl Mannheim zum Ausdruck gebracht, was man als Schüler von Alfred Weber lernen konnte. Er schrieb 1938 aus der Emigration an Alfred Weber zu dessen 70. Geburtstag:

»Wir alle haben uns diesen Tag anders vorgestellt. Vor allem wäre es selbstverständlich gewesen, sowohl durch Publikationen als auch durch persönliche Anwesenheit unsere Zugehörigkeit zu bekunden. Wenn dies dennoch nicht geschieht und dadurch Ihre Wirkung nicht für jeden offen sichtbar wird, so möchte ich gerade deshalb aussprechen, dass meinem Gefühle nach Ihre lebendige Wirkung zu den größten gehört, die sozialwissenschaftliche Lehrer in Deutschland auszuüben imstande waren. Wenn dies nicht immer so handgreiflich ist, dass man es durch zitierte Stellen nachprüfen könnte, so liegt es allein daran, dass Ihre Wirkung viel umfassender und wesenhafter war, als dass man sie einfach festlegen und umgrenzen könnte. So kann ich von mir selber sagen, dass ich, von allem Inhaltlichen abgesehen, allein von Ihnen gelernt habe, was ein Seminar wirklich sein kann. Für Sie bedeutete diese Institution den Schauplatz eines echten geistigen Kontaktes und eine Erweckung des Mutes zur freien schöpferischen Assoziation. In Ihrem Seminar konnte man lernen, wie ein souveräner Lehrer vermeiden kann, mit seiner Autorität die Ursprünglichkeit seiner Schüler zu unterdrücken. Auch der jüngste Anfänger hatte Mut zu sich, da er vor sich einen Menschen sah, der auch nach einem lebenslangen Lernen und Kampfe die Kraft hatte, die fruchtbare Einstellung des Anfängers in sich wach zu halten. Ich wage zu behaupten, dass

---

[7] Eine sehr bedeutende Frau, die auf Bernhard Vogel, wie auf viele andere, die sie damals in ihrem hohen Alter noch erlebten, einen unvergesslichen Eindruck machte. Zu ihrer Biografie: Martin Green, *Else und Frieda – die Richthofen-Schwestern*, München 1974. Neuerdings u.a. Eberhard Demm, *Von der Weimarer Republik zur Bundesrepublik. Der politische Weg Alfred Webers 1920–1958*, Düsseldorf 1999, S. 1–14, und Joachim Radkau, *Max Weber. Die Leidenschaft des Denkens*, München 2005 passim.

die meisten Ihrer Schüler durch die bloße Tatsache der geistigen Berührung mit Ihnen irgendwie anders geworden sind, und dass jede Ihrer Anregungen irgendwann, in einer unerwarteten Stunde, aus den verdrängten Assoziationen in uns befruchtend aufstieg. Ich möchte Ihnen als eine Anekdote etwas erzählen, was ich niemals vergessen werde. Als ein Philosoph mit einem langen Bart mich jahrelang zwingen wollte, so zu denken wie er, und ich dann zu Ihnen ging, um meine Arbeit einzureichen, überfiel mich ein Bangen, ob Sie wohl genau so kontrollieren würden, ob meine Gedanken die Ihrigen reproduzierten. Da sagten Sie zu meiner größten Überraschung: ›Ich werde die Arbeit lesen, sie ist aber bereits angenommen, denn Sie sind ein erwachsener Mensch und haben zu sagen, was Sie für richtig finden.‹ Diese Sätze haben auf mich einen bleibenden Eindruck gemacht, und nur durch dieses Erlebnis habe ich von Anfang an in mir die gefährliche Tendenz des Lehrers überwunden, Schüler nach seinem Ebenbilde formen zu wollen. Diese Ihre Haltung ist aber zugleich die Erklärung dafür, dass Sie in der ganzen Welt geistig unabhängige Schüler haben, die, obzwar sie sich am tiefsten Grunde ihrer Seele immer zu Ihnen bekennen werden, viel zu eigenständig sind, um im üblichen Sinne eine Schule zu bilden, die für einseitige Prinzipien ficht oder geschlossen, durch Dogmen vereint, wie eine Sekte auftritt.«[8]

Bernhard Vogel war der letzte »Privatassistent« von Alfred Weber, der im Wintersemester 1957/58 sein letztes Colloquium hielt und im Alter von 89 Jahren am 2. Mai 1958 starb. Noch heute trifft sich die altersbedingt kleiner werdende Schar seiner Schüler jedes Jahr in Heidelberg.

Der »Geist von Heidelberg«

Es war aber nicht nur die Begegnung mit Alfred Weber, die das sozialwissenschaftliche Studium in Heidelberg damals auszeichnete. Dank Alfred Webers Einfluss auf die Berufungen standen die Heidelberger Sozialwissenschaften in den 50er Jahren – nach ihrer Blüte in den ersten Jahrzehnten des 20. Jahrhunderts bis zur nationalsozialistischen Katastrophe – nochmals im Mittelpunkt der großen ordnungspolitischen und ideengeschichtlichen Auseinandersetzungen Deutschlands. Neben dem Weberschen Kolloquium waren in jenen Jahren die Vorlesungen von Erich Preiser, Alexander Rüstow und Karl Löwith ein Höhepunkt des sozialwissenschaftlichen Studiums. Vielen der Studenten war es dabei gar nicht bewusst, dass damals Heidelberg einer der Vororte der »Sozialen Marktwirtschaft« war, und zwar ganz bewusst nach dem Willen Alfred Webers, der nach der Absage der Freiburger Ordoliberalen Walter Eucken und Constantin von Dietze die Berufung von Preiser und Rüstow auf die beiden traditionsreichen Lehrstühle erreicht hatte.

---

[8] Richard Bräu u.a. (Hg.), *Alfred-Weber-Gesamtausgabe*. Bd. 10: *Ausgewählter Briefwechsel*, hg. von Eberhard Demm u.a., 2. Halbbd., Marburg 2003, S. 667–668.

Preiser und Rüstow, so verschieden sie waren, hatten eines gemeinsam, sie waren Schüler von Franz Oppenheimer (1864–1943), des Zeitgenossen Max Webers und Inhabers des ersten ausschließlich der Soziologie zugeordneten Lehrstuhls in Deutschland. Dies verband sie mit dem damaligen Bundeswirtschaftsminister und späteren Bundeskanzler Ludwig Erhard, der Oppenheimer seinen Lehrer und Freund nannte und ihm einen entscheidenden Einfluss auf seine Konzeption der Sozialen Marktwirtschaft zumaß.[9] Ihre Grundüberzeugung war, dass mit der Sozialen Marktwirtschaft als popularisierendem Synonym für den Ordoliberalismus ein »dritter Weg« zwischen dem »laissez-faire«-Kapitalismus und dem planwirtschaftlichen Sozialismus verwirklicht werden könne. Von Oppenheimer übernahmen sie die Unterscheidung zwischen reiner Ökonomie, die nach den Gesetzmäßigkeiten der modernen Marktwirtschaft fragt, und der politischen Ökonomie, welche die historisch entstandenen politischen Macht- und Besitzverhältnisse in den Blick nimmt. Die soziale Frage hat danach ihre Ursache in der Geschichte und kann dem ungezügelten System der Konkurrenz zugeschrieben werden. Soziale Marktwirtschaft ist dagegen eine Wirtschaftsordnung ohne Klassenunterschiede mit Chancengleichheit für alle, sie stabilisiert die Konjunktur und zielt auf eine gleichmäßigere Vermögensverteilung hin, sie sichert den Wettbewerb durch eine Bekämpfung von Monopolen und Kartellen, sie setzt auf die Eigenverantwortung und Leistungsbereitschaft des einzelnen und gestaltet die Hilfe für die Bedürftigen in einer wettbewerbsneutralen Weise. Sie ist eine vom Staat geordnete und überwachte Marktwirtschaft, die nicht nur jedem die Freiheit in den Grenzen garantiert, die die Freiheit aller anderen setzt, sondern sich am Gebot der Gerechtigkeit orientiert. Sie gibt die Prinzipien einer Wirtschaftspolitik vor, welche die wachstumsfördernde Überlegenheit der Marktwirtschaft nutzt, aber gleichzeitig durch staatliche Interventionen den Bürger vor den Auswüchsen des Marktes und des Wettbewerbs schützt.[10]

Während es bei Preiser in seinen Vorlesungen und Seminaren um die Fragen der Monopol- und Oligopolkontrolle und Konjunkturpolitik ging, griff Rüstow auf der Grundlage seines Werkes »Ortsbestimmung der Gegenwart«, das er in jenen Jahren zum Abschluss brachte,[11] weit über die Wirtschaft hinaus und lehrte eine Kulturgeschichte der Freiheit, in der der autoritäre und totalitäre Staat, aber auch die kapitalistischen Monopole und Oligopole nur als eine neue Form der »Überlagerung« in dem die menschliche Geschichte bestimmenden

---

[9] Ludwig Erhard, *Gedanken aus fünf Jahrzehnten, Reden und Schriften*, hg. von Karl Hohmann, Düsseldorf 1988, S. 858–864. Rede zu Oppenheimers 100. Geburtstag, gehalten in der Freien Universität Berlin (1964).

[10] Bernhard Vogel hat vielfach die Schrift von Erich Preiser, *Die Zukunft unserer Wirtschaftsordnung* (erstmalig München 1949, 2. Aufl. 1955) zitiert, die damals ein Art Vademekum für die Studenten der Volkswirtschaft war.

[11] Alexander Rüstow, *Ortsbestimmung der Gegenwart. Eine universalgeschichtliche Kulturkritik*, 3 Bde., Erlenbach-Zürich 1950–1957.

Kampf zwischen Freiheit und Herrschaft verstanden wurden. Er bestand darauf, dass die Soziale Marktwirtschaft nicht das letzte Ziel sei, sondern im Dienste höherer Werte stehen müsse. Es gäbe viele Wertebezüge, die wichtiger seien als Wirtschaft: Familie, Gemeinde, Staat, die sozialen Integrationsformen, Religion, Ethik, Kultur. Aber sie alle könnten ohne die Wirtschaft nicht existieren; für sie alle bereite die Wirtschaft das Fundament. Wenn die Wirtschaft nicht dafür sorge, dass die materiellen Grundlagen eines menschenwürdigen Lebens gegeben sind, können sie sich nicht entfalten. Es sei der eigentliche Zweck der Wirtschaft, überwirtschaftlichen Werten zu dienen. Daraus folge, dass die Wirtschaft ihrerseits nicht Formen annehmen dürfe, die mit jenen unvereinbar seien.

Neben den wirtschaftsethischen und soziologischen Diskursen waren es zeitgeschichtliche Fragen, die von Werner Conze hervorragend dargestellt wurden. Vor allem faszinierten die Studenten aber die Vorlesungen des Philosophen Karl Löwith, die der Überwindung der geistigen Krise Europas galten. Sein Hauptthema war die Ablösung der christlichen Philosophie und ihrer Heilserwartung durch säkularisierte Erlösungsideologien. Seine Kritik an der Hegelschen und Marxschen Geschichtsphilosophie, dem Nihilismus Nietzsches, vor allem aber seine Auseinandersetzung mit dem philosophischen Dezisionismus von Martin Heidegger und dem politischen Dezisionismus von Carl Schmitt waren wegweisend. Die Auseinandersetzung mit den letzteren ging mitten durch die Universität. Die Staatsrechtler Ernst Forsthoff und Hans Schneider, die Historiker Reinhard Kosellek und Christian Meier und noch manche andere gehörten zum Jüngerkreis von Carl Schmitt. Dagegen sahen neben Löwith Rüstow, Gadamer, Sternberger, der junge Jürgen Habermas u.a. in ihm einen Feind der Demokratie. Insgesamt aber war Heidelberg damals, zu einer Zeit, in der allgemein weltanschauliche und religiöse Gräben noch sehr tief waren, deshalb so faszinierend, weil Wissenschaftler sehr unterschiedlicher Provenienz und Denkweise die politische Kultur der Bundesrepublik durch ihre Toleranz und Skepsis gegenüber Ideologien und ihr Bekenntnis zu Freiheit und Demokratie vorweg nahmen. Für viele, sicher auch für Bernhard Vogel, wurde die Löwithsche Formulierung maßgebend:

»Die Auslieferung an das geschichtliche Denken ist aber nicht nur dem historischen Materialismus und in anderer Weise dem metaphysischen Historismus von Hegel eigentümlich, sie kennzeichnet auch alles nachhegelsche und nachmarxistische Denken. Man glaubt auch im bürgerlich-kapitalistischen Westen, dessen Produkt der Marxismus ist, weder an eine natürliche Weltordnung, an die Vernunft des physischen Kosmos, noch an ein Reich Gottes. Man glaubt nur noch an den Geist der Zeit, an den Zeitgeist, »the wave of the future«, das Geschick der Geschichte, vulgär verstanden oder sublim. Wenn uns die Zeitgeschichte aber irgendetwas lehrt, dann offenbar dies, dass sie nichts ist, woran man sich halten und woran man sein Leben orientieren könnte. Sich inmitten der Geschichte an ihr orientieren wollen, das wäre so, wie wenn man sich bei einem Schiffbruch an den Wogen festhalten wollte.«[12]

Zur Orientierung für das politische Handeln bedarf es anderer Stützen. Die Rückbesinnung auf die aristotelische Politik war eine davon.

Dolf Sternberger

Dolf Sternberger suchte diese Rückbesinnung.[13] 1947 hatte er einen Lehrauftrag für Politik an der Universität Heidelberg übernommen, 1957 erhielt er ein persönliches Ordinariat, 1960 erfolgte seine Ernennung zum ordentlichen Professor der Politikwissenschaft. Heute ist er vor allem als Urheber des Begriffs »Verfassungspatriotismus« bekannt.[14] In den 50er Jahren war er einer der Mitbegründer der Politikwissenschaft. Seit 1951 leitete er eine Forschungsgruppe, welche die grundlegenden Strukturen des neuen Regierungssystems der Bundesrepublik untersuchte und in deren Rahmen die ersten Monographien zur Rolle der Parteien und Fraktionen, dem Verhältnis von Regierung und Opposition sowie zu den Wahlprozessen entstanden. Sternbergers eigentliches Interesse, begründet aus dem politischen Urerlebnis des Nationalsozialismus, galt jedoch der Legitimierung und guten Regierung des die Freiheit verbürgenden Staates. Von Herkunft Philosoph, war auch er zunächst von Heidegger fasziniert,[15] distanzierte sich aber, wie Löwith, von diesem und wandte sich der klassischen Begründung der Politik zu:

»Im bürgerlichen Staate gibt es keine wahre und keine falsche, keine richtige und keine fehlerhafte Politik, sondern nur eine gute oder eine schlechte. Entscheidungen pflegen aus legitimer Diskussion hervorzugehen und unterliegen der Kritik. Mängel sind der Behebung durch Reformen zugänglich. Nicht Wahrheit will die bürgerliche Regierung herbeiführen oder vollstrecken, sondern das Gute soll sie bewirken, das gemeine Beste. Ihre Macht ruht auf humanistischem Grunde auch insofern, als sie mit der menschlichen Unvollkommenheit rechnet. Denn die Vollkommenheit der richtigen Politik ist unmenschlich, die Unvollkommenheit aber ist menschlich.«[16]

---

[12] Karl Löwith, *Weltgeschichte und Heilsgeschehen. Zur Kritik der Geschichtsphilosophie*, Stuttgart 1983, S. 345.
[13] Jörg Pannier, *Das Vexierbild des Politischen. Dolf Sternberger als politischer Aristoteliker*, Berlin 1996.
[14] Dazu Peter Molt, *Dolf Sternbergers Verfassungspatriotismus*, in: Zeitschrift für Politikwissenschaft 16 (2006), S. 875–900.
[15] Seine Dissertation beschäftigte sich, allerdings schon kritisch, mit Heidegger: Adolf Sternberger, *Der verstandene Tod. Eine Untersuchung zu Martin Heideggers Existenzialontologie*. Leipzig 1934.
[16] Dolf Sternberger, *Grund und Abgrund der Macht. Kritik der Rechtmäßigkeit heutiger Regierungen*, Frankfurt/M. 1962, S. 297.

Dieser schöne Satz seines Lehrers über das bonum commune als Ziel der bürgerlichen Politik könnte auch als Motto über dem späteren politischen Wirken Bernhard Vogels stehen.

Nachdem dieser 1957 in die Forschungsgruppe Sternbergers aufgenommen wurde, war er nach seiner Promotion[17] von 1960 bis zur Wahl in den Deutschen Bundestag 1965 als Wissenschaftlicher Assistent und Lehrbeauftragter am Institut für Politische Wissenschaft engster Mitarbeiter Sternbergers. Diesem blieb er auch später als »Doktorsohn«[18] eng verbunden. Wissenschaftlich galt sein Interesse – beginnend mit der gründlichen Überarbeitung einer von Sternberger herausgegebenen Publikation zum Bundestagswahlkampf 1957[19] – vor allem den Wahlrechtsfragen und Fragen des englischen Parlamentarismus. Zusammen mit Peter Haungs veröffentlichte er danach eine Untersuchung der Bundestagswahl 1961.[20] Daran schloss sich das Projekt einer Neubearbeitung des Handbuchs von Karl Braunias zum Wahlrecht[21] an. Das Projekt, dieses zu einem Wahlrechtshandbuch für die ganze Welt zu erweitern, blieb allerdings wegen der Hinwendung Bernhard Vogels zur praktischen Politik unvollendet.[22]

Die Heidelberger Soziologie und Politikwissenschaft gilt in der Wissenschaftsgeschichte als theoretisch und geistesgeschichtlich orientiert.[23] Zweifellos gilt das

---

[17] Bernhard Vogel, *Die Unabhängigen in den Kommunalwahlen westdeutscher Länder*, ms. Diss., Heidelberg 1960.

[18] So Altbundespräsident Roman Herzog im Vorwort zu Bernhard Vogel, *Sorge tragen für die Zukunft. Reden 1998–2002*, hg. von Michael Borchard und Uwe Spindeldreier, Berlin 2002, S. 8.

[19] Karlheinz Kaufmann/Helmut Kohl/Peter Molt, *Die Auswahl der Bundestagskandidaten 1957 in zwei Bundesländern*. Mit einem Essay über Vorschlag und Wahl von Dolf Sternberger, Köln 1961.

[20] Bernhard Vogel/Peter Haungs, *Wahlkampf und Wählertradition. Eine Studie zur Bundestagswahl von 1961*, Köln 1965.

[21] Karl Braunias, *Das parlamentarische Wahlrecht. Ein Handbuch über die Bildung der gesetzgebenden Körperschaften in Europa*, 2 Bde., Berlin 1932.

[22] Erschienen sind die Europa und Afrika betreffenden Bände: Dolf Sternberger/Bernhard Vogel (Hg.), *Die Wahl der Parlamente und anderer Staatsorgane. Ein Handbuch.* Bd. 1: *Europa*, Bd. 2: *Afrika*, Berlin 1969–1978, sowie Bernhard Vogel/Dieter Nohlen/Rainer-Olaf Schultze, *Wahlen in Deutschland. Theorie, Geschichte, Dokumente 1848–1970*, Berlin 1971. Einer der damaligen Mitarbeiter Vogels, der Politikwissenschaftler Dieter Nohlen, führte das Projekt dann eigenständig weiter: Dieter Nohlen, *Wahlsysteme der Welt. Daten und Analysen. Ein Handbuch*, München 1978.

[23] Dazu Hans J. Lietzmann, *Integration und Verfassung. Oder: Gibt es eine Heidelberger Schule der Politikwissenschaft*, in: Wilhelm Bleek/Hans J. Lietzmann (Hg.), *Schulen in der deutschen Politikwissenschaft*, Opladen 1999. S. 245–268. Hier und in seinem Buch, *Politikwissenschaft im »Zeitalter der Diktaturen«. Die Entwicklung der Totalitarismustheorie Carl Joachim Friedrichs*, Opladen 1999, begründet Lietzmann die Existenz einer »Heidelberger Schule«, der er neben C. J. Friedrich A. Weber, Rüstow, Sternberger und Bergstraesser zuordnet. Diese verbände ein spezifisches »Mischungsverhältnis aus Resten der autoritären Staatswissenschaft des 19. Jahrhunderts mit Elementen einer republikanischen, gemeinschaftsorientierten Grundhaltung, die ihre Legitimation und Angemessenheit aus dem Versuch einer wirklichkeitswissenschaftlichen und ›realistischen‹ Theorie gegenwärtiger Gesellschaften bei gleichzeitiger normativer Fixierung auf die gemeinschaftsorientierte ›Naturkraft des Volkes‹ bezog« (S. 46). – Der Begriff der politikwissenschaftlichen Schule entzündete sich vor allem an der »Freiburger Schule« Arnold Bergstraessers und dessen Schüler, Manfred Hättich, Alexander Schwan, Kurt Sontheimer, Dieter Oberndörfer, Hans-Peter Schwarz, Hans

für Alfred Weber, Rüstow und Sternberger. Allerdings gehörte dazu auch, dass bei allen Genannten eine große Bereitschaft vorhanden war, gründliche empirische Studien zu fördern. Denn eine am Gemeinwohl orientierte Politik setzt die möglichst genaue Kenntnis der Lebensbedingungen der Bürger des Gemeinwesens voraus. Nur auf einer gesicherten empirischen Grundlage des gesellschaftlichen Ist-Zustandes führt die normative, an den überzeitlichen Grundwerten der Freiheit, Menschenwürde und Gerechtigkeit ausgerichtete Gestaltung der Gesellschaft und des Staates zur Annäherung an das Gemeinwohl. Die Tradition Max Webers war – wenn auch seine politischen Schriften und Wirkungen kritisch gesehen wurden – in dieser Grundhaltung noch soweit erhalten, dass eine höchstmögliche Objektivität der Wissenschaft angestrebt wurde, wenn darin auch nicht ihr letztes Ziel gesehen wurde.[24] Diese empirische Ausrichtung hatte zu zwei kleineren und aus heutiger Sicht sehr unvollkommenen Projekten geführt, in denen Bernhard Vogel sich seine ersten empirischen Kenntnisse aneignete.[25] Mit den bereits erwähnten Untersuchungen der Wahlen und Wahlkämpfe setzte Bernhard Vogel die empirische Ausrichtung seiner wissenschaftlichen Arbeit fort. Es ist die Verknüpfung von Normen, Ordnung und Empirie zu einer praktischen Wissenschaft, an der sich Bernhard Vogel als Kultusminister, als Ministerpräsident und als Vorsitzender der Konrad-Adenauer-Stiftung orientierte.

Maier, Theo Stammen, Franz Ansprenger, Hans Weiler, G. F. Kindermann u.a. Die Politikwissenschaft werde verstanden »als eine ›normative‹ Disziplin, der es um die Orientierung und Bewertung politischer Realitäten an den Maßstäben einer guten und gerechten Ordnung ging. Dies führte zu einer Konzeption der Politikwissenschaft als einer ›praktischen Wissenschaft‹, womit die Freiburger Schule nicht nur an die aristotelische Tradition der älteren Lehre der Politik anknüpfte, sondern dem nach 1945 wiederbelebten Fach auch die Aufgabe einer umfassenden Vermittlung zwischen politischer Wissenschaft und politischer Praxis setzte: »Politikwissenschaft als praktische Wissenschaft und wissenschaftliche Politik hieß für die Freiburger vor allem, die freiheitliche und demokratische Grundordnung der jungen Bundesrepublik nicht nur wissenschaftlich zu analysieren, sondern auch politisch gegen alle inneren und äußeren Gefährdungen zu stärken« (Wilhelm Bleek, *Geschichte der Politikwissenschaft in Deutschland*, München 2001, S. 338). Die enge ideelle Verbindung der jüngeren Heidelberger zu den Freiburger Politikwissenschaftlern zeigte sich später in den zuerst um das Jahrbuch »CIVITAS« und später um Bernhard Vogel gebildeten Gesprächskreisen.

[24] Die Soziologie Max Webers wurde von den Genannten, was sich auch ihren Studenten mitteilte, damals sehr kritisch gesehen. Insofern stimmten sie auch mit der damals weithin akzeptierten Weber-Kritik von Arnold Brecht und Leo Strauß überein. Erst später hat Wilhelm Hennis sich bemüht, den Nachweis zu suchen, dass deren Interpretation Max Webers einseitig sei. Wilhelm Hennis, *Max Webers Fragestellung*, Tübingen 1987; Ders., *Max Webers Wissenschaft vom Menschen*, Tübingen 1996.

[25] Philipp Freiherr v. Wambold von Umstadt/Peter Molt, *1. Bericht aus der Arbeitsgemeinschaft zur Untersuchung der Heidelberger Altstadt*, in: Ruperto Carola, Mitteilungen der Vereinigung der Freunde der Studentenschaft der Universität Heidelberg, 6. Jg. (1954), Nr. 13/14, S. 220-222; Peter Molt, *Das Portrait der Heidelberger Altstadt*, in: Ruperto Carola, 11. Jg. (1959), Nr. 25, S. 241-246; *Arbeitsgemeinschaft zur soziologischen Untersuchung der Heidelberger Altstadt im Studium Generale der Universität Heidelberg*, zwei Bände, Manuskript, Heidelberg 1957; *Arbeitsgemeinschaft Heidelberg in der Deisfelder Gruppe – junge Gemeinschaft für Erwachsenenbildung – Studium Generale der Universität Heidelberg. Der Volkshochschulhörer. Eine empirische Untersuchung seiner sozialen und pädagogischen Situation*, Manuskript, Heidelberg, Juli 1956.

Prägend für Bernhard Vogel war Dolf Sternberger aber auch als »Meister« der Sprache. Sternberger rühmt in seinem schönen Buch von den Meistern, die zu seiner geistigen und literarischen Bildung beitrugen,[26] die Prosa seines Lehrers Karl Jaspers, der gelehrt habe, im Philosophieren, im Denken nicht auf die Sprache zu achten, vielmehr allein auf die Sache. Aber gerade seine Sprache habe eine große eigentümliche Schönheit. Sie sei kräftig durch die Einfachheit des Satzbaus, durch die Stetigkeit des Fortgangs, durch die Sparsamkeit der rhetorischen Mittel, kräftig durch das Ethos der Sachgemäßheit, der Redlichkeit und des Ernstes. In der Nachfolge seines Lehrers hat es Sternberger selbst als Journalist und Literat zur Meisterschaft der Sprache gebracht und dies seinen Schülern weitergegeben. Bernhard Vogel teilt sich seinen Zeitgenossen vorwiegend in der Rede mit, aber diese zeichnet sich in dem Respekt vor dem gesprochenen Wort und durch einprägsame Klarheit aus. Er hat sich nie auf Redenschreiber verlassen, sondern war immer darauf bedacht, mit seinen eigenen Worten, Bildern und Einsichten seine Zuhörer anzusprechen.

DIE KATHOLISCHE SOZIALLEHRE

Auf die Frage, wer von seinen Lehrern ihn am meisten geprägt habe, gab Bernhard Vogel die Antwort: »Ein Drittel Sternberger, zwei Drittel Nell-Breuning«[27]. Diese Antwort überrascht, denn P. Oswald von Nell-Breuning SJ (1890–1991), der an der Frankfurter Philosophisch-Theologischen Hochschule lehrte, war damals den jüngeren politisch und sozial engagierten Katholiken zwar wegen seiner Rolle bei der Entstehung der päpstlichen Sozialenzyklika »Quadragesimo anno« bekannt, aber die katholische Soziallehre fand in der Heidelberger Sozialwissenschaft keine Beachtung. Zwar gehörte der Heidelberger katholische Studentenpfarrer und Dekan Richard Hauser[28], der als Honorarprofessor an der evangelisch-theologischen Fakultät lehrte, zu den namhaften Sozialethikern seiner Zeit und vermittelte dies auch den Mitgliedern der Studentengemeinde, aber eine intensive Begegnung mit der katholischen Soziallehre fand für Bernhard Vogel doch im wesentlichen außerhalb seines Studiums, nämlich im Heinrich-Pesch-Haus statt.

Dieses heute in Ludwigshafen arbeitende Sozialinstitut, benannt nach dem katholischen Sozialwissenschaftler Heinrich Pesch SJ (1854–1926), wurde am 18. Januar 1956 von dem Jesuitenpater Felix zu Löwenstein in Mannheim gegründet.

---

[26] Dolf Sternberger, *Gang zwischen Meistern*, Frankfurt/M. 1987.
[27] Im Gespräch am 3. Januar 2007 in Binz auf Rügen.
[28] Zu Richard Hauser vgl. *Biographisch-bibliographisches Kirchenlexikon*. Internetausgabe www.bautz.de/bbkl/h/hauser_r.shtml [6.3.2007]. Richard Hauser veröffentlichte in *CIVITAS. Jahrbuch für christliche Gesellschaftsordnung*, Bd. II., hg. vom Heinrich-Pesch-Haus, Mannheim 1963, S. 9–30, einen noch heute grundlegenden Artikel zum richtigen Verständnis des Naturrechts in der katholischen Sozialethik.

Das Institut sollte in zweijährigen »Sozialen Seminaren« katholischen Arbeitnehmern, insbesondere Betriebsräten und Nachwuchskräften von Großbetrieben im Industriegebiet von Mannheim und Ludwigshafen, die Grundzüge der katholischen Gesellschafts- und Staatslehre, der Volkswirtschaftslehre, des Arbeitsrechts und der Betriebsverfassung vermitteln. Darüber hinaus sollte durch eine kompakte, populäre Schriftenreihe unter dem Titel »Freiheit und Ordnung« die christliche Sicht sozialer und politischer Themen auch an ein breiteres Publikum vermittelt werden. Schließlich wollte das Institut auch der Vertiefung und Aktualisierung der Katholischen Soziallehre unter Mitwirkung vor allem jüngerer Wissenschaftler dienen. Entsprechende Beiträge wurden in einem zu diesem Zweck gegründeten Jahrbuch für christliche Gesellschaftsordnung veröffentlicht. Eine kühne und wegweisende Idee, die trotz vieler, vor allem finanzieller Schwierigkeiten von einem kleinen Kreis junger Sozialwissenschaftler, jungen Jesuitenpatres und Laien, unter Führung Pater Felix zu Löwensteins – des »Fürsten«, wie ihn seine Mitarbeiter liebe- und doch auch ehrfurchtsvoll nannten – tatkräftig und begeistert in Angriff genommen wurde.

Dazu gehörte von Anfang an Bernhard Vogel, der seit dem Sommer 1956 zunächst als Jugendbildungsreferent Wochenendseminare und Wochenkurse für junge Arbeitnehmer aus Industriebetrieben, aber auch für Oberstufenschüler und Jugendleiter zu organisieren und zu leiten hatte. Schon bald wuchsen ihm weitere Aufgaben zu, die Schriftleitung der Reihe »Freiheit und Ordnung« und des Jahrbuchs, dessen erster Band 1962 erschien. Das war neben dem Studium, der Assistenz für Alfred Weber, der Promotion und Ämtern im Hochschulring des »Bundes Neudeutschland« ein riesiges Arbeitspensum. Das damit verdiente bescheidene Salär ermöglichte Bernhard Vogel die Fortführung und den Abschluss seines Studiums. Vor allem aber eröffnete es ihm den Zugang zu einem weiten Wirkungsfeld, das er sich durch seine schon damals unermüdliche und konzentrierte Arbeitskraft erschloss.

Zur Vorbereitung der Lehrtätigkeit am Heinrich-Pesch-Haus gehörte eine intensive Einarbeitung in die katholische Soziallehre. Leitidee war, diese vor allem auf die neuen Verhältnisse der damaligen Zeit in den Bereichen, in denen sie ihre praktische Anwendung finden sollte, auszurichten. Dies betraf nicht nur die wenige Jahre zuvor begonnene Politik der Sozialen Marktwirtschaft, die neue Mitbestimmungspolitik, die Eigentumspolitik und die Neugestaltung der Sozialgesetzgebung, sondern vor allem auch den Neuaufbau eines demokratischen und freiheitlichen Staatswesens, die Auseinandersetzung mit der im abgetrennten Ostteil Deutschlands verwirklichten sozialistisch-kommunistischen Ordnung und die sich abzeichnende Veränderung der Welt durch die Unabhängigkeitsbewegungen in den Kolonien. Die aus früheren Zeiten stammenden, oft sehr abstrakten Texte der katholischen Soziallehre waren dafür nicht ausreichend. Insofern war die akademische Herkunft der jungen Referenten des neuen Instituts aus den Heidelberger Sozialwissenschaften, wenn auch von manchen konservativen Katholiken kritisch gesehen, eine gute Voraussetzung für eine lebendige Auseinandersetzung mit den grundlegenden Zeitfragen.

Sicher war diese Orientierung an den aktuellen Gegenwartsfragen ganz im Sinne des Nestors der katholischen Sozialwissenschaften Nell-Breuning. Zwar hatte auch er zunächst wohl Vorbehalte gegenüber der neuen Institution, aber es gelang dann doch bald, sein Vertrauen zu erwerben, wofür die Herausgabe der Festschrift zu seinem 75. Geburtstag durch das Heinrich-Pesch-Haus ein äußeres Zeichen war. Schriftleiter dieses am 21. Februar 1965 dem Jubilar übergebenen Bandes war Bernhard Vogel.[29]

Oswald von Nell-Breuning SJ ist einer der großen geistigen Brückenbauer der Nachkriegszeit, dessen Einfluss weit über die katholische Sozialbewegung zu evangelischen Sozialethikern, Sozialdemokraten, Gewerkschaftsführern und Ordoliberalen reichte. Er war ein viel gesuchter Gesprächspartner für seine Kollegen in den Sozial- und Wirtschaftswissenschaften, in Sozialgeschichte, Politikwissenschaft und Philosophie. In der Laudatio zur Übergabe der Festschrift hat der einflussreiche sozialdemokratische Sozialpolitiker Prof. Ludwig Preller MdB das Lebenswerk von Nell-Breuning so beschrieben:

»Als Ausdruck aber der erstaunlichen Vielfalt, die Kennzeichen seines Wirkens ist, darf die Schrift genommen werden, die ihm anschließend übergeben wird. Wer sie zur Hand nimmt und durchliest, wird sehen, wie verschiedenartig die geistige Herkunft und der Standort derer ist, die sich in dieser Festschrift zum Dank an Oswald von Nell-Breuning zusammengefunden haben. Er wird darüber hinaus mit gleicher Beglückung erkennen, wie offensichtlich die Persönlichkeit des Laudandus die ihn Ehrenden dazu veranlasst hat, dem Gemeinsamen gegenüber dem Trennenden, dem Bezug auf das Ganze des Lebens gegenüber dem Speziellen ihrer Wissenschaft den Vorrang einzuräumen. Das gilt für die Autoren aus der katholischen Soziallehre und der protestantischen Sozialethik ebenso wie für die Oekonomen und die Juristen wie für Sozialisten und Nicht-Sozialisten. Ich wähle diese Unterscheidungen, obwohl und weil die Festschrift eben die Problematik solcher Differenzierungen erweist und damit das gemeinsame Humane offen legt.«[30]

Das mit diesen Worten umschriebene Leitmotiv lässt sich auch auf das spätere politische Wirken des damals von Nell-Breuning tief beeindruckten Bernhard Vogel übertragen: »Gegründet auf festen Normen dem gemeinsam Humanen in der praktischen Politik zu seinem Rechte zu verhelfen«.

Nell-Breuning setzte sich vor allem mit dem Marxismus auseinander, denn dieser war in seiner Lebenszeit die große geistige und gesellschaftliche Herausforderung. Trotz seiner grundsätzlichen Verurteilung des wissenschaftlichen So-

---

[29] Hans Achinger/Ludwig Preller/Hermann Josef Wallraff (Hg.), *Normen der Gesellschaft. Festgabe für Oswald von Nell-Breuning SJ zu seinem 75. Geburtstag*, Mannheim 1965.
[30] Ludwig Preller, *Oswald von Nell-Breuning zum 75. Geburtstag, in: CIVITAS. Jahrbuch für christliche Gesellschaftsordnung*, Bd. IV., Mannheim 1965, S. 8.

zialismus tat er dies mit großem Respekt: Karl Marx sei der große Gegner der christlichen Soziallehre. Er habe manche Dinge unzutreffend gedeutet und gewertet, so doch sachlich zutreffend erkannt. Die Auseinandersetzung mit ihm sei für die katholische Kirche lehrreich gewesen.[31] Aus dem Gegensatz zur marxistischen Gesellschaftsordnung ergab sich für Nell-Breuning die Frage nach der richtigen Ordnung der Gesellschaft und des Staates, nach der Sozialpflicht des Eigentums und nach seiner gerechteren Verteilung, nach dem Verhältnis von Kapital und Arbeit und nach den verheerenden Entgleisungen des laissez-faire-Liberalismus. Sie stand im Mittelpunkt seines unermüdlichen Wirkens in Wort und Schrift: mehr Verantwortung für die richtige Ordnung der Gesellschaft zu tragen, heiße mehr Mensch sein.

Natürlich stellt sich die Frage, wie sich die in Heidelberg von Rüstow und Preiser gelehrte Soziale Marktwirtschaft mit der Sozialethik Nell-Breunings, der dieser Begriffsprägung skeptisch, wenn nicht ablehnend gegenüber stand, vereinbaren oder verbinden ließ. Ohne dass damals die Gegensätze ausdiskutiert wurden, lässt sich heute im Nachhinein das erfolgreiche Austragen dieser Spannung, der das junge Team am Heinrich-Pesch-Haus ausgesetzt war, erklären. In der Beurteilung des laissez-faire-Kapitalismus und der Frage des Eigentums deckten sich die Beurteilungen von Rüstow und Preiser mit denjenigen von Nell-Breuning. Ich habe bereits darauf hingewiesen, dass für diese die »Soziale Marktwirtschaft« keine Restauration des Kapitalismus war, sondern eine grundsätzlich neue, vom Neoliberalismus und Sozialismus sich unterscheidende Wirtschaftsordnung. Ihnen ging es vor allem um den richtigen Lenkungsmechanismus der Wirtschaft durch den Wettbewerb, der gegen Konzentration und Missbrauch wirtschaftlicher Macht und die Beschränkungen durch den Staat geschützt werden muss. Eine breitere Streuung des Eigentums, das Verhindern der Ausbildung von Besitzklassen und eine Start- und Chancengerechtigkeit ließ sich nach ihrer Überzeugung mit einer freien Marktwirtschaft verbinden und war für ihre gesellschaftliche Festigung unerlässlich. Auch wurde von ihnen durchaus die begrenzte Wirkung der Wettbewerbswirtschaft für eine Vollbeschäftigungspolitik eingeräumt, die vor allem Preiser durch eine eigenständige und unabhängige Politik der Notenbank gesichert haben wollte. Die Losung »eine freie Wirtschaft in einem starken Staat« bedeutete für sie, durch den Staat einen Ordnungsrahmen zu setzen, in dem sich die Initiative und Freiheit des Einzelnen entfalten konnte. Nell-Breuning als Sozialethiker war der Wirkung systemischer Ordnungen gegenüber skeptischer, wenngleich er die funktionale Überlegenheit einer Markwirtschaft nicht verkannte. Er war wohl auch als seelsorgerlicher Kenner der menschlichen Natur realistischer, wenn er den Wert des sozialen Gewissens und der Verantwortung heraus-

---

[31] Oswald von Nell-Breuning, *Blick auf Karl Marx*, in: Heribert Klein (Hg.), *Oswald von Nell-Breuning. Unbeugsam für den Menschen. Lebensbild, Begegnungen, ausgewählte Texte*, Freiburg i.Br. 1989, S. 146.

stellte. Alle drei Genannten aber würden vermutlich heute in ihren Bedenken gegenüber dem Wiedererstarken des Neoliberalismus übereinstimmen.

Eng verbunden mit seiner Soziallehre war Nell-Breunings Ablehnung des Integralismus, den er religiösen Totalitarismus nannte und den wir heute als Fundamentalismus bezeichnen.[32] Diese Ideologisierung, die offenbar jede Religion gefährdet, d.h. die Auffassung, dass aus dem Glauben allein die Antwort auf alle Fragen des privaten und öffentlichen Lebens gegeben wird, widersprach zutiefst seinem Denken. Seine Frontstellung gegen den Integralismus brachte ihn auch gelegentlich in Konflikt mit der Amtskirche. Oswald von Nell-Breuning hat die katholische Soziallehre verstanden als ein Gefüge von offenen Sätzen,[33] als allgemeine ethische Leitlinien, in deren Rahmen die konkreten Schritte und Maßnahmen, die zum bonum commune führen, in der Debatte gefunden und gewählt werden können und müssen. Er hat die katholische Soziallehre herausgeführt aus der irrigen Vorstellung eines geschlossenen und lückenlos bestimmten Kanons konkreter Anweisungen und sie zur Akzeptanz der Demokratie als zeitgemäßer und rechtmäßiger, auf die Vernunft und Freiheit des Bürgers gründenden Staatsform geführt.

Der auf christliche Werte bauende Diskurs über die richtige Politik war das Thema des Jahrbuchs CIVITAS, das Bernhard Vogel als Vorsitzender der Schriftleitung viele Jahre lang mit gestaltete. Hier tauchten schon in den 60er Jahren viele der Fragen auf, die bald die deutsche Politik beschäftigen sollten: Konfession und Demokratie, Erziehung und Bildung, die Auseinandersetzung mit dem Marxismus, Ökologie und entwicklungspolitische Themen.[34] Die ersten Bände erschienen mit dem Untertitel »Jahrbuch für christliche Gesellschaftsordnung«. Ab dem 8. Band, nun unter der Mitherausgeberschaft der Görresgesellschaft,[35] wurde der Untertitel in »Jahrbuch für Sozialwissenschaften« abgeändert. Diese neue Bezeichnung wurde der Auffassung von Oswald von Nell-Breuning zum Beitrag der christlichen Sozialethik zu den modernen Sozialwissenschaften besser gerecht. Im Jahrbuch CIVITAS fand über die Konfessions- und Parteigrenzen hinweg ein immer größer werdender Kreis von Sozialwissenschaftlern eine Plattform, die drängenden Fragen unserer Zeit auf der Grundlage christlicher Werte zu erörtern.[36]

---

[32] Josef Höfer/Karl Rahner (Hg.), *Lexikon für Theologie und Kirche*, 2. Aufl., Bd. 5, Stichwort »Integralismusstreit«, Freiburg i.Br. 1960.
[33] Hermann Josef Wallraff in: Achinger u.a. (wie Anm. 29), S. 27–48.
[34] Hans Maier, *Begegnungen mit Bernhard Vogel*, in: Haungs u.a., Civitas (wie Anm. 1), S. 135–137.
[35] Vom 13. bis zum letzten 1979 erschienenen 16. Band wurde das Jahrbuch von der Görresgesellschaft allein herausgegeben.
[36] Neben den Mitarbeitern des Heinrich-Pesch-Hauses vor allem Mitglieder der »Freiburger Schule« der Politikwissenschaft (siehe Anm. 23), wie Hans Maier, Franz Ansprenger, Manfred Hättich.

Bernhard Vogel wurde 1965 mit 32 Jahren in den Deutschen Bundestag gewählt und 1967 mit 34 Jahren zum Kultusminister des Landes Rheinland-Pfalz ernannt. Damit gingen seine Lehr- und Wanderjahre zu Ende. Den ihn in den Heidelberger und Mannheimer Jahren prägenden christlichen und demokratischen Grundsätzen blieb er auch in seinem politischen Wirken treu. Die damals entstandenen Bekanntschaften und Freundschaften bildeten eines der tragenden Fundamente seines öffentlichen Wirkens.[37]

---

[37] Davon zeugt die Festgabe zum 60. Geburtstag (wie Anm. 1). Vor allem im »Deidesheimer Kreis« führte er die mit dem Jahrbuch CIVITAS begonnenen Begegnungen fort.

HELMUT HERLES

Ornithologie: Kein Vogel im Wolkenkuckucksheim

Anekdotisches und Persönliches zum 75. Geburtstag
von Bernhard Vogel

Nomen est omen. Frei übersetzt: Namen sind niemals nur Schall und Rauch. Es gibt sogar eine Theorie, dass sie eine vorausbestimmende, eine propädeutische Wirkung für die jeweilige Berufswahl haben. Und der Name von Bernhard und Hans-Jochen Vogel passt sowohl zur Politikwissenschaft des Jüngeren als auch der Juristerei des Älteren, noch besser vielleicht zu beider Berufung als Politiker. Denn Vögel haben Überblick, leben aber auch gefährlich. Eine Fülle von Bildern, Sprichworten und Redensarten hat mit den Vögeln zu tun: Einen Vogel haben. Wie ein Vögelchen essen. Der Vogel ist auf den Leim gegangen. Ein loser, seltener, bunter Vogel. Jemanden für vogelfrei erklären. Der Vogel war ausgeflogen. Friss Vogel, oder stirb. Ein schlechter Vogel, der sein eigenes Nest beschmutzt. Auch in der Dichtung und im Volkslied fliegen die Vögel. So ist es sicher kein Zufall, dass ihr im März 2007 erschienenes gemeinsames Deutschland-Buch den zutreffenden Titel »Vogelperspektive« trägt. Ihre beiden Parteien hätten mit ihnen den Vogel abschießen, also alle anderen übertreffen können, wenn sie sie jeweils so hätten fliegen lassen, wie sie es konnten. So aber mussten sie jeweils hin und wieder der CDU oder der SPD den Vogel zeigen. Der Bruder Jochen beispielsweise, als die rheinland-pfälzischen CDU-Vogelfänger den Bernd auf die Erde geholt hatten. Allerdings zum eigenen Schaden. Seither regiert die CDU nicht mehr in Rheinland-Pfalz und Jochen Vogel kommentierte: »So geht's, wenn man mit den Brüdern Vogel nicht anständig umgeht.«

Dieses trotz politischer Gegnerschaft über Jahrzehnte bewährte gute Verhältnis der beiden Brüder verdanken sie auch der Erziehung ihrer Mutter, die die positiven Zeitungsausschnitte über den einen dem anderen zuschickte. Beide haben das einander immer wieder öffentlich bestätigt. Dabei erkannte der strenge Ältere die Leistungen des Jüngeren in Staatsbürgerkunde und bei der Rechtschreibe-Nachhilfe nicht nur mit bescheidenen Geldgaben von 50 Pfennig zur Aufbesserung des Taschengeldes an. Der später von der SPD als Oberlehrer bezeichnete Partei- und Fraktionschef attestierte seinem Bruder zum 60. Geburtstag: »Als der jüngere von uns beiden hast Du mich in unseren Kinder- und Jugendjahren geduldig ertragen, obwohl ich Dir gelegentlich mit meinen pädagogischen Neigungen arg zugesetzt habe. Später, als Du Deinen eigenen Weg gingst – vielleicht sogar als bewusste und/oder unbewusste Alternative zu dem meinen –, haben wir uns immer wieder gerne gesehen und so manches gute Gespräch miteinander geführt, an das ich mich ebenso gerne erinnere wie an Dein Verständnis und Deinen Zuspruch in schwierigen Situationen.« Nicht nur dieser Text zeigt, dass auch für den Älteren jener Satz von Wilhelm Busch gilt: »Der Vogel, scheint mir, hat Humor.« In dieses Bild passt, dass Bernhard als Kind unbekümmert gespielt, aber Jochen beim gleichen Umgang mit der Eisenbahn lieber die Fahrpläne der Züge exakt berechnet habe.

Bei Bernhard, der auf den ersten Blick fröhlicher wirkt als Hans-Jochen, wobei manche seine Entschlossenheit unterschätzen, war das ohnehin unbestritten. Deshalb ist nur er in Aachen zum Ritter wider den tierischen Ernst geschlagen worden. Und sicher hat auch Hans-Jochen geschmunzelt, als sein Bruder sich bei dieser Gelegenheit mit der damaligen Papierlust und Planungssucht der SPD im Allgemeinen und der Jusos im Besonderen auseinandersetzte: »Wäre Columbus ein Juso gewesen, dann wäre Amerika bis heute nicht entdeckt. Er säße noch immer in Madrid oder Lissabon auf einem Juso-Kongress, der sich mit der 7. oder 8. Fortschreibung des integrierten Amerika-Gesamtentdeckungsplanes beschäftigte.« Die rheinland-pfälzische CDU schmückte sich damals gern mit solchen Federn und plakatierte: »Unser Vogel heißt Bernhard«.

Manchmal konnte der bei allem Respekt vor dem großen Bruder auch dem gegenüber frech wie ein Spatz sein. Die frühe Pädagogik des Älteren zahlte der Jüngere gelegentlich heim. Nachdem Jochen als Bundesjustizminister zum zweiten Mal in einer Bonner Kabinettsrunde Kaffee verschüttet hatte, schickte der Mainzer Vogel dem Bonner Vogel eine umsturzsichere Kaffeetasse mit Stehaufautomatik: »In der Hoffnung auf unter diesem Gesichtspunkt ungestörte Kabinettssitzungen«. Nachdem Hans-Jochen zum SPD-Kanzlerkandidaten gegen Helmut Kohl nominiert worden war, sandte Bernhard folgendes Telegramm nach Bonn: »Lieber Bruder, Du gehst einen ungeheuer schweren Gang, ein neuer Fahrer macht aus einem Auto, das nicht fahrtüchtig ist, keinen Rennwagen.« Hans-Jochen konterte: »Lieber Bruder, ich danke Dir für Deine guten Wünsche. Lieber ein zuverlässiger Oldtimer als ein ferngesteuerter Rennwagen mit einem konditionsschwachen Beifahrer.« Also doch »gleiche Brüder – gleiche Kappen«. Oder wie ein anderes Sprichwort sagt: »Einem jeden Vogel gefällt sein Nest.«

In der gemeinsamen »Vogelperspektive« erzählen beide anschaulich, aber vor allem Bernhard streut immer wieder Anekdotisches ein. Einige Beispiele: Während des Krieges wurde er als »Schüler ohne Schule« als Kind zum Gärtner. In einem Bombentrichter legte er windgeschützte Terrassen an, um Tomaten zu ziehen. Als 10-Jähriger sollte er zum Jungvolk eingezogen werden. Aber seine Eltern besorgten ein ärztliches Attest: »Ich sei kränklich, litte unter Asthma und müsse deshalb vom Dienst befreit werden.« Der spätere Prof. Dr. gesteht, dass er »ganz im Gegensatz zu meinem Bruder« ein schlechter Schüler und keineswegs sicher war, ob er das Abitur bestehen würde. »Als mein Vater mich allerdings für eine Hotelfachschule anmelden wollte, habe ich erfolgreich Widerstand geleistet.« Er erreichte, dass im damals aufkommenden Sozialkundeunterricht Bundestagsdebatten im Radio gehört werden durften. »Ein Teil war interessiert wie ich, der andere freute sich, dass der reguläre Unterricht ausfiel.« Erste Spuren eines frühen Machtbewusstseins: »Und ich sicherte mir damit zugleich über Jahre meine Wiederwahl als Klassen- und später auch als Schulsprecher.«

Als er 1965 in den Bundestag gewählt wurde, war Ludwig Erhard Bundeskanzler, und der »Alte« Konrad Adenauer brachte dem damals jüngsten Abgeordneten bei einer Tasse Tee die Relativitätstheorie des Alters im rheinischen Tonfall bei: »Herr Vogel, Sie glauben wohl, Sie seien jung. Das will ich Ihnen sagen: Die Jungen von heute sind wesentlich jünger als Sie.«

Schon immer war der spätere Ministerpräsident von Thüringen an der Entwicklung in der DDR interessiert. Als Mainzer Ministerpräsident besuchte er Jahr für Jahr Region um Region. 1959 hatte er sogar als junger Mann im Auftrag des Ministeriums für Gesamtdeutsche Fragen an den kommunistischen Weltjugendspielen teilgenommen. »Peter Pinto« war dabei sein Deckname. »In große Verlegenheit kam ich erst, als ich einer Arbeitsgruppe Segelflug zugeteilt wurde und man mich nach den Startgebühren in Westdeutschland fragte.« Von denen hatte er natürlich keine Ahnung. Später als Ministerpräsident hatte er für seine Sicherheitsleute einen durchaus passenden Decknamen: »Kolibri«.

Bernhard Vogel ist zwar zweimal gegen den Willen von Helmut Kohl dessen Nachfolger in Mainz geworden, als CDU-Landesvorsitzender gegen Heiner Geißler und als Ministerpräsident gegen Wilhelm Gaddum. Das änderte jedoch nichts daran, dass Vogel stets mit Helmut Kohl verbunden blieb und auch nach dem Absturz Kohls in der Parteispendenaffäre vermitteln konnte. Das rührt nicht zuletzt von der gemeinsamen Studentenzeit in Heidelberg her. Vogel über Kohl: »Man konnte ihn mit seiner Lambretta die Hauptstraße entlangfahren sehen – oft mit einem Ägypter auf dem Rücksitz, dem er Deutschunterricht gab. Habt Ihr den Helmut Kohl gesehen? Der wird einmal Ministerpräsident von Rheinland-Pfalz!, war eine stehende Redewendung unter uns Studenten.« Als Vogel zusammen mit Geißler, beide noch im Alter der Jungen Union, auf Betreiben Kohls Minister im Kabinett von Peter Altmeier in Mainz wurde, kommentierte das der Ministerpräsident von Baden-Württemberg, Hans Filbinger: »In Mainz werden jetzt Lausbuben Minister.« Damals konnte noch niemand ahnen, dass Heiner Geißler 1989 Helmut Kohl stürzen wollte.

Anschaulich ist auch der Bericht von Bernhard Vogel über seine Berufung nach Thüringen, diesmal mit dem Willen von Helmut Kohl. Der Vorsitzende der Konrad-Adenauer-Stiftung dachte, dass er mit dieser Aufgabe sein Lebenswerk abrunden werde. Aber am 27. Januar 1992 sitzt er mittags mit der Leitung der Hanns-Seidel-Stiftung in einem Münchner Wirtshaus, »als eine dralle bayrische Kellnerin ruft: Hoast hia oana Vogel?« Der Bundeskanzler war am Telefon. Man müsse ihn in die Pflicht nehmen. Vier Stunden später ist er in Erfurt. Am Abend ergibt die geheime Abstimmung über seine Nominierung zum Thüringer Ministerpräsidenten 40 Ja- und eine Gegenstimme. Erst nach Mitternacht ist er im

Gästehaus Cyriaksburg. »Einen Schlafanzug und eine Zahnbürste habe ich nicht dabei. ... Heute weiß ich, es begann das größte Abenteuer meines Lebens.« Dieser Start in Erfurt erinnert an den seines Bruders als Nothelfer der SPD und Regierender Bürgermeister in Berlin. Dort versuchte der ehemalige Münchner Oberbürgermeister den Berlinern preußische Tugenden vorzuleben und übernachtete am Anfang gelegentlich auf einem Feldbett im Schöneberger Rathaus.

Es ist also kein Wunder, dass beide, die sich im Alter immer ähnlicher werden, auch schon als Jüngere miteinander verwechselt wurden. Einmal telefonierte Hanna-Renate Laurien, zuerst Staatssekretärin beim Kultusminister Bernhard Vogel und danach Kultusministerin bei diesem Ministerpräsidenten, ungebremst über Mainzer Interna, obwohl sie den »falschen« Vogel am Apparat hatte. Sie hatte nur »Vogel« gehört und gleich losgelegt. Der brüderliche Kommentar in der Art der damaligen Häschen-Witze: »Hattu Laurien, muttu unterbrechen.« Das ändert nichts an der lebenslangen Sympathie zwischen Hanna-Renate und Bernd. Wobei dem »ewigen« Junggesellen nachgesagt wird, er habe wenigstens angesichts dieser Frau das eine oder andere mal ernsthaft überlegt, ob er nicht doch noch singen sollte: »Ein Vogel wollte Hochzeit machen ...«, um seinen Erfahrungssatz zu dementieren: »Es ist leichter mit Frau und Kind Ministerpräsident zu werden, denn als Ministerpräsident zu Frau und Kind zu kommen.« So aber blieb es bei diesem leicht koketten Satz und der Gewissheit, von Frauen gemocht zu sein. Sonst besäße er nicht stets so tadellose Hemden und schöne Krawatten.

Auch Golo Mann berichtete von der Vogel-Vogel-Verwechslungsgefahr: »Das Telefon. Ein Herr Vogel. Nur einen kenne ich aus seiner Münchner Oberbürgermeisterzeit, da waren wir sozusagen befreundet. Was er jetzt wohl von mir will? Er will gar nichts. Ach so, Sie sind der Bruder? Richtiger, er ist mein Bruder.« Hier war also die Verwechslungsmöglichkeit schnell aufgeklärt, was nicht immer so leicht gelang. So wurde Bernhard einmal in der damaligen DDR als SPD-Vogel begrüßt, und der verheiratete Jochen sah die hartnäckig seinem Junggesellen-Bruder nachstellende Dame NN. in der ersten Reihe einer SPD-Versammlung, weil sie geglaubt hatte, Bernhard rede. Aber so leicht ging der nicht ins Garn. Ein anderes Mal wehrte er sich gegen eine Vogelfängerin mit Hilfe eines Karussell-Besitzers. Er hatte dessen Riesenrad einzuweihen und entdeckte die Verehrerin in einer anderen Kabine. Daraufhin bat er den Betreiber, das Riesenrad nach der ersten Umdrehung in Erdnähe langsamer fahren zu lassen. Er sprang rasch ab, flog davon und die Dame wurde allein noch einmal in die Höhe bewegt.

Darüber hat Bernhard Vogel gern im Bundesrat mit dem neben ihm sitzenden nordrhein-westfälischen Ministerpräsidenten gescherzt, da Johannes Rau lange Zeit ebenfalls unverheiratet war. Gleich am Morgen nach Raus Hochzeit mit einer Enkelin Heinemanns meldete sich auch Frau NN. in der Mainzer Staatskanzlei: Sie sei ebenfalls zum Bunde bereit. Da Rau seine Hochzeit mit einem Bibelspruch angezeigt hatte, zog Bernhard Vogel das Alte Testament mit dem Buch der Sprüche zum Lob der Frau heran: »Sie sei wie eine Perle und habe für das Haus mit reichen Kleidern zu sorgen.« Wobei Vogel durchaus unbiblisch anfügte, was bei der unsicheren beruflichen Zukunft des Mannes Rau wohl auch geboten sei.

Die beiden hatten im Bundesrat, wo die Länder in alphabetischer Ordnung nebeneinander aufgereiht sind, sogar die Sitzordnung geändert. Dort saß der Stimmführer des jeweiligen Landes links neben seinem Ministerpräsidenten, falls dieser da war. Die beiden ließen sich von ihren Stimmführern in die Mitte nehmen, damit sie Nachbar sein konnten. Dann steckten sie die Köpfe zusammen und tuschelten manchmal wie ausgelassene Schuljungen. Während einer Debatte zum Volkszählungsgesetz fragte Rau, ob Bernhard Vogel bestätigen könne, dass bei David nach einer Volkszählung die Pest ausgebrochen sei. Vogel konterte mit dem Neuen Testament, ihn interessiere mehr die von Lukas berichtete Volkszählung in Bethlehem »wegen ihrer weltgeschichtlichen Auswirkung«.

Eine kleine Weile waren die Brüder Vogel beide Mitglied des Bundesrates: Bernhard als Mainzer Ministerpräsident und Hans-Jochen als Regierender Bürgermeister von Berlin und Vizepräsident. Nachdem Hans-Jochen durch Richard von Weizsäcker abgelöst worden war und dieser neben dem Hamburger Bürgermeister Klaus von Dohnanyi turnusgemäß zum Bundesrats-Vizepräsidenten gewählt wurde, sagte Rau mit unbewegtem Gesicht zu Bernhard Vogel: »Herr Kollege, finden Sie nicht auch, dass das bürgerliche Element im Präsidium unterrepräsentiert ist?« Vogel stutzte, weil er an das vorhandene Übergewicht von CDU-Politikern gedacht hatte und lachte, weil Rau auf den Anteil des Adels im Präsidium angespielt hatte. Bernhard Vogel hatte als Kultusminister oft damit gescherzt, dass er sich in der Kultusministerkonferenz zusammen mit seinen Unionskollegen Hans Maier (Bayern) und Wilhelm Hahn (Baden-Württemberg) vor allem mit dem »roten Adel« auseinanderzusetzen habe, mit Genossen wie von Friedeburg (Hessen), von Oertzen (Niedersachsen) und von Dohnanyi (Bund).

Bernhard Vogel und Johannes Rau dementierten beide den Nietzsche, der gefragt hatte, warum die Christen so unerlöst dreinschauten. Einmal saß der katholische Bernhard Vogel im Bundeshausrestaurant mit einigen Journalisten. Der reformierte Johannes Rau war in der Nähe an einem anderen Tisch. Unerwartet bringt ein Kellner eine Flasche Sekt in Vogels Runde. Sie komme von Herrn Rau. Der erhebt sich mit dem Glas in der Hand und ruft: »Ich grüße Sie mit dem Motto des Stuttgarter Evangelischen Kirchentages: Wir sind doch Brüder!«

Es ist selten, dass Bernhard Vogel vom Humor verlassen wurde. Am bekanntesten ist die Szene, als die eigene Partei ihn 1988 mit dem ehrgeizigen Fraktionsvorsitzenden, dessen Namen heute kaum noch einer kennt, gestürzt hatte. Da stürmte Vogel aus dem Saal, nachdem er zuvor pathetisch ausgerufen hatte: »Gott schütze Rheinland-Pfalz.« Aber kleine Sünden straft der liebe Gott sofort, heißt es im rheinischen Volksmund – und Gott schreibt auf krummen Zeilen gerade, denn sonst hätte ihn womöglich nicht die größte politische Herausforderung seines Lebens erreicht, Ministerpräsident des aus den Ruinen der DDR auferstandenen Landes Thüringen zu werden. Da war er wieder bei gutem Humor, ebenso jetzt als Vorsitzender der Konrad-Adenauer-Stiftung und damit einer weltweiten Arbeit für seine Überzeugungen, zu denen der liberale Mainzer Koalitionspartner Peter Caesar einmal angemerkt hat: »Fundi oder Realo? Beides!«

Bernhard Vogel – sein Bruder übrigens ebenfalls – haben niemals eine Vogel-Strauß-Politik betrieben, weder mit F.J.S. noch sonst. Vielleicht hätten sie gern manchmal das »Wunderbarliche Vogelnest« des Grimmelshausen besessen, das seine Träger unsichtbar machte, worauf sie noch weniger jemandem auf den Leim hätten gehen und alles erfahren können. Beide sind auch nicht dem Vogelzug der »Ornithes« des Aristophanes gefolgt. In dessen Komödie »Die Vögel« geht es um eine besondere menschliche und damit auch politische Ornithologie oder Vogelkunde: Die Vögel haben ursprünglichere Rechte auf die Weltherrschaft als die jetzigen Götter. Die Zuschauer werden aufgefordert, sich gleichfalls Flügel anzuschaffen, um in die Vogelwelt zu emigrieren. Es wird ein Vogelstaat gegründet. Das neue Reich der geflügelten Helden bekommt den passenden Namen Nephelokokkygia: Wolkenkuckucksheim. Es kommt, wie es kommen muss: Bald stellen sich als Flügelanwärter Schmarotzer und Neider ein, darunter ein Priester, ein Dichter, ein Wahrsager, ein Astronom, ein Diplomat, ein Jurist, ein missratener Sohn und ein Denunziant. Also Figuren, wie sie Bernhard Vogel sicher auf den Bühnen seines Lebens kennengelernt hat. Auch deshalb hat er es vorgezogen, statt ins Wolkenkuckucksheim abzufliegen, auf dieser Erde zu bleiben und ihre Berge im Schweiße seines Angesichts mitunter mühselig zu ersteigen. Auch darin stimmt er mit dem Vogel im politisch anders gefärbten Gefieder überein: Lieber an der biblischen Bewahrung der Schöpfung auf Erden mitzuwirken als nach Nephelokokkygia, ins Wolkenkuckucksheim abzuschwirren.

Deshalb schreiben beide am Ende ihrer »Vogelperspektive« eine Aufforderung und eine Einladung an alle Mitbürgerinnen und Mitbürger: »Die Aufforderung: Habt Mut, Hoffnung und Zuversicht. Seid ins Gelingen verliebt, nicht ins Scheitern. Denkt nicht nur an Euch, sondern engagiert Euch für Eure Mitmenschen und für das Gemeinwesen. Und die Einladung: Versucht es besser zu machen als die, die Ihr kritisiert. Fragt Euch auch, ob Ihr nicht einer Partei beitreten solltet. Dann kommt Ihr vielleicht eines Tages zu einer ähnlichen Lebensbilanz, wie wir sie hier zu ziehen versucht haben. Wir wünschen es Euch jedenfalls.«

CHRISTENTUM
UND
POLITIK

OTTO DEPENHEUER

Politik aus christlicher Verantwortung

Staatsphilosophische Überlegungen

»WAS WÜRDE JESUS HEUTE SAGEN?«

Ein gläubiger Christ in politischer Verantwortung steht zwischen zwei Handlungslogiken, die nicht notwendig deckungsgleich sind. Die Logik religiöser Offenbarungswahrheit zielt darauf, ohne Rücksicht auf Stimmungen des Zeitgeistes und öffentliche Moden unbeirrt zu realisieren, »was Jesus heute sagen würde«.[1] Die Logik politischer Entscheidungsfindung zielt in einer freiheitlich-demokratischen Ordnung darauf, Mehrheiten zu gewinnen, um eigene Überzeugungen durchzusetzen. Dazu muss man politische Kompromisse eingehen, akzeptieren, was man nicht verhindern kann, um zu erreichen, was man auf jeden Fall bewahren will. An aktuellen Anwendungsbeispielen ist kein Mangel: Sonn- und Feiertagsschutz in Zeiten der Flexibilisierung des Arbeitsmarktes,[2] die Abtreibungsproblematik mit ihrem pharisäerhaften Auseinanderfallen von rechtlichem Anspruch und fataler Wirklichkeit,[3] die vielfältigen Fragen der Biotechnologie von der Stammzellforschung bis hin zum Klonieren,[4] die heiklen Probleme des Lebensschutzes am Anfang[5] und am Ende des Lebens,[6] die Frage nach dem Leitbild der Familienpolitik[7] und vieles andere mehr.

---

[1] So der Titel eines Buches des vormaligen CDU-Generalsekretärs Heiner Geißler, *Was würde Jesus heute sagen? Die politische Botschaft des Evangeliums*, Berlin 2003.
[2] Frank Stollmann, *Der Sonn- und Feiertagsschutz nach dem Grundgesetz*, Stuttgart 2004; Ders., *Staatlich anerkannte Feiertage – einfachgesetzlicher Spielball oder änderungsfestes Rechtsinstitut?*, in: Die öffentliche Verwaltung 57 (2004) 11, S. 471–476; Philip Kunig, *Der Schutz des Sonntags im verfassungsrechtlichen Wandel*, Berlin 1989.
[3] BVerfGE 39, 1ff.; 88, 203ff. – Martin Rhonheimer, *Abtreibung und Lebensschutz. Tötungsverbot und Recht auf Leben in der politischen und medizinischen Ethik*, Paderborn 2003; Manfred Spieker, *Kirche und Abtreibung in Deutschland – Ursachen und Verlauf eines Konfliktes*, Paderborn 2001.
[4] Überblick: Susanne Braun, *Das Klonieren von Tieren. Eine ethische und rechtliche Analyse. Zum verantwortungsvollen Umgang des Menschen mit seiner Umwelt*, Baden-Baden 2002; *Stammzellforschung in Deutschland. Möglichkeiten und Perspektiven* (Stellungnahme der Deutschen Forschungsgemeinschaft, Oktober 2006), Weinheim 2007; Thomas Heinemann/Jens Kersten, *Stammzellforschung. Naturwissenschaftliche, rechtliche und ethische Aspekte*, Freiburg i.Br. 2007.
[5] Christian v. Dierks u.a. (Hg.), *Rechtsfragen der Präimplantationsdiagnostik*, Berlin 2006.
[6] Überblick: Stephan Rixen, *Lebensschutz am Lebensende. Das Grundrecht auf Leben und die Hirntodkonzeption*, Berlin 1999.
[7] Wolfgang J. Mückl (Hg.), *Familienpolitik. Grundlagen und Gegenwartsprobleme*, Paderborn 2002; Max Wingen, *Familien und Familienpolitik zwischen Kontinuität und Wandel*, Sankt Augustin 2003.

Dieses latente Spannungsfeld zwischen den Ansprüchen christlicher Ethik und den Erfordernissen des politischen Wettbewerbs wird immer wieder offenkundig. CDU/CSU werden denn auch in mäßigen, aber regelmäßigen zeitlichen Abständen mit dem »C« in ihrem Namen konfrontiert: vom Parteifreund in politischer, vom politischen Gegner in polemischer, von Seiten kirchlicher Würdenträger in kritischer Absicht. Der Hinweis auf das »Christliche« im Namen der Partei löst in deren Reihen eher verhaltene Begeisterungsstürme aus. Im Gegenteil: ein gewisses Unbehagen und eine ausgeprägte Ambivalenz lassen sich in den Reaktionen konstatieren. Einerseits ist und will man stolz sein auf das unverwechselbare »C«, mit dem sich eine deutliche und nachhaltige Spur in der Geschichte der Bundesrepublik Deutschland verbindet. Andererseits macht sich Erschrecken breit, wenn von purpurner Seite das »C« eingefordert und insistiert wird, in der Tagespolitik daraus praktische Konsequenzen zu ziehen.

Das konfrontiert die Partei ebenso wie ihre Amtsträger mit dem Kern ihres Selbstverständnisses, dem christlichen Menschenbild, das Politik »aus einem Guss« gewährleisten soll. Über Inhalte und Konsequenzen dieses Selbstverständnisses muss sich die Partei in regelmäßigen Abständen programmatisch neu vergewissern. Dabei wird sie sich die politische Definitionskompetenz über die Bedeutung des »C« nicht abnehmen lassen können, will sie politischen Selbststand behaupten und nicht als Vollzugsorgan der Kirche zur kompromisslosen Durchsetzung von deren Glaubensinhalten gelten. Als politische Partei hat sie vielmehr primäre Aufgabe und Absicht, im politischen Wettbewerb Wahlen zu gewinnen. Dazu muss sie sich personell und programmatisch auch für Nichtchristen öffnen, im Parlament über Koalitionen Mehrheiten suchen und dazu mitunter auch schwierige inhaltliche Kompromisse eingehen, sie verteidigen und verantworten. Und als Regierungspartei muss sie ohnehin ihre Entscheidungen gemeinwohlbezogen und im Namen des »ganzen Volkes« treffen.

Wenn aber CDU/CSU das »C« unabhängig von den Verlautbarungen der großen christlichen Kirchen politisch definieren müssen, so kann dies andererseits aber auch nicht ohne Rücksicht auf den Quellgrund der christlichen Offenbarung und Lehre geschehen. Als inhaltliche Leerformel stützte sie nicht, sondern diskreditierte sie jeden politischen Gestaltungsanspruch. Damit ist das Spannungsfeld umrissen, das christliche Politiker in ihrer Person auszuhalten haben: wie kann man gläubiger Christ und verantwortungsvoller Politiker zugleich sein? Vom Staat ist insoweit keine Hilfe zu erwarten: er setzt seine Bürger in grundrechtliche und demokratische Freiheit, bindet die Amtswalter an das Ethos des Gemeinwohls und überantwortet den Inhalt des Gemeinwohls im Rahmen der Verfassung der freien politischen Auseinandersetzung und demokratischen Mehrheitsentscheidung. Diese Freiheit kann die katholische Kirche[8] ihren Mitgliedern

---

[8] Nachfolgende Überlegungen orientieren sich ebenso exemplarisch wie repräsentativ an den einschlägigen Verlautbarungen der katholischen Kirche.

nicht gewähren: als Hüterin der Wahrheit erwartet sie Gehorsam gegenüber der ihr anvertrauten Offenbarungswahrheit. Allerdings hat die Kirche die Reichweite ihres Wahrheitsanspruchs in kluger Bescheidung zurückgenommen und Recht und Politik »relative« Autonomie zugestanden. Daher muss sich der Christ in seinem politischen Engagement grundsätzlich nicht als Vollstrecker amtskirchlicher Glaubensgebote verstehen, sondern steht in seiner politischen Arbeit – getragen von der Freiheit seines religiösen Gewissens – »unmittelbar zu Gott«. Den wichtigsten Beitrag aber kann der Christ in politischer Verantwortung durch eschatologisch getragene Distanz und Gelassenheit gerade in Zeiten großer Umbrüche und politischer Hektik leisten.

Moderner Staat und religiöses Bekenntnis

Säkularität und Relativismus

Der moderne Staat ist säkularer Staat und das moderne Recht positives, d.h. jederzeit änderbares Recht. Der Staat ist nicht religiös legitimiert, das Recht erhebt keinen Richtigkeits-, sondern nur einen Verbindlichkeitsanspruch: »auctoritas non veritas facit legem« (Thomas Hobbes). Kollektiv verbindliche Entscheidungen werden nach Maßgabe demokratischer Mehrheit getroffen und sind jederzeit änderbar. Eine – religiös fundierte – Richtigkeitsgewähr staatlicher Entscheidungen gibt es nicht mehr. Die raison d'être des modernen Staates ist mithin inhaltlicher Relativismus. Staatliche Indifferenz und rechtlicher Relativismus stehen ihrerseits im Dienst eines ganz und gar nicht relativistischen Ziels: der unverbrüchlichen Wahrung des innerstaatlichen Friedens und der Freiheit seiner Bürger.[9] Die Verfassungsbindung aller Staatsgewalt ändert an diesem Relativitätstheorem nichts. Zum einen unterliegt auch das Verfassungsgesetz der Logik des positiven Rechts, d.h. es ist prinzipiell jederzeit änderbar. Zum anderen repräsentiert die Verfassung zwar einen materialen – wenn auch im konkreten Fall regelmäßig umstrittenen[10] – Minimalwertkonsens der pluralistischen Gesellschaft. In erster Linie aber organisiert und sichert sie nur das offene Verfahren der demokratischen Mehrheitsentscheidung und entlässt die Bürger im Übrigen in grundrechtliche Freiheit.

---

[9] Vgl. eingehend Otto Depenheuer, *Wahrheit oder Frieden. Die fundamentalistische Herausforderung des modernen Staates*, in: Essener Gespräche zum Thema Staat und Kirche 33 (1999), S. 5ff.
[10] Im Zentrum der gegenwärtigen Diskussion steht derzeit der Begriff der Menschenwürde, ausgelöst durch die Neukommentierung des Art. 1 GG im Kommentar Maunz/Dürig: einerseits die naturrechtliche Deutung durch Günter Dürig aus dem Jahre 1958, andererseits die Abschichtung zwischen einem »Würdekern« und einem »peripheren abwägungsoffenen Schutzbereich« von Matthias Herdegen im Jahre 2005. Vgl. dazu Ernst-Wolfgang Böckenförde, *Die Würde des Menschen war unantastbar. Abschied von den Verfassungsvätern*, in: FAZ vom 3.9.2005; Josef Isensee, *Menschenwürde. Die säkulare Gesellschaft auf der Suche nach dem Absoluten*, in: Archiv des öffentlichen Rechts 131 (2006) 2, S. 173–218.

Die Indifferenz staatlichen Handelns gegenüber materialen Werten dient der Wahrung des innerstaatlichen Friedens. Nur deshalb entsagt der moderne Staat apriorischen und kollektiv verbindlichen Wertvorstellungen und Glaubensüberzeugungen. Staatlicher Relativismus ist daher weder Erziehungsprogramm noch Vorbild für den Bürger. Im Gegenteil: der Bürger bedarf im Allgemeinen fundamentaler, in der Regel religiöser Orientierungshilfen, um sein Leben als sinnvoll zu verstehen und kohärent zu bewältigen: religiösen Glaube hat schon Immanuel Kant als ein Gebot praktischer Vernunft bezeichnet. Das ist von der Glaubensfreiheit des Art. 4 GG garantiert, zugleich eine Verfassungserwartung an die Bürger und damit Quellgrund der gelebten Werte in der Gesellschaft.

Säkularität des Staates und Positivität des Rechts sind Folge des Auseinanderbrechens der Glaubenseinheit im christlichen Abendland am Beginn der Neuzeit.[11] Das Heilige Römische Reich Deutscher Nation hatte sich noch als eine heilige, alle Lebensbereiche umfassende Ordnung verstanden, in der Kaiser und Papst nur Inhaber verschiedener Ämter der einen *res publica christiana* waren. Diese Einheitsvorstellung wurde von der sich zur Wissenschaft bildenden Theologie allmählich theoretisch zersetzt und in der Folge der Reformation politisch aufgehoben. Die religiös-konfessionellen Bürgerkriege des 16. und 17. Jahrhunderts waren weder theologisch noch militärisch lösbar und legten ungewollt und unbewusst den Grund für den praktischen Durchbruch der theoretischen Idee des souveränen und säkularen Staates und der Alternativlosigkeit des positiven, jederzeit änderbaren und inhaltlich indifferenten Rechts. Um den Krieg um die religiöse Wahrheit zu beenden und die religiösen Mächte zu entschärfen, musste ein absolut sicherer Punkt jenseits der hermeneutischen Disputationen über den Wahrheitsgehalt von Offenbarungstexten gefunden werden – eine Wahrheit, die alle Menschen einsehen und der sie kraft apriorischer Überzeugungen zustimmen können müssen, gleichgültig, welcher Kultur, Religion, Nation oder welchem Volk sie angehören. Inhalt dieser »säkularen Wahrheit« ist der innerstaatliche Frieden, ihr Sachwalter der absolutistische Staat und sein Monopol der legitimen physischen Gewaltsamkeit.[12] Deswegen kann sich der moderne Staat ebenso wie das positive Recht nicht mehr religiös legitimieren.[13] Der Staat wird zur neutralen Instanz, die über den streitenden Religionsparteien steht[14] – freilich um den Preis der Einheit und Orientierung stiftenden religiösen Wahrheit: an ihre Stelle traten Säkularismus, Relativismus, Positivismus.

---

[11] Vgl. zum Folgenden: Otto Depenheuer, *Religion als ethische Reserve der säkularen Gesellschaft? Zur staatstheoretischen Bedeutung der Kirche in nachchristlicher Zeit*, in: Nomos und Ethos. Hommage an Josef Isensee zum 65. Geburtstag (Hg., Ders. u.a.), Berlin 2002, S. 3–23.

[12] Vgl. Depenheuer (wie Anm. 9), S. 19f. sowie jüngst Ulrich R. Haltern, *Was bedeutet Souveränität?* Tübingen 2007.

[13] Zur Entchristlichung des Staatsbegriffs: Helmut Quaritsch, *Staat und Souveränität*, Frankfurt/M. 1970, S. 293ff.

[14] Vgl. Depenheuer (wie Anm. 9), S. 21ff.

Freiheit der Religion

Mit der französischen Revolution hört der Staat gänzlich auf, Religion und Kirche zu seiner Sache zu machen: Religion wird Privatangelegenheit des Einzelnen.[15] In der Folgezeit überließ der Staat neben Religion auch Wirtschaft, Kultur und Recht ihrer spezifischen Eigengesetzlichkeit und zog sich selbst auf die Aufgabe der Gewährleistung dieser Ausdifferenzierung, der Ermöglichung ihrer Koordination und der Sorge für Sicherheit und Ordnung zurück. An die Stelle der einen *res publica christiana* trat zunächst die Trennung von Staat und Kirche und schließlich – auf der Basis der Grundrechte – das in zahlreiche Teilsysteme ausdifferenzierte Gemeinwesen der modernen Gesellschaft. Staat und Religion formierten eine Art von Gewaltenteilung: die relative Autonomie eines jeden Systems steht unter wechselseitigem Souveränitätsvorbehalt. So gewährt der Staat Religionsfreiheit, behält sich aber ein durch das Gewaltmonopol gestütztes Letztentscheidungsrecht vor.[16] So entlässt die Kirche die Politik in relative Autonomie, behält sich aber eine potestas indirecta gegenüber der Staatsgewalt und eine potestas directa gegenüber ihren Gläubigen vor.

Die grundrechtliche Freiheit des christlichen Politikers stellt diesen frei von staatlicher Ingerenz, die demokratische Freiheit bindet ihn an das säkulare Gemeinwohl. Wie er diese Freiheit im Handeln inhaltlich wahrnimmt, ist ihm überlassen. Er kann, gestützt auf seine religiöse Überzeugung und seine Mitgliedschaft in der Kirche, seine Auffassungen im politischen Wettbewerb durchzusetzen versuchen. Aber wie weit geht sein politischer Spielraum mit Rücksicht auf die im Glauben geoffenbarte Wahrheit, deren Treuhänder die Kirche ist? Kann die Kirche ihm sein politisches Handeln vorschreiben? Ist er »ultramontan« verpflichtet oder autonom und frei?

Kirchlicher Gehorsamsanspruch und Autonomie der Politik

Kirchlicher Gehorsamsanspruch

Der grundrechtlichen Freiheit des Bürgers vom und seiner demokratischen Freiheit zum Staat korrespondiert keine Freiheit gegenüber der Lehre der katholischen Kirche. Im Gegenteil: Diese ist Hüterin göttlicher Offenbarungswahrheiten. Das Recht der Wahrheit aber ist die Grundlage des Handelns eines jeden Christen; ihm gegenüber kann es nur Pflichten, aber keine Freiheit zur Selbstbestimmung geben. Gegenüber seiner religiösen Wahrheit kann kein Gläubiger frei

---

[15] Vgl. Ernst-Wolfgang Böckenförde, *Die Entstehung des Staates als Vorgang der Säkularisation*, in: *Säkularisation und Utopie. Ernst Forsthoff zum 65. Geburtstag*, Ebracher Studien. Stuttgart 1967, S. 75–94.

[16] Stefan Muckel, *Religiöse Freiheit und staatliche Letztentscheidung*, Berlin 1997.

sein, kann und darf es eine »Freiheit für den Irrtum« nicht geben.¹⁷ Es wäre absurd, könnte sich der gläubige Christ als Glaubender frei gegenüber den Geboten seines Glaubens wähnen.¹⁸ Die katholische Kirche nimmt denn auch selbstverständlich für sich das Recht in Anspruch, über den Inhalt der christlichen Offenbarungswahrheit verbindlich zu befinden und ihre Gläubigen zu Gehorsam zu verpflichten. So haben die Gläubigen »die Lehren und Weisungen, die ihnen die Hirten in verschiedenen Formen geben, willig« anzunehmen,¹⁹ wobei der Grad der Verbindlichkeit verschieden ist.²⁰ Die »Lehrmäßige Note zu einigen Fragen über den Einsatz und das Verhältnis der Katholiken im politischen Leben« der Kongregation für die Glaubenslehre konkretisiert dieses Weisungsrecht für den hier in Frage stehenden Sachverhalt.²¹

ZWISCHEN INTEGRALISMUS UND RELATIVER AUTONOMIE

Die Verbindlichkeit der kirchlichen Glaubenslehre führt den christlichen Politiker in ein Dilemma. Wem soll er mehr gehorchen: der kirchlichen Soziallehre oder dem auf das Wohl der Allgemeinheit ausgerichteten Amtsethos, der Partei- oder der Kirchendisziplin? Eine Pflichtenkollision existiert freilich nur dann, wenn und insoweit beide Verhaltensansprüche gleichweit reichen, weltlicher Souveränitätsanspruch und kirchlicher Wahrheitsanspruch sich in ihrem sachlichen Anwendungsbereich decken. Dies war jedenfalls solange der Fall, wie die Kirche darauf beharrte, dass alle weltliche Macht von der geistlichen Macht abgeleitet ist: »Die weltliche Gewalt ist der geistlichen untergeben wie der Leib der Seele.«²² Derart stellte die Kirche dem sich allmählich säkularisierenden Gemeinwesen ein geschlossenes, auf der wahren Religion gründendes Ordnungsdenken entgegen. Seit Mitte des 19. Jahrhunderts fand dieses integralistische Denken seine Fortsetzung im neuscholastischen Naturrechtsdenken, das mit seiner Identifikation von Recht und Moral die theoretische Grundlage einer kirchlich formulierten und kontrol-

---

[17] Vgl. Josef Isensee, *Keine Freiheit für den Irrtum. Die Kritik der katholischen Kirche des 19. Jahrhunderts an den Menschenrechten als staatsphilosophisches Paradigma*, in: Zeitschrift der Savigny-Stiftung für Rechtsgeschichte, Kanonistische Abteilung LXXIII (1987), S. 296–336.

[18] An dieser Aussage ändert nichts die Anerkennung der Religionsfreiheit durch die Kirche (vgl. die Erklärung des II. Vatikanums »Dignitatis humanae«. Dazu: Gerhard Luf, *Glaubensfreiheit und Glaubensbekenntnis*, in: *Handbuch des katholischen Kirchenrechts*, Regensburg 1983, S. 561–567). Geht es dieser um die zwangsfreie Annahme und um das freie Festhalten des Glaubens, so ist diese Freiheit in dem Umfang erschöpft, in dem der Glaube angenommen wird: der angenommene und festgehaltene Glaube ist die Grundlage, die den Gläubigen frei macht, aber logisch nicht Gegenstand der Freiheit.

[19] *Katechismus der Katholischen Kirche*, München 1993, Ziff. 87. Vgl. auch Ziff. 2032ff.

[20] Vgl. Can. 750, 752 CIC.

[21] Vom 24. November 2002. Hg. v. Sekretariat der Deutschen Bischofskonferenz, Bonn 2002.

[22] Mit diesen Worten hat Gregor von Nazians (17. Rede) diesem Verständnis exemplarisch Ausdruck gegeben Auf dieser Verhältnisbestimmung ruhte bis zuletzt die Legitimation des Kaisers im Heiligen Römischen Reich Deutscher Nation und der korrespondierende Machtanspruch des Papstes.

lierten Vernunfterkenntnis bildete und alle Bereiche des Soziallebens erfasste.[23] Damit war die Anerkennung eines sich immer mehr ausdifferenzierenden Gemeinwesens unvereinbar; der »katholisch durchsäuerte Staat« bildete das politische Ziel der kirchenamtlichen Sozialdoktrin.

Es war ein langer und mühevoller Weg, den das katholische Staatsdenken zurücklegen musste, um Anschluss zu finden an die politischen Ideen der Aufklärung und die freiheitlichen Errungenschaften der französischen Revolution. Freilich konnte es dazu auf die alte Tradition der Lehre von den zwei Reichen zurückgreifen, wonach dem Kaiser zu geben ist, was des Kaisers ist, und Gott, was Gottes ist.[24] Schon Thomas von Aquin hatte im Anschluss an Augustinus[25] den säkularen Staat vorgedacht, wenn er beide Gewalten – Staat und Kirche – als von Gott gegebene societates perfectae beschreibt, die je für ihren Bereich selbstständig sind: »Beide Gewalten, die geistliche und die weltliche, stammen von Gott.« Den damit grundgelegten Kompetenzkonflikt sucht Thomas dadurch zu entschärfen, dass er beiden Gewalten eigene Kompetenzen zuweist: »Die weltliche Obrigkeit [sc. steht] insoweit unter der geistlichen, als sie von Gott ihr untergeordnet ist, nämlich in den Dingen, die das Heil der Seele betreffen, weshalb man in diesen Dingen mehr der geistlichen als der weltlichen Gewalt gehorchen muss. In denjenigen Dingen aber, die die bürgerliche Wohlfahrt betreffen, muss man mehr der weltlichen als der geistlichen Gewalt gehorchen.«[26] In erster Linie hat die Kirche also einen Heilsauftrag zu erfüllen; an der sozialen Gestaltung des Gemeinwesens kann sie teilnehmen, ohne insoweit einen religiös begründeten Wahrheitsanspruch geltend machen zu können. Was Thomas von Aquin für das späte Mittelalter als Handlungsmaxime formulierte, gilt unter den hochgradig komplexen gesellschaftlichen Bedingungen der Gegenwart erst recht. Diese verweisen die gesellschaftlichen Akteure auf die effektive Wahrnehmung ihrer Kernkompetenzen; jedes Ausgreifen darüber hinaus setzt sich dem Verdacht des gutgemeinten Dilettantismus aus.

HEILSAUFTRAG DER KIRCHE ALS PRIMÄRAUFGABE

Die Kirche hat funktional spezifische Aufgaben vor allem in Hinsicht auf die ihr anvertraute transzendente Wahrheit und auf die Vermittlung des ewigen Heils ihrer Mitglieder: die Immanenz der Welt ist ihr Wirkungsfeld, die Transzendenz aber bildet den Bezugspunkt.[27] Damit ist der Kreis der Aufgaben im Wesentlichen umschrieben, den vor allem, in erster Linie und allein sie mit religiöser Wirksamkeit und theologischer Kompetenz ausfüllen muss. Die selbstbewusste Beschränkung kirchlicher Aktivität auf ihre primäre Funktion als Heilsmittlerin resultiert

---

[23] Dazu: Rudolf Uertz, *Vom Gottesrecht zum Menschenrecht*, Paderborn 2005.
[24] Lukas 20, 25.
[25] Augustinus, *De civitate Dei* XIV, 28.
[26] Sentenzenkommentar zu Petrus Lombardus II, S. 44, 2, 3 ad 4.
[27] Vgl. Depenheuer (wie Anm. 11), S. 14ff.

nicht aus einem Zurückstecken des religiösen Anspruchs, sondern aus der Anerkennung der Realität der funktionsdifferenzierten Gesellschaft und der Einsicht in die Begrenztheit des eigenen Wirkungskreises.[28] Diese Beschränkung kirchlicher Aktivität ist kein defensiver Rückzug der Kirchen aus der Welt, sondern eine Konsequenz des Auseinanderbrechens der *res publica christiana*. Die Ausdifferenzierung der Gesellschaft hat Kirche, Staat und die anderen gesellschaftlichen Teilsysteme – wie es schon Thomas von Aquin formulierte – »*in suo ordine*« gestellt zur je eigenen, selbstständigen, voneinander unabhängigen Erfüllung *ihrer* Aufgaben.

Die Beschränkung der Kirchen auf ihren geistlichen Auftrag ist gerade unter den modernen Gegebenheiten geboten, sinnvoll und zukunftsweisend. Die sektorale Begrenztheit religiösen Handelns kann der Kirche die Luft zum Atmen wiedergeben, die ihr beim hechelnden Hinterherlaufen hinter wechselndem Zeitgeist und schnelllebiger Welt verloren zu gehen droht. In Sachen von Transzendenz, von »Leben nach dem Tod« und »ewigem Heil« verfügt die Religion über ein Monopol, das ihr niemand streitig machen könnte. Hier können die Kirchen ihre spezifischen Leistungen und überragenden Kompetenzen in die Gesellschaft einbringen: unverwechselbar, identifikationsfähig, identitätsbildend.[29] Und man kann vielleicht nichts Verheerenderes über den Zustand der Kirche aussagen, als dass man über diese theologische Kernfunktion in der Kirche am wenigsten hört. Gerade die Anerkennung der funktionsdifferenzierten Gesellschaft und der Beschränkung auf den eigenen Wirkungskreis ermöglicht der Kirche die Aufrechterhaltung des eigenen universalistischen Wahrheitsanspruchs als absolut. Die Besinnung auf die Sektoralität ihres spezifischen und primären Aufgabenkreises immunisiert vor den Gefahren der Selbstsäkularisierung. Die Kirche darf und muss ihre Wahrheit unverkürzt verkünden, die Kraft zum Widerspruch und moralischen Ärgernis in der Welt entwickeln. Im *status confessionis* – aber auch nur dort – gibt es keinen Kompromiss.

Moralisches Wächteramt

In der Welt müssen die Kirchen hingegen für ihre Wahrheit mit demokratischen Mitteln kämpfen, die Niederlage gegebenenfalls akzeptieren, vor allem aber das staatliche Letztentscheidungsrecht anerkennen. Die Versuchung christlicher Ver-

---

[28] Stattdessen begeben sich »die Theologen [...] in die Welt, freilich häufig, ohne die Welt zu verstehen. Das nennt man ›Säkularisierung der Theologie‹. Die Theologen sprechen und schreiben über alles und berufen sich auf alle möglichen Autoritäten, am liebsten auf Kant und am wenigsten auf die Bibel. Sie reden den Funktionssystemen in ihre Funktionserfüllung hinein, aber nicht über die Grenzen des Denkens.« So zutreffend Gerd Roellecke, *Ende der christlichen Identität der europäischen Gesellschaften?*, unveröffentl. MS, S. 13.

[29] Vgl. Dieter Schmidtchen, *Markt und Wettbewerb in Gottes Welt*, in: FAZ vom 1.11.1997; Niklas Luhmann, *Die Religion der Gesellschaft*, Frankfurt/M. 2000; Otto Depenheuer, *Ortsbestimmung der Kirchen in der säkularisierten Gesellschaft*, in: *Säkularisation 1803 in Tirol* (16. Symposion 2003, hg. von der Brixner Initiative Kirche und Musik), Brixen 2005, S. 25–39.

messung der säkularen Gesellschaft aber bleibt latent vorhanden. Zwar bekennt die Pastoralkonstitution »Gaudium et spes«: »Die ihr eigene Sendung, die Christus der Kirche übertragen hat, bezieht sich zwar nicht auf den politischen, wirtschaftlichen oder sozialen Bereich: das Ziel, das Christus ihr gesetzt hat, gehört ja der religiösen Ordnung an.« Der umfassende Ordnungsanspruch klingt aber wieder durch, wenn es im unmittelbaren Anschluss daran weiter heißt: »Doch fließen aus eben dieser religiösen Sendung Auftrag, Licht und Kraft, um der menschlichen Gemeinschaft zu Aufbau und Festigung nach göttlichem Gesetz behilflich zu sein.«[30] Und daraus folgt: »Deshalb ist die Soziallehre der Kirche ihr Recht, den sozialen Bereich zu evangelisieren, d.h. dem befreienden Wort des Evangeliums in der vielschichtigen Welt der Produktion, der Arbeit, des Unternehmertums, der Finanzen, des Handels, der Politik, der Rechtsprechung, der Kultur und der sozialen Kommunikation, in der der Mensch lebt, Gehör zu verschaffen.«[31]

Allerdings überdehnte die Kirche ihren Wirkungskreis, wenn sie ihre religiöse Botschaft unvermittelt auf die politische Ordnung des Gemeinwesens glaubt übertragen zu können. Die Mahnung sollte ernsthaft bedacht werden, »dass sich die Kirche mit ihrer Soziallehre nicht zu technischen Fragen äußert und keine Systeme oder Modelle der sozialen Organisation aufstellt oder vorschlägt«.[32] Tatsächlich lässt sich aus dem christlichen Glauben kein politisches Programm ableiten. Die Kirche wäre als Präzeptor der gerechten Gesellschaft unter den Bedingungen der modernen, hochgradig arbeitsteilig ausdifferenzierten Gesellschaft nur um den Preis der Selbstmarginalisierung und Selbstsäkularisierung zu haben. Vielmehr sollte sie sich auf die Wahrung des fundamentalen, ethisch unaufgebbaren Kerns der moralischen Ordnung beschränken.[33] In diesem Sinne kommt die Kirche »ihrer Verantwortung für das Leben in der Gesellschaft nicht unter jedem beliebigen Blickwinkel nach, sondern mit der ihr eigenen Kompetenz der Verkündigung Christi«.[34] Derart nimmt sie ein wichtiges moralisches Wächteramt in und gegenüber der säkularen Gesellschaft wahr, das seine Autorität nicht in einem permanenten Verlautbarungsmarathon verbraucht, sondern gezielt Kernelemente der moralischen Ordnung im Falle akuter Gefahr verteidigt. Die Anerkennung relativer Autonomie der politischen Ordnung wird nur im moralischen Grenzfall unter religiösen Gehorsamsvorbehalt gestellt. Dann – aber auch nur dann – nämlich gilt: »Du sollst Gott mehr gehorchen als dem Staat.«[35]

---

[30] Pastoralkonstitution «Gaudium et spes», AAS 658 (1966), 1060, in: Karl Rahner und Herbert Vorgrimler (Hg.), *Kleines Konzilskompendium*, Freiburg i.Br. 1966, S. 449–552, Ziff. 42 (S. 489); Päpstlicher Rat für Gerechtigkeit und Frieden (Hg.), *Kompendium der Soziallehre der Kirche*, Freiburg i.Br. 2006, Ziff. 68 (S. 69).
[31] *Kompendium der Soziallehre* (wie Anm. 30), Ziff. 70 (S. 70f.).
[32] *Konzilskompendium* (wie Anm. 30), Ziff. 68 (S. 69).
[33] So zutreffend die *Lehrmäßige Note* (wie Anm. 21), S. 12.
[34] *Katechismus* (wie Anm. 19), Ziff. 2420.
[35] Apg. 5, 29.

Die politische Verantwortung des Christen

Personale Verantwortung

Ein ausgreifender Verbindlichkeitsanspruch der kirchlichen Glaubenslehre führt den christlichen Politiker dagegen in eine Pflichtenkollision: die von den Prämissen des christlichen Glaubens abgeleiteten und kirchlich statuierten Handlungsmaximen können unter den Funktionsbedingungen der säkularen Demokratie nicht unvermittelt in den politischen Prozess überführt werden. Wer in der säkularen Gesellschaft die Prämissen des Glaubens nicht teilt oder gar ablehnt, wird sich für das Ergebnis theologischer Deduktionen wenig interessieren. Allenfalls zufällig wird es zu Interessengemeinschaften kommen, die das Gleiche, aber aus unterschiedlichen Gründen, wollen.[36] Muss der Christ aber sein Anliegen mit säkularer Plausibilität begründen, läuft er Gefahr, die Überzeugungskraft des christlichen Quellgrunds zu marginalisieren: warum sollte man erst glauben müssen, um dann doch zum gleichen Ergebnis zu kommen?

Erst mit dem II. Vatikanischen Konzil kam es zu dem entscheidenden Paradigmenwechsel hin zur Durchsetzung eines christlichen Personalismus und zum Recht der Person. Der einzelne Christ nur kann es sein, der in den Anforderungen des politischen Tagesgeschäfts seine religiösen Überzeugungen zum Tragen bringen kann, der die Kompromisse mit der säkularen Welt um des innerstaatlichen Friedens willen eingehen und sie in personaler Verantwortung mit seinem Glauben versöhnen muss. Er hat zwar weiterhin keine Freiheit gegenüber dem Inhalt seines Glaubens – insofern kann es nie eine Freiheit gegen die eigenen Überzeugungen geben –, aber er ist es – und nicht die Kirche –, der diesen Glauben in die Wirklichkeit der säkularen Gesellschaft zu tragen hat. Die Aufgabe des Politikers, in einem Geflecht von Sachzwängen, Interessen und eigenen Überzeugungen konkrete politische Entscheidungen aus christlicher Verantwortung zu treffen, ist kaum weniger anspruchsvoll zu bewältigen als die Aufgabe der Kirche, in den Zeiten einer »Diktatur des Relativismus« religiöse Sinnstiftung zu leisten. Dabei mag die Kirche ihren Gläubigen Orientierungshilfen geben, ihnen mit abgestuften Graden der Verbindlichkeit Handlungsgebote auferlegen, die politische Umsetzung in Staat und Gesellschaft aber kann nur dem einzelnen Christen in eigener personaler Verantwortung vor Gott obliegen. Sein Glaube feit ihn vor der »Diktatur des Relativismus«, sein *common sense* gebietet aber auch, möglichen Anmaßungen eines christlichen Fundamentalismus im Ansatz zu widerstehen. Denn Demokratie ist keine Methode der Wahrheitsfindung, sondern klammert Wahrheitsfragen als solche bewusst um des inneren Friedens willen aus. Das säkulare Ethos der Relativität bedeutet für den Christen die Freiheit zum Glauben im Bewusstsein und in der Anerkennung verschiedener Glaubensüberzeugungen.

---

[36] So sehen den Sonn- und Feiertagsschutz die Gewerkschaften als sozialen Besitzstand, die Gesundheitspolitiker unter dem Gesichtspunkt der Erholung, die Kirche aber als »Tag des Herrn«.

Christliche Ethik stellt die Gläubigen in eine eigene, personale Verantwortung für ihr Tun, immunisiert christliche Politiker gegen alle Versuche, sie zu blinden Vollstreckern kirchenamtlicher Empfehlungen zu machen. Just in dieser Spannung können Christliches und Politisches füreinander fruchtbar werden. Denn nur, was getrennt ist, kann in solcher Unterscheidung wechselseitig füreinander Impulse geben.[37] Die Kirche hingegen findet in der säkularen Welt und im Zeitalter des Relativismus ihre vornehmste innerweltliche Aufgabe darin, ihren Mitgliedern religiöse Sinnstiftung und Orientierung zu geben. Dabei ist die kirchenamtliche Autorität gut beraten, ihren Gläubigen nicht allzu detailliert vorzugeben, was Christen in je gegebenen politischen Situationen und Entscheidungslagen zu tun oder zu unterlassen haben. »Was Jesus heute sagen würde«, weiß eben nur Jesus und dispensiert in der freiheitlichen Demokratie nicht vom Erfordernis arithmetischer Mehrheitsbeschaffung. Der Wandel des kirchlichen Staatsdenkens seit der französischen Revolution vom Gegner zum Befürworter des freiheitlich-demokratischen Staates sollte der Kirche hinreichende Mahnung sein, die Konkretisierungsbedürftigkeit und -offenheit naturrechtlicher Vorgaben für die Ordnung dieser Welt zu berücksichtigen, um nicht durch voreilige und auf Dauer fragwürdige Deduktionen die Autorität des Naturrechts unnötig zu untergraben.

Die Tugend der Gelassenheit als politischer Ausweis des Christen

Wenn auch Politik aus christlicher Verantwortung nicht gleichbedeutend ist mit praktischer Urteilskraft, so sollte ihr indes stets ein Moment spezifischen Selbstvertrauens eignen. Als Christ weiß der Politiker von der Endlichkeit und deshalb Relativität dieser Welt, von der Begrenztheit menschlichen Handelns und Denkens und erst recht von der sündhaften Fehlbarkeit des Menschen. Dieses Bewusstsein immunisiert ihn gegen innerweltliche Absolutheitsansprüche, feit ihn vor arroganter Überheblichkeit und gibt ihm die innere Kraft und Souveränität, Fehler einzugestehen und Entscheidungen zu korrigieren. Den nicht unwichtigsten Beitrag vermag der Christ in politischer Verantwortung daher durch eschatologisch getragene Distanz und Gelassenheit in der politischen Tagesarbeit zu leisten. Im Wissen um die Endlichkeit und Vergänglichkeit allen irdischen Strebens vermag er den politischen Konflikten ihre Schärfe zu nehmen, sich ihrer Relativität bewusst zu bleiben und sich einem Absolutsetzen politischer Überzeugungen a priori zu verweigern. Seine letzte Verwurzelung im Transzendenten gibt ihm eine von innen kommende Souveränität, die den hektischen und von Sachzwängen geprägten politischen Alltag zu transzendieren versteht. Diese religiös fundierte Gelassenheit ist gerade in Zeiten großer Umbrüche, wachsender

---

[37] Vgl. Annette Schavan, *Grundwerte in der Politik*, in: Die politische Entscheidung 449 (2007), S. 8.

Orientierungslosigkeit und politischer Hektik ein nicht gering einzuschätzender Beitrag christlich getragener Politik.

Dieses Maß an Unaufgeregtheit in der Politik und selbstbewusster Souveränität gegenüber den Fährnissen dieser Welt ist gerade heute mehr als nötig. Zwar hat der Rationalismus der Neuzeit die Welt aus vielen Fesseln befreit, aber die befreite Vernunft kann hybride, orientierungslos, anmaßend, unmenschlich und rasend werden. Demgegenüber vermag der Christ im Politikbetrieb zu agieren, ohne dass dieser ihn je beherrschen könnte. In diesem Sinne steht das »C« als Chiffre für einen in dieser Welt notwendigen Kontrapunkt, ist Garant einer stets menschlichen Politik, die den einzelnen nie aus dem Blick verliert, weil sie das Ganze sieht und das Bewusstsein einer letzten Verantwortung vor Gott nicht aus den Augen verliert. Die Vielzahl der aus christlicher Verantwortung für das deutsche Gemeinwesen seit dem Krieg Verantwortung tragenden Politiker mag für diesen theoretischen Gedanken empirische Bestätigung sein. In diesem Sinne und mit diesem Erbe darf und kann eine christliche Partei stolz sein auf das »C« und auf seiner Grundlage offensiv den politischen Diskurs bestreiten.

ALOIS GLÜCK

Politik aus christlicher Verantwortung und Partnerschaft zwischen Staat und Kirche

> »Um die zeitliche Ordnung im genannten Sinn des Dienstes am Menschen
> christlich zu inspirieren, können die Laien nicht darauf verzichten, sich in die
> ›Politik‹ einzuschalten ... Wie die Synodenväter wiederholt feststellten, haben alle
> und jeder einzelne die Pflicht und das Recht, sich an der Politik zu beteiligen«
> (Papst Johannes Paul II., *Christifideles Laici*, Nr. 42)

Die Botschaft des Vorgängers von Papst Benedikt XVI. hat nach wie vor Gültigkeit: Auch wenn sich die christliche Botschaft an jeden einzelnen richtet, ist das Christentum keine Privatsache, sondern bezieht seine Lebendigkeit gerade auch aus seiner Weltorientierung. Eine lebendige Kirche ist nicht selbstgenügsam, sondern stellt sich ihrem Weltauftrag. Wer sich nicht einmischt, trägt die Verantwortung dafür, dass die Welt sich nicht in Richtung christlicher Vorstellungen bewegt.

Als Katholik, der über die Prägungen in der katholischen Jugend, vor allem in der katholischen Landjugendbewegung in Bayern, seinen Weg in die Aufgaben im öffentlichen Leben fand, ist mir der Weltdienst aus dem Glauben lebensprägend geworden.

Welche Probleme, welche Chancen hat christliches Wirken in unserer Gesellschaft, und welchen Auftrag haben wir Christen in dieser Umbruchzeit?

Nicht wenige Stimmen bezweifeln, dass »christliche Werte« in der heutigen Zeit noch eine Chance haben. Von »Werteverfall« und dem Wirkungsverlust der religiösen und traditionellen Bindekräfte ist die Rede. Hinzu kommt, dass die Quellen in Kirchen und kirchlichen Organisationen im Hinblick auf die Aufgabenstellungen von heute nicht mehr so stark sind. Es gibt zu wenige Möglichkeiten, aus diesen Bereichen schöpfen zu können. Die einheitliche Stimme der Kirche ist verstummt; es hat sich eine Vielfalt von Überzeugungen und Ausdrucksformen des Glaubens entwickelt. Mehr noch: Wir erleben heute, zumindest in der katholischen Kirche, eine Bandbreite von Positionen, die sich teilweise in einer Unversöhnlichkeit und Intoleranz ohnegleichen gegenüberstehen.

Dennoch: Es gibt auch gegenläufige Strömungen. Wir erleben zurzeit eine neue »religiöse Welle«, eine Renaissance oder Rückkehr der Religion, wie es oft beschrieben wird. Zugegeben: Die große, ja zum Teil überschwängliche Reaktion auf die Wahl von Benedikt XVI. und auf seine Besuche in Deutschland waren beeindruckend. Inwieweit dies mit dem Glauben selbst oder der Institution Kirche zusammenhängt, sei dahingestellt. Auf jeden Fall sind es Symptome eines verstärkten Bedürfnisses nach Orientierung und Wertmaßstäben in einer Umbruchzeit, die von individuellen und kollektiven Orientierungskrisen und großer Orientierungssuche geprägt ist.

Das reine Management von Fakten reicht nicht aus, um diese tiefgreifenden Veränderungen zu bewältigen. Denn die Krisen liegen in jeweils dominanten Wertvorstellungen und Leitbildern – wie etwa in einem Verständnis von Selbstverwirklichung, bei dem Rechte und Pflichten, Freiheit und Verantwortung aus dem Gleichgewicht geraten sind. Ähnliches erfahre ich bei der Einstellung zu Leistung und Wettbewerb.

Christliche Politiker haben dafür keine Patentrezepte; politische Handlungsräume sind begrenzt. Unser Wirken in der Politik beschränkt sich notwendigerweise auf das »Vorletzte«. Auf das »Letzte«, das göttliche Heil, haben wir keinen Einfluss. Deshalb darf von der Politik niemals eine alle beglückende Heilsbotschaft, eine Erlösung erwartet werden.

Bei aller Begrenztheit: Wir können in der christlichen Botschaft wichtige Orientierung für unser Handeln finden. Gemeint sind damit Orientierungen und Schlussfolgerungen, die nicht nur für die Gemeinschaft der Glaubenden, sondern für alle Zeitgenossen hilfreich und wichtig sein können. Keinesfalls dürfen sich Christen »gesinnungsstark« inszenieren und andere moralisierend ausgrenzen. Sie müssen vor allem bereit sein, sich in den Sachfragen entsprechende *Kompetenz* zu erwerben. Die ungute Mischung von starker Gesinnung und schwacher Kompetenz führt zu Intoleranz, Ausgrenzung, zu einem Irrweg in totalitäre Welten. Angesichts der wachsenden Komplexität der Sachverhalte ist das Bemühen um die notwendige Sachkompetenz in den jeweiligen Verantwortungsbereichen ein besonderer Auftrag christlicher Spiritualität.

Der wohl wichtigste Beitrag, den Christen und damit auch eine christliche Partei unserer Zeit leisten können, ist das Menschenbild einer christlich-europäischen Wertetradition oder – kurz gesagt – das christliche Menschenbild als *Kompass*. Jedes politische Handeln ist letztlich von einem Menschenbild geprägt. Das Spezifische des christlichen Menschenbildes ist die unverhandelbare Würde jedes Menschen – in allen Lebenssituationen. Es gilt für die Bewahrung der Menschenwürde auch in Grenzsituationen des Lebens, gleichgültig, ob es sich um eine Behinderung, eine schwere Erkrankung, das Leben vor der Geburt, die Situation des Sterbens oder das Sterben selbst handelt. Respekt steht gegen die Anwendung von Gewalt im Zusammenleben, gegen die Reduzierung des Menschen auf seine Nützlichkeit: Er steht für die freie Entfaltung der vielfältigen Solidaritätspotentiale einer aktiven Bürgergesellschaft, für den Schutz des Lebens in seinen vielfältigen Erscheinungsformen. Respekt steht für Barmherzigkeit und Vergebung, weil der Mensch auch in seiner Fehlerhaftigkeit und in seiner Begrenztheit zu akzeptieren ist. Aus diesem Verständnis heraus ist das Menschenbild christlicher Prägung für uns der unverzichtbare Wegweiser zur Gestaltung einer humanen Zukunft.

Neben dem Kompass für das eigene Handeln und der Kompetenz ist aber auch die notwendige *Kompromissbereitschaft* für eine humane Welt unverzichtbar. Dies zwingt oft in die Mühsal und die Last der Abwägung: Wo ist die Grenze eines Kompromisses möglich, wo ist er zwingend? Hier beginnen die Mühen des Weges bei vielen Führungsaufgaben in einer offenen Gesellschaft. Hier beginnt nicht selten auch der Prozess der Diffamierung gegenüber den Suchenden, den Abwägenden, denen, die in einer Demokratie für das Handeln verantwortlich sind und damit im Rahmen des Möglichen Entscheidungen finden müssen. Es gibt nicht wenige Katholiken und andere Christen, die nicht politikfähig sind, weil sie nicht bereit sind zu Abwägungen; weil sie nicht wahrhaben wollen, dass wir in einer pluralen Gesellschaft leben, in der wir nur miteinander gangbare Wege finden können. Das sind Christen, die nicht akzeptieren, dass in einer offenen Gesellschaft christliche Werte nur dann Wirkung erzielen können, wenn die Qualität der Argumente so gut ist, dass sich deren Sinnhaftigkeit und Nützlichkeit auch Nichtchristen erschließt.

Christlich darf allerdings nicht gleichgesetzt werden mit konservativ. Es gibt viele engagierte Christen, die gegenüber dem Wandel der Zeit eher negativ eingestellt sind und in erster Linie eine Abwehr- und Angstkultur pflegen. Wer aber ausschließlich defensiv an diese Themen herangeht, dem fehlt die Gestaltungskraft. Letztlich verstehe ich den Weltauftrag für Christen, dass wir an der Weiterentwicklung der Schöpfung mitwirken müssen im Sinne von Gestaltung und nicht in erster Linie im Sinne von Abwehr, die letztlich jegliche Kraft für Gestaltungsaufgaben raubt. Deswegen halte ich es für wichtig, sich auch mit diesen inneren Entwicklungen auseinanderzusetzen und zu fragen: Welches Weltbild, welches Weltverständnis haben wir als Christen? Wie verstehen wir das Mitwirken am Prozess der Schöpfung? Unsere Aufgabe sehe ich darin, die Erneuerung, die Veränderung zu fördern und den Wandel zu gestalten – und gleichzeitig das Wurzelwerk zu pflegen im Sinne der Verankerung in Überzeugungen, in der Tradition, in der Kultur, in der Heimat.

Das konkrete Aufgabenfeld für Christen in der Politik ist breit: vom Lebensschutz in all seinen Facetten – vom Anfang bis zum Ende des menschlichen Lebens –, über die künftige Ausgestaltung unseres Sozialstaates bis hin zum Bereich Bildung und Erziehung und der Arbeit in der Familienpolitik. Gerade hier wird sich zeigen, ob wir in der Lage sind, auf die Veränderungen zu reagieren, uns an den Realitäten zu orientieren, ohne die Frage nach Ehe und Familie irgendeiner Beliebigkeit preiszugeben. Für das gesamte christliche Handeln gilt, dass christliche Überzeugung nicht nur theoretisch zum Ausdruck kommen darf, sondern auch praktische Hilfe anbieten muss.

Zu den vielen, oft schwierigen Abwägungsfragen in der eigenen Gesellschaft und im eigenen Land kommen nun im Prozess der Globalisierung weitere Dimensionen hinzu. Vor einem Jahr – zu Beginn des Jahres 2006 – standen die organisierten Gewalttaten von Muslimen wegen der Mohammed-Karikaturen in westlichen Zeitungen im öffentlichen Fokus. Im September vergangenen Jahres gab es Aufregung um die Absetzung von Mozarts »Idomeneo« vom Spielplan der Deutschen Oper in Berlin aus Angst vor gewaltsamen Übergriffen von religiösen Fanatikern. Die hohen Wellen der Empörung waren eindeutig politisch gewollt und organisiert. Gleichwohl sind diese Geschehnisse ein Signal für ein aufziehendes Konfliktpotential in der Begegnung unterschiedlicher Kulturen und Religionen.

Immer mehr wird dabei deutlich, dass der schnöde Mammon zwar noch in vielen Alltagssituationen zählt, gleichwohl für die bestimmenden Strömungen unserer Zeit zu kurz greift. Religionen und auch deren politischer Missbrauch werden zunehmend prägend für das Weltgeschehen. Welcher Beitrag ist hier von den Christen gefordert? Was sind unsere unverzichtbaren Werte und wie gestalten wir den Dialog? Wo und wie finden wir gemeinsame, tragende Grundlagen?

Der Weltauftrag der Christen ist in einer neuen Dimension gefordert – in einer Dimension, von der das friedliche Zusammenleben der Völker auf der Welt, aber auch das friedliche Miteinander der Gesellschaft in unserem Land abhängt.

Globalisierung, Einbindung Deutschlands in multi- und supranationale Bindungen sowie die Pluralisierung von Lebensstilen und Wertorientierungen bleiben nicht ohne Wirkung auf die Partnerschaft zwischen Staat und Kirche, z.B. beim notwendigen, tiefgreifenden Wandel in der Sozialpolitik. Die Privatisierung sozialer Dienstleistungen und wettbewerbsorientierte Umstrukturierungen im Gesundheitsbereich setzen die kirchlichen Einrichtungen unter einen zwar oft durchaus heilsamen, aber nicht selten auch hochproblematischen Rationalisierungsdruck. Auf der einen Seite führt dieser Druck dazu, dass alte verkrustete Strukturen endlich modernisiert und auf die notwendigen Bedürfnisse ausgerichtet werden. Auf der anderen Seite ist es gerade für die kirchlichen Einrichtungen oft schwierig, ihr Profil zu bewahren, insbesondere wenn damit Kosten anfallen, die die Träger angesichts der wettbewerbsmäßigen Ausrichtung nicht mehr erstatten. Ungeachtet dessen wird im Zuge der europäischen Integration die Öffnung des Marktes für soziale Dienste fortschreiten. Die kirchlichen Organisationen müssen sowohl diesem Wettbewerb standhalten als auch ihre Pflicht gegenüber den Bedürftigen erfüllen, die von privatwirtschaftlich organisierten sozialen Dienstleistungen aber nicht erreicht werden können.

Bei aller Notwendigkeit einer Neujustierung der Partnerschaft zwischen Staat und Kirche: Wir brauchen nach wie vor eine starke Kirche für eine gefestigte und bewährte Zusammenarbeit. Sie darf nicht die Augen vor den gesellschaftlichen Entwicklungen und Zusammenhängen verschließen – nur so kann sie handeln in einer Mischung aus Profilierung des Eigenen und wettbewerbsfähiger Qualitätssicherung. Denn niemandem ist mit einer nachlässigen Seelsorge, einem oberflächlichen Religionsunterricht oder einer mittelmäßigen Caritasarbeit gedient.

Politik aus christlicher Verantwortung ist ein wichtiges Bindeglied in dem Verhältnis zwischen Staat und Kirche und trägt mit dazu bei, dass beide Seiten einen steten Prozess der wechselseitigen Selbsterklärung und gegenseitigen Inspiration durchlaufen.

Konzepte, Programme und Werte entfalten nur Wirkung, wenn sie von Menschen glaubwürdig verkörpert werden. Beim Politiker Bernhard Vogel spüren alle, dass sein christlicher Glaube auch Kompass für sein politisches Handeln ist, ohne dies demonstrativ ständig zu betonen. Mit dieser Einheit von persönlicher Haltung und politischem Handeln wurde er für viele ein wichtiger Orientierungspunkt. Er lebt beispielhaft »Verantwortung vor Gott und den Menschen, Politik aus christlicher Verantwortung«.

Hans Joachim Meyer

Christ in der Gesellschaft

Bernhard Vogel als Präsident des Zentralkomitees der deutschen Katholiken

Die Beziehung zwischen Glauben und Welt ist in der Geschichte des Christentums sehr unterschiedlich verstanden und gelebt worden. In der Antike bestand für die Christen eine klare Trennung, insbesondere in der Beziehung zum heidnischen Staat, der im Verlauf der ersten Jahrhunderte der Kirchengeschichte immer wieder als Verfolger erfahren wurde. Es war also, wenn man so will, eine Nichtbeziehung oder doch jedenfalls eine negativ definierte Beziehung. Bald nach der Konstantinischen Wende und vor allem während des Mittelalters, ja, bis in die Neuzeit hinein galt in Europa und in den von Europäern geprägten Teilen der Welt der christliche Charakter der Gesellschaft als selbstverständlich, trotz der sich entwickelnden Trennung von kirchlicher und staatlicher Autorität. Man könnte also von einer Beziehung der Identität sprechen. Die Entfaltung der geistigen und politischen Freiheit führte jedoch mit innerer Konsequenz zur Herausbildung einer gesellschaftlichen Pluralität und mithin zu der Frage, wie sich Christen in einer solchen Gesellschaft verhalten sollen. Führt ihr Weg zwangsläufig in eine gegen die Gesellschaft gerichtete Festung und mithin ins gesellschaftliche Abseits? Oder müssen sie in der pluralen Gesellschaft wie eine homogene Gruppe agieren, die sich um ein Höchstmaß von Geschlossenheit bemüht, um ihre Auffassungen allgemein verbindlich zu machen? Anders gesagt: Ziehen sie sich auf die Negation einer wie immer gearteten Wechselwirkung mit der Welt zurück oder versuchen sie, das Ideal der Identität in einer Gegenwelt zur Welt der Moderne zu verwirklichen? Nach einem langen, bitteren und nicht selten auch widersprüchlichen Erkenntnisprozess rang sich die Katholische Kirche im II. Vatikanischen Konzil (1962–1965) zu einer Antwort durch, die beide Möglichkeiten verwirft und sich auf die reale Welt und ihre Herausforderungen dialogisch einlässt. Diese Antwort verbindet Festigkeit im Bekenntnis zu den zeitlos gültigen Wahrheiten des Glaubens mit dem Willen, die Welt im Streit und im Bündnis mit Andersgesinnten zu gestalten. Diese Antwort sieht die Kirche als Volk Gottes auf dem Weg durch die Geschichte.

Das II. Vatikanum war von großer Bedeutung für die Katholische Kirche in Deutschland und für den deutschen Katholizismus. Zwar hatten in diesem Land die katholischen Laien auf ihrem 1848 begonnen Weg – trotz manch schmerzlicher Erfahrung, insbesondere in der Zeit von 1933 bis 1945 – ein im internationalen Vergleich hohes Maß von gesellschaftlicher Handlungsfähigkeit entwickelt. Aber ihr Verhältnis zur übrigen Gesellschaft war doch lange eher von Abgrenzung als von dialogischer Offenheit bestimmt gewesen. Nun galt es, Neues zu lernen, ohne Bewährtes zu vergessen. Diese Aufgabe stellte sich nicht zuletzt dem Zentralkomitee der deutschen Katholiken (ZdK), das 1952 aus dem schon 1868 entstandenen Zentralkomitee der deutschen Katholikentage hervorgegangen war. Seit der Einbeziehung von Delegierten der katholischen Verbände und von Einzelpersönlichkeiten verstand es sich als die Repräsentation des organisierten deutschen Laienkatholizismus. Das unter dem Einfluss der Gemeinsamen Synode in Würzburg (1971–1975) im Jahre 1974 beschlossene Statut schloss durch die Einbeziehung von Delegierten der neu geschaffenen diözesanen Katholikenräte in das ZdK den Prozess seiner strukturellen Neuformierung im Wesentlichen ab. Damit war eine legitimierte Repräsentation der katholischen Laien in Gestalt eines dialogischen Forums entstanden. Dessen Aufgaben beschreibt das vom ZdK beschlossene und von der Bischofskonferenz bestätigte Statut in § 2 wie folgt:

»Das Zentralkomitee

a) beobachtet die Entwicklungen im gesellschaftlichen, staatlichen und kirchlichen Leben und vertritt die Anliegen der Katholiken in der Öffentlichkeit;
b) gibt Anregungen für das apostolische Wirken der Kirche und der Katholiken in der Gesellschaft und stimmt die Arbeit der in ihm zusammengeschlossenen Kräfte aufeinander ab;
c) wirkt an den kirchlichen Entscheidungen auf überdiözesaner Ebene mit und berät die Deutsche Bischofskonferenz in Fragen des gesellschaftlichen, staatlichen und kirchlichen Lebens;
d) hat gemeinsame Initiativen und Veranstaltungen der deutschen Katholiken, wie die Deutschen Katholikentage, vorzubereiten und durchzuführen;
e) nimmt die Anliegen und Aufgaben der deutschen Katholiken im Ausland und auf internationaler Ebene wahr;
f) trägt für die Durchführung und Erfüllung der entsprechenden Maßnahmen Sorge.«[1]

Allerdings: So notwendig strukturelle Veränderungen sind, so reichen sie doch nicht aus, um einen neuen Schritt zu gehen. Was ihnen erst Sinn und Berechtigung gibt, ist ein den Anforderungen gemäßer Wandel in der Mentalität.

Eine Mentalität kann nicht beschlossen werden, sondern sie wächst schrittweise im Denken und Handeln. Für den Lern- und Erkenntnisprozess des ZdK war die erste Hälfte der siebziger Jahre, die zugleich die Zeit der Gemeinsamen Synode in Würzburg[2] war, eine bedeutsame Wegstrecke. In dieser Zeit, genauer gesagt vom Mai 1972 bis zum November 1976, war Bernhard Vogel der Präsident des ZdK. Sein 75. Geburtstag ist eine gute Gelegenheit, seinen Beitrag zur Ausprägung

---

[1] *Statut des Zentralkomitees der deutschen Katholiken.* Hg. vom Generalsekretariat des ZdK Bonn-Bad Godesberg, November 2001.
[2] *Gemeinsame Synode der Bistümer in der Bundesrepublik Deutschland. Beschlüsse der Vollversammlung.* Offizielle Gesamtausgabe, 2. Aufl., Freiburg i.Br 1976.

einer dialogischen Haltung von Christen zur freiheitlichen Gesellschaft zu würdigen. Bernhard Vogel gehörte dem ZdK seit 1967 an und war seit 1970 Kultusminister in Rheinland-Pfalz. Nach Albrecht Beckel war er der zweite Politiker, der zum ZdK-Präsidenten gewählt wurde, nachdem vorher fast ununterbrochen Angehörige der Fürstenfamilie Löwenstein dieses Amt bekleidet hatten. Schon dieser Wechsel war so etwas wie eine Zäsur,[3] wiewohl man nicht verkennen darf, dass es auch bei der Wahl der Fürsten Löwenstein darum gegangen war, das Laiengremium in der Beziehung zum kirchlichen Amt wie im gesellschaftlichen Handeln durch eine unabhängige und angesehene Persönlichkeit des öffentlichen Lebens zu repräsentieren.

Bernhard Vogel führte in die Arbeit des ZdK eine wichtige Neuerung ein, nämlich den Lagebericht des Präsidenten, der seit dieser Zeit der erste Tagesordnungspunkt jeder Vollversammlung ist.[4] Die neun von ihm vorgetragenen Berichte bei den Herbst- und Frühjahrsvollversammlungen dieser Jahre geben uns nicht nur eine Übersicht über die damaligen Schwerpunkte und Streitthemen, sondern erlauben uns auch einen Einblick in Vogels Argumente und Überlegungen. Freilich liegt es meist in der Natur von Berichten und Erklärungen, sich auf Zuarbeiten zu stützen und gemeinsam erarbeitete Standpunkte wiederzugeben. Insofern könnte man sich fragen, wie nahe wir Bernhard Vogel in diesen Texten wirklich kommen. Ein Zufall liefert uns darauf eine Antwort. Zu Beginn des am 2. November 1973 vorgetragenen Berichts entschuldigt sich Vogel dafür, dass dieser »nicht gedruckt und schriftlich vorliegt«: »Es gibt zwei Möglichkeiten: Man kann sich einen solchen Bericht machen lassen, dann kann er rechtzeitig vorliegen. Oder man kann ihn selber machen wollen, und dann kommt man mit Allerheiligen in die Schwierigkeit, in die ich gekommen bin. Ich bitte dafür um Nachsicht.«[5]

Es versteht sich, dass die Arbeit der gleichzeitig tagenden Würzburger Synode ein mehrfach wiederkehrendes Thema der Berichte war.[6] Denn die Synode hat nicht nur »für viele Bereiche einen breiten Konsens geschaffen, auf dem es weiterzubauen gilt«.[7] Sie war auch »ein achtmaliges Exerzitium des miteinander Umgehens zwischen Laien, Priestern und Bischöfen in Deutschland«.[8] Hier konnte Bernhard Vogel, der auch einer der Vizepräsidenten der Würzburger Synode war, aus eigener Erfahrung sprechen. Freilich besteht immer wieder die Gefahr, dass geschichtlich bedeutsame Erfahrungen im Verlauf der Zeit vergessen werden. Auch wollen manche sie später nicht wahrhaben und bestreiten sie. Jedenfalls fehlt offenbar jenen, welche heute die in Würzburg für alle deutschen Bistümer errich-

---

[3] Thomas Großmann, *Zwischen Kirche und Gesellschaft. Das Zentralkomitee der deutschen Katholiken 1945–1970*, Mainz 1991, S. 195–199.
[4] Berichte und Dokumente (BuD) des ZdK, Nr. 17 (1973), S. 14.
[5] Ebd. Nr. 21 (1974), S. 3–4.
[6] Ebd. Nr. 17 (1973), S. 16–17; Nr. 21 (1974), S. 12–13; Nr. 26 (1976), S. 26; Nr. 29 (1977), S. 14–17.
[7] Ebd. Nr. 26 (1976), S. 25.
[8] Ebd. S. 26.

tete Grundlage für die gemeinsame Verantwortung des Gottesvolkes verlassen oder gar die Synode als »unselig«[9] und als von Achtundsechzigern dominiert[10] schmähen, genau ein solches Exerzitium. Angesichts der mit der Umdeutung von Geschichte verbundenen Versuche, Rom gegen Würzburg in Stellung zu bringen und insbesondere die von der Synode konzipierten Katholikenräte zu verunglimpfen und zu zerstören,[11] ist bemerkenswert, was Bernhard Vogel schon am 3. November 1973, d.h. vor den entsprechenden Synodalbeschlüssen, über seine Gespräche in Rom berichten konnte:

»Großes Interesse fanden unsere Strukturvorstellungen für die kirchliche Laienarbeit, und wir fanden hier eigentlich nur Zustimmung zu unserer Auffassung, dass Laien sowohl in Pastoralräten an der Wahrnehmung kirchlicher Amtsaufgaben zu beteiligen sind als auch in den Räten des Laienapostolats eigenständig, das heißt in der Freiheit der eigenen Verantwortung, ihren speziellen Beitrag zur Sendung der Kirche leisten. Uns jedenfalls haben die Gespräche bestärkt, in unseren Bemühungen fortzufahren, die gerade für den deutschen Katholizismus typische Tradition eines eigenständigen Laienapostolats nicht aufzugeben, sondern fortzuführen und weiterzuentwickeln und unsere Erfahrungen in die Diskussion der Weltkirche einzubringen.«[12]

Naturgemäß gibt es in den Lageberichten eine Fülle von Themen. Genannt seien hier zunächst die Verbundenheit mit der Kirche in der DDR und mit der von ihr etwa zeitgleich mit Würzburg durchgeführten Pastoralsynode in Dresden[13], Fragen der damaligen vatikanischen Ostpolitik und die Sorge, es könnten in der DDR kirchenrechtliche Fakten geschaffen werden, welche die deutsche Teilung anerkennen[14], die Lage der Christen – vor allem der verfolgten Christen – in der Welt, die Entwicklung in Mittelosteuropa und das besondere Interesse an Polen[15], der Einsatz für die Entwicklungsländer[16], die Aufgaben der Kirche in Europa, für die Vogel erheblichen institutionellen Nachholbedarf sah[17] und nicht zuletzt die Ökumene, hier insbesondere die Vorbereitung eines Kongresses zur Entwicklungsproblematik gemeinsam mit dem Deutschen Evangelischen Kirchentag[18]. Auch

---

[9] Dirk Hermann Voß in der »Katholischen SonntagsZeitung« vom 18./19.11.2006, Nr. 46, S. 2.
[10] Heinz-Joachim Fischer, *Ist Köln ein Außenseiter*, in: FAZ vom 19.8.2005.
[11] Bischof Gerhard Ludwig Müller von Regensburg hat die von seinen Amtsvorgängern in Übereinstimmung mit den entsprechenden Beschlüssen der Würzburger Synode in Kraft gesetzten Satzungen der Laienräte in diesem Bistum ohne Beratung mit dem Diözesanrat und ohne dessen satzungsmäßig notwendige Zustimmung aufgehoben. Dies war von Angriffen auf die Würzburger Synode begleitet.
[12] BuD Nr. 17 (1973), S. 16–17.
[13] Ebd. Nr. 18 (1973), S. 9–11; Nr. 21 (1974), S. 6; Nr. 29 (1977), S. 19.
[14] Ebd. Nr. 24 (1975), S. 14–15; Nr. 25 (1976), S. 9–10; Nr. 26 (1976), S. 10–11; Nr. 29 (1977), S. 19.
[15] Ebd. Nr. 21 (1974), S. 9–10; Nr. 25 (1976), S. 8–9; Nr. 26 (1976), S. 25; Nr. 29 (1977), S. 18.
[16] Ebd. Nr. 23 (1974), S. 19–20; Nr. 24 (1975), S. 19–20; Nr. 26 (1976), S. 18–20.
[17] Ebd. Nr. 26 (1976), S .12–14; Nr. 27 (1976), S. 21–23.
[18] Ebd. Nr. 25 (1976), S. 9–11; Nr. 26 (1976), S. 26–27; Nr. 27 (1976), S. 24–25.

Kontroversen mit der Deutschen Bischofskonferenz, so über zu viel Misstrauen bei der katholischen Studentenarbeit, fehlen nicht.[19]

Fraglos sind alle diese Themen wichtig. Dennoch will ich es hier bei diesem Überblick belassen und mich nun solchen Berichtspunkten ausführlicher zuwenden, welche den konfrontativen Charakter im politischen Leben dieser Jahre in besonderer Weise zum Ausdruck bringen. Denn es war in der Bundesrepublik die Zeit der sozial-liberalen Regierungskoalition, zu der die CDU und die CSU in scharfer Opposition standen. Wie nie zuvor nach dem Kriege, wurde die bundesdeutsche Gesellschaft durch eine heftige Debatte über Werte und gesellschaftliche Leitbilder aufgewühlt. Bernhard Vogel konstatierte »eine tiefgreifende Änderung« im »Gesellschaftsverständnis« und charakterisierte diese wie folgt:

»In vielen Diskussionen, etwa um die Rolle der Frau in der Gesellschaft, aber auch in den bildungspolitischen Auseinandersetzungen oder in der Mitbestimmungsdiskussion, in der Forderung nach einer nahezu absoluten Betonung des Gleichheitsprinzips im Demokratieverständnis, macht sich ein dynamischer Emanzipationsprozess sichtbar, der insbesondere von ideologischen, vorfixierten Gruppen aufgegriffen wird. Ihr Gesellschaftsbild beansprucht, in bewusstem Gegensatz zum angeblichen transzendentalen Irrationalismus des Christentums, allein auf Rationalität und Wissenschaftlichkeit aufzubauen. Es wird eine Gesellschaftsauffassung propagiert, die die Gesellschaft selbst, ihre Ziele und ihre Funktionen zum eigentlichen Zentralwert macht. Bei aller Wissenschaftsgläubigkeit mangelt solchen Anschauungen nicht ein utopisches Element, das konsequenterweise zu gesellschaftspolitischen Leitbildern und Forderungen führt, die intolerant sind und totalitäre Züge tragen.«[20]

Vogel warnt davor, es dabei zu belassen, diese Entwicklung »etwas voreilig und abwertend« als »Reideologisierung« zu bezeichnen,[21] sondern er hält ein stärkeres katholisches Engagement in dieser Werteauseinandersetzung für dringend geboten. Dabei übersieht er durchaus nicht die zunehmende Pluralität auch unter Katholiken, wie sie sich durch die Umfrage des Allensbacher Instituts zur Gemeinsamen Synode in Würzburg gezeigt habe. Kritisch stellt er fest, »dass in dieser Situation die gestellten Fragen von der katholischen Soziallehre nicht mehr zureichend beantwortet werden können. Während sie in den ersten Nachkriegsjahren entscheidende Impulse für die Gestaltung der Wirtschafts- und Gesellschaftsordnung unseres Staates gab und beispielsweise in der Mitbestimmung, der sozialen Sicherung und auch noch bei der Ausgestaltung der Entwicklungspolitik Modellcharakter hatte, scheint sie inzwischen viel von ihrer dynamischen Kraft eingebüßt zu haben. Sie erscheint allzu oft als bloße Verteidigerin überholter

---

[19] Ebd. Nr. 18 (1973), S. 6–7; Nr. 21 (1974), S. 7–8; Nr. 25 (1975), S. 12–13.
[20] Ebd. Nr. 18 (1973), S. 4–5.
[21] Ebd. S. 4.

Positionen, ohne sich mit neuen Zielsetzungen auseinanderzusetzen oder selbst den Mut zu haben, neue Ziele zu formulieren.«[22]

Eindringlich mahnt Bernhard Vogel den übergeordneten Rang des Gemeinwohls an und warnt vor »Gruppenegoismus« und »Wertedemontage«. Durch sie werde »ein Staat, dessen soziale Verpflichtung ständig betont wird, zum Werkzeug individualistischen Autonomiestrebens der Einzelnen und der gesellschaftlichen Gruppen«.[23] Erwähnenswert ist in diesem Zusammenhang die Tatsache, dass es 1976 im Vorfeld der Bundestagswahlen, nicht zuletzt durch Erklärungen des ZdK befördert, in der Katholischen Akademie Hamburg zu einer Wertedebatte führender Politiker der Bundesrepublik kam, die damals erhebliches öffentliches Aufsehen erregte.[24] Die dabei zu Tage tretende Kontroverse über die Beziehung zwischen den Grundrechten im Grundgesetz und den Grundwerten des politischen Handelns machte deutlich, wie eng der Zusammenhang zwischen den Wertegrundlagen der Verfassungsordnung und dem in der Gesellschaft wirksamen Bewusstsein ist. Es ist eine dynamische Beziehung. Welche Richtung eine solche Dynamik einnimmt, hängt von den gesellschaftlichen Akteuren ab. Mit Entschiedenheit wendet sich Bernhard Vogel deshalb gegen Versuche, »Christen, Kirche und Religion in ihrer Entfaltungsmöglichkeit zu beschränken und sie aus ihren gesellschaftspolitischen Wirkungsfeldern auszuschließen«.[25] Wiederholt nimmt er deshalb kritisch zu in diese Richtung zielenden Forderungen Stellung, die damals von der FDP erhoben wurden.[26]

Zentrale Punkte der damaligen Auseinandersetzung waren neben Themen der Wirtschafts- und Sozialpolitik[27] vor allem die von der Regierungskoalition betriebene Reform des § 218 und damit die Frage, ob und wie das ungeborene Leben geschützt wird[28], sowie die Reform der Familiengesetzgebung[29]. Dies kann hier nicht im Einzelnen dargestellt werden. Festzuhalten ist jedoch, dass es ohne den energischen Widerstand der deutschen Katholiken gegen die Fristenregelung, an dem Bernhard Vogel maßgeblichen Anteil hatte, wohl kaum schließlich zu jener gesetzlichen Schwangerschaftskonfliktregelung gekommen wäre, die seit 1995 gilt und die dem Schutz des ungeborenen Lebens durch die Pflichtberatung in Verbindung mit konkreter Hilfe eine realistische Chance gibt. Dass es 1999 rechtskatholischen Gruppen in Deutschland gelang, eine römische Anordnung zu erreichen, welche den wirkungsvollen und in ihrer Intention völlig unmissver-

---

[22] Ebd. S. 5–6.
[23] Ebd. Nr. 23 (1974), S. 18; Nr. 29 (1977), S. 8–12.
[24] Vorträge, Diskussionen und Stellungnahmen zu dieser Debatte in: *Grundwerte in Staat und Gesellschaft*. Hg. v. Günther Gorschenek, 3. Aufl., München 1978.
[25] BuD Nr. 18 (1973), S. 6–8.
[26] Ebd. Nr. 21 (1974), S. 10–12; Nr. 24 (1975), S. 17–18; Nr. 26 (1976), S. 18.
[27] Ebd. Nr. 26 (1976), S. 15–18.
[28] Ebd. Nr. 17 (1973), S. 23–24; Nr. 18 (1973), S. 12–13; Nr. 21 (1974), S. 4–5; Nr. 23 (1974), S. 13–15; Nr. 24 (1975), S. 15–17; Nr. 25 (1976), S. 3–6; Nr. 27 (1976), S. 16–18.
[29] Ebd. Nr. 23 (1974), S. 17–18; Nr. 24 (1975), S. 20–21; Nr. 26 (1976), S. 20–22; Nr. 27 (1976), S. 18–20.

ständlichen Einsatz der Katholischen Kirche für den Lebensschutz in der gesetzlich geregelten Schwangerschaftskonfliktberatung beendete, ist und bleibt eine Tragödie. Scharfsichtig erkannte Bernhard Vogel damals schon den Zusammenhang zwischen der gesellschaftlichen Geringschätzung der Familie und dem Geburtenrückgang,[30] den inzwischen unsere Gesellschaft – dreißig Jahre zu spät – als die größte Bedrohung der Zukunft Deutschlands zu erkennen beginnt. Freilich bleibt in der Geschichte nur selten keiner ohne Schuld. Jedenfalls ist heute den meisten Katholiken wohl klarer, was Bernhard Vogel 1975 eher ahnungsvoll andeutete, als er sagte: »Mitverursacht wurde diese Entwicklung sicher auch dadurch, dass in den katholischen Aussagen über Ehe und Familie allzu sehr über das Wesen, noch lieber über das echte Wesen von Ehe und Familie reflektiert wurde unter Hintansetzung der Bedeutung geschichtlicher Veränderungen, denen Ehe und Familie natürlich unterworfen sind.«[31]

Angesichts des Gewichts von Streit und Konflikt in den damals von Bernhard Vogel behandelten Themen stellt sich die Frage, ob sich der vom II. Vatikanum gewollte Dialog zwischen Kirche und Welt wie zwischen Glauben und Geschichte in solcher Auseinandersetzung erschöpft. Gewiss hat es sich in den letzten vier Jahrzehnten als eine gefährliche Illusion erwiesen, Dialog als ein Zauberwort für allgemeine Harmonie zu missdeuten. Dennoch war es ja gerade die große Tat des Konzils gewesen, sich in seiner Konstitution »Gaudium et Spes« der Welt – wenn auch keineswegs unkritisch – zuzuwenden und deren positive Leistungen zu würdigen. Und nicht zuletzt hatte das Konzil die Bedeutung der Sachkenntnis innerweltlicher Eigengesetzlichkeiten und den Wert der eigenständigen Gewissensentscheidung der katholischen Laien in diesen Fragen ausdrücklich unterstrichen – nicht ohne darauf hinzuweisen, dass diese trotz gleichem Glaubensbekenntnis, unbestreitbarer Gewissenhaftigkeit und gleichwertiger Sachkompetenz durchaus nicht immer übereinstimmen werden. In einem solchen Dissens über die Regelung gesellschaftlicher Dinge könnten die Laien von den kirchlichen Amtsträgern zwar »geistliche Kraft«, aber nicht notwendigerweise übergeordnete fachliche Kompetenz erwarten. Vielmehr empfiehlt das Konzil den Laien, auf dem Wege eines gemeinwohlorientierten Dialogs nach einer Lösung zu suchen. Jedenfalls dürfte kein Streitender »die Autorität der Kirche ausschließlich für sich und seine eigene Meinung in Anspruch« nehmen.[32] Das war nun in der Tat eine für Katholiken völlig neue Sicht der Beziehung zwischen Kirche und Welt. Könnte man also dem CDU-Mitglied Bernhard Vogel nicht vorwerfen, stattdessen die alte Linie des ZdK und der Katholikentage fortgeführt zu haben, sich in Politik und Gesellschaft als Heerschau und Wahlhelfertruppe der Unionsparteien bewähren zu wollen? Dass ihm von einschlägiger Seite solche Vorwürfe tatsächlich gemacht

---

[30] Ebd. Nr. 23 (1974), S. 18; Nr. 24 (1975), S. 21.
[31] Ebd. Nr. 26 (1976), S. 21.
[32] *Gaudium et Spes*, in: Karl Rahner/Herbert Vorgrimler, *Kleines Konzilskompendium*, S. 449–552, Abschnitte 36 und 43.

wurden,³³ wäre allerdings kein hinreichender Beweis für die Richtigkeit eines solchen Verdachts.

In Wahrheit besteht denn auch eine fortdauernde Leistung des ZdK-Präsidenten dieser Jahre darin, trotz heftiger politischer Auseinandersetzungen zugleich Prinzipien formuliert zu haben, die für die unabhängige Stellung des ZdK als Partner im Wertedialog und Wertestreit weiterführend waren. Dabei verwarf er den missverständlichen Begriff der Äquidistanz, weil dieser das ZdK dazu zwinge, »den eigenen Standpunkt immer dann zu verändern, wenn die Parteien den ihren verändern«, und setzte stattdessen auf »programmatische Offenheit« und auf »Zusammenarbeit mit allen demokratischen Parteien, die auf dem Boden des Grundgesetzes stehen«.³⁴ Freilich könnte man dieses – in sich wohlbegründete – Prinzip der eigenständigen Entscheidungen des ZdK denklogisch durchaus mit der ständigen programmatischen Nähe zur gleichen Partei verbinden. Deshalb ist es bedeutsam, dass er zugleich betonte, das ZdK wünsche »nicht ins Beiboot einer Partei gesetzt zu werden«. Allerdings zeigt der Kontext, dass er dabei auch an »die Ausbeutung christlicher Grundbegriffe für den Zweck einer vordergründigen gesellschaftlichen Fortschrittsideologie«³⁵ dachte – eine Sorge, die bei den Unionsparteien wohl nur wenigen käme.

Eine Spannung, der sich Bernhard Vogel offenbar durchaus bewusst war, ergab sich aus der in der kämpferischen Geschichte des deutschen Katholizismus bewährten Einheit und Homogenität, die er bei einer Kontroverse mit dem katholischen Publizisten Walter Dirks auf dem Bamberger Katholikentag von 1966 noch am besten in einer Partei bewahrt sah,³⁶ und der sich immer stärker ausbildenden katholischen Pluralität, die das II. Vatikanum bejaht hatte und zu der auch er sich ausdrücklich bekannte.³⁷ Über der Einheit nicht die Vielfalt zu vergessen und die Einheit in der Vielfalt nicht untergehen zu lassen, ist, wie die Geschichte zeigt, die Grundvoraussetzung jeder vitalen Gemeinschaft und unter der Bedingung von Freiheit zugleich deren ständige Herausforderung. Dass Bernhard Vogel sehr wohl wusste, wie untrennbar Streit und Bewegung auch in der Katholischen Kirche zusammenhängen, machte er bei der Übergabe eines Buches mit »zwanzig Lebensbildern engagierter katholischer deutscher Politiker und Gesellschaftsreformer«³⁸ klar, als er in der Herbstvollversammlung 1973 sagte: »... diese Zeitgeschichte in Lebensbildern ist beileibe keine Chronik der Einmütigkeit der deutschen Katholiken, wie wir es heute, wenn wir Streit haben, im Rückblick beschwörend so gerne sehen, sondern in der Auseinandersetzung mit Bismarck, im Streit um die Verfassung, im Streit zwischen Kardinal Faulhaber und Konrad

---

[33] Vgl. z.B. BuD Nr. 17 (1973), S. 24.
[34] Ebd. Nr. 26 (1976), S. 2–3.
[35] Ebd. S. 4.
[36] Großmann (wie Anm. 3), S. 262.
[37] BuD Nr. 26 (1976), S. 4.
[38] *Zeitgeschichte in Lebensbildern. Aus dem Katholizismus des 19. und 20. Jahrhunderts.* Bd. 1, hg. von Rudolf Morsey, Mainz 1973.

Adenauer auf dem Münchener Katholikentag, in der Auseinandersetzung, wie man neu aufkeimendem Radikalismus wehren sollte, gibt es in diesen zwanzig Lebensbildern, wie wir meinen, vieles, was den Trostbedürftigen Trost, vieles aber auch, und das ist wichtiger, was denen, die Optimismus besitzen, Optimismus verleihen kann.«[39]

Diese Feststellung ist, jedenfalls für die Katholische Kirche, von unverminderter und wahrscheinlich nie nachlassender Aktualität. Denn der Weg des Gottesvolkes durch die Geschichte kann immer nur eine Suchbewegung zwischen Bewahren und Erneuern sein. Der kühne Entschluss Johannes XXIII. und sein mutiges Wort vom Aggiornamento gehören zu den eher seltenen Beispielen dafür, dass es die Führung der Kirche war, die zu Neuem aufbrach. Meist kam der Anstoß zu Neuem aus der Mitte der Kirche und gelegentlich sogar von unten und vom Rand, während das kirchliche Amt seine Aufgabe vor allem im Bewahren sah. Das kann bei einer Gemeinschaft wie der Kirche, die ihre Botschaft und ihre Kraft ja nicht aus sich selbst nimmt und daher immer bedacht sein muss, ihrer Aufgabe nicht untreu zu werden, auch gar nicht anders sein. Gleichwohl ist der Konflikt zwischen Bewahren und Erneuern oft schmerzlich, und der notwendige, wenn nicht gar überfällige Wandel folgt nicht selten erst nach den Irrwegen von Verbot, Verdammung und Ausschluss.

Lange und widersprüchlich war auch der Weg der Erkenntnis, dass für Katholiken akzeptable und von ihnen umzusetzende politische Programme nicht direkt aus der Glaubensbotschaft und den sie entfaltenden kirchlichen Lehren und schon gar nicht aus politischen Vorstellungen der Hierarchie oder einzelner Hierarchen folgen können, sondern allein aus dem eigenständigen Entschluss katholischer Laien, die sich ihrer bürgerschaftlichen Verantwortung für den Zustand von Staat und Gesellschaft bewusst sind. Es ist dies eine Verantwortung, bei deren Wahrnehmung sie sich von ihrem christlichen Gewissen leiten lassen und sich zu ihrem Glauben bekennen. Dafür können sie sich gewiss mit Gleichgesinnten zusammen tun, die ebenfalls auf ein solches Bekenntnis Wert legen. Wie die deutsche und die europäische Geschichte zeigen, gibt es Situationen, in denen ein gemeinsames politisches Handeln im Zeichen ihres Bekenntnisses vielen Christen besonders notwendig erscheint. So war das bei vielen katholischen Christen zu Beginn des von Bismarck gegründeten Deutschen Reiches, und so war es für viele katholische und evangelische Christen beim Untergang dieses Reiches durch die gegen Freiheit und Humanität gerichtete Diktatur Hitlers und des Nationalsozialismus und durch den von diesem Regime entfesselten verbrecherischen Krieg gegen Europa und die Welt. Einen Monopolanspruch begründet jedoch weder die Berufung auf den christlichen Glauben noch die Not der geschichtlichen Stunde. Es bleibt ein Entschluss, der nur von jedem einzelnen Christen gefasst werden kann und für den er selbst geradestehen muss.

---

[39] BuD Nr. 21 (1974), S. 14.

Um diesen Sachverhalt zum Ausdruck zu bringen, beschreibt man das sich daraus ergebende Handeln als Politik aus christlicher Verantwortung. Manch einer hält das für eine Leerformel, und gewiss gibt es kein Patentamt und kein Gericht, das diesen Anspruch beglaubigen kann. Gleichwohl gibt es Grundsätze, die für eine Politik aus christlicher Verantwortung verpflichtend sind: Die Würde jedes Menschen; seine sich daraus ergebenden Freiheitsrechte einschließlich der individuellen und korporativen Religionsfreiheit; der unbedingte Schutz des menschlichen Lebens; das Streben nach weltweitem Frieden; Freiheit, Gerechtigkeit und Solidarität als Grundprinzipien der staatlichen Ordnung und des gesellschaftlichen Zusammenlebens; die grundlegende Bedeutung der Familie als stabile Partnerbeziehung von Mann und Frau mit dem Wunsch, Kinder zu bekommen und sie zu guten Menschen und gläubigen Christen zu erziehen; das Wissen um die Endlichkeit und Unzulänglichkeit jedes menschlichen Handelns – um nur die wichtigsten zu nennen. Sie alle ergeben sich aus dem Glauben an den allmächtigen Gott als den Vater aller Menschen und aus dem Bekenntnis zur erlösenden und froh machenden Botschaft Jesu Christi. Schon ein flüchtiger Blick auf die Geschichte des 20. Jahrhunderts erweist die politischen Trennlinien, die sich aus einem solchen Verständnis von Politik aus christlicher Verantwortung ergeben. Dennoch bleibt der Raum für unterschiedliche Schwerpunktsetzungen und Gestaltungsmöglichkeiten beträchtlich. Und diese Unterschiede folgen nicht nur aus den Einsichten, Kenntnissen und Erfahrungen, von denen sich Menschen trotz der Übereinstimmung im Glaubensbekenntnis bewegen lassen. Sie ergeben sich auch aus den jeweils von ihnen als vordringlich angesehenen geschichtlichen Herausforderungen.

Das ließe sich natürlich auch an Äußerungen Bernhard Vogels in seinem Amt als Präsident des ZdK zeigen. So, als er auf der Herbstvollversammlung von 1975 erklärte: »Das Recht darf nicht zum Spielball wirklicher oder scheinbarer Bedürfnisse der Gesellschaft werden. Seine notwendige Weiterentwicklung kann weder politischen Nützlichkeitserwägungen noch irgendwelchen Ideologien untergeordnet werden. Vielmehr muss das Recht auch in Zukunft Garant der Freiheit und des Friedens im privaten und im öffentlichen Leben sein.«[40]

Ob diese Feststellung in der hier ausgedrückten Allgemeingültigkeit rundum zustimmungsfähig ist, scheint mir keine ganz ungerechtfertigte Frage. Denn fraglos besteht ein wesentlicher Zusammenhang zwischen gesellschaftlichen Bedürfnissen und der Rechtsentwicklung. Schließlich ist das Recht eines der wichtigsten Mittel der Gesellschaft zur Selbstorganisation und zur Gestaltung notwendigen Wandels. Dagegen kann die Begrenzung des Rechts auf seine – gewiss höchst bedeutsame – Rolle als Freiheitsgarantie zur Magna Charta eines gemeinwohlnegierenden Individualismus werden, wie man an der Geschichte der seitdem verflossenen dreißig Jahre nachweisen könnte. Was Bernhard Vogel und mit ihm viele

---

[40] Ebd. Nr. 26 (1976), S. 7.

Katholiken damals beunruhigte, waren vor allem die Absichten der sozial-liberalen Bundestagsmehrheit zur Reform des Ehe- und Familienrechts und zur Abschaffung des Verbots des Schwangerschaftsabbruchs. Das zeigt seine Warnung: »Wer die Regelungen des demokratischen Verfassungsstaates missbraucht, um Minderheiten in Lebensfragen zu überstimmen, wird diesem Verfassungssystem keinen Dienst erweisen, sondern wird es abstufen zu subjektiver Beliebigkeit zufälliger Mehrheiten.«[41]

Das ist gewiss richtig. Nur drängt sich die Frage auf, ob man Lebensfragen mit gesamtgesellschaftlicher Verbindlichkeit regeln kann, wenn die bisher darauf gegebene Antwort nur noch von einer Minderheit und nicht mehr von einer Mehrheit innerlich mitgetragen wird. Hält man die beiden hier zitierten und auch im Bericht in einem engen Zusammenhang stehenden Aussagen zusammen, so ergibt sich in der heutigen Gesellschaft für die Christen eine Doppelstrategie: Durch Zeugnis und überzeugendes Beispiel so viele ethische Verbündete wie möglich zu gewinnen. Und wenn man dennoch in der Minderheit bleibt, sich genügend Freiraum zu erkämpfen, um nach seinen eigenen Werten und Vorstellungen leben zu können. Man könnte zwischen einer offensiven und einer defensiven Strategie unterscheiden. Letztere beinhaltet in einer freiheitlichen Demokratie allerdings meist auch, Freiräume für die Praktizierung ganz anderer Lebensvorstellungen zu akzeptieren, was die Pluralität der Gesellschaft bis zur Segmentierung treiben kann. Daher kommt – nicht zuletzt aus christlicher Verantwortung für das Gemeinwohl – der ersteren der beiden Strategien die Priorität zu. Das erfordert freilich, um erfolgreich zu sein, neben Einsatzwillen und gesellschaftlicher Überzeugungskraft ein erhebliches Maß an geschichtlicher Sensibilität, intellektueller Unterscheidungsfähigkeit und einer gleichermaßen prinzipienfesten wie praktisch flexiblen Toleranz. Das sind allesamt keine Gaben, die vom Himmel fallen, sondern Haltungen, die lebenslang erarbeitet und gestärkt werden müssen, aber die sich auszahlen, wenn man Standfestigkeit und Lernbereitschaft miteinander verbindet. So jedenfalls deute ich die folgenden Worte Bernhard Vogels: »... Wir sind der festen Überzeugung, dass die Definition und Interpretation der Grundwerte eine kontinuierliche Aufgabe jeder Generation und deshalb auch nichts Außergewöhnliches darstellt. Als unmittelbare Auswirkung dieser andauernden Diskussion können wir feststellen, dass nach vielen Werten auch heute wieder gefragt wird, die gestern schon zu den Akten gelegt schienen. Etwa nach der Erziehung, etwa nach der persönlichen Verantwortung, nach der Familie, um ein paar Beispiele zu nennen. Bei diesem Suchen kommt ausgesprochen oder eingeschlossen die grundlegende Frage nach dem Sinn des Lebens zum Vorschein.«[42]

Im langen politischen Leben Bernhard Vogels waren die Jahre als Präsident des Zentralkomitees der deutschen Katholiken eine relativ frühe und eine relativ

---
[41] Ebd. S. 8.
[42] Ebd. S. 5–6.

kurze Wegstrecke. Aber auch nach dreißig Jahren bieten seine Aussagen in diesem Amt anregende Beispiele für das Wirken eines Christen in der Gesellschaft. Denn die Summe dieser Beispiele lautet: Politisches Engagement aus christlicher Verantwortung besteht erstens und vor allem im Einsatz für die ethischen Voraussetzungen mitmenschlichen Zusammenlebens und staatlichen Handelns. Es besteht zweitens in der aktiven und konstruktiven Mitarbeit an humanen und praktikablen Perspektiven, um die Probleme der Gesellschaft zu lösen und deren Herausforderungen gewachsen zu sein.

Norbert Lammert

Mitten in dieser Welt

Die Kirche in der Zeit, die Zeit in der Kirche[1]

I.

»Freude und Hoffnung, Trauer und Angst der Menschen von heute, besonders der Armen und Bedrängten aller Art, sind auch Freude und Hoffnung, Trauer und Angst der Jünger Christi«, so lautet der Eingangssatz der Pastoralkonstitution des Zweiten Vatikanischen Konzils über die Kirche in der Welt von heute. Die Botschaft dieses Satzes ist: die Probleme der Welt sind die Probleme der Kirche. Mitten in dieser Welt.

Der Text stammt aus dem Jahre 1965, ist mithin inzwischen gut 40 Jahre alt und heute noch so jung wie damals: Mitten in dieser Zeit.

Die mehr als 800 Jahre, auf die wir heute aus Anlass der Weihe der Abteikirche bis weit ins 12. Jahrhundert zurückblicken, sind eine ungewöhnlich lange, unsere Vorstellungskraft sprengende Zeit.

- Das ist etwa die Zeitspanne, die für die Aufzeichnung des Alten Testaments benötigt wurde.
- Keines der großen Weltreiche hatte einen so langen Bestand: weder das persische noch das hellenische Reich, weder das römische Reich noch das der Araber oder der Osmanen. Die vermeintliche Weltherrschaft der Spanier und Portugiesen mit ihren südamerikanischen Eroberungen war nach vergleichsweise kurzer Zeit ebenso beendet wie das britische Empire.
- Das in der Ausdehnung größte Reich der bisherigen Geschichte, das Reich der Mongolen, ist vor genau 800 Jahren, 1206, gegründet und nach einer schnellen Eroberung großer Teile Asiens und Europas schon am Ende desselben Jahrhunderts vom Niedergang und allmählichen Verfall seiner Herrschaft gekennzeichnet gewesen. Maria Laach ist früher gegründet worden und steht in den Stürmen der Zeit noch immer.

Bestand in der Geschichte der Menschheit haben die großen Kulturen, nicht die großen Reiche – ein ebenso ernüchternder wie ermutigender Befund. Die großen Weltreligionen sind allesamt wesentlich älter, wesentlich beständiger und prägender: Sie messen in Jahrtausenden, politische Systeme in Jahrzehnten.

---

[1] Rede anlässlich des 850. Jubiläums (1156) der Weihe der Abteikirche Maria Laach am 27. August 2006

II.

Die Chronik des 12. Jahrhunderts, die uns aus gegebenem Anlass besonders interessiert, ist durch Ereignisse mit nachhaltigen Wirkungen für Kirche und Staat gekennzeichnet.

In diesem 12. Jahrhundert wird Europa fast flächendeckend vom Christentum erschlossen.

Seit Beginn dieses 12. Jahrhunderts findet der Begriff »Deutsch« zunehmend Verbreitung für Land und Leute im damaligen Heiligen Römischen Reich »Deutscher Nation«, wie dann etwas später hinzugefügt wurde.

- 1152 wurde Friedrich I. Barbarossa zum deutschen König gekrönt; 1155, ein Jahr vor der Weihe dieser Abtei, in Rom zum römisch-deutschen Kaiser.
- Das 12. Jahrhundert ist die Zeit der Kreuzzüge und mancher anderer umstrittener kirchlicher Entwicklungen und Entscheidungen.
- 1173 hat der Papst allen Christen untersagt, Handel mit den Arabern zu treiben.
- 1199 hat Papst Innozenz III. dem einfachen Volk das Lesen der Bibel verboten.

Das alles ist, nicht nur in Jahren gemessen, weit weg von unserer Gegenwart, die durch Globalisierung im Handel, ohne Rücksicht auf Weltanschauungen, Nationalitäten und Säkularisierung geprägt ist. Kirche in der Zeit und Zeit in der Kirche.

III.

Die Bedeutung der Klöster, insbesondere im Mittelalter als Stätten der Bildung und Kultur, geht weit über ihren kirchlichen Auftrag hinaus und ist schwerlich zu überschätzen. Es ist sicher nicht übertrieben zu sagen, dass die europäische Kulturgeschichte anders und ärmer ausgefallen wäre, wenn es die Klöster und ihren Beitrag »mitten in dieser Welt« nicht gegeben hätte. Der benediktinische Leitspruch »Ora et labora« bedeutet – in unsere moderne Zeit übersetzt – eben nicht: Wer nicht betet, der braucht auch nicht zu arbeiten, sondern er fordert auf, ein Gleichgewicht herzustellen zwischen Spiritualität und den Erfordernissen des Alltags. Diese Aufforderung ist heute nicht weniger aktuell als zum Zeitpunkt der Gründung des Klosters und der Weihe der Abteikirche.

Die Benediktinerabtei Maria Laach war wie andere bedeutende Klöster im Laufe ihrer Geschichte einerseits von ihrer Zeit beeinflusst und andererseits selbst Impulsgeber ihrer Zeit, z.B. durch ihre frühen wissenschaftlichen Arbeiten und als Zentrum der Liturgischen Bewegung. Um 1500 wird das Kloster ein Vorort des rheinischen Klosterhumanismus und ein Zentrum der Wissenschaften; damals wurde die Klosterbibliothek ausgebaut. Das Kloster wurde zu einem ausstrahlenden Zentrum der Literatur und der Kunst.

Den Dreißigjährigen Krieg (1618–48), der nicht nur, aber auch ein Religionskrieg war, hat das Kloster ebenso überstanden wie die Napoleonischen Kriege, bis dann allerdings 1802 die französische Regierung die Abtei aufhob und sie in eine große Meierei umwandelte. Eine damals, wie man glaubte, abschließende, wie wir heute wissen, sehr vorübergehende Lösung. Nach dem zwischenzeitlichen Erwerb (1862) der ehemaligen Abteigebäude durch die deutsche Jesuitenprovinz und deren schon zehn Jahre später erfolgende Vertreibung durch das Jesuitengesetz im Zuge des Kulturkampfes erfolgte mit Beginn der 90er Jahre des 19. Jahrhunderts dann die zunehmende Wiederbesiedlung durch Benediktinermönche aus der Erzabtei Beuron, nachdem diese bei Kaiser Wilhelm II. dazu eine Genehmigung erwirkt hatten.

Die zweitausendjährige Geschichte des Christentums, die noch älter ist als die Geschichte dieses Klosters, ist auch eine Geschichte der Irrtümer, der Verfehlungen und Verirrungen. Aber sie ist zugleich eine überwältigende Geschichte von Zeugnissen der Freiheit des Christenmenschen und der Unantastbarkeit der Menschenwürde. Gerade in Zeiten politischer Umstürze und der Verachtung von Wert und Würde des Menschen, nicht zuletzt in der Zeit des Nationalsozialismus, hat es das Zeugnis von Christen wie Bernhard Lichtenberg, Alfred Delp, Dietrich Bonhoeffer oder Edith Stein gegeben. Und es sind übrigens auch in solchen Zeiten nicht zuletzt die Klöster gewesen, die eine diskrete Zuflucht für Verfolgte und ein Ort des Widerstandes gegen die Zustände der Welt gewesen sind. Dass in einer für ihn persönlich und für das Land besonders schweren Zeit der spätere erste Kanzler der Bundesrepublik Deutschland, Konrad Adenauer, für ein Jahr im Kloster Maria Laach Zuflucht gefunden hat, registriere ich als bekennender Christ und Demokrat mit doppelter Genugtuung.

Nach dem Zweiten Weltkrieg hat Maria Laach an Bedeutung, auch an politischer Bedeutung, ganz offenkundig nichts eingebüßt. Hier haben auch wichtige politische Treffen stattgefunden, zwischen Kanzlern und französischen Staatspräsidenten beispielsweise. Und hier findet in einer schönen, ungefährdeten Tradition Jahr für Jahr ein Treffen katholischer Politiker aus Bund und Ländern zu jährlichen Exerzitien statt.[2]

---

[2] Seit 1981 trifft sich jährlich am Wochenende um Epiphanie, dem Fest der Erscheinung des Herrn am 6. Januar, in Maria Laach ein Freundeskreis katholischer Politiker, vornehmlich aus den Unionsparteien, zu Besinnungstagen. Die Idee zu diesen »Politikerexerzitien«, die auf Friedrich Kronenberg zurückgeht, wurde von Bernhard Vogel, Erwin Teufel und Werner Remmers aufgegriffen und in die Tat umgesetzt. Vgl. Bernhard Vogel, *25 Jahre Besinnungstage für Politiker in Maria Laach*, in: *Laacher Lesebuch. Zum Jubiläum der Kirchweihe 1156–2006*, hg. von Angelus A. Häußling und Augustinus Sander. St. Ottilien 2006 S. 148–150.

IV.

Die Kirchengeschichte ist wie die Nationalgeschichte voll von Aufbrüchen und Gründungen, von Aufstiegen und Niedergängen. »Zivilisationen sind sterblich – Kirchen auch«, hat Hans Maier, der frühere Präsident des Zentralkomitees der Deutschen Katholiken und langjährige bayerische Kultusminister einmal in einem lesenswerten Beitrag formuliert und hinzugefügt: »Nichts lässt sich auf die Dauer schützen und konservieren, wenn Geist und Leben schwächer werden und absterben. Lebendig bleibt nur, was bei Menschen Wurzeln geschlagen hat und fortbesteht... Die Kirche muss den Glauben immer zugleich bewahren und der jeweiligen Zeit neu sagen. Der Glaube kann gar nicht unwandelbar durch die Zeiten weitergegeben und in jeder Zeit in gleicher Weise gelebt werden. Glaube und Kirche stehen stets im Wechselverhältnis mit Geschichte und Kultur. Wer dies leugnet, verteidigt in Wahrheit die Bindung von Kirche und Glauben an eine bestimmte geschichtliche Periode und eine bestimmte Kultur. Eine solche Bindung widerspricht der Erfahrung der Kirchengeschichte.«

Ganz offensichtlich hängt die Frage nach der Autorität der Kirche in diesen dramatischen Prozessen der Veränderung auch an ihrer Fähigkeit sowie ihrer Bereitschaft zur geschichtlichen Aktualisierung als Kirche Jesu Christi. Dazu gehören ganz wesentlich die Bereitschaft und die Fähigkeit, Neues wahrzunehmen und zuzulassen, das bislang noch nicht zur Entfaltung kommen konnte.

Im vierten Kapitel der dogmatischen Konstitution über die Kirche »Lumen Gentium« (21. November 1964) wird das Apostolat der Laien als Teilhaber an der Heilssendung der Kirche ausdrücklich bekräftigt. Ihnen wird die Möglichkeit und »bisweilen« sogar die Pflicht zugesprochen, sich in kirchlichen Fragen zu äußern: »Die geweihten Hirten aber sollen die Würde und die Verantwortung der Laien in der Kirche anerkennen und fördern. Sie sollen gern deren klugen Rat benutzen, ihnen vertrauensvoll Aufgaben im Dienst der Kirche übertragen und ihnen Freiheit und Raum im Handeln lassen, ihnen auch Mut machen, aus eigener Initiative Werke in Angriff zu nehmen ... Sie können mit Hilfe der Erfahrung der Laien in geistlichen wie in weltlichen Dingen genauer und besser urteilen.« (Lumen Gentium 37)

Die Kirche der Zukunft braucht kluge Hirten und eine aufgeklärte Herde, die sich ihrer eigenen Verantwortung bewusst ist und von dieser Verantwortung Gebrauch macht. Dass die Wahrnehmung des Apostolats der Laien nicht immer einfach ist, frei von Spannungen und Irritationen, will ich an einem Thema verdeutlichen, das besonders wichtig und zugleich besonders schwierig ist: dem Schutz des ungeborenen Lebens.

Ich gehöre zu denjenigen, die an den ebenso schwierigen wie ernsthaften Bemühungen des Deutschen Bundestages beteiligt waren, eine angemessene gesetzliche Regelung für die Frage zu finden, ob überhaupt und, wenn ja, unter welchen Voraussetzungen Schwangerschaftsabbrüche straffrei bleiben sollten. Und obwohl ich mir gewiss nicht einbilde, bei diesem Thema ein besonderer Experte zu sein, habe ich aus diesen jahrelangen quälenden Beratungen mindestens eine subjektiv feste Überzeugung in Erinnerung behalten: Am ernsthaften Bemühen des deutschen Gesetzgebers, für dieses geradezu aussichtslose Problem eine halbwegs überzeugende menschengerechte Lösung zu finden, ist kein Zweifel erlaubt. Und deswegen hat mich persönlich die Reaktion der Amtskirche auf diesen damaligen Gesetzgebungsprozess mit den sich daraus ergebenden Beratungsstrukturen betroffen gemacht. Das Ausscheiden der katholischen Schwangerschaftskonfliktberatung aus dem Konfliktberatungssystem der Bundesrepublik Deutschland habe ich für einen schweren Fehler gehalten. Ich sage das jetzt nicht als Politiker, sondern als katholischer Christ. Jedenfalls hat diese Entscheidung, völlig unabhängig davon, ob man sie für zwangsläufig oder mutwillig, für begründet oder unbegründet hält, ganz offensichtlich ein Vakuum entstehen lassen, das dringend gefüllt werden musste. Mir liegt sehr daran, zwischen diesen beiden Aspekten zu unterscheiden. Selbst dann, wenn man die unter bekannten Bedingungen zustande gekommene Entscheidung der Deutschen Bischofskonferenz für richtig hält, was ich aus den angedeuteten Gründen ausdrücklich nicht kann, muss man sich doch immer noch der Einsicht stellen, dass die getroffene Entscheidung ein neues Problem hat entstehen lassen, und dass nach meinem Verständnis niemand, der sich der Ernsthaftigkeit dieses Problems nicht mutwillig entzieht, dieses dadurch entstandene neue Problem auf sich beruhen lassen durfte. Ungeborene Kinder kann man nicht ohne ihre Mütter schützen und schon gar nicht gegen sie.

Im Zusammenhang mit parlamentarischen Entscheidungsprozessen werden – wie die meisten wissen – gerne Gewissensentscheidungen reklamiert, die, wie auch die meisten wissen, selten vorkommen. Aber es gibt sie, und das ist so eine. Und es gibt eben auch Gewissensentscheidungen jenseits der Politik oder nach Abschluss getroffener politischer Entscheidungen.

Der Kern meiner persönlichen Motivation und vermutlich auch der vieler anderer, die damals zu den Gründungsmitgliedern von Donum Vitae gehört haben – und zu ihnen zählt Bernhard Vogel –, war die Wahrnehmung genau dieses Dilemmas und die Vorstellung auch von einer ganz unmittelbaren persönlichen Verpflichtung, die sich daraus ergibt. Und wenn man denn schon der Argumentation folgt, dass die vom Gesetzgeber und damit staatlich verbindlich getroffene Ordnung den eigenen Ansprüchen und Glaubensüberzeugungen nicht genügt, dann ist die Schlussfolgerung doch erst recht nicht erlaubt, sich nun heimlich in die Büsche zu schlagen und zu beobachten, was denn nun wohl passiert. Deswegen war für mich wie für viele andere klar, dass die persönliche Verantwortung als politisch engagierter Christ die aktive Mitwirkung an der Bewältigung der alten und neuen Probleme zur Folge haben musste, die sich aus der Entscheidung des Vatikans und der Deutschen Bischofskonferenz für den Schutz des menschlichen Lebens ergaben – so unvollkommen das notwendigerweise bleiben muss. Aber der Hinweis auf die nicht verfügbaren perfekten Lösungen ist immer schon die beliebteste Ausrede für die Verweigerung eigener Beteiligung gewesen. Ich gebe gerne zu, dass mich in den inzwischen relativ langen Jahren meiner Zugehörigkeit zu dieser Kirche keine andere Frage so umgetrieben und auch so strapaziert hat wie diese. Ich will gerne hinzufügen, dass ich den begründeten Eindruck habe, dass das für manche Mitglieder der Bischofskonferenz auch gilt, deren Entscheidungsspielräume aus offensichtlichen Gründen jedenfalls anders, enger als unsere waren und sind, wodurch sich nicht nur die Möglichkeit, sondern, wie ich glaube, auch die Notwendigkeit unterschiedlicher politischer, persönlicher, auch religiös begründeter Schlussfolgerungen ergibt.

Mit Blick auf die jüngste Erklärung der Bischofskonferenz muss die Frage erlaubt sein: Wollen die Bischöfe wirklich nicht, dass sich überzeugte engagierte Katholiken an der Beratung zum Schutz des Lebens in organisierter Weise beteiligen? Einer ebenso verantwortungsvollen wie wirkungsvollen Beratung, der viele tausend Kinder ihr Leben verdanken. Und was bedeutet die Ausgrenzung von Donum Vitae als »Vereinigung außerhalb der Kirche«, was bedeutet sie für das Wirken von Katholiken in einer säkularen Welt und damit auch ihrer Verlässlichkeit als Staatsbürger in einem demokratischen Rechtsstaat?

Mitten in der Welt, in der wir heute leben, sind die wirklich großen Fragen jedem vordergründigen Eindruck zum Trotz im Kern religiöse Fragen: Die Frage nach Leben und Tod, nach Gut und Böse, nach Schuld und Vergebung, nach Freiheit und Verantwortung, nach Frieden und Völkerverständigung. Sie sind freilich von den Kirchen ebenso wenig alleine zu beantworten wie von den Regierungen oder Parlamenten.

Trotz der Irrtümer, Verirrungen, Verfehlungen und auch Verbrechen, die es in der Geschichte des Christentums über die Jahrhunderte hinweg gegeben hat, ist der Kern der tragenden ethischen und moralischen Orientierungen der westlichen Zivilisation von keiner anderen Institution mehr geprägt und mehr gefördert worden als von den christlichen Kirchen. Auch deshalb gehört die Kirchenspaltung, die inzwischen seit fast 500 Jahren andauert, zu den größeren Katastrophen der europäischen Geschichte. Im Lichte der Herausforderungen der Gegenwart und der Zukunft ist sie ein schwer erträgliches Ärgernis. In der Formulierung von Kardinal Kasper: »Wir dürfen und können uns mit dem Faktum der getrennten Kirchen nicht abfinden; wir dürfen uns nicht daran gewöhnen oder dieses Faktum gar rechtfertigen wollen. Die Trennung ist ein Skandal, den wir nicht verharmlosen dürfen, etwa dadurch, dass wir uns auf eine rein geistliche Einheit hinter den faktisch bestehenden Kirchentümern zurückziehen.«

Mir sind die Unterschiede zwischen den christlichen Konfessionen hinreichend geläufig, aber sie wollen mir im Kontext der gemeinsamen Aufgaben und Herausforderungen nicht hinreichend relevant erscheinen, um die Trennung weiter zu rechtfertigen und aufrechtzuerhalten.

V.

Die Politik scheint insoweit weitergekommen zu sein als die Kirchen. Dass Europa seine jahrzehntelange Trennung überwunden hat und nicht nur zum größten freien Markt der Welt, sondern auch zu einer politischen Gemeinschaft zusammenwächst, ist eines der Hoffnungszeichen zu Beginn dieses 21. Jahrhunderts. Dass die Grundwerte dieser Europäischen Gemeinschaft, mehr oder weniger vollständig formuliert im europäischen Verfassungsvertrag, von christlichen Glaubensüberzeugungen geprägt sind, ist offenkundig. Es bleibt aber erklärungsbedürftig, warum schon unter den Regierungschefs der Mitgliedsstaaten der Europäischen Gemeinschaft eine Einigung auf diesen Verfassungstext nur unter ausdrücklicher Ausklammerung dieses offensichtlichen und unbestreitbaren kulturellen und religiösen Zusammenhanges möglich war. Dieses erstaunliche Defizit hat in den vergangenen Jahren niemand hartnäckiger und eindrucksvoller und, wie ich hoffe, auch wirkungsvoller beschrieben als unser heutiger Papst Benedikt XVI.: »Europa braucht eine sicher demütige Annahme seiner selbst, wenn es eine Zukunft haben soll.« Und es sind keineswegs nur Theologen, es sind insbesondere Historiker, Philosophen, Politiker, Verfassungsjuristen, die hierauf immer wieder hinweisen.

»Auch ein Staat, der die Glaubensfreiheit umfassend gewährleistet und sich damit selber zu religiös-weltanschaulicher Neutralität verpflichtet, kann die kulturell vermittelten und historisch verwurzelten Wertüberzeugungen und Einstellungen nicht abstreifen, auf denen der gesellschaftliche Zusammenhalt beruht und von denen auch die Erfüllung seiner eigenen Aufgaben abhängt«, schreibt unser Bundesverfassungsgericht in einer Entscheidung aus dem Jahr 1993: »Der christliche Glaube und die christlichen Kirchen sind dabei, wie immer man ihr Erbe heute beurteilen mag, von überragender Prägekraft gewesen. Die darauf zurückgehenden Denktraditionen, Sinnerfahrungen und Verhaltensmuster können dem Staat nicht gleichgültig sein.«

Gleichgültigkeit: das ist vielleicht die größte Gefährdung der westlichen Zivilisation, die sich kaum noch jemand als christliches Abendland zu bezeichnen traut. Der englische Religionssoziologe David Martin hat schon vor geraumer Zeit darauf aufmerksam gemacht, ausgerechnet in Europa habe der weltweite Prozess der Säkularisierung ein Ausmaß erreicht, das in der modernen Welt einmalig sei: »Europa ist der einzige wirklich säkulare Kontinent der Erde geworden.« Diese Befunde sind umso bemerkenswerter, als gleichzeitig weltweit geradezu eine religiöse Renaissance zu beobachten ist, für die es allerdings auch auf dem alten Kontinent durchaus Beispiele gibt. Die erstaunliche Beteiligung, keineswegs nur an den Teilnehmerzahlen gemessen, bei den Weltjugendtreffen ist dafür nicht das einzige, aber ein besonders aufschlussreiches Beispiel.

VI.

Wenngleich die christliche Botschaft zeitlos ist, so ist es doch eine Herausforderung für die Kirche, diese Botschaft in der jeweiligen Zeit bzw. unter den Bedingungen sich ändernder Zeiten zu verkünden. Kardinal Lehmann hat das einmal so formuliert: »Der christliche Glaube muss immer wieder neu vergegenwärtigt werden, auch wenn er derselbe bleibt.« Und er hat aus guten Gründen hinzugefügt: »Es liegt auf der Hand, dass eine angepasste Kirche selbst überflüssig wird, weil sie ja ohnehin nur noch eine Verdoppelung dessen bietet, was schon ist.«

Zu diesem schon immer spannenden und spannungsvollen Verhältnis der Veränderungen in der Zeit und des ewig Gültigen über die Zeiten hinweg gibt es eine wunderschöne Formulierung in der Pastoralkonstitution über die Kirche in der Welt von heute »Gaudium et Spes«: »Zur Erfüllung dieses ihres Auftrags obliegt der Kirche allzeit die Pflicht, nach den Zeichen der Zeit zu forschen und sie im Licht des Evangeliums zu deuten. So kann sie dann in einer jeweils einer Generation angemessenen Weise auf die bleibenden Fragen der Menschen nach dem Sinn des gegenwärtigen und des zukünftigen Lebens und nach dem Verhältnis beider zueinander Antwort geben.« (Gaudium et Spes 4)

Die Einlösung dieses Auftrages erfordert vermutlich ein neues Verhältnis von Beten und Arbeiten. Auf die bleibenden Fragen der Menschen in einer jeweils einer Generation angemessenen Weise Antwort zu geben, die Zeichen der Zeit zu erforschen und diese im Lichte des Evangeliums zu deuten: das ist unsere gemeinsame Aufgabe – mitten in dieser Welt.

POLITIK
IN RHEINLAND-PFALZ

Georg Gölter

Bernhard Vogel und die CDU – eine nicht ganz einfache Beziehung

Die Überschrift überrascht wohl manchen Leser. »Bernhard Vogel – der leidenschaftliche CDU-Mann« – das wäre wohl eher, was manche erwarten. Zu Unrecht. Bernhard Vogel war nie das, was man so landläufig als »CDU-Mann« bezeichnet. In späteren Lebensjahren, nach Jahrzehnten in der Politik, ist er manchen zwangsläufig so erschienen, als der »CDU-Vogel«. Aber das war das Ergebnis von tausenden von Terminen für die Partei, auf Einladung der Partei. Und beileibe nicht nur in der Pfalz oder in Rheinland-Pfalz. Hinzu kommt: Die Medien haben vor allem in den siebziger und den achtziger Jahren die beiden Vogel-Brüder immer wieder publizistisch liebevoll einander gegenübergestellt. Der »Rote Vogel«, der Ältere, der »Schwarze Vogel«, der Jüngere, gleich erfolgreiche Bruder. Aber das täuscht und verleitet zu Fehlurteilen. Bernhard Vogel war nie zuerst »CDU-Mann«, in dem Sinn, dass er sich selbst zuerst durch seine Zugehörigkeit zur CDU definiert. Was im Übrigen nicht heißen soll, dass er je in einer anderen Partei hätte tätig werden können. Das ist eine Vorstellung jenseits des Vorstellbaren. Aber ein anderer Lebensweg, ohne die CDU, nicht in einer so engen, jahrzehntelangen Verbindung, wäre durchaus vorstellbar gewesen.

Das Elternhaus – der im Erscheinungsbild weichere, gütige Vater, die selbstbewusste, starke, beeindruckende Mutter, die Schule – ein Humanistisches Gymnasium alter Prägung, eine unverzichtbare Grundlage der deutschen Bildungs- und Geistesgeschichte – der katholische Glaube, das sind die entscheidenden Lebensgrundlagen Bernhard Vogels. Die wichtige Lebensphase nach der Pubertät ist durch eine eindeutige Ausrichtung gekennzeichnet: die Arbeit in der katholischen Jugend, später, während des Studiums, in der katholischen Studentengemeinde und im »Bund Neudeutschland«. Der »ND« – nebenbei, eine solche Wortprägung wäre heute nicht mehr möglich – wollte junge Menschen heranbilden, die bereit waren, in Gesellschaft, Staat und Kirche Führungsaufgaben zu übernehmen. Alles, was Bernhard Vogel je gemacht hat, machte er gründlich: Er beließ es nicht bei der Heidelberger ND-Gruppe, sondern er war bundesweit im Hochschulring und in der Bundesführung engagiert tätig. Peter Molt und Bernhard Vogel veröffentlichten 1955 einen Studienführer, ein absolutes Novum in einer noch weitgehend führerlosen Bildungszeit.[1]

Wichtiger als das Stichwort »ND« ist das Stichwort »Heinrich-Pesch-Haus«. 1956 eröffnete die Oberdeutsche Provinz des Jesuiten-Ordens in Mannheim eine

---

[1] Peter Molt/Bernhard Vogel, *Vom Abitur zum Studium. Eine Einführung für Abiturienten und erste Semester*, hg. von der Hauptstelle des Bundes der Dt. Katholischen Jugend, Düsseldorf 1955.

Bildungsstätte, die nach dem Jesuiten Heinrich Pesch, Nationalökonom und Sozialphilosoph, benannt war, der als der Vater des Solidaritätsprinzips in der katholischen Soziallehre gilt. Die Bildungsstätte sollte Arbeitnehmern die Grundzüge der christlichen Staats- und Gesellschaftslehre, Kenntnisse der Volkswirtschaftslehre, des Arbeitsrechtes und des Betriebsverfassungsrechtes vermitteln. Kurze Zeit nach der Eröffnung übernahm Bernhard Vogel die Aufgabe, für junge Arbeitnehmer, Jugendleiter und Betriebsjugendsprecher Wochenendseminare und Wochenkurse mit dem Ziel politischer und sozialer Bildung zu organisieren. Dass er gar einige Jahre später die Schriftleitung der vom Heinrich-Pesch-Haus herausgegebenen Reihe »Freiheit und Ordnung« übernahm, war nur konsequent. 1962 erschien dann unter seiner Schriftleitung das »Jahrbuch für christliche Gesellschaftsordnung CIVITAS«. 14 Bände erschienen unter seiner Verantwortung. Damit die »politische Wissenschaft« und der Kontakt zur Politik nicht zu kurz kommen: Vogel gehörte seit 1957 zum Politischen Seminar seines verehrten Lehrers Dolf Sternberger. Er wurde nach einiger Zeit Mitarbeiter der »Forschungsgruppe Wahlen« am Heidelberger Institut, in der Peter Molt, Karl Kaufmann und Helmut Kohl neben anderen mitarbeiteten. Bernhard Vogel promovierte dann im Februar 1960 bei Dolf Sternberger mit einer Arbeit über Wählergruppen in den Kommunalwahlen, im gleichen Jahr wurde er Wissenschaftlicher Assistent bei seinem Lehrer.

Promotion, Assistentenstelle – damit war für Bernhard Vogel ein wichtiger Abschnitt in seinem beruflichen Werdegang erreicht. Insofern überrascht es nicht, dass er erst danach in die CDU eingetreten ist. Die Bekanntschaft und Nähe zu Helmut Kohl, der seit 1959 dem Landtag von Rheinland-Pfalz angehörte, die Freundschaft mit einem jungen Kfz-Meister, wie Bernhard Vogel aus der Katholischen Jugend gekommen, der der CDU-Fraktion des Heidelberger Stadtrates angehörte – wie auch immer, im Vergleich zu den engagierten und erfolgreichen Aktivisten der CDU der sechziger Jahre in der Pfalz und in Rheinland-Pfalz stieß Bernhard Vogel erst spät zur Partei. Das ist keine Kritik – die vorstehenden Ausführungen sollen nur verdeutlichen, dass der Weg der Vita contemplativa in der Wissenschaft, in der Leitung eines vielleicht auch kirchlich geprägten Forschungsinstituts durchaus möglich gewesen wäre.

Dass die Karriere in der CDU nicht jahrelang auf sich warten ließ, nimmt andererseits nicht wunder. 1962 kandidierte er für den Heidelberger Stadtrat, erfolglos, das Kumulieren und Panaschieren begünstigt bekanntlich die Platzhirsche. 1963 zog er jedoch in den Stadtrat ein, nach kurzer Zeit war er geschäftsführender Vorsitzender der Heidelberger CDU, eine ganz offensichtlich notwendige Blutauffrischung für einen weitgehend überalterten, aus Heidelberger Honoratioren bestehenden Kreisverband. Dass sich Bernhard Vogel in den Vorstand der Jungen Union Nordbaden wählen ließ, spricht aus heutiger Sicht für eine zunehmende Entschlossenheit, den Weg aktiver politischer Tätigkeit zumindest zu öffnen oder offenzuhalten.

Die entscheidende Weichenstellung, der Durchbruch der Vita activa vollzog sich 1964/1965. In der Pfalz war im Zuge einer durch Bevölkerungsveränderungen notwendig gewordenen Wahlkreisreform ein sechster Bundestagswahlkreis gebildet worden, in der Mitte der Vorderpfalz, der Wahlkreis Neustadt/Speyer. »Sozialausschüssler« aus Schifferstadt und Haßloch, die Bernd Vogel von den Seminaren des Heinrich-Pesch-Hauses kannten, machten ihn auf diesen Wahlkreis aufmerksam: »Das wäre doch was ..., aber wir müssen Helmut Kohl fragen.« Dies ist jedenfalls die korrekte Wiedergabe der Ausführungen des in Rede Stehenden, wenn man ihn auf die damalige Abfolge anspricht. Helmut Kohl war seit Mai 1963 Vorsitzender der CDU-Fraktion im rheinland-pfälzischen Landtag, seit Oktober 1963 Vorsitzender der pfälzischen CDU als Nachfolger des Speyerers Dr. Eduard Orth, zuerst Bundestagsabgeordneter, dann Kultusminister von 1956 bis 1967.

Eine Zwischenbemerkung ist unverzichtbar: Helmut Kohl war in seiner Doppelfunktion als Fraktionsvorsitzender in Mainz und Vorsitzender der pfälzischen CDU die unbestritten starke Figur im Süden des Landes. Er hatte sich gegen starke Widerstände durchgesetzt, die in ihm nicht den Reformer, sondern den »Umstürzler« sehen wollten, einen Menschen, der Tradition und Überkommenes mehr oder weniger bedenkenlos zu opfern bereit war. Mancher Leser wird ein wenig den Kopf wiegen und denken: Na, na – war dies wirklich so schlimm? Es war so. Hintergrund, Kern der Auseinandersetzung war der Streit über die Konfessionsschule, die im Zusammenhang mit der 1. Landtagswahl am 18. Mai 1947 von der CDU im ganzen Land durchgesetzt worden war. Mit dieser Landtagswahl war eine getrennte Abstimmung über die neue Landesverfassung verbunden, diese wiederum mit einer eigenen Abstimmung über die Schulartikel! Allein dieses differenzierte Vorgehen zeigt, wie umstritten der Vorgang bereits 1947 gewesen ist. Im Süden des Landes, in Rheinhessen und der Pfalz, sind Verfassung und Schulartikel mit klarer Mehrheit abgelehnt worden. Zu der Verfassung und der Schulfrage sagten in Rheinhessen 53,2 % und 67,0 % Nein, in der Pfalz sind Verfassung und Schulartikel mit 59,7 % und 63,2 % abgelehnt worden. Ein wenig verkürzt, aber korrekt: Im Süden des Landes Rheinland-Pfalz war die Abstimmung des 18. Mai 1947 der Auslöser für den weitgehenden Exodus der Protestanten aus der rheinland-pfälzischen CDU. Die CDU, die christliche Partei, war 1946 bei ihrer Gründung im protestantischen »Lager«, wie es damals hieß, ganz überwiegend nachdrücklich begrüßt worden. So waren bei der Gründung der CDU in Ludwigshafen alle protestantischen Geistlichen der Stadt anwesend, aber nicht alle katholischen Pfarrer, es fehlten diejenigen, die den Gedanken einer überkonfessionellen Partei nicht zu akzeptieren bereit waren. Der 18. Mai 1947 hat jedenfalls die Grundlage dafür gelegt, dass die CDU im Süden des Landes über Jahrzehnte als »die katholische Partei« von einer überwältigenden Mehrheit der Protestanten gesehen und abgelehnt wurde.

Zurück zu den sechziger Jahren: Die Haltung des jungen Abgeordneten und Fraktionsvorsitzenden Kohl war bekannt. Er wollte die grundlegende Korrektur, weil er wusste, dass die CDU Rheinland-Pfalz mit ihrem Beharren auf der Konfessionsschule die Macht über kurz oder lang verlieren würde. Hinzu kam: Es hatte sich allmählich herumgesprochen, dass Kohl die katholisch geprägte Milieu- und Honoratiorenpartei in eine offenere, moderne Volkspartei weiterentwickeln wollte, was für ihn nie in irgendeiner Form Verzicht auf die Grundlagen der CDU bedeutet hat. Starke katholische Kräfte in der Pfalz sahen dies aber nicht so; an der Spitze der Gegner stand der führende politische Kopf im Speyerer Ordinariat, Dompropst Dr. Philipp Weindel. Jahrelang unternahm Weindel mit anderen große Anstrengungen, Kohl als Bezirksvorsitzenden zu verhindern. Deren Favorit war der spätere Bundestagsabgeordnete und Außenexperte der CDU/CSU-Fraktion Dr. Werner Marx, Katholik wie Kohl, gebürtiger Edenkobener. Immerhin hat Philipp Weindel in späteren Jahren seinen Frieden mit Helmut Kohl gemacht. Mir selbst, dem jungen Speyerer Bundestagsabgeordneten, hat er in vielen Gesprächen die damaligen Auseinandersetzungen geschildert und seine eigene Position, vor allen Dingen die Härte, mit der er sie vertreten hat, als Fehler bezeichnet.

Zurück zu Helmut Kohl und Bernhard Vogel. Kohl stimmte als Bezirksvorsitzender der Kandidatur Bernhard Vogels im Wahlkreis Neustadt/Speyer zu. Dies war nicht unwichtig, weil Vogel bei der Nominierung eine Kampfabstimmung gegen den Kreisvorsitzenden der Neustadter CDU zu bestehen hatte, keine einfache Sache, zumal in Neustadt und an der Weinstraße mehr Mitglieder und damit auch mehr Delegierte als an der »Rheinfront« zu Hause waren. Ich habe diese Jahre in außerordentlich lebhafter Erinnerung. Seit 1962 war ich stellvertretender Landesvorsitzender der Jungen Union, seit 1965 Landesvorsitzender, Mitglied des Bezirksvorstandes und des Landesvorstandes der CDU. Für mich, den sechs Jahre Jüngeren, war Bernhard Vogel ein Teil des faszinierenden Aufbruchs, den die pfälzische CDU und – insgesamt ein wenig zeitversetzt – die gesamte rheinland-pfälzische CDU in diesen Jahren geschafft hat. Dieser Aufbruch war von vielen getragen – aber, kein Zweifel, die Schlüsselfigur, der Frontmann, der Kern war Helmut Kohl. Für Bernhard Vogel jedenfalls lief es »wie von selbst«. Nachdem die Wahlkreisnominierung irgendwann im Spätjahr 1964 überstanden war, gewann er am 19. September 1965 ohne Absicherung auf der Landesliste den Wahlkreis Neustadt/Speyer, keineswegs das, was man als bombensicheren oder weitgehend sicheren Wahlkreis bezeichnet. Der junge Wissenschaftler aus Heidelberg, dem nichts zuviel war, den Freundlichkeit, Umgänglichkeit und Aufgeschlossenheit auszeichneten, wurde wenige Wochen nach der Bundestagswahl mit hervorragendem Ergebnis in den Bezirksvorstand der CDU der Pfalz gewählt, zwei Jahre später, am 4. November 1967, wurde er als Nachfolger von Kohl Bezirksvorsitzender. Kohl war es mit 33, Bernhard Vogel mit 34 Jahren geworden.

Ein kurzer Blick auf die Entwicklung im Land. Die CDU, alle Beteiligten hatten das Wahlergebnis der Landtagswahl von 1963 als unbefriedigend empfunden. Kein Wunder, denn 46 CDU-Abgeordneten standen 43 SPD-Abgeordnete gegenüber, die mit 11 Abgeordneten der FDP eine Koalition hätten bilden können. Dazu wäre es auch um ein Haar gekommen. Nach heftigen internen Auseinandersetzungen entschied sich die FDP mit 6 zu 5 Stimmen für eine Fortsetzung der Koalition mit der CDU – und dies nur, weil der neu gewählte Fraktionsvorsitzende der CDU, Dr. Helmut Kohl, für die FDP (die knappe Mehrheit) der Garant dafür war, dass in der nächsten Legislaturperiode in Zusammenarbeit mit den Liberalen der überfällige bildungspolitische Kurswechsel umgesetzt würde. Kohl wurde im Übrigen immer intensiver gedrängt, als ersten Schritt der Übernahme der Führung von Regierung und Partei den Landesvorsitz zu beanspruchen. Er war klüger als die überwiegend jugendlichen Heißsporne. Er ließ sich Zeit, um den Ministerpräsidenten Peter Altmeier und die ihm kritisch gegenüberstehenden Teile der rheinland-pfälzischen CDU (vor allem im Norden des Landes) »mitnehmen zu können«. 1966 übernahm er den Landesvorsitz, dem allerdings letzten Datum, auf dem vor der Landtagswahl 1967 deutlich gemacht werden konnte, dass die CDU mit Peter Altmeier als Spitzenkandidat, aber mit Helmut Kohl als designiertem Nachfolger ins Rennen gehen würde. Das Ergebnis der Wahl am 23. April 1967 war für die CDU in dem Sinn befriedigend und befreiend, dass die sozial-liberale Koalition von 1963 nicht mehr möglich war. 49 CDU-Abgeordneten standen 39 Sozialdemokraten und 8 Liberale gegenüber. Die 4 NPD-Abgeordneten – die NPD hatte knapp 7 % der Stimmen erzielt – konnten und durften keine Rolle spielen.

Bei der Regierungsbildung im Frühjahr 1967 sorgte Helmut Kohl für einen als spektakulär empfundenen Schritt. Gegen den erklärten Willen Altmeiers setzte er in der Fraktion in einer Kampfabstimmung Dr. Bernhard Vogel als Kultusminister und den schwäbischen Bundestagsabgeordneten Dr. Heiner Geißler als Sozialminister durch. Man stelle sich einmal vor: Der designierte, von der Fraktion erneut nominierte Ministerpräsident schlägt einen Mann seines Vertrauens als Kultusminister vor, den neu gewählten Abgeordneten Dr. Konrad Mohr, Professor an der Pädagogischen Hochschule in Koblenz – der Fraktionsvorsitzende setzt Dr. Bernhard Vogel dagegen. Als Sozialminister nominiert Altmeier den neu in den Landtag gewählten Koblenzer Regierungspräsidenten Dr. Walter Schmitt, Kohl nominiert Dr. Heiner Geißler, den zum damaligen Zeitpunkt mit absoluter Sicherheit keine fünf Mitglieder in der Fraktion auch nur oberflächlich kannten. Das Ergebnis war an Eindeutigkeit nicht zu überbieten, die Kandidaten Altmeiers blieben im einstelligen Bereich. Es war eine Richtungsentscheidung, Integrität und Qualität der beiden »Opfer« wurden zwangsläufig nicht ausreichend gewürdigt. Professor Mohr war später bei Frau Dr. Laurien und bei mir ein im gesamten Landtag geschätzter Staatssekretär, Dr. Walter Schmitt ein seiner Intelligenz, Sachkunde und seinem Humor nach ungewöhnlicher Abgeordneter mit großer Zustimmung und Freunden auch in den anderen Fraktionen.

Zurück zum Bezirksverband Pfalz: Es lag nahe, dass Helmut Kohl, Landesvorsitzender seit 1966, im Jahre 1967 als Vorsitzender der pfälzischen CDU zurücktreten würde. Ein »Doppelvorsitz Land und Bezirk der Pfalz« wäre nicht nur äußerst unüblich, sondern auch unklug gewesen. So selbstverständlich der Rückzug von Helmut Kohl war, so gewiss war, dass Bernhard Vogel zum Nachfolger gewählt wurde. Es gab darüber von Anfang an Einverständnis. Ich erinnere mich an keinerlei Diskussionen und Auseinandersetzungen. Es war auch selbstverständlich, dass Bernhard Vogel erster Vorsitzender des fusionierten Bezirksverbandes Rheinhessen-Pfalz werden würde, als im Zuge der rheinland-pfälzischen Verwaltungsreform die Regierungs- und Parteibezirke Montabaur und Rheinhessen 1969 aufgelöst worden sind. Helmut Kohl hatte 1967 den Bezirksvorsitz aufgegeben, da er 1966 zum Landesvorsitzenden gewählt worden war. Helmut Kohl gab 1974 den Landesvorsitz auf, als er 1973 als Nachfolger von Rainer Barzel Bundesvorsitzender wurde. Aber das war dramatischer, spannender als bei der Nachfolge im Bezirksvorsitz. Doch dazu später mehr.

Eine etwas grundsätzlichere Zwischenbemerkung: Ich habe Helmut Kohl und Bernhard Vogel sowohl als Bezirksvorsitzende wie als Landesvorsitzende erlebt. Beim Nachdenken über diesen Beitrag habe ich mich immer wieder gefragt, ob sich die Parteiarbeit der Aufbruchsjahre, der großen Zeit der CDU in der Pfalz, in Rheinhessen und im Land, isoliert betrachten, von der Arbeit in Regierung und Fraktion trennen lässt? Diese Trennung kann ich nicht vornehmen, nicht in meiner Erinnerung in meinem Kopf, auch nicht nach einigen Studien im Archiv für Christlich-Demokratische Politik der Konrad-Adenauer-Stiftung.

Nicht, dass »Wir« zwischen Regierung, Parlament, Fraktion und Partei nicht hätten trennen können. Die Bereiche, Zuständigkeiten, Ebenen wurden von Kohl und Vogel sorgsam auseinandergehalten. Bernhard Vogel – um ihn geht es ja in diesem Beitrag – war und ist in seiner Korrektheit, in seinem ständigen Bemühen, keinen Fehler zu machen und sich nichts nachsagen lassen zu müssen, mehr als penibel. Natürlich haben wir im jeweiligen Vorstand diskutiert, wenn ein Regierungspräsident – selten genug – zu besetzen war. Natürlich hat der Ministerpräsident, der Landesvorsitzende bzw. Bezirksvorsitzende darüber unterrichtet, wer dem jeweiligen Kreistag als staatlicher Landrat oder als Landrätin vorgeschlagen werden würde (wobei Landrätinnen damals noch eine bemerkenswerte Ausnahme waren).

Natürlich ging es um Macht und ihre Ausübung. Selbstverständlich ging es um Parteistruktur, um die beste Form der Organisation, zumal sich die Mitgliederzahl der CDU im Land und im Bezirksverband in diesen Jahren sprunghaft entwickelt hat, von rund 33.000 im Jahre 1966 bis auf über 80.000 im Jahr 1984, dem Höchststand der Mitgliederentwicklung der CDU Rheinland-Pfalz.

Wichtiger: Wir haben in der Partei, im Vorstand, im Ausschuss, in Arbeitsgruppen oder ständigen Arbeitskreisen die anstehenden politischen Fragen intensiv diskutiert und die erarbeiteten Positionen in den Entscheidungsprozess eingebracht. Es war beispielsweise für den Bezirksvorsitzenden und Kultusminister Dr. Bernhard Vogel selbstverständlich, dass der Bezirksvorstand, »sein« Bezirksvorstand, nicht nur ergriffen zur Kenntnis zu nehmen hatte, was das Kabinett oder die Fraktion in der Bildungspolitik ins Auge zu fassen geneigt war. Wir haben über die anstehenden bildungspolitischen Entscheidungen besonders intensiv diskutiert (dies alles vor dem Hintergrund der Diskussion über die »Deutsche Bildungskatastrophe«, um die legendäre Artikel-Serie von Georg Picht in der »Zeit« des Jahres 1963 zu zitieren). Abschaffung der Konfessionsschule, gegliedertes Schulwesen, Einführung der Hauptschule, Aufbau der Realschule, Ausbau der Gymnasien, Neuordnung der Lehrerbildung, Neuordnung der Hochschullandschaft, Neugründung von Universitäten (Trier und Kaiserslautern in 9 Monaten!), Weiterentwicklung der Ingenieurschulen zu Fachhochschulen, nicht zu vergessen die Unruhen an den Universitäten ab 1968, das von Heiner Geißler initiierte sozial- und gesellschaftspolitische Konzept der Neuen Sozialen Frage, das nach den Chancen derjenigen fragt, deren soziale Sicherung nicht unmittelbar aus einem Arbeitsverhältnis abgeleitet wird oder deren Anliegen nicht durch Interessenverbände vertreten werden. Wir haben uns mit der Umsetzung der Verwaltungsreform befasst, der Neuordnung und Weiterentwicklung der Infrastruktur in Rheinland-Pfalz, vom Bildungswesen angefangen bis zum Straßenbau. Diese Stichworte mögen genügen.

Nostalgische Erinnerungen eines Dabeigewesenen, nach dem Motto »Früher war alles besser«? Ich denke nein. Die zwanzig Jahre, von Mitte der sechziger bis Mitte der achtziger Jahre, waren auch in der Partei dicht, ertragreich, an der Sache, der Zukunft des Landes und seiner Menschen orientiert. Das Ergebnis, soweit es in Stimmen gemessen werden kann, war beeindruckend: Die CDU gewann 1971 und 1975 mit Helmut Kohl die absolute Mehrheit der Stimmen, 50 % bzw. 53,9 % wurden erreicht. 1979 und 1983 setzte Bernhard Vogel die Erfolge fort, mit 50,1 % und 51,9 %. Sicher, die SPD hat es uns durch häufigen Wechsel der Spitzenkandidaten nicht immer sehr schwer gemacht. Dennoch, die Erfolge waren das Ergebnis der sachlichen, am Menschen orientierten Arbeit – und der personellen Stärke. Ohne den Anteil anderer mindern zu wollen, Helmut Kohl fand in dem Landesvorsitzenden und Ministerpräsidenten Dr. Bernhard Vogel den adäquaten, erfolgreichen Nachfolger, beide prägten zuallererst 20 sehr erfolgreiche Jahre. Dass Helmut Kohl Bundesvorsitzender werden wollte und – nach dem gescheiterten Anlauf 1971 in Saarbrücken – schließlich 1973 auch wurde, war in Rheinland-Pfalz eine Selbstverständlichkeit. So gewiss, wie wir alle damals davon ausgegangen sind, Kohl würde irgendwann einmal auch Bundeskanzler. Die Übernahme der Bundespartei 1973 brachte jedenfalls die Nachfolge im Landesvorsitz aufs Tapet.

Die Auseinandersetzungen zwischen Altmeier und Kohl und ihren jeweiligen Anhängern in den sechziger Jahren waren in den Augen der »Kohl-Truppe« der zwangsläufige Entscheidungsprozess zwischen den Repräsentanten einer überholten Honoratiorenpartei einerseits und einer modernen Volkspartei andererseits. Der Ausgang war klar, der Ablauf war eine Frage der Zeit, große Aufregungen gab es nicht.

Die Auseinandersetzung um den Ende August 1974 zu wählenden Landesvorsitzenden zwischen Vogel und Geißler war jedoch etwas völlig anderes: Zwei Freunde, die beiden landesweit und bundesweit bekanntesten Mitglieder des Teams von Helmut Kohl – nur Johann Wilhelm Gaddum war ihnen noch an die Seite zu stellen – standen sich als Konkurrenten gegenüber. Eine Kampfabstimmung – muss das wirklich sein? Beide waren in der Partei außerordentlich populär; viele, auch ich, waren mit beiden befreundet. Die Situation wurde dadurch erschwert, dass Helmut Kohl unverkennbar für Heiner Geißler Stellung bezog. Nicht mit Paukenschlag, nicht spektakulär nach außen. Aber alle wussten, wen er wollte, vor allem die Mitglieder der Fraktion wussten es. Für Heiner Geißler plädierte auch der Vorsitzende der CDU-Landtagsfraktion Kurt Böckmann aus Ludwigshafen, ein langjähriger Weggefährte von Helmut Kohl in der Ludwigshafener Kommunalpolitik.

Ich erinnere mich an einen langen Abend im Sommer 1974 im Weinkeller in der Staatskanzlei. Kohl hatte rund ein Dutzend Freunde, die ihm wichtig waren, geladen. Bernhard Vogel stand erheblich unter Druck. An nichts in diesen Monaten vor der Abstimmung erinnere ich mich so genau wie an sein »Nein« im Hof der Staatskanzlei, in ganz kleinem Kreis, während einer Unterbrechung. Er werde nicht nachgeben, er sehe dies nicht ein. Eine Zeitlang schien es möglich, dass die Auseinandersetzung aus dem Ruder laufen könnte, eine angesichts des damaligen Zusammenhalts, des Teamgeistes, schreckliche Vorstellung. Verantwortlich waren dafür beiderseits einige Eiferer in der zweiten und dritten Reihe. Es war nicht zuletzt das Verdienst der beiden Kontrahenten, dass die Auseinandersetzung im Ergebnis in gesitteten Bahnen verlief, von der CDU schließlich durchaus begründet als Muster einer lebendigen Partei gewertet werden konnte.

Eine kleine Arabeske am Rande: Mit Blick auf den Parteitag war eine Personaldiskussion um und zwischen den beiden den Verantwortlichen allerdings doch zu heikel. Eine Aussprache fand nicht statt. Das Ergebnis war deutlicher, als auch von mir erwartet. Auf Bernhard Vogel entfielen 255, auf Heiner Geißler 188 Stimmen. Für den klaren Vorsprung war ausschlaggebend, dass Bernhard Vogel in »seinem« Bezirksverband – im pfälzischen Teil – erheblich mehr Zustimmung erringen konnte als Heiner Geißler. Keiner kann in die Delegierten hineinschauen. Die größere Verbindlichkeit, die intensivere, freundliche Zuwendung von Bernhard Vogel mögen bei manchen Delegierten eine Rolle gespielt haben, wohl auch das Ressort, die spektakulären Erfolge des Kultusministers, sein bundesweites Ansehen, das vielen Delegierten wohl näher lag als die Thematik Heiner Geißlers. Ich war mir damals schon sicher, dass der in der Wahrnehmung und im Auftreten »Bürgerlichere« von beiden gewählt worden ist, der der Mehrheit der Delegierten »näher« lag, mehr »entsprach«. Dass zwischen Beiden nichts zurückbleiben würde, wurde bereits in den anschließenden Erklärungen deutlich. Heiner Geißler – typisch für ihn – führte aus, Kampf in der Politik, »namentlich, wenn er erfolgreich ist, ist wunderbar und schön«. Ohne Kampf sei es langweilig, »wenn man im Kampf verliert, ist es bitter«, aber, mit Blick auf den Sieg von Bernhard Vogel, »diese Entscheidung ist für mich nicht bitter«. Nach der Abstimmung wurde Helmut Kohl, wen wundert's, das »Opfer« der zahlreichen Journalisten. Sie belagerten ihn mit der Frage, ob diese Abstimmung für ihn eine Niederlage sei. Das Ganze zog sich weit mehr als eine Stunde hin – aber den Gefallen der erwünschten Antwort hat Helmut Kohl den Fragestellern nicht erwiesen. Später, nach dem Bruch mit Heiner Geißler, in der Thüringer Zeit von Bernhard Vogel, hat Kohl mehrfach, so bei den beiden Geburtstagsempfängen für den 65-Jährigen und 70-Jährigen auf der Wartburg und im Erfurter Kaisersaal, öffentlich erklärt, damals, in Koblenz, sei die Partei klüger gewesen als er. Das Verhältnis »Kohl/Geißler«, das ist ein ganz anderes Kapitel – es gehört nicht hierher.

Mit der Entscheidung über den Landesvorsitz 1974 war de facto auch die Entscheidung über die Nachfolge von Helmut Kohl als Ministerpräsident gefallen, sollte sie denn demnächst fällig werden. Dies war nach der Bundestagswahl 1976 soweit. Helmut Kohl hatte als Kanzler kandidiert und ein hervorragendes Ergebnis erzielt (48,6 %). Aber es gab – salopp gesagt – »nichts zu verteilen« (gemeint sind die Stimmen der Parteien mit weniger als 5 %), die CDU/CSU war stärkste Fraktion, aber Helmut Schmidt blieb Bundeskanzler. Und Helmut Kohl »ging nach Bonn«, übernahm den Vorsitz der Fraktion. Diese Entscheidung war in Mainz außerordentlich umstritten. Viele gute Freunde haben Helmut Kohl bestürmt, in Mainz zu bleiben. Dennoch war der Weg nach Bonn richtig. Der »Oppositionsführer« gehört nun einmal in das nationale Parlament. Die Rolle des Oppositionsführers lässt sich auf Dauer nicht über Pressekonferenzen, Bundesrat und gelegentliche Auftritte als Ministerpräsident im Bundestag bestreiten.

Eine Zwischenbemerkung muss gemacht werden: Wie richtig die Entscheidung von Helmut Kohl war, wurde spätestens klar, als die CSU unter der Führung von Franz Josef Strauß am 19. November 1976 in Wildbad Kreuth die Fraktionsgemeinschaft mit der CDU aufkündigte, um in der Folge auch bundesweit auftreten zu können. Helmut Kohl kündigte umgehend die Gründung eines CDU-Landesverbandes in Bayern an, nicht im Sinne nur eines Abschreckungsmanövers, es war ihm bitterer Ernst. Strauß musste den Rückzieher seines Lebens machen. Er scheiterte nicht in »Bonn«, sondern in »München«. Der absehbare Machtverlust des unbestrittenen Ersten in Bayern belehrte die Landtagsabgeordneten und Kreisvorsitzenden der CSU in Bayern eines Besseren. Nebenbei: Das insgesamt bescheidene Ansehen der Landtagsabgeordneten in Deutschland verstellt vielen, auch professionellen Beobachtern, den Blick, dass gegen eine Mehrheit der CSU-Landtagsfraktion in München auch der Kaiser das Recht verloren hat, zumal viele »MdL's« zugleich Kreisvorsitzende und/oder Fraktionsvorsitzende in der Stadt bzw. dem Kreis sind.

Zurück nach Mainz: In der Fraktion, wohl weniger in der Öffentlichkeit, war seit längerem bekannt, dass sich Kohl ursprünglich eine Doppelspitze als Konzept zurechtgelegt hatte. Geißler, als emotionaler, scharf formulierender und ggf. auch einmal hart zuschlagender Antreiber in der Rolle des Parteivorsitzenden, Finanzminister Johann Wilhelm Gaddum, kühler, bürgerlicher, der Mann für das Staatsgeschäft, die Staatskanzlei. Gaddum war an der Aufgabe des Ministerpräsidenten ganz persönlich interessiert. Es trifft nicht zu, wie manche damals gemeint haben, er habe sich nur ins Rennen begeben, weil Kohl ganz offensichtlich in ihm seinen Favoriten gesehen habe. Nein – er wollte auch aus eigenem Antrieb Ministerpräsident werden. Wie weit die Haltung Kohls ihn zusätzlich motiviert hat, mag dahinstehen.

Wenige Sätze zu Johann Wilhelm Gaddum: Er hatte nach dem Abitur eine Kaufmannslehre absolviert, Wirtschafts- und Sozialwissenschaften studiert, das Studium als Diplom-Kaufmann abgeschlossen und dann das elterliche Familienunternehmen, eine Mineralölgroßhandlung in Neuwied übernommen. 1963 war er in den Landtag gewählt worden, 1967 wurde er Nachfolger von Helmut Kohl als Fraktionsvorsitzender, 1971 übernahm er das Finanzressort, nachdem die FDP wegen der durch Kohl errungenen absoluten Mehrheit aus der Landesregierung ausgeschieden war. Gaddum, Protestant, war und ist ein liberaler Konservativer, für den Freiheit und Individualität sowie ein gehöriges Maß an Skepsis gegenüber dem sich stark gebenden Staat die Eckwerte des persönlichen Selbstverständnisses sind.

Kohls Unterstützung für Gaddum blieb zurückhaltend. Je näher der Tag der Abstimmung kam, umso deutlicher wurde die Favoritenstellung für Bernhard Vogel. Vogel war nun einmal Parteivorsitzender, er hatte sich zwei Jahre zuvor deutlich durchgesetzt, die Mehrheit in der Fraktion wollte – ich bin sicher, auch in Übereinstimmung mit der Mehrheit der Partei – beide Funktionen in einer Hand. So, wie das im Übrigen auch bei Helmut Kohl und für Helmut Kohl selbstverständlich gewesen war. Das Ergebnis war deutlich: Der Landesvorstand der CDU votierte mit 13:6, die Fraktion mit 34:20 für Bernhard Vogel. Bernhard Vogel hatte den Zenith seines rheinland-pfälzischen Weges erreicht. Er wurde zum Teil mit sehr hohen Mehrheiten sechsmal als Landesvorsitzender wiedergewählt. Bei seiner letzten Wiederwahl am 15. November 1986 in Andernach erreichte er 407 Ja-, bei 13 Nein-Stimmen und 8 Enthaltungen.

Bis zu dem durch den Koblenzer Parteitag am 11. November 1988 erzwungenen rheinland-pfälzischen Abschied hat Bernhard Vogel in allen Funktionen und Ämtern bis an die Grenze des gerade noch Zuträglichen und auch für die Mitarbeiter Erträglichen gearbeitet. Ohne Rücksicht auf sich selbst, immer in der Gefahr des Ausgenutztwerdens. Wobei Tätigkeiten wie die des Präsidenten des Zentralkomitees der Deutschen Katholiken (1972–1977), der verantwortlichen Führung des auf Ausgleich mit Polen ausgerichteten Maximilian-Kolbe-Werkes oder der Jerusalem-Foundation nur am Rande gestreift werden sollen.

Sein Lachen, seine Freundlichkeit und Fröhlichkeit dürfen über den außerordentlichen Ernst nicht hinwegtäuschen, mit dem er sich tagtäglich seiner Arbeit gestellt hat. Das Land und die Menschen, Zukunft und Wohlergehen, waren der

Maßstab. Der fromme Katholik, der Bindung an die Kirche und weltoffene Katholizität in sich vereinigt, war in seinem Pflichtbewusstsein und seiner Bindung an die gestellte Aufgabe von einem calvinistischen Arbeitsethos beseelt. Für strenge Calvinisten zählte langer Schlaf – für manche gilt das heute noch – als schwere Sünde. An diese calvinistische Regel hält sich Bernhard Vogel immer noch, in seinem achten Lebensjahrzehnt.

Bei allem Engagement für die CDU: Sie stand dabei nie so im Vordergrund des Selbstverständnisses, dass sie bestimmender Maßstab des Handelns werden konnte. Vogel hat, wenn man genau zugehört hat, aus der Nachrangigkeit der Partei nie einen Hehl gemacht. Und genau dies ist ihm dann ja auch 1988 zum Vorwurf gemacht worden. Das große Ansehen des CDU-Politikers Bernhard Vogel in der rheinland-pfälzischen Bevölkerung, das Ansehen im rheinland-pfälzischen Landtag in den anderen Fraktionen, die guten Beziehungen zu Repräsentanten anderer Parteien (man denke nur an die beiden Oberbürgermeister Ludwig in Ludwigshafen und Fuchs in Mainz) haben hierin ihren tiefsten Grund. Natürlich war der Vogel »schwarz«, aber nicht zuallererst und nicht zuletzt.

Bei der Landtagswahl im Frühjahr 1987 verlor die CDU die absolute Mehrheit. Der Verlust betrug 6,8 %, die SPD verschlechterte sich um 0,8 %, die FDP gewann 3,8 % hinzu und kehrte mit 7,3 % in den Landtag zurück, die Grünen waren mit 5,9 % zum ersten Mal im Landesparlament. Die CDU erreichte 48 Sitze, die SPD 40, die FDP 7 und die Grünen 5. Nur eine Ampel unter der Führung der SPD – damals völlig undenkbar – hätte der CDU und Vogel gefährlich werden können. Die CDU hatte die »strategische« Mehrheit.

Die Koalitionsverhandlungen mit der FDP verliefen unspektakulär und nüchtern, mit dem Ziel einer fairen Zusammenarbeit. Auf Seiten der CDU wurden sie von Vogel geleitet, Mitglieder der »Delegation« waren die drei Bezirksvorsitzenden Wagner (Trier), Geil (Koblenz) und ich für Rheinhessen-Pfalz sowie der seit 1981 amtierende Vorsitzende der CDU-Fraktion, der Mainzer Hans-Otto Wilhelm. Für die Funktionäre der CDU, auch für die Abgeordneten der Fraktion, war die Situation nach 16 Jahren absoluter Mehrheit neu und ungewohnt. Zumal die FDP unter ihrem Landesvorsitzenden Rainer Brüderle sich einen Spaß daraus machte, auch nach der Wahl unbeschwert und munter aufzutreten, wie sie es in den Jahren ihrer 4-jährigen »APO-Zeit« erfolgreich getan hatte. Die Koalitionsvereinbarung wurde im Landesvorstand und in der Fraktion einstimmig gebilligt, in dem großen Landesparteiausschuss wurde ihr mit einer Gegenstimme zugestimmt. Trotzdem wurde ununterbrochen »gemosert«: Das von der CDU 1982 eingeführte Kumulieren bei der Kommunalwahl war durch das Panaschieren ergänzt worden. Diese weitreichende Ausweitung der Auswahlmöglichkeiten des Bürgers mit Blick auf die kommunalen Kandidaten erzwang eine Absenkung der 5-Prozent-Klausel auf eine 3-Prozent-Klausel. Bei der nächsten Kommunalwahl gab es in der Partei in diesem Punkt nur noch einige kleine Nachhut-Diskussionen, dennoch wurde dieser Punkt 1987/1988 systematisch als »Miesmacher« benutzt.

Wenn man diese Zeit rekapituliert, dann gab es in keinem einzigen Punkt wirklich gravierende Meinungsverschiedenheiten zwischen Regierung, Fraktion und Partei. Und dass einzelne Probleme unterschiedlich gesehen wurden, ist nicht weiter verwunderlich. Beispielsweise argumentierte bei der Schnellbahntrasse Frankfurt-Köln die Mehrheit des Rheintales für den Westerwald und umgekehrt. Aber auch derartige naturgegebene Meinungsverschiedenheiten, die ganz einfach ausdiskutiert werden müssen, wurden der Landesregierung aus den Reihen der Fraktion vorgehalten.

In der Fraktion war die Unbekümmertheit früherer Jahre verschwunden, die Stimmung war in vielen Sitzungen außerordentlich merkwürdig und angespannt: Nach außen Freundlichkeit und bemühtes Aufeinanderzugehen, hinter den Kulissen wurde die Demontage der Landesregierung systematisch in Angriff genommen. Nicht die SPD war der Gegner, sondern die eigene Führungscrew. Die Spannungen zwischen dem Ministerpräsidenten und dem Fraktionsvorsitzenden Hans-Otto Wilhelm traten immer sichtbarer in den Vordergrund. Vogel versuchte, mit 15 Kreiskonferenzen, mit rund 2.500 beteiligten Mandatsträgern und Funktionären entgegenzusteuern. Ein breites, heute noch lesenswertes Papier bzgl. der weiteren wirtschaftlichen und strukturellen Entwicklung des Landes wurde für den nächsten Parteitag vorbereitet.

Über beides, die wirtschaftliche Entwicklung und die Situation der Partei, sollte am 2. Juli 1988 auf einem eintägigen Landesparteitag in Bad Dürkheim diskutiert werden. Vogel – ganz er selbst – bestand darauf, am Vormittag zuerst über das Land, die übergeordnete Verpflichtung, und dann am Nachmittag über die Partei zu reden. Der Landesvorstand war diesem Vorschlag einstimmig gefolgt. Auf dem Parteitag jedoch wurde die Umstellung der Tagesordnung beantragt und nach kontroverser Debatte mehrheitlich beschlossen. Die spätere Konstellation von Koblenz war im Grunde bereits vorhanden. Zur wirtschaftlichen Entwicklung des Landes kam man an diesem Tag zwar gar nicht mehr, es ging nur um die Partei, zumal Helmut Kohl am Nachmittag für ein – schließlich länger werdendes – Referat angekündigt worden war. Vogel hatte eine alle wichtigen innerparteilichen und landespolitischen Stichworte erfassende Einleitung gegeben und – zum ersten Mal für den Landesparteitag im November – den Vorschlag eines dort zu wählenden Generalsekretärs angekündigt, mit den üblichen, auf einen Generalsekretär entfallenden Aufgaben.

Kohl, am frühen Nachmittag, kreiste sehr lange um die bundesrepublikanische Stimmung, die damals, auch mit Blick auf ihn, nicht zum allerbesten bestellt war. Die von Franz Josef Strauß durchgesetzte weitere Steuerbefreiung des Flugbenzins für Privatflieger war zum abendländischen Problem Nr. 1 geworden. Die Lage der CDU im Lande streifte Kohl nur sehr kurz. Er verteidigte seine öffentliche Nennung Bernhard Vogels als Vorsitzenden der Konrad-Adenauer-Stiftung in der Nachfolge Bruno Hecks. Das sei kein Fortloben, kein Abschießen oder Abschieben, wie einige – auch Zeitungen – gemutmaßt hatten, sondern eine Ehre für das Land. Er warnte davor, vom Landesvorsitzenden oder vom Landesvorstand alles zu erwarten, die Partei müsse sich auch vor Ort prüfen, ob 40 Jahre CDU-Herrschaft nicht auch Spuren »der Ermattung und der Verfettung hinterlassen haben«.

Vogel machte am Ende seiner Ausführungen einige Bemerkungen zum Umgang in der Partei. Für jeden, der hören wollte, waren sie verständlich. Dennoch – angesichts der entstandenen Situation hätten sie schärfer, härter, offensiver, fordernder sein müssen. Er machte deutlich, dass manches nicht so einfach zu ertragen sei, wie man meinen könne. Jedoch, seinen Platz habe er sich erkämpft (eine Anspielung an 1974 und 1976), er werde um diesen Platz auch in Zukunft kämpfen. Und er sei nicht bereit, »um ihn nach Belieben zu tauschen«. Seine Aufgabe sei, »dass der Ministerpräsident, der nach mir kommt, schließlich ein Mann oder eine Frau aus unseren Reihen, aus den Reihen der CDU ist. Das alleine ist entscheidend und nicht die Frage, ob sein Name mit X oder Y anfängt.« Es war das erste Mal, dass Vogel das Stichwort der eigenen Nachfolge öffentlich überhaupt in den Mund genommen hat. Zumal ich aus persönlichen Gesprächen weiß, dass ihn die Frage des Zeitpunktes und der Person durchaus beschäftigt hat. Wobei er auch in Bad Dürkheim, ohne den Namen zu nennen, sich klar von Hans-Otto Wilhelm abgrenzte. »Die Regierung ist Staat und nicht Partei. Sie soll nicht, sie darf nicht parteiisch sein.«

Diese Unruhen und diese Sorgen waren es auch, die mich schließlich veranlasst haben, dem intensiven Drängen von Bernhard Vogel nachzugeben, die Position des Generalsekretärs der rheinland-pfälzischen CDU zu übernehmen – und konsequenterweise aus dem Kabinett auszuscheiden. Ob ich nicht gleichzeitig auch hätte ankündigen müssen, den Bezirksvorsitz der CDU Rheinhessen-Pfalz niederzulegen, haben wir meinen Erinnerungen nach nicht diskutiert. Ich bin wohl auch auf diese Idee gar nicht gekommen, weil es für mich unvorstellbar war, über den Kultusminister hinaus auch auf meine »Machtbasis«, meinen Rückhalt innerhalb der rheinland-pfälzischen CDU, den Bezirksvorsitz, zu verzichten. Jedenfalls wurde im Oktober ein weiterer eintägiger Parteitag in Simmern durchgeführt. Das Wirtschaftspapier wurde ohne große Kontroversen einvernehmlich oder einstimmig verabschiedet. Vogel hatte in seinem Einleitungsreferat angekündigt, er werde am 11. November auf dem Parteitag in Koblenz den Bezirksvorsitzenden von Rheinhessen-Pfalz, Dr. Georg Gölter, als Generalsekretär vorschlagen, Gölter werde auf sein Amt als Kultusminister verzichten.

1981 war der gegenüber Bernhard Vogel faire und loyale Fraktionsvorsitzende Rudi Geil, zugleich Vorsitzender des mitgliederstärksten Bezirksverbandes Koblenz, aus der Fraktionsführung ausgeschieden und hatte meine Nachfolge als Minister für Soziales, Gesundheit und Umwelt angetreten. Hans-Otto Wilhelm aus Mainz, stellvertretender Fraktionsvorsitzender seit 1979, wurde Fraktionsvorsitzender. Die ersten Jahre der Zusammenarbeit zwischen Vogel und Wilhelm verliefen ordentlich. Mitte der achtziger Jahre wuchsen jedoch die Spannungen, die in aller Regel keine sachlichen Hintergründe hatten, sondern ausschließlich persönlich bestimmt waren. Wilhelm wollte, gelegentlich ist das Leben ganz einfach, Vogel beerben – und das möglichst bald. Das ist im Übrigen legal und legitim – es gibt dafür ja viele Beispiele, nicht nur in der CDU. Der Zusammenstoß zwischen Vogel und Wilhelm nahm allerdings deshalb so dramatische, in der Geschichte der CDU einzigartige Formen an, weil es zwischen beiden keine Brücke, keine Möglichkeit der Verständigung gab und weil Wilhelm und seine Anhänger in bemerkenswerter Brutalität vorgegangen sind.

Ohne zu dramatisieren, unterschiedlicher hätten beide Typen nicht sein können. Vogel, auch Parteifreunden und Fraktionskollegen gegenüber von einer gewissen Zurückhaltung, sparsam im Umgang mit dem später auch in der CDU »allgegenwärtigen« Du, auf das man sich einigt, bevor man auch nur einen einzigen Satz miteinander gesprochen hat. Wilhelm, ein Kumpeltyp, der mit seinen Freunden ggf. bis in den frühen Morgen sitzen blieb und viel Zeit in persönliche Kontakte mit einzelnen, ausgewählten Fraktionskollegen und einzelnen, ausgewählten Kreisvorsitzenden investierte, Zeit, die Vogel angesichts von Amt, Partei und vielfältigem bundesweiten Engagement nie zur Verfügung stand. Vogel, ein Kind des deutschen Bildungsbürgertums, mit einem bruchlosen Lebensweg, der zweifelsohne auch in eine große wissenschaftliche Karriere hätte einmünden können. Wilhelm, ein Aufsteiger, machte nach dem Realschulabschluss seine Verwaltungslehre, war Angestellter beim ZDF und initiierte dort mit erheblichem Erfolg eine »Betriebsgewerkschaft«, die ihm den gepflegten Hass der »roten Gewerkschaftler« einbrachte. Zwischen Vogel und Wilhelm gab es zu keinem Zeitpunkt auffallende inhaltliche Meinungsverschiedenheiten, die einen dramatischen Konflikt in irgendeiner Form gerechtfertigt hätten! Dazu war Vogel auch zu umsichtig – und zu entgegenkommend, wenn Wünsche aus der Fraktion begründet geäußert worden sind. Entscheidend war: Wilhelm wollte Vogel beerben – und ab einem bestimmten Zeitpunkt entschloss er sich dazu, ihn wegzuräumen.

Vogel, für den politischen Alltag in Deutschland zu anständig, unfähig zur Konspiration, unfähig, einen anderen »hereinzulegen«, zeitlebens Vermittler und nicht Spalter, hatte in der Zeit vor und nach 1987 den entscheidenden Schritt versäumt, weil er ihn nicht gehen wollte. »Er« oder »Ich«, der Showdown, der alles entscheidet. Wer von den älteren Lesern nicht weiß, was das ist, erinnere sich an den Schluss von »12 Uhr Mittags«. Vogel hätte diese Auseinandersetzung klar für sich entschieden.

Am 12. Oktober hatte Bernhard Vogel in Simmern auf dem Parteitag seine Absicht öffentlich gemacht, mich als Generalsekretär vorzuschlagen. Ein Gespräch Kohl/Vogel/Wilhelm am 17. Oktober endete ohne Ergebnis. Am 24. Oktober gab Wilhelm seine Kandidatur für den Landesvorsitz öffentlich bekannt. Am 11. November, auf dem Parteitag in Koblenz, gab Vogel einleitend einen breit angelegten Rechenschaftsbericht, der die außerordentlich positive Entwicklung des Landes Rheinland-Pfalz in den Mittelpunkt stellte. Er verwies darüber hinaus auf die vielfältigen Initiativen, mit denen Rheinland-Pfalz in den letzten Jahren auf Bundespartei und Bundespolitik eingewirkt habe. Am 5. Oktober habe ihn der Landesvorstand in geheimer Wahl einstimmig erneut als Landesvorsitzenden vorgeschlagen. Kein Mensch habe ihn in diesen Wochen auf eine Ämtertrennung angesprochen, auch Hans-Otto Wilhelm nicht. In Umsetzung des Beschlusses von Anfang Juli in Bad Dürkheim habe er Georg Gölter als Generalsekretär vorgeschlagen.

Mit großem Ernst trug Vogel vor, dass er nur Ministerpräsident bleiben könne, wenn ihm die eigene Partei erneut das Vertrauen ausspreche. »Wenn man einem Kandidaten nicht zutraut, die Partei zu führen, dann kann man ihm auch nicht zutrauen, das Land zu führen …, ich kämpfe um dieses Amt des Landesvorsitzenden nicht, weil ich am Amt des Ministerpräsidenten klebe, sondern ich kämpfe darum, weil ich dieses Amt wichtig nehme und weil ich das Ansehen dieses Amtes nicht aufs Spiel setzen darf.«

Wilhelm konzentrierte sich in seiner Rede ausschließlich auf die Verlebendigung der Arbeit der Partei. »Neues Leben soll in die Partei. An der Parteibasis war es im Grunde immer vorhanden, dort, wo man sich Belebung gewünscht hätte, blieb alles beim Alten.« Die Verantwortung für die Entwicklung der Partei werde nach unten abgeschoben, es werde Solidarität verlangt, Fantasie und schöpferische Kraft seien weniger gefragt. Wilhelm variierte immer wieder, in diesem Sinne war die Rede ungewöhnlich »redundant«, das Bild von der intakten Basis, die arbeiten wolle, aber nicht gefragt sei – und der Bürokratie, die alles erschwere und ersticke. »Kabinettssitzungen und Abteilungsleiterbesprechungen sind der falsche Ort. Wir sind hier, um Vorgaben in die Regierung hinein zu geben und nicht, um Regierungspapiere nachzukauen.« Die Konsequenz aus allem: »Trennung von Staatsamt und Parteiamt«. Wilhelm griff Vogels Position, an der Verknüpfung von Parteivorsitz und dem Amt des Ministerpräsidenten festzuhalten, scharf an. Die Partei habe »ein Recht darauf, vom Ministerpräsidenten, dem dieser Parteitag nicht das Vertrauen entziehen wird und kann, Solidarität einzufordern«. Vogels Rücktrittsankündigung sei ein Zeichen mangelnder Solidarität. Bemerkenswert: An dieser Stelle wiederholte er seine Ankündigung nicht, nur für die Änderung der Strukturen, also nur für den Parteivorsitz, anzutreten. Wenn Vogel bei seiner Ankündigung bleiben werde, so werde die Partei und die Fraktion über einen Nachfolger zu entscheiden haben. »Dieser Auswahl darf sich niemand entziehen.« Wilhelm äußerte sich dann zum »Anforderungsprofil« – jeder Satz war bewusst ein Tritt gegen Bernhard Vogel bis zur bewussten Kränkung. Er, Wilhelm, wolle, »dass unsere Leute draußen wieder mit aufrechtem Gang durch Rheinland-Pfalz laufen, sie haben keinen Anlass, dies zu tun«. Eine Äußerung, bei der sich jeder Kommentar erübrigt.

Die Debatte kann hier nicht im Einzelnen wiedergegeben werden. Sie war eine Variation der von Vogel und Wilhelm vorgetragenen Argumente. Die Befürworter Vogels, als erster Carl-Ludwig Wagner, der Trierer Bezirksvorsitzende, stellten fest, Wilhelm habe in keinem einzigen Fall politische Argumente vorgetragen, die einen Wechsel rechtfertigten. Ich habe dargelegt, die Berufung eines Generalsekretärs sei ein Modell kritischer Solidarität, Wilhelm propagiere dagegen ein Konfliktmodell, das zwangsläufig zum Scheitern verurteilt sei. Die Argumente der Gegner waren im entscheidenden Punkt verlogen: Die Bekundungen, auch ein abgewählter Landesvorsitzender könne weiterhin Ministerpräsident sein, wurden so intensiv vorgetragen und beklatscht, dass man am Verstand der Redner und der Delegierten zweifeln musste. Einer der Befürworter Wilhelms, ein erfahrener, von mir immer hoch geschätzter »Parteisoldat«, der langjährige Landesgeschäftsführer, Landtagsabgeordnete, Innenminister und Bundestagsabgeordnete Heinz Schwarz, hielt sogar eine Abwahl Vogels mit einer mit 99 % verabschiedeten Aufforderung an Vogel, als Ministerpräsident weiterzumachen, für vereinbar. Als Heiner Geißler aufforderte, ehrlich miteinander umzugehen, gerade in diesem Punkt, hatte er Schwierigkeiten, überhaupt Gehör zu finden. Sein Beitrag, immerhin der des Generalsekretärs der Partei, eines rheinland-pfälzischen Bundestagsabgeordneten und eines Mannes, der sich um die CDU Rheinland-Pfalz und das Land wirklich verdient gemacht hatte, war schlicht und ergreifend unerwünscht. Ein einziges Mal habe ich bei einem späteren Vorgang bemerkenswerte Parallelen zu Koblenz gesehen und gefühlt: Als ich den SPD-Parteitag von Mannheim im November 1995 verfolgte, als Rudolf Scharping von Oskar Lafontaine weggeputscht wurde. Auffällig war auch, dass mehrere Wilhelm-Befürworter (so die Bundestagsabgeordneten Rauen und Schartz) am Ende ihrer Beiträge unmissverständlich die Forderung erhoben, Wilhelm müsse auch Ministerpräsident werden.

Ich habe die Debatte als gespenstisch, als unwirklich in Erinnerung. Es ging nicht um den rationalen Austausch von Argumenten, es war alles andere als eine Sternstunde der CDU, wie die Wilhelm-Befürworter meinten, ein Beispiel für innerparteiliche Demokratie. Argumente interessierten überhaupt nicht – insofern habe ich es als Befreiung und Erlösung empfunden, als die Debatte nach gut zwei Stunden trotz weiterer 24 Wortmeldungen abgeschlossen wurde. Das Ergebnis: 258 zu 189 – für Vogel niederschmetternd. Für die Sieger Anlass zum Triumphgeheul. Sie brüllten, als sei Deutschland gerade Fußball-Weltmeister geworden. Ich schwöre – es ist keine Übertreibung. Der deutliche Vorsprung war dadurch zustande gekommen, dass der mitgliederstärkste Bezirksverband Koblenz-Montabaur mit fast 45 % der 450 Delegierten bis auf eine verschwindende Minderheit Wilhelm gewählt hat. Der Bezirksverband Rheinhessen-Pfalz mit etwas mehr als 40 % der Delegierten hatte in seinem pfälzischen Teil mit breiter Mehrheit Bernhard Vogel gewählt (meiner recht genauen Kenntnis nach fast 90 %), im rheinhessischen Teil lag Hans-Otto Wilhelm vorne, nicht zuletzt aufgrund der großen Delegiertenzahlen der beiden Kreisverbände Mainz-Stadt und Mainz-Bingen. Im Bezirksverband Trier war der Vorsprung Wilhelms wiederum etwas knapper.

Wie auch immer: Der alte Nord-Süd-Konflikt in der rheinland-pfälzischen CDU war wieder voll aufgebrochen. Er hatte die Altmeier-Zeit entscheidend geprägt, war in der Zeit von 1965 bis 1985 in den Hintergrund getreten, aber unterschwellig immer vorhanden – im Übrigen bis heute. Der Norden (Trier ist Westen!) fühlte sich immer zu kurz gekommen, schlecht behandelt, von der Pfalz domestiziert. Wilhelm, obwohl Mainzer, zugehörig zum großen Bezirksverband im Süden, hat mit seinen Anhängern im Bezirksverband Koblenz dieses Minderwertigkeitsgefühl systematisch angestachelt, nach dem Motto »es sei jetzt endlich Schluss mit der Vorherrschaft der Pfälzer«.

Insofern hatte meine Nominierung als Generalsekretär – schon wieder ein Pfälzer, er lebt sogar in der Nachbarschaft vom Vogelschen Speyer – sicher zur Emotionalisierung und Frontenbildung beigetragen, mehr, als mir damals bewusst war. Zumal viele in dieser Nominierung den Versuch einer Klärung der Nachfolge in der Staatskanzlei sehen wollten. Ich wollte aber gar nicht Ministerpräsident werden – Kohl wusste es, Rudi Geil hatte ich es ganz offen gesagt. Ich wollte es nicht mehr! Aber das ist ein anderes Thema. Im Übrigen wäre ein Generalsekretär Gölter die schlechteste Vorbereitung für die Bewerbung um die Staatskanzlei gewesen. In einem überschaubaren Land ist der Generalsekretär für die Parteibasis ein Sargnagel, eine Strafe Gottes. Oder er taugt nichts, bleibt ein besserer Grüß-August. Ich hatte nicht vor, als Generalsekretär so zu degenerieren. Am nächsten Morgen war das Triumphgeschrei verhallt. Mehr als 60 Delegierte waren nach Hause gefahren (mehr als 1.000 Mitglieder sind in den nächsten zwei, drei Wochen – in aller Regel mit eindeutiger Begründung – ausgetreten). Selbst Wilhelms größten Anhängern wurde schnell klar, dass er angesichts seiner bisherigen Argumentation nicht als Ministerpräsident antreten konnte. Er hätte, nebenbei gesagt, im Landtag auch keine Mehrheit gefunden. Vor allem aber unter den, wie man so schön und so ungerecht sagt, »einfachen« Mitgliedern herrschte landesweites Entsetzen.

Nicht überraschend: Am Wochenende schaltete sich Helmut Kohl ein. In Telefongesprächen mit Wilhelm, den drei Bezirksvorsitzenden und dem Vorsitzenden der CDU-Landtagsfraktion Emil Wolfgang Keller (der Nachfolger Wilhelms als Fraktionsvorsitzender geworden war, als dieser 1987 Umweltminister wurde), in Kontakten untereinander wurde innerhalb von 24 Stunden eine Einigung auf Carl-Ludwig Wagner erzielt, ganz einfach, weil er trotz seines Eintretens für Bernhard Vogel in den Wochen vor Koblenz und auf dem Koblenzer Parteitag der Einzige war, der überhaupt in Frage kam, auf den wir uns einigen konnten. Georg Gölter war der bei dem anderen Lager verhasste »Ober-Vogelianer«, Rudi Geil hatte sich im Vorfeld für Bernhard Vogel ausgesprochen, in der Schlussphase allerdings geschwiegen, auch auf dem Koblenzer Parteitag, und er war entgegen bisheriger Beteuerungen dann auch bereit, das Amt des stellvertretenden Landesvorsitzenden zu übernehmen. Carl-Ludwig Wagner wies zudem eine makellose und erfolgreiche Karriere auf. Nach Jahren im Dienst europäischer Behörden in

Luxemburg war er in seinem finanz- und steuerpolitischen Sachverstand hoch geschätzter Bundestagsabgeordneter, erfolgreicher Trierer Oberbürgermeister, kurze Zeit Justizminister und dann seit 1981 unumstrittener und angesehener Finanzminister. Carl-Ludwig Wagner war der vorläufig letzte Ministerpräsident der CDU Rheinland-Pfalz. Die Zeit bis zur Landtagswahl im Frühjahr 1991 war schwierig, verkrampft, ein ständiges Hin und Her. Die innerparteilichen Zwistigkeiten und Grabenkämpfe gegen die eigene Regierung setzten sich in der Tat fort. Das Konzept, mit einem amtierenden Ministerpräsidenten Wagner und einem designierten Ministerpräsidenten Wilhelm in den Wahlkampf zu gehen, ging gründlich schief, zumal sich die Sozialdemokraten unter Rudolf Scharping in einer im Vergleich zu früheren Auseinandersetzungen guten Verfassung präsentierten. Koblenz war die Grundlage des Machtwechsels und wirkte länger nach, als selbst die Skeptiker angenommen haben. Nebenbei: Parteireform Fehlanzeige!

Bernhard Vogel verabschiedete sich am 2. Dezember 1988, auf den Tag 12 Jahre Ministerpräsident in Rheinland-Pfalz, im Rahmen eines denkwürdigen Empfangs in der Mainzer Staatskanzlei. Im Landtag unterblieb auf seinen Wunsch eine Würdigung. Zwei Sätze, der Rücktrittsbrief, die Mitteilung, er sei aus dem Landtag ausgeschieden, Würdigung unterbleibt auf eigenen Wunsch – eine Würdigung durch den amtierenden Präsidenten wollte sich Vogel ersparen – unwirkliche Augenblicke, die sich auf Dauer einprägen. Eigentlich zum Fortlaufen – aber man bleibt dann doch, wegen des Freundes Carl-Ludwig Wagner, wegen der Aufgabe, auch wegen der Partei, der man durch Jahrzehnte hindurch angehört – auch wenn es Tage im Leben gibt wie den 11. November 1988, die das naive und unbekümmerte, freudige Verhältnis zur CDU als eine Lebensaufgabe für immer zerstören. Zur CDU in Rheinland-Pfalz hat Bernhard Vogel erst nach Jahren, ganz langsam, fast tastend, in ausgewählten Veranstaltungen und Terminen zurückgefunden (Ausnahme war immer sein eigener Kreisverband Speyer). Je länger, je gefragter war und ist er als Wahlredner, als Festredner, auch und gerade über die Partei hinaus. Manchmal hatte ich den Eindruck, nach mehr als einem Jahrzehnt sei das Bedürfnis gewachsen, etwas wieder gutzumachen. Parteien sind merkwürdige Gebilde, es gibt Irrationales und Unerklärliches, dazu gehört, dass die CDU Rheinland-Pfalz den Parteitag von »Koblenz« so lange nicht losgeworden ist.

Bernhard Vogel übernahm 1989 den Vorsitz der Konrad-Adenauer-Stiftung, eine Aufgabe wie auf den Leib geschnitten, auch eine Brücke in die geistige und kulturelle Welt. Das brillante Ergebnis der erneuten Kandidatur für den Bundesvorstand auf dem Bundesparteitag 1989 war eine demonstrative Bestätigung durch die Bundespartei.

Die größte Fügung, das größte Geschenk im Leben von Bernhard Vogel nach dem Geschenk des Lebens heißt jedoch Thüringen. Die Thüringische Landesregierung brauchte Anfang des Jahres 1992 einen neuen Ministerpräsidenten als Nachfolger von Josef Duchac. Am 27. Januar, einem Montagvormittag, einigte sich eine Thüringer Delegation bei Helmut Kohl im Bundeskanzleramt auf Bernhard Vogel. Er nannte sich selbst mehrfach den »Konsenskandidaten«, weil nur auf ihn eine Einigung möglich war. Am 5. Februar 1992 wurde er zum Thüringer Ministerpräsidenten gewählt. Er ist in der deutschen Geschichte (nicht erst seit dem Zweiten Weltkrieg) der Einzige, der in zwei deutschen Ländern Regierungschef wurde. Im Januar 1993 wurde Vogel mit 91,1 % zum Landesvorsitzenden der Thüringer CDU gewählt. Die CDU unter Führung von Bernhard Vogel setzte sich 1994 mit 42,6 % der Stimmen durch, 1999 erzielte er mit 51 % ein Traumergebnis, die dritte absolute Mehrheit seines Lebens. Es war im Übrigen für Bernhard Vogel selbstverständlich, dass er in Erfurt einen Direktwahlkreis übernahm, mit bei beiden Wahlen direktem Einzug in den Thüringischen Landtag. Knapp acht Jahre war Bernhard Vogel Landesvorsitzender, bis November 2000. Dieter Althaus wurde sein Nachfolger. Am 5. Juli 2003 schied er als Ministerpräsident aus und übergab auch die Staatskanzlei an Dieter Althaus.

Wer Bernhard Vogel regelmäßig in Thüringen erlebt hat, wer beim 60. Geburtstag 1992 im Erfurter Ratssaal, beim 65. auf der Wartburg, beim 70. im Erfurter Kaisersaal dabei war, der weiß, dass durch Thüringen ins Lot kam, was am 11. November 1988 in Koblenz aus dem Lot gebracht worden war.

Karl Martin Grass

Bernhard Vogel und die Bildungspolitik in Rheinland-Pfalz

Fast zehn Jahre lang hat Bernhard Vogel in Rheinland-Pfalz Verantwortung für die Bildungspolitik getragen. Mit der Reformpolitik in Rheinland-Pfalz leistete er über dieses Land hinaus einen zentralen Beitrag zur bildungspolitischen Neuorientierung der CDU. Zugleich griff er damit maßgebend in die bundesweite Diskussion um Bildungsreformen ein. Als er das Amt des Kultusministers 1976 aufgab, war die rheinland-pfälzische Bildungsreform ein bundesweites Markenzeichen geworden. Sie rückte Bernhard Vogel in die Reihe herausragender Bildungspolitiker der CDU, die seit Mitte der sechziger Jahre den Ausbau, die Weiterentwicklung und die Neugestaltung des Bildungswesens in Deutschland maßgeblich mitgeprägt haben, Wilhelm Hahn und Werner Scherer, Hans Maier und Werner Remmers, nicht zuletzt Vogels langjährige Mitstreiterin und Nachfolgerin Hanna-Renate Laurien.

Als Bernhard Vogel sein Amt übernahm, hatte sich seit 1960 im ganzen Bildungswesen, für Schule und Hochschule, eine intensive Reformdebatte entwickelt. Unzählige Reformvorschläge wurden formuliert, bedeutende Beiträge von hohem intellektuellem Rang – Georg Picht lag auf allen Schreibtischen –, ein breites Band unterschiedlichster Veränderungswünsche, oftmals widersprüchliche Vorstellungen, eine Vielzahl auch politisch und ideologisch hochgezüchteter Konzepte beherrschten das Feld.

Hier musste sich die CDU neu ausrichten. Sie hat sich dabei anfangs zögerlich, eher unwillig der Debatte gestellt. Mitte der sechziger Jahre war sie in den auch hochpolemischen, keineswegs immer berechtigten Ruf geraten, im Bildungswesen nur über rückständige und veraltete Vorstellungen zu verfügen. Bernhard Vogel kam im richtigen Moment ins Amt, um innerhalb und außerhalb der CDU erheblich zum Wandel beizutragen. Auch in Rheinland-Pfalz galt der leise oder auch offen in aller Härte erhobene Vorwurf, dass die CDU dabei sei, die Zukunft der Bildung zu verschlafen. Umso schwerer, aber auch attraktiver musste es sein, mit dieser CDU und den begrenzten Ressourcen des Landes einen ernsthaften und überzeugenden Aufbruch zu einer neuen Konzeption des Bildungswesens zu wagen.

Kultusminister im Kabinett Altmeier

Am 18. Mai 1967 trat Bernhard Vogel als Kultusminister in das letzte Kabinett des langjährigen rheinland-pfälzischen Ministerpräsidenten Peter Altmeier ein. Die Fachwelt der eingefleischten Bildungsexperten staunte, und die öffentliche

Meinung reagierte mit unverhohlener Überraschung. Ein junger Abgeordneter von 34 Jahren, Neuling im Bundestag, übernahm eines der wichtigsten Regierungsämter des Landes. Kultusminister sein war zum Schleudersitz geworden – wie würde sich der junge Politiker in der umkämpften Bildungspolitik behaupten? Hatte er eine realistische Chance zum Erfolg? Bernhard Vogel wusste dies vermutlich selbst nicht, aber er kannte die Risiken und Fallen dieses Feldes. Was ihm zu Hilfe kam, waren Mut und Nachdenklichkeit, eine ausgleichende und integrierende Gesprächsbereitschaft, die Kunst, bei Widersprüchen Gemeinsames zu formulieren und langfristig voraus zu denken.

Die Wahl von Bernhard Vogel war eine sehr persönliche Entscheidung des maßgebenden Mannes der rheinland-pfälzischen CDU, Helmut Kohl. Zwar hatte Kohl ursprünglich für diese Aufgabe seinen Freund, den ehemaligen Bundesführer des Bundes der Katholischen Jugend, Gerhard Schreeb, ins Auge gefasst. Dieser war Dozent für Politische Wissenschaft an der Pädagogischen Hochschule in Worms und vorher in gleicher Funktion an der Bundeswehr-Hochschule für Innere Führung in Koblenz gewesen. Nach Schreebs tragischem Unfalltod im Herbst 1966 orientierte sich Kohl auf Bernhard Vogel, weil mit ihm eine ebenso gut im Bildungsbereich ausgewiesene Persönlichkeit als Alternative zur Verfügung stand.

Für Helmut Kohl war der langjährige Studienfreund aus Heidelberg ein vertrauenswürdiger Partner, der dort schon CDU-Kreisvorsitzender und Stadtrat gewesen war. An der Universität hatte er als Mitarbeiter am Institut für Politische Wissenschaft und Lehrbeauftragter gearbeitet; deshalb war er mit Bildungsfragen gut vertraut. Erst Ende 1964 hatte Bernhard Vogel das Angebot akzeptiert, im neu eingerichteten pfälzischen Wahlkreis Neustadt–Speyer 1965 für den Bundestag zu kandidieren, wobei es ihm auf Anhieb gelang, den Wahlkreis für die CDU zu erobern. Obwohl sich Vogel im Bundestag zuerst auf dem Feld der Sozial- und Gesellschaftspolitik tummelte, ließ er die Bildungsfragen nicht aus dem Auge. Schon wegen seines jugendlichen Alters war er im ganzen Land, vor allem in der Pfalz ein gefragter Partner bei der Jungen Union für alle Veranstaltungen mit Jugendlichen und Studenten. Seit 1966 hatte er zudem die Nachfolge Helmut Kohls als Bezirksvorsitzender der CDU Pfalz angetreten, war also weithin in die vorherrschenden landespolitischen Aufgaben eingebunden.

Aufgaben einer Bildungsreform in Rheinland-Pfalz

Für den neuen Kultusminister hatte Helmut Kohl schon im Landtagswahlprogramm der CDU und im Wahlkampf 1967 die ersten Schwerpunkte gesetzt. Vorgegeben war eine Neuordnung des Bildungswesens – der Begriff Reform wurde in der CDU teilweise sorgfältig vermieden – in zwei zentralen Feldern, der Volksschule und im Hochschulbereich. Bei der Volksschule ging es um zwei Schwerpunkte, um den endgültigen Abbau der noch vorhandenen konfessionsgebundenen Volksschulen und um die Abschaffung der ein- und zweiklassigen Schulen vor allem auf dem Lande. Für alle Schulen musste der gravierende Lehrermangel bekämpft und behoben werden. Im Hochschulbereich war Rheinland-Pfalz benachteiligt, weil es nur über eine Landesuniversität in Mainz verfügte, die zudem in extremer geographischer Randlage nicht ausreichend zur Ausschöpfung der vor allem ländlichen Begabungsreserven beitragen konnte.

Weiter in die Teufelei des Details wagte sich auch Helmut Kohl im Wahlkampf 1967 nicht, auch die Regierungserklärung Altmeiers musste politisch noch bei offenen Veränderungsankündigungen bleiben. Damit war dem Talent Bernhard Vogels viel Spielraum eingeräumt. Zudem wurde sehr rasch sichtbar, dass er eine Vielzahl von Reformansätzen auf allen Gebieten bis hin zur Kulturpflege verfolgen würde, dass dahinter eine durchdachte und realistische Gesamtvorstellung der notwendigen Reformschritte stand.

Reformschwerpunkt Schule

Die Reform der Volksschule

Gleich die erste Aufgabe, die Reform der Volksschule, musste 1967 rasch angepackt werden. Denn die mit vielen Vorbehalten und Widerständen befrachtete Frage sollte so bald erledigt sein, dass sie nicht (wieder) den Landtagswahlkampf 1971 beherrschen würde. Das Problem erwies sich als vielschichtiger, als es die Ankündigungen in Wahlkampf und Regierungserklärung darstellen konnte.

Diese Aufgabe war schon 1964/1967 mit einer Änderung der Landesverfassung aufgegriffen worden. Dazu waren im Landtag immer die Stimmen der oppositionellen SPD erforderlich. Sie war außerdem nur im Dialog mit den Kirchen zu lösen, zumal für eine Partei wie die CDU, die sich der christlichen und kirchlichen Tradition besonders verpflichtet wusste. Wichtigster Partner war die katholische Kirche, obwohl z.B. in der Pfalz auch eine Reihe evangelischer Bekenntnisschulen betroffen war. Bildungspolitisch und pädagogisch war dieser Veränderung durch die Debatte der vorangegangenen Jahre vorgearbeitet worden, die Kirchen waren nicht unvorbereitet. Die Änderung der Landesverfassung kurz vor Ende der abgelaufenen Legislaturperiode hatte den Boden bereitet. Das im Februar 1967 verabschiedete Gesetz zur Verfassungsänderung musste erst in ein neues Gesetz für die Volksschulen als Maßgabe für die Volksschulen umgesetzt werden. Bei Vogels Amtsantritt war deshalb die Lage: Die Konfessionsschulen standen nur nicht mehr in der Landesverfassung, aber de facto war noch manche Schule in konfessionell einheitlich strukturierten Landesteilen eine Konfessionsschule. Erst mit der Auflösung der Zwergschulen auf dem Lande musste sich dieses Problem in aller Schärfe stellen.

Immer noch mussten in der CDU viele vom Schritt zu einer neuen Form der Volksschule überzeugt werden. Nicht ganz sicher war, ob die CDU-Landtagsfraktion voll hinter einer zukunftsträchtigen Lösung stehen würde. Der Ministerpräsident Peter Altmeier hielt bis zur letzten Abstimmung aus grundsätzlichen Überzeugungen an seinem Nein zur Beseitigung der Konfessionsschulen fest. Wollte man die Zustimmung der CDU nicht nur in der Fraktion, sondern auch in der Landespartei gewinnen, so musste die neu zu konzipierende Regelschule den Bezug zur christlichen Tradition und Wertgrundlage zwingend herstellen. Ohne die Beibehaltung der Definition dieser neuen Volksschule als »Christliche Gemeinschaftsschule« war, was auch Vogels eigener Überzeugung entsprach, die Gefolgschaft der CDU nicht zu gewinnen.

Dies war zugleich das Minimum, auf das man sich mit den beiden christlichen Kirchen – nicht nur der katholischen – hatte einigen und festlegen können. Die zu verändernde Organisationsform der Volksschule mit ihren Folgen in der Region musste im Konsens mit den Kirchen gesichert werden. Es bedurfte weiterhin insbesondere bei der katholischen Kirche erheblicher Bemühungen Bernhard Vogels und auch Helmut Kohls, um das neue Konzept akzeptabel zu halten. Ein Teil der kirchlichen Repräsentanten auch auf der lokalen Ebene war gewinnbar oder gewonnen, aber eine nicht unbedeutende Minderheit unter Geistlichen wie kirchentreuen Laien blieb auch jetzt noch skeptisch bis ablehnend. Hier hat sich der gute Draht bewährt, den der in katholischen Verbänden verankerte Bernhard Vogel zu den dialogbereiten Bischöfen Hermann Volk (Mainz), Bernhard Stein (Trier) und ab 1968 Friedrich Wetter (Speyer) aufbauen konnte.

In der Anbindung an eine christliche Wertebasis lag nun andererseits die Bruchstelle zur oppositionellen SPD, deren Zustimmung, soweit erforderlich, bei einer weiteren Verfassungsänderung erreicht werden musste. Nach ihren traditionellen bildungspolitischen Vorstellungen war die SPD einer Verpflichtung auf die christliche Wertegrundlage weithin abgeneigt, vor allem was die öffentliche und rechtliche Festlegung anging – persönlich waren viele Sozialdemokraten nicht als fundamentale Gegner einzustufen.

Es war zwar nicht von vornherein absehbar, dass auch für die neue Organisationsform der Volksschule die Verfassung zu ändern war. War es aber notwendig, so musste verhindert werden, dass die SPD auf einer Streichung des Begriffes »Christlich« bei der Simultanschule bestand. Andererseits war die SPD darauf festgelegt, die von ihr geforderte Beseitigung der Zwergschulen durchzusetzen und deshalb auf die Kooperation mit der CDU angewiesen.

Das neue Konzept: Grundschulen und Hauptschulen

Das neue Konzept der Volksschule, das Bernhard Vogel im Einzelnen entwickelte und das in anderen Ländern der Bundesrepublik ebenfalls diskutiert wurde, griff eine weithin bei Eltern und Lehrern eingebürgerte Überzeugung auf: Der Unterricht mehrerer Jahrgänge in einer Klasse würde nicht mehr den Anforderungen an Bildung ausreichend entsprechen und Jahrgangsklassen seien die angemessene Grundlage für qualitativ guten Unterricht.

Freilich war das neue Konzept in der Wirklichkeit nicht so einfach, wie es modern war. Denn erst nach und nach wurde sichtbar, was Bernhard Vogel schon bei der Entstehung des Konzeptes erkannte, dass in dünn besiedelten Gebieten vielen kleinen Dörfern die Schule weggenommen würde. Die möglicherweise bessere Qualität der in der Region angesiedelten Schule mit Jahrgangsklassen konnte sich noch nicht in der Realität beweisen, aber die Verluste traten sofort ein. Die Entwicklung traf die kleinen Dörfer neu und unerwartet. Kinder, auch die Sechsjährigen der ersten Klasse, mussten über z.T. beachtliche Entfernungen mit dem Bus fahren, für viele Eltern ein erschreckender Gedanke. Mittelfristig bedeutete es auch, dass der Lehrer oder die Lehrerin nicht mehr im Dorf wohnte – damit fehlte der Dirigent des Gesangvereins, der Organist der Kirche, der Heimathistoriker oder der Naturschützer, eine kulturelle Leitfigur eben. Sicherlich hatten auch zunehmend die jüngeren Lehrer keine so große Sehnsucht nach diesen lokalen Rollen und Funktionen, vor allem auch die jungen Lehrerinnen nicht.

Diese vielfältigen Konsequenzen musste Bernhard Vogel bedenken, wenn er im Lande eine der unzähligen Diskussionsveranstaltungen abhielt, die die bildungspolitische Debatte damals mit sich brachte. Auf der anderen Seite war zu bedenken, dass in einer ganzen Reihe von Gemeinden und Städten das Nebeneinander von konfessionellen und nichtkonfessionellen Volksschulen ein ständiges Debattenthema war, ein Grund zu Ärgernissen und dem oft erhobenen Vorwurf der Rückständigkeit des Landes.

Eine auf Jahrgangsklassen beruhende Gemeinschaftsschule musste im ländlichen Raum allerdings zu Problemen führen. Nach Abgang der Schüler zu Gymnasium und Realschule nach der vierten Klasse mussten leistungsfähige Klassengrößen bleiben, nach den Plänen mindestens eine Klasse, erwünscht waren pro Jahrgang zweizügige Volksschuloberstufen. Dafür waren sehr große Einzugsbereiche im ländlichen Raum notwendig. Zwar gab es damals Mitte der 60er Jahre durch den Baby-Boom der Nachkriegszeit große Schülerzahlen, die sich angesichts des Lehrermangels auch in Klassengrößen von über vierzig Schülern ausdrückten. Dennoch drohten auf dem Lande große Entfernungen für den Schülertransport. So entschied sich Bernhard Vogel schon früh mit seinen Mitarbeitern für die Aufteilung der alten Volksschule in Grundschulen mit den Klassen eins bis vier und Hauptschulen ab der fünften Klasse. Dies bot auf dem Lande die Möglichkeit, für die Grundschulen viel kleinere Einzugsbereiche zu bilden, als sie für die Hauptschulen notwendig wurden. Einzügigkeit für die Grundschulen wurde erlaubt, Zweizügigkeit war erwünscht, bei den Hauptschulen geboten, dort war auch Dreizügigkeit erwünscht. Die Möglichkeit, einzügige Grundschulen zu errichten, brachte eine hohe Flexibilität, auch bei Rückgang der Schülerzahlen ortsnahe Grundschulen zu erhalten.

Die Verankerung der neuen Schulstruktur aus Grundschulen und Hauptschulen erfolgte stufenweise in einem Gesetz über die öffentlichen Grund-, Haupt- und Sonderschulen 1969, das 1970 eine erweiterte Fassung erhielt; dabei wurde unter Mitwirkung der SPD die neue Form auch in der Verfassung verankert. Selbstverständlich war mit der gesetzlichen Neuordnung noch keineswegs alles gelöst – bis weit in die siebziger Jahre dauerte die Umsetzung des neuen Konzeptes. Da war zunächst die Lehrerausbildung, die nun neu geregelt werden musste. Schon 1964 hatte man den Grundsatz der konfessionell ausgerichteten Lehrerbildung aufgegeben und der Errichtung simultan geprägter Pädagogischer Hochschulen den Weg geebnet. Dazu kam noch der inhaltliche Ausbau der Hauptschule durch das Schwerpunktangebot »Arbeitslehre« als Berufsvorbereitung und die Einführung der Fremdsprache Englisch als Wahlangebot. Mühe machte die Frage der Schulträgerschaft, die schon wegen der notwendigen Erweiterungs- und Neubauten an Schulen klar geregelt sein musste – die Verhandlungen mit den kommunalen Spitzenverbänden erwiesen sich als nicht einfach, konnten aber dank deren Mitwirkungsbereitschaft letztendlich gelöst werden.

SCHULREFORM UND VERWALTUNGSREFORM

Es muss bei alledem berücksichtigt werden, dass die Reform der Hauptschule von 1967 bis 1970 und ihre Umsetzung danach zugleich mit der rheinland-pfälzischen Verwaltungsreform erfolgte, die zum erheblichen Teil eine Gebietsreform der kommunalen Verwaltung bedeutete. Dies hieß, dass Landkreise aufgelöst und zusammengelegt wurden, dass die meisten kreisfreien Städte durch Eingemeindungen bislang selbstständiger Vororte gestärkt wurden und dass die unzureichenden Fähigkeiten der kleinen Ortsgemeinden, eine leistungsfähige Verwaltung zu unterhalten, zur Bildung von Verbandsgemeinden als örtlicher Hauptverwaltungsebene führte.

War dies schon eine politische Aufgabe, die eine ungeheure Anstrengung in Vorbereitung und Durchführung erforderte, so beschäftigte die gleichzeitige Bildung von Einzugsbereichen für die neuen Hauptschulen vor allem auf dem Lande die Gemüter. Nicht überall waren einfache, einsichtige und leicht realisierbare Lösungen möglich. In vielen Fällen mussten tiefgreifende kommunale Konflikte, zusätzlich verschärft durch höchst wechselvolle parteipolitische Mehrheitskonstellationen, sehr mühsam aufgelöst werden. Der Standort der Hauptschule erwies sich oft als Handelsobjekt im Streit um den Sitz der Verbandsgemeinde. Mal musste die Hauptschule die Begründung für den Sitz der Verbandsgemeinde abgeben und unterstützen, mal war sie Kompensationsobjekt für eine Ortsgemeinde, die nicht als Verwaltungssitz zum Zuge kam.

Mancherorts gingen die Wellen des Streites und die Kontroversen hoch. Schlichtungsgespräche beim Kultusminister waren die letzte Nothilfe, da er letztendlich auch die Organisationsfragen entscheiden musste. Bernhard Vogel musste natürlich jenseits der kommunalen Kontroversen darauf achten, dass die unter pädagogischen und schulorganisatorischen Gesichtspunkten vorteilhafteste Lösung zustande kam. Auch musste er sein ganzes Talent als Vertreter schulpolitischer Maßstäbe einerseits, als geduldiger Zuhörer mit Verständnis für kommunale Bedürfnisse und Prestigepunkte andererseits und zudem als zielsicherer Vermittler einer Lösung einsetzen. Nicht wenige Gespräche dauerten mehrere Stunden, manchmal saßen tief zerstrittene Delegationen in unterschiedlichen Fluren und Stockwerken des Ministeriums. Dabei musste jede Begegnung vermieden werden, um Eskalationen zu unterbinden. Wenn Bernhard Vogel nicht schon von Natur aus ein integrierendes Verhandlungsgeschick besessen hätte – hier war in Menge zu lernen, wie Ausgleich und Kompromiss zu erarbeiten waren.

Neuausrichtung und Ausbau der Realschulen

Über der zunächst im Vordergrund stehenden Reform der Volksschule wurden die anderen Schularten nicht vergessen. Im Lande gab es Realschulen, deren Zahl und geographische Verteilung aber keineswegs ausreichend war. Mitten in einer bildungspolitischen Reformdiskussion, in der z.T. gebieterisch und exklusiv die Einführung der integrierten Gesamtschule verlangte wurde als einziger fortschrittlicher und zukunftsgemäßer Schulform, war die Frage schon wichtig, ob in Rheinland-Pfalz die Realschule als Schulform ausgebaut werden sollte oder nicht.

Der Ausbau der Realschule bedeutete, dauerhaft für ein dreigliedriges Schulsystem Position zu beziehen. Bernhard Vogel hat diese Entscheidung früh und eindeutig getroffen, so dass kein Zweifel bestand, dass Rheinland-Pfalz auf dieses Schulsystem setzen würde. Neben einer geographisch gleichmäßigen Verteilung von Realschulen im Lande durch eine Reihe von Neugründungen erfolgte zugleich eine inhaltliche Weiterentwicklung im Sinne einer klaren Struktur eines ersten Abschlusses nach Klasse zehn. Dazu gehörte auch eine Schwerpunktbildung in fachlicher Hinsicht in den Klassen neun und zehn der Realschule, indem entweder der Schwerpunkt Fremdsprachen durch eine zweite Fremdsprache, meist Französisch, gelegt wurde, oder mit Wirtschaftslehre ein eindeutiger Schwerpunkt auf die kaufmännische Berufsvorbereitung gesetzt wurde.

Diese inhaltliche Überarbeitung verhinderte einerseits, dass die Realschule zum (minderen) Progymnasium degenerierte, und schuf andererseits ein eigenständiges Profil dieser Schulart. Zwar konnten auf diese Weise Schüler, die ihre Eltern auf die Versuchskaninchenlaufbahn durch das Gymnasium schickten, auf eine (gehobene) Auffangmöglichkeit hoffen. Aber diese Möglichkeit war für solche Schüler nicht einfach ein leichteres Gymnasium, sondern eine Schulart mit besonderen und spezifischen Anforderungen, die durchaus eigene fachliche Ansprüche stellte.

Dieses Realschulkonzept hat sich in Rheinland-Pfalz hervorragend bewährt, zumal es von Eltern und Lehrern in vorbildlicher Weise mitgetragen wurde.

Manche Realschule galt in den 70er Jahren mit ihrer Mittelstufe als fordernder, niveaubewusster und disziplinierter als das benachbarte Gymnasium. Der natürliche, von Bernhard Vogel sehr wohl einkalkulierte Nebeneffekt war, dass diese Realschule mit ihren Lehrern und Eltern ein natürliches Bollwerk gegen die integrierte Gesamtschule darstellen würde. Kritisch muss im Rückblick sicher vermerkt werden, dass die Abwanderung vom Gymnasium nicht so nachhaltig abgebaut werden konnte wie beabsichtigt, und dass mit der wachsenden Zahl der Übertritte in Realschulen und Gymnasien die Realschulen auch eine größere Anziehung gegenüber der gerade mühsam konsolidierten Hauptschule ausübten.

REFORM AUCH AN DEN GYMNASIEN

Die Gymnasien des Landes, die Bernhard Vogel beim Amtsantritt antraf, befanden sich im Sinne einer klassischen gymnasialen Bildung durchaus in guter Verfassung und auf einem beachtlichen fachlichen Niveau. Auch an ihnen und in ihnen waren jedoch die bildungspolitischen Reformdebatten nicht spurlos vorbeigegangen. Sie hatten natürlich inhaltliche Probleme: Umfang und Qualität der naturwissenschaftlichen Bildung, Notwendigkeit und Umfang der fremdsprachlichen Bildung, verbunden mit der Frage nach der Stellung und dem Gewicht der alten Sprachen, Modernisierung des deutschen Sprach- und Literaturunterrichtes, neue didaktische Lehr- und Lernformen, Weiterentwicklung der klassischen, kurz gefassten Lehrpläne zu detaillierten Curricula, ein Problem aller Schularten. Dies alles kann hier nicht im Einzelnen erörtert werden.

Bildungspolitisch hatten sich aber zwei offene Flanken gezeigt. Eher aus gesellschaftspolitischen Gründen wurden Umfang und Struktur der Übertrittsquote aus der Volksschule ins Gymnasium als zu gering angesehen. Eine Quote von fünf, sechs oder acht Prozent eines Geburtsjahrganges schien nicht zu garantieren, dass tatsächlich alle dafür begabten Kinder und vor allem solche aus den unteren sozialen Schichten den Weg in und durch das Gymnasium zur Hochschule fanden. Eine sehr politisch durchsetzte, bis heute wirksame Debatte um die bildungsmäßige Benachteiligung unterer sozialer Schichten beherrschte die Szene. Die SPD, die sich die Beseitigung dieser Ungerechtigkeit unter dem Schlagwort der Chancengleichheit auf die Fahnen geschrieben hatte, drängte die CDU/CSU in die publizistische Defensive. Die Forderung nach der flächendeckenden Einführung der integrierten Gesamtschule stellte die Alternative in dieser bundesweiten Diskussion dar. Bernhard Vogel übrigens setzte dem Schlagwort von der Chancengleichheit die These von der Chancengerechtigkeit entgegen, weil es für ihn weniger darauf ankam, dass möglichst alle am Ende die gleiche Qualifikation besaßen, sondern dass beim Start in die schulische Bildungsphase alle die gleiche Chance bekamen.

Ein anderer Diskussionsstrang hatte seinen Ursprung in den Hochschulen. Man verglich dabei die Quoten der Hochschulabsolventen eines Geburtsjahrganges mit anderen Ländern, vor allem den USA, und war der Auffassung, dass diese Quote in Deutschland viel zu niedrig sei. Gleichzeitig wurde ein enormer Fehlbestand hinsichtlich gut ausgebildeter Hochschulabsolventen vor allem in den Natur- und Ingenieurwissenschaften gegenüber anderen großen Industrienationen diagnostiziert, dessen Behebung für die Exportnation Deutschland dringend war.

Die geringe Übertrittsquote ins Gymnasium schien die Ursache eines ökonomischen Rückstandes anzuzeigen. Sie zeigte im internationalen Vergleich auf, dass erhebliche Reserven an geeigneten Abiturienten für die Hochschulausbildung ungenutzt blieben. Bernhard Vogel setzte in der Frage der Übertrittsquoten auf eine begrenzte Ausdehnung der Zahl der Gymnasien, vor allem im ländlichen Raum. Dabei besaß die sorgfältige Überprüfung der regionalen Schulstruktur und der Einzugsbereiche eindeutigen Vorrang. An der Qualität und Vielseitigkeit des gymnasialen Angebotes wollte Vogel nicht rütteln lassen. In der bildungspolitischen Diskussion wurde zumeist zur Steigerung der Übertrittsquote die Abschaffung der Aufnahmeprüfung zum Gymnasium und stattdessen die Aufnahme nach Elternwunsch gefordert. So weit zu gehen war Bernhard Vogel nicht gesonnen.

Die generelle Aufnahmeprüfung wurde zwar – wie in anderen Ländern – abgeschafft. Aber die Bindung des Übertrittes an die Leistung und damit die Notenqualifikation aus der Grundschule wurde beibehalten und eine für die Eltern maßgebliche Grundschulempfehlung als Basis der Übertrittsentscheidung eingeführt. Nur in den Fällen, in denen Elternabsicht und Grundschulempfehlung auseinandergingen, blieb die Aufnahmeprüfung vorgeschrieben. Befürchtungen, dass die Grundschulen in inflationärer Weise gymnasiale Übertrittsempfehlungen ohne ausreichende tatsächliche Qualifikation geben würden, haben sich im Ganzen bis in die 80er Jahre nicht bewahrheitet. Die Grundschulen sind weithin mit dieser Verantwortung aus heutiger Sicht niveausicher, schülergerecht und qualifiziert umgegangen.

Eine zusätzliche Hilfe bot ein Instrument, das aus der Gesamtschuldebatte stammte und den Vorwurf aufgriff, der Übertritt nach der vierten Klasse der Grundschule erfolge zu früh und diskriminiere wiederum Schüler aus unteren sozialen Schichten. Dem schien das dreigliedrige Schulsystem nichts entgegensetzen zu können.

Hier kam die Einrichtung der Orientierungsstufe ins Spiel, die in allen drei Schularten für die Klassen fünf und sechs gebildet wurde. Sie setzte auf eine möglichst geringe Ausdifferenzierung des Unterrichtsangebotes in diesen beiden Jahrgangsstufen und wollte damit eine Chance eröffnen, für den einzelnen Schüler eine fehlerhafte Schulwahl im dreigliedrigen System ohne große Bildungsverluste zu korrigieren. Das konnte sowohl im Sinne einer Korrektur nach oben wie nach unten erfolgen. In der gesamten Schullandschaft wurde das Konzept der Orientierungsstufe in Varianten umgesetzt, auf die hier nicht eingegangen werden kann. Sie erforderte einen hohen Koordinierungsbedarf und erwies sich nicht überall als effektiv und nutzbringend.

Studienvorbereitung: die »Mainzer Studienstufe«

Die zweite offene Flanke des Gymnasiums war die Vorbildung der Studienanfänger. Die Hochschulreformdebatte produzierte auch hier Forderungen an das Gymnasium, die die bisherige Gestalt der Oberstufe und das Abitur kritisch ins Blickfeld nahmen. Vor allem die Naturwissenschaften – im Focus der Reformdiskussion – forderten eine Vertiefung und oft eine Spezialisierung in den fachlichen Anfangsqualifikationen. Außerdem war eine vermehrte und intensive Heranführung an Arbeitsformen der Hochschule eine Standardforderung.

Nur nebenbei ist zu erwähnen, dass diese Reformforderungen wie die Übertrittsquote auf der Basis eines häufig angestellten Vergleiches mit den USA und dem dortigen, der Gesamtschule sehr ähnlichen System der High School eine höhere Zahl von Studienanfängern und dementsprechend Hochschulabsolventen erhoffen ließen. Der Druck dieser Reformdebatte ging zwar von den Naturwissenschaften aus, aber es ist keine Frage, dass der Lehrermangel und die Frage, wie viele Absolventen auch aus den Geisteswissenschaften zu erwarten waren, auch in diesen Fächern ein hohes Maß an Reformvorstellungen und -erwartungen freisetzten.

Die Frage der Qualität der Studienvorbereitung und damit die Reform der gymnasialen Oberstufe ließ Bernhard Vogel sofort nach seinem Amtsantritt aufarbeiten. In anderen Ländern lagen hierzu schon Ideen vor, es gab in wenigen Fällen erste Umsetzungsversuche. Kernpunkt war: Wollte man dem Oberstufenschüler in einem oder einigen Fächern die Möglichkeit zu intensiverer fachlicher Vorbildung für das Studium geben, so waren dafür mehr Stunden für die Fächer nötig. Dies ging aber im vorhandenen Zeitrahmen nicht ohne Abstriche bei anderen Fächern. Das bedeutete: die Schüler mussten fachliche Schwerpunkte nach eigener Wahl treffen können, es musste unterschiedliche Wahlangebote geben.

Deshalb war die sehr logische Konsequenz die Einführung eines Systems von Grund- und Leistungskursen, damit die Auflösung des Klassenverbandes und die Entwicklung eines Punktesystems zur Leistungsbewertung. Bernhard Vogel war von der Weisheit mancher vorliegender Konzepte nicht überzeugt und wollte vor allem einer allzu großen Beliebigkeit bei der Fächerwahl im Schwerpunkt- und Leistungskursbereich und einer drohenden Niveausenkung durch allzu starke Reduzierung der Noten- bzw. Punktequalifikation vorbeugen. Vor allem hatte er ein ungutes Gefühl bei der alleinigen Orientierung der Leistungsbeurteilung und Qualifikationsmessung an Punktevergaben, die Urteile über Motivation, Lernbereitschaft, Arbeitshaltung und Leistungsorientierung der Schüler weit hintanstellten.

Darum ließ er mit großer Beschleunigung ein Modell erarbeiten, die »Mainzer Studienstufe«, und schon ab 1969 in sechs Gymnasien erproben. Trotz vieler Kritik und heftiger Diskussionen in den Schulen setzte sich das Modell rasch durch und wurde im Lande aufgegriffen. Modifikationen am Ausgangsmodell erwiesen sich dabei durchaus als nötig. Außerdem erfüllte das Modell auch eine wichtige taktische Aufgabe, bei der Abstimmung der Regeln für die neue Oberstufe mit anderen Ländern eine auf Qualitätssicherung zielende Position durchzusetzen. Das Ziel ist auf Bundesebene bei der Länderkoordination nicht ganz erreicht worden, vor allem weil man in Rheinland-Pfalz die eigene Lösung nur beibehalten konnte, wenn man den anderen Ländern größere Spielräume bei der Verwirklichung ihrer eigenen Vorstellungen ließ, was sich auf die einheitliche Qualität der Vorbildung der Studienanfänger bald negativ auswirkte, und zwar bundesweit mehr als für Rheinland-Pfalz.

Dies führte dazu, dass schon in den siebziger Jahren seitens der Hochschulen erhebliche Einwände hinsichtlich der Bildungsqualifikation der Studienanfänger vorgetragen wurden. »Wir haben Abiturienten, die die Grundlagen der Kernphysik oder der Zellbiologie hersagen können, aber bei der Frage nach Goethe, Fontane oder Bismarck nur einen müden Augenaufschlag hervorbringen«, lautete die Kritik vieler Professoren. Sie war zutreffend, traf aber in erheblichem Umfang nicht die Mainzer Studienstufe, weil Bernhard Vogel z.B. an einem Kernpunkt, der Forderung nach drei pflichtgemäßen Leistungskursen, anstelle von zweien wie in anderen Ländern, eisern festhielt und davon nicht abging. Es bedurfte einer mehrfachen und intensiven Debatte in den siebziger Jahren in der Kultusministerkonferenz, um bei der neuen Oberstufe die folgenschwersten und unsinnigsten Auswirkungen zu großer Beliebigkeit bei der Fächerwahl zu beseitigen.

Ein anderer Effekt des neuen Systems der Oberstufe war schwerer zu beheben und ist im Grunde bis heute nicht beseitigt. Das war die Tendenz der Oberstufenschüler, die Wahl von Leistungs- und Grundkursen in den Fächern weniger von Neigung und Interesse, also von fachlich sinnvoller Schwerpunktbildung, bestimmen zu lassen, sondern von den Erwartungen und Berechnungen der für die Zulassung zum Abitur erforderlichen Punktzahl und ihrer möglichst günstigen Erreichbarkeit. Dies musste Konsequenzen für die durchschnittliche Qualität und den Niveaustandard der Abiturleistungen haben.

Ein weiterer Effekt war, dass die Erwartung sich weithin nicht erfüllte, die Schüler des Gymnasiums würden mit ihrer Fächer- und Leistungskurswahl ab Klasse elf eine vernünftige, durch die Schwerpunktbildung fixierte Vorentscheidung für die Studienfachwahl treffen und damit die Oberstufe zu einer fachlichen Vorbildung für das Studium nutzen – eine Erwartung vor allem der Naturwissenschaften. Auch dies hat sich nicht erfüllt, schon weil die Schüler von Alter und intellektueller Reife her zu diesem Zeitpunkt diese Entscheidung nicht treffen konnten und weil viele sich die Studienfachwahl und damit eine erste Berufsrichtungswahl bis zum Studienbeginn offenhalten wollten.

Muster der bildungspolitischen Diskussion

Am Beispiel der Reformdebatte zu Übertrittsquoten wie zur Gestaltung der Oberstufe lassen sich die Muster der damaligen Reformansätze und Lösungskompromisse deutlich erkennen. Meistens zwei, manchmal mehr Reformstränge unterschiedlicher Motivation und Argumentation kamen zusammen, die Chancengleichheit für alle, die Chancen der unteren sozialen Schichten auf Bildung (wobei dies oft mit gymnasialer und Hochschulbildung gleichgesetzt wurde, zum Nachteil der Betroffenen), die Mobilisierung unausgeschöpfter Bildungsreserven in den ländlichen Räumen. Daraus entwickelten sich oft unkoordinierte, widersprüchliche, aber wirkungsmächtige Debatten.

Die Frage der Erhöhung von Zahl und Qualität der Hochschulabsolventen, die Debatte um die Qualifizierung der Studienanfänger durch (exemplarische?) Spezialisierung verknüpften sich untereinander und mit dem Streit um die innere Reform der Hochschule, wodurch die Sache einen kraftvoll öffentlichen Schub bekam, aber keineswegs einen überzeugenden, abgestimmten Lösungsweg nahm. Vor allem die Notwendigkeit koordinierter Mindestvorgaben im Abstimmungsverfahren der Länder in der Kultusministerkonferenz und dann auch mit dem Bund öffnete zwar Kompromisslinien, die aber keineswegs überall geeignete Fortschritte der Bildungsreform garantieren konnten.

Bernhard Vogel wurde früh, 1970, Präsident der Kultusministerkonferenz und übernahm im gleichen Jahr auch den Vorsitz im Bundeskulturausschuss der CDU, der zu einem wichtigen Informations- und Koordinationsinstrument in der Partei wurde, weil er auch die in ihren jeweiligen Ländern in Opposition stehenden Landesparteien einbinden konnte. Die regelmäßigen Klausurtagungen, zumeist in Deidesheim in der Pfalz, haben zu dieser Abstimmung sehr viel beigetragen. Durch beide Positionen bedingt, wurde Vogel ab 1970 auch, abwechselnd mit dem jeweiligen Bundesminister, Vorsitzender der Bund-Länder-Kommission für Bildungsplanung (bis 1976).

Mittels dieser Ämter entwickelte Kultusminister Vogel seine charakteristische Vorgehensweise, er wollte die entscheidenden Debatten lenken. Er wusste zudem, den sinnvollen Kern der Reformforderungen herauszuschälen unter Abwehr fragwürdiger Lösungsvorschläge. Offensiv, aber eher abseits der gängigen Reformbestrebungen stellte er eigenständige Überlegungen für die bildungspolitische Reform an und konnte damit nicht immer, aber in erheblichem Umfang den Gang der Debatte und der Entscheidungen steuern und mitbestimmen. Dazu war der Schub des öffentlichen Streites zu nutzen – nie in der Geschichte der Bundesrepublik war die Chance zu Neuorientierungen im Bildungswesen so groß wie damals.

Ferner waren viele Vorschläge und Modelle sorgsam zu prüfen. Dabei wusste er auf jedes Problem eine reformorientierte Antwort zu geben, einen realistischen und sachgerechten Kurs einzuschlagen. Damit wurde auch vermieden,

den gängigen, aber oft wenig überzeugenden Reformklischees nachzulaufen. Bernhard Vogel hat damit nicht nur eine klug bedachte Reform des Bildungswesens betrieben, sondern auch ein Gespür des Politikers für die langfristig im Bildungsbereich wirksamen Erwartungen und Mentalitäten der breiten Bevölkerung bewiesen. Dies hat ihm und der CDU insgesamt letzthin sehr viele erfolgreiche Durchsetzungschancen im damaligen großen Streit der Bildungspolitik eröffnet.

Die Neuformulierung des Schulrechtes

Mit der Grundlegung und der Umsetzung der Reformvorhaben im dreigliedrigen Schulsystem des Landes Rheinland-Pfalz sind noch nicht alle Problemfelder abgeschritten. Die Behebung des Lehrermangels – Klassengrößen über vierzig waren damals noch häufig, dreißig war das erst mühsam über eine Reihe von Jahren erreichte Ziel – musste über den Ausbau der Studienplätze an den Hochschulen im Lande erreicht werden, zusammen mit einer besseren Ausschöpfung der Begabungsreserven.

Ein wichtiges Thema wurde die Neuausrichtung des Schulrechtes, das mit den vielen Neuorganisationen im Schulbereich dringlich wurde. Vor allem war einer Entwicklung Rechnung zu tragen, die von der Rechtsprechung der Verwaltungsgerichte ausging. Das bisherige Schulwesen wurde als Anstalt und Einrichtung des Staates besonderer Art aufgefasst: Das Schulverhältnis der Schüler war als besonderes Gewaltverhältnis definiert. Diese Rechtsauffassung war mit bestimmten Ausprägungen der Grundrechte und zunehmenden Mitwirkungsforderungen von Eltern und Schülern nicht vereinbar. Deshalb hatte sich die Auffassung durchgesetzt, dass auch der Schulbereich einer gesetzlichen Ordnung bedürfe, die die inneren Verhältnisse der Schule und die Stellung von Eltern und Schülern – als wesentliche Gestaltungsmerkmale – der parlamentarischen und damit öffentlichen Entscheidung unterwarf. Daher wurde alsbald ein neues Schulgesetz entworfen, das die Regelungen allgemeiner schulrechtlicher Art und die besonderen Regelungen für die einzelnen Schularten zusammenfasste. 1974 konnte dieses neue Schulgesetz im Landtag verabschiedet werden. Gerade dem Bereich der Mitwirkung von Eltern und Schülern schenkte Bernhard Vogel von Anfang an besonderes Gewicht. Auch hier war langsam und nachhaltig Überzeugungsarbeit zu leisten. Am meisten hat zur Auflockerung der Fronten aber die offene und unkomplizierte Art beigetragen, in der Bernhard Vogel selbst das Gespräch mit Eltern- und Schülervertretern zu führen wusste.

In Gesetz und Verordnungen wurden die Mitarbeit der Eltern und die Organisation ihrer Vertretung auf Landes- und Bezirksebene geregelt. Auch die Schülervertretungen erhielten eine Rechtsgrundlage. Befürchtungen, Eltern- und Schülervertretung könnten sich zu konträren Interessenvertretungen entwickeln, waren zumeist unbegründet, in vielen Fällen sind sie gut aufgestellte Interessenvertreter ihrer Schule geworden. Vor allem war im Schulgesetz ein Schulausschuss vorgesehen, der an jeder Schule Vertreter der Lehrer, Eltern und Schüler bei bestimmten, vor allem äußeren Angelegenheiten, aber auch bei disziplinarischen und ordnungsrechtlichen Fragen zur Mitwirkung heranziehen konnte.

Hinzuzufügen ist, dass im gleichen Zeitraum auch für die Privatschulen eine Neuordnung erfolgte. Dieser Bereich lag Bernhard Vogel bildungspolitisch besonders am Herzen, weil er solche Schulen vor allem im gymnasialen Bereich, aber auch im Bereich der beruflichen Schulbildung als wertvolles Wettbewerbselement gegenüber staatlichen Schulen ansah. Schwerpunkt dieser Neuordnung war nicht nur eine bessere und klarer geordnete Finanzausstattung, sondern auch solide Kriterien für die Zulassung und für die pädagogischen Standards auf gleichwertigem Niveau.

Reform der beruflichen Bildung und Weiterbildung

Schule und Wirtschaft als Kontrahenten und Partner

Ein Arbeitsfeld, das Bernhard Vogel ebenfalls bald und unmittelbar beschäftigte, darf nicht hintanstehen: die Reform der beruflichen Bildung. Eine Aufgabe war, die künftig notwendigen Kenntnisse, Fähigkeiten und Fertigkeiten der Lehrlinge auch im Feld ihrer schulischen Ausbildung neu zu bestimmen, vor allem im Hinblick auf gestiegene und erweiterte Anforderungen der Zukunft. Zu lösen war diese Aufgabe für die beruflichen Schulen in staatlicher Verantwortung, aber zugleich in Abstimmung mit der Wirtschaft, die insgesamt für die betriebliche Seite der Ausbildung verantwortlich war und ist.

Auf die Vielzahl fachlicher Änderungsaufgaben kann hier nicht eingegangen werden. Bildungspolitisch war die Aufgabe der Abstimmung der inhaltlichen Anforderungen in den Schulen mit der Wirtschaft, also Handwerk, Handel, Industrie und Gewerbe ein notwendiger, aber äußerst schwieriger Prozess. Die permanente Diskussion mit der Wirtschaft, die nicht ohne Ärger über Eigenmächtigkeiten und hohe Empfindlichkeiten der verantwortlichen Partner – Kammern einerseits, Lehrerverbände andererseits – abging, gehörte zu Bernhard Vogels schwierigeren Aufgaben.

Die Fähigkeit, die Interessen der Schule zielbewusst zu vertreten, der Kontroverse mit der Wirtschaft nicht aus dem Wege zu gehen, aber durch die Bereitschaft, auf wesentliche Vorstellungen und Interessen der Partner einzugehen und eine konsensfähige Vermittlung anzustreben, war gerade in diesem Bereich Bernhard Vogels Markenzeichen. Er hat es in diesen Debatten geschafft, die notwendigen, wichtigen Bausteine der beruflichen Bildung in der Schule – wenn auch nicht alle bildungspolitischen Wünsche – durchzusetzen und zugleich bei Handwerk und Gewerbe, bei Handel und Industrie seine Reputation als Mann des Verständnisses für die Erfordernisse der Betriebe und der Praxis zu erhalten. In diesem Bereich war es oft wichtiger, wie man etwas erreichte, als die Frage, was durchzusetzen war.

Neuausrichtung der Ausbildungsordnungen auf Bundesebene

Die Regelung der beruflichen Ausbildung als Aufgabe vor allem der Wirtschaft lag nach dem Grundgesetz immer beim Bund. Bis in die sechziger Jahre beschränkte sich die Bundestätigkeit hinsichtlich der Ausbildungsordnungen überwiegend auf Absprachen mit den Kammern, deren maßgebende und federführende Position von der Politik akzeptiert wurde. Das änderte sich zum einen mit den Grundgesetzänderungen von 1968, die dem Bund erweiterte bildungspolitische Kompetenzen gaben, zum anderen kam es mit der Übernahme der Bundesregierung durch die SPD im Jahre 1969 zu einer veränderten Praxis auch im Bereich der beruflichen Bildung.

Für nahezu alle Berufe wurden in Kommissionen auf Bundesebene, in denen die Spitzenorganisationen der Kammern, die Gewerkschaften, Bund und Länder mehr oder weniger gleichberechtigt vertreten waren, komplett neue Ausbildungsordnungen erarbeitet. Die oft beträchtlichen, auch politisch und ideologisch besetzten Gegensätze waren nur mühsam durch Kompromisse auszugleichen. Eine Gesamtkommission musste alle Ausbildungsordnungen abschließend billigen, und die Kultusministerkonferenz behielt sich ebenfalls Prüfung und Zustimmung aus schulischer Sicht vor. Zeitweise bestand die große Gefahr, dass durch die neuen betrieblichen Ausbildungsordnungen in ungünstiger Weise auf die schulischen Ausbildungsinhalte eingewirkt wurde.

Fast alle Ausbildungsordnungen wurden übrigens zum Leidwesen Bernhard Vogels in hohem Maße mit ausbildungsrechtlichen und prüfungsrechtlichen Detailregelungen befrachtet, entsprechend der neueren Rechtsauffassung über die rechtliche Stellung von Schule und Schüler. Zudem wurden ebenso intensiv pädagogische, lerntheoretische, didaktische und curriculare Elemente als Vorgaben eingearbeitet, in unterschiedlicher Intensität und Qualität. Dies führte zu oftmals praxisfernen Ausbildungsvorschriften, die in der Wirtschaft eher Unlust als Freude an der Ausbildung verbreiteten. Nur teilweise gelang es in intensiven Diskussionen, die ärgsten Übertreibungen auszumerzen – voll gelungen ist es aus Sicht der Länder und auch Bernhard Vogels nicht.

Moderne Lehrinhalte in der Berufsschule

Zentraler Punkt der Reform der beruflichen Bildung war zuerst die Modernisierung der Lehrinhalte, die durch die Weiterentwicklung der Technik erforderlich wurde. Hinzu kamen Fragen nach Sinn und Ausmaß von weitreichenden Spezialisierungen in der Ausbildung, die z.T. durch die gegebene Spezialisierung der

Ausbildungsbetriebe selbst gefördert wurde, der Behandlung immer seltener werdender Kleinberufe und der regionalen oder sogar bundesweiten Zusammenfassung im Schulunterricht.

Drei Entwicklungen hat Bernhard Vogel vorrangig gefördert und vorangetrieben. Zum einen ging es um die Vermehrung der Stundenzahlen für den schulischen Unterricht. Damit wurde der zweite Berufsschultag einer der heißesten Debattenpunkte der damaligen Bildungspolitik, obwohl er weniger im Focus der Öffentlichkeit stand. Durchzusetzen war dieses Ziel sehr schwer, es ist auch durchweg nicht gelungen. Viele ausbildende Betriebe wollten auf die Anwesenheit der Lehrlinge an zwei Arbeitstagen nicht verzichten, zumal zu dieser Zeit durch die Einführung der Fünf-Tage-Woche auch der Samstag als Arbeitstag verloren ging. Eine bescheidene und vertretbare Erweiterung der Stundenzahl ist gelungen, die Einführung des zweiten Berufsschultages nicht. Abhilfe schuf der Ausweg, den Bernhard Vogel und seine Mitarbeiter früh einschlugen, nämlich in Berufsschulen für bestimmte Berufe einen Blockunterricht über mindestens zwei Wochen einzuführen, auch mit Blick auf ähnliche Modelle anderer Länder.

Die überbetriebliche Ausbildung

Zum Zweiten unterstützte Bernhard Vogel, nicht immer zur Freude der Lehrerverbände in diesem Bereich, die Entwicklung überbetrieblicher Ausbildungs(werk)stätten und die Einführung einer Blockausbildung in diesen Einrichtungen an Stelle der ausbildenden Betriebe. In der teilweise skeptischen Wirtschaft war nicht zu übersehen, dass in manchen Branchen die Spezialisierung der Betriebe so zugenommen hatte, dass die Ausbildung von in der Regel drei Jahren in einem Betrieb nicht mehr die ganze Bandbreite der Leistungen und Inhalte eines Berufes oder Berufsfeldes abzudecken vermochte. Diese Defizite konnten in der überbetrieblichen Ausbildung aufgefangen werden.

Bernhard Vogel hat früher als viele andere erkannt, dass die gesamte Änderung der beruflichen Ausbildung zu einer durchaus beachtenswerten finanziellen und wirtschaftlichen Überbelastung der ohnehin zahlenmäßig begrenzten Zahl ausbildender Betriebe führte. Manche haben daraus den Schluss gezogen, dass das ganze System der dualen Ausbildung überholt sei und alleine der schulischen und überbetrieblichen Ausbildung die Zukunft gehöre. Bernhard Vogel hat dies für einen Fehlschluss gehalten und immer konsequent, wo sinnvoll und möglich, an der dualen Ausbildung und damit an der grundlegenden Ausbildung durch die berufliche und betriebliche Praxis festgehalten.

Berufsschulen mit Vollzeitangebot

Das dritte Feld für Bernhard Vogel bildete die Erweiterung des Aufgabenbereichs der klassischen Berufsschule um Vollzeitschulangebote, sowie um Angebote der höheren beruflichen Bildung durch Fachschulen oder Fachoberschulen. In den sechziger Jahren eher in der Minderzahl, vielfach noch in privater Hand – z.B. die Handelsschulen –, sah Bernhard Vogel voraus, dass es Berufsfelder und Qualifikationsstufen geben würde, wo die duale Ausbildung kein vorrangiges Gewicht besaß. Vor allem erkannte er, dass zwischen der meist dualen Ausbildung und den hochschulbezogenen Ausbildungen alsbald eine Lücke klaffen würde bei mittleren technischen, wirtschaftlichen und Dienstleistungsqualifikationen. Sowohl für den Typ der Berufsfachschule wie der Fachoberschule oder der Sonderform beruflicher Gymnasien, denen er eher mit Zurückhaltung begegnete, sind damals für Rheinland-Pfalz die Fundamente gelegt worden. Die erfolgreiche Expansion dieser beruflichen Vollzeitbildungsangebote – sowohl nach der Schülerzahl wie der Breite der Angebotspalette und der Abschlussqualifikationen – fällt schon in Vogels Amtszeit als Ministerpräsident.

Eher am Rande beobachtete Bernhard Vogel einen Reformakzent, bei dem ihn das heiße und vehemente, z.T. radikale Bemühen der streitenden Exponenten eher amüsierte, manchmal auch ärgerte: die Umbenennung des »Lehrlings« zum »Auszubildenden«. Während mancher Ausbilder, Betriebschef oder Politiker, der unbefangen und in bester Absicht den Ausdruck »Lehrling« benutzte, sich mit verbalradikalen, mit Schaum vor dem Mund vorgetragenen Attacken konfrontiert sah und oft nicht wusste, wie er sich wehren sollte, bewahrte Bernhard Vogel dieser Begriffsbesetzungsattitüde gegenüber gelassene Distanz: »Auch ein Auszubildender ist einer, der lernt, genau wie ein Lehrling.«

Neuordnung der Weiterbildung

Am Herzen lag Bernhard Vogel auch ein anderes Arbeitsfeld, das für die berufliche Qualifikation vieler Menschen wichtig war, auf das hier aber nur kurz eingegangen werden kann: die Weiterbildung. Als langjähriger Mitarbeiter und Referent des von Jesuiten getragenen Heinrich-Pesch-Hauses in Mannheim kannte er sich in diesem Bildungsbereich besonders gut aus. Das rheinland-pfälzische Weiterbildungsgesetz von 1975 bedeutete nicht nur eine finanzielle Besserstellung der Volkshochschulen im Lande – zumeist in kommunaler Trägerschaft, oft noch mit Vereinscharakter – und der übrigen freien Träger, insbesondere der Kirchen, der Parteien, Wirtschaftsverbände und Gewerkschaften. Es setzte auch neue Schwerpunkte in der Förderung. Es sicherte ein organisatorisches Minimum der Träger ab, ermöglichte aber auch Investitionszuschüsse. Von letzteren profitierten vor allem freie Träger, die Weiterbildungsveranstaltungen mit Seminarcharakter oder als Reihenangebot verwirklichten und dazu eigene Häuser errichteten.

Dabei wurde allerdings auch an den eigenen wirtschaftlichen Erfolg der Träger durch Erhebung kostendeckender Gebühren angeknüpft. Durch die Zuschüsse des Landes war es möglich, die Gebühren niedriger und damit erschwinglicher zu halten. Grundsätzlich legte Vogel Wert darauf, die eigentliche Fort- und Weiterbildung im erlernten Beruf und zu neuen Berufen als Aufgabe der Wirtschaft zu bestimmen und ihr, die aus Eigennutz und Eigeninteresse in diese Fort- und Weiterbildung investieren sollte, nicht auch noch durch Staatszuschüsse unter die Arme zu greifen. Sein Ziel war, die allgemeine Weiterbildung und darunter auch die politische und gesellschaftliche Thematik zu fördern. Insgesamt brachten das Gesetz und seine finanzielle Ausstattung für kommunale und freie Träger der Erwachsenenbildung einen deutlich verbesserten Anreiz zum aktiven Ausschöpfen eigener Potentiale, aber auch strukturelle Stabilität und Planungssicherheit.

Die Reform der Hochschulen

Neue Struktur und neue Studienplätze in Rheinland-Pfalz

Unstreitig zweiter Schwerpunkt in Bernhard Vogels Amtszeit als Kultusminister waren die Hochschulen. Dazu veranlasste ihn nicht nur eigene berufliche Erfahrung, sondern auch die Fülle von aktuellen Problemen, Reformoptionen und Veränderungsforderungen. In Rheinland-Pfalz waren aber die Schwierigkeiten offenkundiger und konkreter als die hochideologisierten Debatten auf Bundesebene.

Erstens: Mainz war die einzige Landesuniversität. Erhöhte man die Zahl der Abiturienten – was bildungspolitisch gefordert und gefördert wurde –, dann reichten die Kapazitäten dieser Universität räumlich und personell bei weitem nicht aus.

Zweitens: Folge der Randlage der Mainzer Universität war ein erheblicher Studentenexport in benachbarte Bundesländer. Dort lagen Hochschulen wie Aachen, Köln, Bonn, Marburg, Frankfurt, Darmstadt, Heidelberg, Karlsruhe, Saarbrücken gewissermaßen vor der Haustüre. Deshalb studierte mehr als die Hälfte der rheinland-pfälzischen Abiturienten außerhalb des Landes und fand auch eine Stelle dort.

Drittens: Die zielbewusste Wirtschaftsstrukturpolitik für das Land wollte mehr oder weniger in allen Landesteilen industrielle und gewerbliche Arbeitsplatzangebote schaffen, moderne, innovative Betriebe ansiedeln und damit auch die Wirtschaftskraft, die steuerliche Ertragskraft des Landes ausbauen. Daher war es absolut kontraproduktiv, wenn rheinland-pfälzische Abiturienten als Hochschulabsolventen in anderen Bundesländern blieben und nicht zurückkehrten. Die Abwanderung von Intelligenz musste gestoppt werden. Als Beispiel diene nur: In Rheinland-Pfalz gab es 1967 keinen einzigen Studienplatz für wissenschaftliche Ingenieurberufe.

Viertens: In Teilregionen des Landes gab es zu wenige Gymnasien, so dass zu wenige Schüler das Abitur und die Hochschulen erreichten. Es gab «bildungsferne« Regionen, bei denen erhebliche »Bildungsreserven« zu heben waren – im Übrigen auch dies zum Nutzen einer modernisierten Wirtschaftsstruktur. Wie wollte man einen Industriebetrieb ansiedeln, wenn die Kinder der wichtigen Techniker, Kaufleute und Führungskräfte lange Wege zum nächsten Gymnasium benötigten?

Hinzu kam fünftens der z.T. akute und brennende Lehrermangel in allen Schularten, der u.a. verhinderte, dass die Klassengrößen reduziert werden konnten. Auch hier galt: Das war nur durch Ausschöpfung der Bildungsreserven in »bildungsfernen« Regionen zu beheben und durch Verminderung des Studentenexportes in die Nachbarländer.

Neue Studienplätze für Rheinland-Pfalz

In dieser Situation war eine Grundentscheidung zu treffen: Rasch neue Studienplätze, das hieß neue Universitäten, errichten. In Bernhard Vogels Kopf war diese Entscheidung von Anfang an klar. Das Ziel hieß auch: Nicht in den vorhandenen Ballungsgebieten, wo ohnehin viele Nachbarhochschulen in der Nähe waren, sondern in den »bildungsfernen« Regionen waren sie anzusiedeln. Bernhard Vogel war sich darüber klar, dass eine Universitätsgründung in solchen Regionen auch ein ganz erheblicher Wirtschaftsfaktor werden müsste, also für die strukturpolitische Entwicklung ganzer Regionen des Landes von maßgebender Bedeutung wäre.

Um dies zu erreichen, waren einige gewichtige Hürden zu überwinden. Im Land galt die Meinung: Mehr als die eine Universität in Mainz kann sich das Land nicht leisten – und die braucht vorrangig, wenn es mehr Geld gibt, Bauten und bessere finanzielle Ausstattung. In den Regionen galten neue Universitäten gerne als visionäre »Fata Morgana«. Man wollte lieber in anderer Weise den Spatz in der Hand als die Taube auf dem Dach. Das hieß z.B., die Ingenieurschule, die vorhanden war, oder die Pädagogische Hochschule in der Region beizubehalten. Und manchenorts scheuten die Kommunalpolitiker auch die finanziellen Lasten, die sie beim Hochschulbau mittragen mussten, selbst wenn das Land Zuschüsse geben wollte.

Überdies: Die als Koalitionspartner unentbehrliche FDP war mit ihrem Landesvorsitzenden Dr. Hermann Eicher als Finanzminister im Kabinett gewichtig vertreten. Dieser war nicht nur ein kompetenter und grundsolider Kassenwart. Seine professionelle Zurückhaltung, finanziell Wechsel auf die Zukunft zu ziehen, ließ ihn höchst vorsichtig agieren. Jetzt viel Geld auszugeben, womöglich noch auf Pump, um in fünf oder eher zehn Jahren bessere Steuereinnahmen aus verbesserter Wirtschaftskraft zu haben – bei so ungewissen Perspektiven musste ein sparsamer Haushälter auf der Bremse stehen. Keiner hat misstrauischer die öffentlich von Bernhard Vogel und auch Helmut Kohl geäußerten Zielvorgaben im Hochschulbereich verfolgt als Hermann Eicher. Bernhard Vogel ging deshalb mit einer Kombination von Ideen an die Aufgabe heran.

Da die Pädagogischen Hochschulen sich auf den Neuzuschnitt der Lehrerausbildung einstellen mussten, waren dort Strukturentscheidungen notwendig. Konfessionsorientierte Pädagogische Hochschulen würde es nicht mehr geben, das war entschieden. Fünf oder sechs Standorte mit der neu erforderlichen Personalstruktur – H-4 Professoren statt Dozenten im höheren Dienst – waren nicht zu leisten. So ließ Vogel im Ministerium schon sehr bald das Konzept einer Erziehungswissenschaftlichen Hochschule Rheinland-Pfalz entwickeln, mit Ausbau an nur noch drei Standorten und einer zentralen Spitzenverwaltung in Mainz, wo auch die Einrichtung für die Ausbildung der Lehrer an Sonderschulen angesiedelt war. Die Standorte Trier und Kaiserslautern wurden aufgegeben, Koblenz, Worms und Landau zu neuen Schwerpunkten ausgebaut.

Damit konnte in allen wichtigen Landesteilen das Studienangebot für Lehrer an Grund- und Hauptschulen abgedeckt und erreicht werden, dass die für diese Lehrergattung typische regionale Verankerung und Beziehung der Studierenden aufrechterhalten wurde – zur Gewinnung einer ausreichenden Zahl von Lehrern besonders im ländlichen Raum eine unabdingbare strukturelle Voraussetzung. Und mit der Definition als wissenschaftliche Hochschule war zugleich der Maßstab für Professionalität und fachliche Qualifikation des wissenschaftlichen Personals und der Lehrerausbildung gesetzt.

Damit waren die bisherigen Standorte der Pädagogischen Hochschulen in Trier und Kaiserslautern frei als Universitätsstandorte. Mindestens für den Anfang konnten vorhandene Gebäude genutzt werden, wenngleich so rasch wie möglich gebaut werden musste – an beiden Standorten. Zwei Regionen, in denen eine neue Universität Sinn machte, standen im Wettbewerb. Es war klar, dass trotz aller Vorbehalte und Reserven beide Regionen um eine Hochschule erbittert und mit allem Einsatz kämpfen würden – eine Entscheidung musste böse Kämpfe und Spaltungen im Lande auslösen.

Ein umfangreiches Gutachten über die Bildungsangebote und Bildungsreserven in Rheinland-Pfalz einschließlich einer ausführlichen Bewertung der wirtschaftsstrukturellen Wirkung einer Universitätsgründung bescheinigte sowohl der weiteren Region Trier wie der Pfalz Chancen auf die Ausschöpfung von Bildungsreserven, strukturelle Eignung und Bedarf (Wortmann-Geißler-Gutachten). Die Region Trier erschien bestens geeignet; man konnte aber auch Kaiserslautern den Zuschlag geben. Wählte man diese pfälzische Stadt als Universitätsstandort, gab es eine große Chance, den aus Kaiserslautern stammenden Finanzminister Dr. Hermann Eicher zu gewinnen, der sich aus Verbundenheit mit seiner Heimat für das Vorhaben einsetzen würde. Vogel tat ein Übriges mit seiner großen Bereitschaft, in der Planungs- und Aufbauphase Eicher und seinem Ministerium eine qualifizierte Mitsprache einzuräumen. Das Finanzministerium stand damit, wenn auch manchmal skeptisch und murrend, hinter den Universitätsplänen.

Bernhard Vogels entscheidende – und anfangs belächelte bzw. beargwöhnte – Idee war, eine Universität mit zwei Standorten, also eine Doppeluniversität zu gründen. Dabei waren sicher neue Probleme zu lösen, handelte es sich doch um ein Novum bei den Neugründungen von Hochschulen. Aber Bernhard Vogel machte sich mit spitzbübischem Lächeln daran, für diese Lösung zu werben. Sie hatte auch den Vorteil, den finanziellen Aufwand zu begrenzen – zwei Hochschulen wären wohl von allen Fachleuten als übertrieben und als Überforderung des Landes angesehen worden.

Doch nicht nur im Lande musste Vogel werben und überzeugen. Auch auf der Bundesebene war eine beachtliche Hürde zu überwinden. Seit der Änderung des Grundgesetzes für den Hochschulbereich besaß der Bund Kompetenzen in diesem Bereich, war vor allem aber eingeschaltet in die Finanzierung des Hochschulbaues – er trug 50 % der Neubau- und Ausstattungskosten für neue Universitäten. Damit fiel auch die Planung dieser Neugründungen und Neubauten in die neue Zuständigkeit. Der schon bestehende Wissenschaftsrat bekam einen fest fundierten Beratungsauftrag für Bund und Länder, faktisch vor allem für den Bund. Ein gemeinsamer Planungsausschuss von Bund und Ländern – damals ein neues Instrument der Hochschulplanung und politischen Verabredung – musste die Planungen des Landes Rheinland-Pfalz billigen. Er wurde im Januar 1970 eingerichtet, wobei Bernhard Vogel nicht unerhebliche Probleme vorhersah. Es wurde deshalb eine Einzelentscheidung des Bundes über die Mitfinanzierung des Vorhabens 1969 vor Begründung des Planungsausschusses angestrebt und auch erreicht. Dafür waren rasch entsprechende Vorlagen auszuarbeiten.

Bernhard Vogel nutzte seine politischen Verbindungen aus seiner Bonner Zeit und vermochte sowohl den Präsidenten des Wissenschaftsrates, den Karlsruher Tunnelbauingenieur Professor Hans Leussink, wie den Bundesforschungsminister Gerhard Stoltenberg für seine Pläne zu gewinnen – alles vor der Bundestagswahl 1969, wobei sich bei allen Instanzen und Parteien durchaus Hoffnung auf Wählerstimmen in Gewogenheit für Vogels ungewöhnliches Vorhaben umsetzen ließ.

Als Vorlage für ein Konzept, das man Wissenschaftsrat, Bund, den anderen Ländern und dem eigenen Landesparlament sowie der Öffentlichkeit präsentieren konnte, ließ Vogel im Herbst 1968 von einer kleinen, externen vierköpfigen Arbeitsgruppe in acht Wochen einen Entwurf erarbeiten. Dabei gab es einige Vorgaben, die im Einzelnen auszufüllen waren. Die Universität an zwei Standorten musste eindeutige fachliche Schwerpunkte aufweisen. Das Fächerspektrum für Trier wurde auf die Geisteswissenschaften konzentriert, für Kaiserslautern auf die Naturwissenschaften. Das kam dem Finanzminister des Landes, aber auch dem zuschussgebenden Bund entgegen. Für die Erweiterung des Fächerspektrums und die Teilung in zwei Universitäten hielt man die Türe offen – das schien ferne Zukunftsmusik.

Neben den Fächerschwerpunkten war auf eine reformierte Universitätsverfassung zu achten: Ein Präsident statt des jährlich wechselnden Rektors, Fachbereiche statt Fakultäten, Aufgabe der Institute und Lehrstühle, neue Paritäten in den Gremien für die Vertretung von Studenten, wissenschaftlichen und nichtwissenschaftlichen Mitarbeitern, abgestuft nach Erfahrung, Dienststellung und

Kompetenz. Zudem sollte ein Paket von Vorschlägen für eine reformierte Lehrerbildung entwickelt werden: Entlastung der fachwissenschaftlichen Lehrangebote, Einbau der Didaktik, Stärkung der Erziehungswissenschaften und eine klare zeitliche Konzentration auf ein in acht Semestern absolvierbares Studium.

Der Entwurf der Arbeitsgruppe wurde im Ministerium fachgerecht überarbeitet und im Juli 1969 dem Wissenschaftsrat und dem Bund als Memorandum zugeleitet, selbstverständlich mit Zustimmung von Landesregierung und Landtag. Bereits im Oktober und November 1969 gaben zunächst der Wissenschaftsrat und dann der Bund grünes Licht für die rheinland-pfälzischen Pläne. Bernhard Vogel hatte in nur einem Jahr damit die Grundlagen für die neue Doppeluniversität Trier-Kaiserslautern geschaffen.

Der Aufbau der neuen Doppeluniversität

Sofort danach begann die politische und administrative Umsetzung. Die Aufhebung der Pädagogischen Hochschulen in Trier und Kaiserslautern und ihre Fusion zur Erziehungswissenschaftlichen Hochschule Rheinland-Pfalz mit Sitz in Mainz und den Standorten Koblenz, Landau und Worms erfolgte noch im Sommer 1969. Damit konnten die Gebäude in Kaiserslautern und Trier für die neue Universität baulich hergerichtet werden.

Im Trier konnte im Anschluss an die Gebäude der Pädagogischen Hochschule ein Verfügungszentrum errichtet werden. Wegen der topographisch beengten Lage musste aber in Trier über einen großräumigen Standort entschieden werden. Erst ein städtebaulicher Wettbewerb schuf Entscheidungsgrundlagen, ob am bestehenden Standort erweitert werden konnte oder ein Neubau komplett in einem anderen Stadtteilgebiet zu empfehlen war. Die Entscheidung fiel wegen des größeren Areals für die Ansiedlung auf der Tarforster Höhe.

In Kaiserslautern hingegen war es möglich – auch durch die allerdings mühsam zu erkämpfende Bereitschaft der Stadt –, im Waldgebiet, das an die Pädagogische Hochschule angrenzte, nicht nur ein Verfügungszentrum, sondern ein gesamtes neues Universitätszentrum zu errichten. In beiden Fällen machte das Land von der Möglichkeit Gebrauch, mit Hilfe eines neuen rechtlichen Instrumentariums, des städtebaulichen Entwicklungsgebietes, Planung und Ausbau einheitlich und zielorientiert zu steuern.

Bereits Anfang 1970 nahm in Kaiserslautern eine Geschäftsstelle für die Errichtung der neuen Universität in einem angemieteten ehemaligen Hotel am Hauptbahnhof ihre Arbeit auf. Leiter war der Mainzer Ingenieurschuldirektor Martin Graßnick, der anschließend an der neuen Universität eine Professur für Architektur- und Baugeschichte übernahm und sie so lange Zeit beim Aufbau begleiten konnte. In Trier wurde bald eine Nebenstelle geschaffen, in die der an der neu gegründeten Universität Konstanz tätige Regierungsrat Ignaz Bender eintrat. Noch im Sommer

1970 wurde mit den Vorbereitungen für die Errichtung eines Studentenwerkes begonnen, um die soziale Versorgung der Studenten, vor allem den Betrieb einer Mensa, sicherzustellen. Dafür waren aus Zeiten der Pädagogischen Hochschule die Einrichtungen vorhanden. Ziel war – auch politisch gesetzt und verkündet –, die Universität an beiden Standorten zum Wintersemester 1970/71 zu eröffnen.

Im Januar 1970 nahmen zwei Fachausschüsse mit vielen Fachleuten aus Wissenschaft, Wirtschaft und Verwaltung ihre Arbeit auf. Den Vorsitz führte Bernhard Vogel selbst. Der Strukturausschuss, dem renommierte Wissenschaftler, aber auch Studenten, Vertreter des Mittelbaues der vorhandenen Hochschulen und Rektoren angehörten, wurde neben Vogel von den stellvertretenden Vorsitzenden, dem Mainzer Politologen Hans Buchheim und dem Mainzer Biologieprofessor Helmut Risler, geleitet. Buchheim führte den Unterausschuss für Trier, Risler jenen für Kaiserslautern. Neben einer Reihe von Unterausschüssen bildete der Strukturausschuss auch fachbezogene Berufungskommissionen. Sie waren aus Mitgliedern des Ausschusses gebildet, zogen aber jeweils weitere auswärtige Fachvertreter hinzu.

Auf dem Höhepunkt der Arbeit tagte der Strukturausschuss im Sommer 1970 in vierzehntägigem Rhythmus. Die meisten Stellenausschreibungen waren schon im Dezember 1969 und im Februar 1970 veröffentlicht worden. Auf Bewerbervorträge wurde verzichtet, aber jeweils mindestens zwei Fachgutachten eingeholt. Schon im Sommer konnten deshalb die ersten Berufungen ausgesprochen und die Berufungsverhandlungen geführt werden. Nicht alle Professuren konnten sofort besetzt werden, aber eine ausreichende Zahl von wissenschaftlichen Lehrkräften stand im Oktober 1970 zur Verfügung. Der Strukturausschuss nahm die Funktion der Universitätsgremien wahr, bis im November die ersten Gremienwahlen stattfinden konnten.

Zum ersten vorläufigen Leiter der neuen Doppeluniversität wurde der Mainzer Physikprofessor Helmut Ehrhardt bestellt, der einen Ruf nach Kaiserslautern angenommen hatte. Er erwies sich als ausgesprochener Glücksgriff. Bernhard Vogel hatte ihn im Strukturausschuss näher kennen gelernt und angeworben. Sein Engagement und sein Einfallsreichtum, aber auch sein unbedingtes Qualitätsbewusstsein gaben der neuen Universität in den ersten zehn Jahren des schnellen Aufbaues die richtungweisenden und nachhaltigen Impulse.

Der gleichzeitig gebildete Organisationsausschuss befasste sich mit den rechtlichen und administrativen Aufgaben, vor allem vorläufigen Verfahrensregeln und Ordnungen. Besonders intensiv widmete er sich den Umbaumaßnahmen und den Planungen für die neuen Universitätszentren, damit in diesem Bereich keine Zeit verloren wurde.

Innerhalb von nur zwei Jahren war die neue Doppeluniversität auf die Beine gestellt worden, damals die schnellste Universitätsgründung in der Bundesrepublik. Die eigentliche Phase der Errichtung nach der Zustimmung des Bundes ab Januar 1970 hatte sogar nur neun Monate gedauert. Bernhard Vogels klare zielbewusste Vorarbeit, die viele Partner sorgsam eingebunden hat, die aber auch für schnelle, oft unbürokratische Arbeit sorgte, hatte dem Land innerhalb einer Legislaturperiode zwei Universitätsstandorte gebracht, trug zur Vermehrung der Studienplätze bei und verschaffte dem Land und seiner Bildungspolitik Respekt und Ansehen.

Der Ausbau der neuen Universität ging zügig und systematisch voran, wobei nicht alle aus der Reformdiskussion hervorgegangenen Teilkonzepte verwirklicht werden konnten, z.T. weil überregionale bildungspolitische Entscheidungen und neue wissenschaftliche Tendenzen andere Richtungen wiesen. Im Jahre 1975 konnte bereits die Trennung der Doppeluniversität und die Selbstständigkeit der Teilstandorte gesetzlich festgelegt werden. Die vorgegebenen Schwerpunkte blieben erhalten, jedoch war an beiden Standorten das Fächerspektrum inzwischen deutlich erweitert worden. In Trier traten neben den Ausbau der Geographie vor allem Wirtschaftswissenschaften und Rechtswissenschaften hinzu. In Kaiserslautern erweiterte sich der anfängliche Fachbereich Technologie, der vor allem für die Ausbildung von Berufsschullehrern zuständig war und auch einzelne geisteswissenschaftliche Lehrstühle umfasste, zum Fächerspektrum der Ingenieurwissenschaften. Es entstanden Fachbereiche für Architektur, Bauingenieurwesen und Landesplanung, für Maschinenbau und für Elektrotechnik, so dass eine klassische technische Universität aufgebaut wurde.

Universitätsreform und Strukturdebatten

Die Gründung und der Aufbau der beiden Universitäten in Trier und Kaiserslautern war ein zentraler Punkt in Bernhard Vogels Hochschulpolitik in den beiden Legislaturperioden von 1967 bis 1975. Gleichwohl blieben die übrigen Bereiche nicht vernachlässigt. Dazu gehörte der Ausbau der Universität Mainz, die zunächst immer noch den größten Studentenansturm zu verkraften hatte. Hier wurde nicht nur eine Reihe von Bauvorhaben realisiert, z.T. in der Form von Verfügungsbauten, sondern auch der Ausbau der Fächer vorangetrieben. Langwierigster Punkt mit vielen Reibungsflächen war die Neugliederung der Universitätsstruktur. Nachdem das Konzept für Trier und Kaiserslautern vorangegangen war, wurde ein neues Hochschulgesetz für Rheinland-Pfalz entworfen und 1970 beschlossen, das den Reformvorgaben folgte.

Die Umsetzung bereitete vor allem an der Mainzer Universität mit ihrem großen Fächerspektrum und überkommenen Strukturen langwierige Probleme mit erheblichen Reibungsverlusten. Der Umbau der alten Fakultätsstruktur in Fachbereiche, besonders in der Medizin, die Umstellung auf die Leitung durch einen Präsidenten und die Auswirkungen der neuen Mitbestimmungsregeln für Studenten und Mittelbau sowie die Änderungen in der Personalstruktur erforderte viel Zeit und auch Durchsetzungskraft.

Zusammen mit dem außerordentlich kompromissfähigen Präsidenten, dem Staatsrechtler Peter Schneider, zu dem Bernhard Vogel ein vertrauensvolles, aber auch kritisch distanziertes Verhältnis entwickelte, waren diese mühsamen Entwicklungen gerade noch zu steuern. Da zumal die studentische Opposition und die Mitspracheforderungen des Mittelbaues in Mainz am nachhaltigsten und stürmischsten vertreten wurden, hatte Bernhard Vogel manche Demonstration und manche kritische Debattenschlacht auszuhalten. Das war die Zeit, in der er einen etwas abgetragenen Anzug für diese universitären Diskussionsveranstaltungen bereitzuhalten pflegte, da neben körperlichem Gerangel mit allerlei Wurfgeschossen wie Tomaten und Eiern zu rechnen war. Insgesamt und im Vergleich zu anderen Bundesländern verliefen diese Debatten aber in Rheinland-Pfalz überwiegend weniger aufständisch, wenngleich auch nicht immer friedlich.

Da Bernhard Vogel als junger und zentraler Bildungspolitiker der CDU rasch nach vorne gerückt war, musste er unzählig oft auch in anderen Ländern und ihren Hochschulen, besonders häufig auf Einladung des RCDS, die Hochschulpolitik der CDU vertreten. Er lernte also die durchaus weitaus rebellischere Stimmung und die radikalere Gegnerschaft der linken Hochschulgruppierungen kennen. Mit einer Ausnahme in Göttingen musste er allerdings keine dieser Veranstaltungen abbrechen, konnte sich immer durchsetzen und seiner Argumentation wo nicht Gefolgschaft, so doch Respekt verschaffen.

An der neuen Universität Trier–Kaiserslautern, die gleich mit der neuen Struktur starten konnte, blieb es viel ruhiger. Immerhin konnte man es sich leisten, bei der Eröffnung der neuen Universitätsstandorte in Trier und Kaiserslautern mit dem gesamten Landeskabinett unter Führung von Helmut Kohl in eine Vorstellungs- und Diskussionsveranstaltung zu gehen, mit allen Studierenden, die ohne Probleme in einem fröhlichen abendlichen Beisammensein endete – den erforderlichen Wein spendierte Helmut Kohl aus seinem Repräsentationsfonds.

Der Umbau der bisherigen Pädagogischen Hochschulen zur Erziehungswissenschaftlichen Hochschule Rheinland-Pfalz ging vergleichsweise rascher und bruchloser vor sich. Die neue Personalstruktur öffnete für viele bisherige Dozenten den Weg zur Professur; allerdings waren nicht unerhebliche Status- und Rechtsfragen beim Personal zu lösen. Wichtiger waren die Debatten um die Studienordnungen und die Prüfungsordnungen, die das neue Bild des Lehrers für Grund- und Hauptschulen prägen sollten.

Fachhochschule für Rheinland-Pfalz

Ebenso noch vor Ablauf der Legislaturperiode im Jahre 1971 brachte Bernhard Vogel die Errichtung der Fachhochschulen zum Abschluss. Hier folgte Rheinland-Pfalz einer schon in anderen Bundesländern angestoßenen Entwicklung, der Höherstufung der bisherigen Ingenieurschulen und der Höheren Wirtschaftsfachschulen zur Fachhochschule. Aber während in anderen Ländern jede einzelne bisherige Schule zu einer eigenen Fachhochschule aufstieg, ging Bernhard

Vogel auch hier einen anderen Weg. Er errichtete eine einzige Fachhochschule mit zentralem Verwaltungssitz in Mainz und mehreren Hochschulstandorten im Lande. Auch bei der Überführung des Personals ging er vorsichtig vor. Freilich wurde die Selbstverwaltungsorganisation in Senat und Fachbereichen schwieriger. Vogel unterstützte auch die anfangs rigide durchgeführte Zugangsvoraussetzung einer abgeschlossenen Berufsausbildung für Studienbewerber, weil der praxisnahe Charakter der Ausbildung und der Fachhochschule insgesamt bewahrt werden sollte.

Neuordnung der Hochschulen durch ein neues Hochschulrecht

Zu den hochschulpolitisch wichtigen Vorhaben gehörte auch das neue Hochschulrecht, dessen gesetzliche Kodifizierung und Umsetzung die ganze Amtszeit Bernhard Vogels begleitete. Rheinland-Pfalz besaß nur ein Landesgesetz für die Johannes-Gutenberg-Universität Mainz. Als 1968 die Arbeiten für die Gründung der Universität Trier–Kaiserslautern begannen, war klar, dass ein neues Hochschulgesetz gebraucht wurde. Dieses sollte auch mindestens teilweise die Reformüberlegungen der hochschulpolitischen Debatte jener Jahre aufnehmen, wenngleich nicht ungeprüft und unkritisch, sondern sorgfältig überlegt. Bald war klar, dass diese neue Gesetzgebung nicht so rasch kommen würde, wie die Universitätsgründung voranging, so dass ein eigenes Errichtungsgesetz für die neue Universität vorgeschaltet wurde. Bernhard Vogel ging bei der Vorlage eines neuen Hochschulgesetzes wieder einen typischen Weg, indem er erst zur öffentlichen Diskussion, auch in den Hochschulen, Thesen zu einem neuen Gesetz vorlegte und damit schon viel Debattenwind abfing. Das neue Gesetz, 1970 noch kurz vor der Landtagswahl verabschiedet, setzte die neue Hochschulstruktur um und schuf mit Präsidentenamt, Fachbereichen, neuen Mitbestimmungsregelungen und Neuordnung der Personalstruktur zunächst die Rechtsgrundlage.

Rückblickend muss jedoch festgestellt werden, dass sich nicht alle Mitbestimmungsregeln und nicht alle personalstrukturellen Vorgaben als besonders sachgerecht und praktikabel erwiesen haben. Allerdings war bei Verabschiedung des Gesetzes schon klar, dass es wegen der neuen Gesetzgebungskompetenz des Bundes alsbald zu einer Überarbeitung kommen würde, weil im Bund ein Hochschulrechtsrahmengesetz zu erwarten war, das die Länder binden würde.

Überregionale Bildungspolitik auf Bundesebene

Der Bund macht mit – die Systemdebatte im Bildungswesen

Bei allem, was Bildungspolitik in Rheinland-Pfalz zwischen 1967 und 1976 ausmachte, darf ein zentrales Feld nicht unerwähnt bleiben: die bildungspolitische Entwicklung auf Bundesebene. Es war absolut eine neue und ungewohnte Erfahrung für die Politik der Länder. Bernhard Vogel legte stets präzise Wert darauf, von Ländern zu sprechen und nicht von Bundesländern, weil er sie nicht als Untergliederungen des Bundes, sondern als eigenständige Souveränitätsträger im föderalen Bundesstaat ansah, so wie es das Grundgesetz auch vorsah. Neu war, dass erstmals seit Errichtung der Bundesrepublik der Bund bedeutsame Aufgaben für das Bildungswesen übernommen hatte.

Dahin hatten zwei unterschiedliche Diskussionsstränge geführt. Zum einen hatte die hochschulpolitische Debatte mit dem vordringlichen Bedarf an mehr Studienplätzen zu einer Ausweitung der Hochschullandschaft und damit zu einem erheblichen finanziellen Investitionsbedarf beigetragen, den die Länder meist selbst nicht bewältigen konnten. Mit den Verfassungsänderungen von 1969 waren auch Neuregelungen der Finanzbeziehungen zwischen Bund und Ländern verbunden. Aber die Fähigkeit der Länder, rasch einen großen, auch finanziell belastenden Ausbaubedarf im Hochschulbereich zu bewältigen, blieb beschränkt, so dass die vom Bund angebotene, zunächst freiwillig praktizierte und dann verfassungsrechtlich vereinbarte Mitfinanzierung des Ausbaues der Hochschulen von den Ländern im Wesentlichen ohne große verfassungssystematische Bedenken akzeptiert wurde. Dazu wurde neben dem Wissenschaftsrat als Gutachterorgan der Planungsausschuss von Bund und Ländern für Hochschulbau gegründet, in dem entsprechend der 50-prozentigen Beteiligung des Bundes am Hochschulbau die elf Länder je eine Stimme, der Bund aber elf Stimmen führte, um so die Gleichberechtigung auszudrücken.

Der zweite Entwicklungsstrang der Debatte hatte im Wesentlichen das Schulwesen und die Gesamtheit der staatlichen Bildungsanstrengungen im Auge. Ausgehend von den Gutachten und Berichten des Deutschen Bildungsrates – 1970 wurde das abschließende Strukturgutachten vorgelegt – entspann sich neben den vielen heiß diskutierten einzelnen Reformvorschlägen von vielen Seiten eine politische Debatte, die eine stärkere gesamtstaatliche Verantwortung und Führung im Bildungswesen forderte. Dies musste die traditionell von den Ländern wahrgenommene Kompetenz für das Bildungswesen einschränken und schwächen. Hinzu kam ein bildungspolitischer Sachverhalt im engeren Sinne.

Die allgemeine Debatte hatte sich von den ursprünglichen Gutachtenaussagen gelöst und die nachhaltige Forderung nach der Einführung, mindestens der Erprobung, der integrierten Gesamtschule ausgelöst. Sie wurde ganz vehement von der SPD vertreten, während die CDU/CSU an dem dreigliedrigen

Schulsystem festhielt, ohne dessen Reformbedürftigkeit zu bestreiten. In den Debatten der Großen Koalition (1966–1969) versuchte die SPD deshalb eine Bundeskompetenz für das schulische Bildungswesen mindestens teilweise durchzusetzen.

BILDUNGSPLANUNG ALS BUNDESZUSTÄNDIGKEIT

Das ist ihr nicht gelungen, aber man arbeitete den Wechselbalg einer Bundeskompetenz für eine grundsätzliche Bildungsplanung und Koordination des Bildungswesens der Länder aus, der schließlich in die Verfassung einging. Mit der Errichtung des Bundesministeriums für Bildung und Wissenschaft zu Beginn der sozial-liberalen Koalition aus SPD und FDP unter Willy Brandt 1969 fiel auch das Startsignal für ein nachhaltiges und vehementes Engagement des Bundes in der gesamten Bildungspolitik. Wichtigstes Instrument für den Bund und die Bildungspolitiker von SPD und FDP wurde die vorgegebene Ausarbeitung eines Bildungsgesamtplanes, für den die neue Bund-Länder-Kommission für Bildungsplanung eingerichtet wurde, wiederum mit einem Stimmenverhältnis von elf Bundesstimmen und elf Länderstimmen.

Das erforderte nun für die Bildungspolitiker in den Ländern die Wahrnehmung eines völlig neuen und umfangreichen Aufgabenspektrums, das überdies wegen der Mehrheitsverhältnisse im Planungsausschuss von erheblicher parteipolitischer Bedeutung wurde. Durch das Stimmengewicht von SPD und FDP auf der Bundesseite drohte die CDU/CSU in eine hoffnungslose Minderheitsposition zu geraten. Bildungspolitik der Länder, die bisher gewohnt war, ihren Koordinierungsbedarf in der Kultusministerkonferenz nach dem absoluten Konsensprinzip zu lösen, sah sich nun völlig neuen Kampffeldern gegenüber, auf denen sich parteipolitisch nach dem Mehrheitsprinzip absolut neuartige Durchsetzungsmechanismen abzuzeichnen begannen. Nicht alle Länder und nicht alle Bildungspolitiker der CDU/CSU waren anfangs zu mehr in der Lage als zu hilflosen und zustimmungswilligen Reaktionen aus Angst vor den Mehrheiten und der öffentlichen Meinung.

Bernhard Vogel hat von Anfang an das Gewicht und die Schwierigkeiten dieses bildungspolitischen Reformweges erkannt. Er war sich zugleich bewusst, dass dies ein hart umkämpftes Schlachtfeld werden würde, zumal nach der Bundestagswahl 1969 und der Regierungsübernahme durch SPD und FDP im Bund. Zunächst standen ihm im Saarland Werner Scherer und vor allem in Baden-Württemberg Wilhelm Hahn als reformbereite, aber auch kampfeswillige Partner gegen linke bildungspolitische Abwege zur Seite. Im Herbst 1970 kam Hans Maier als bayerischer Kultusminister als gewichtige Verstärkung hinzu. In diesem Umfeld hat er dem bundesweiten bildungspolitischen Engagement trotz hohen Krafteinsatzes in Rheinland-Pfalz sofort und in hohem Maße seine ganze Aufmerksamkeit gewidmet.

Es fügte sich gut, dass Bernhard Vogel für 1970 turnusgemäß das Amt des Präsidenten der Kultusministerkonferenz zu übernehmen hatte. Obwohl erst zum 1. Januar 1970 fällig, musste Vogel schon im Herbst 1969 für seinen erkrankten Vorgänger, den Berliner Bildungssenator Carl-Heinz Evers (SPD), als Vizepräsident faktisch die Leitung der Konferenz übernehmen. Nach der Neubildung der Bundesregierung war einerseits der Versuch zu erwarten, das einzige bildungspolitische Koordinationsinstrument der Länder, die Kultusministerkonferenz, vor allem durch die Bund-Länder-Kommission für Bildungsplanung auszuspielen. Hinzu kam andererseits als politisches Problem, dass die Kultusminister aus SPD-geführten Ländern sich veranlasst sehen würden, die traditionelle Gemeinsamkeit des bildungspolitischen Föderalismus zu verlassen und sich der bildungspolitischen Linie des Bundes anzuschließen, um damit Druck auf die von der CDU/CSU-geführten Länder auszuüben.

Dies bedeutete für Bernhard Vogel, zunächst das Gemeinsame und über die Parteiinteressen hinaus Erreichbare anzustreben und herauszustellen. In einer Reihe von Einzelfragen der Bildungspolitik mussten tragfähige Kompromisse gefunden werden, um die Kollegen der SPD-Seite bei der Stange, das heißt in der Solidarität der Konferenz zu halten. Das ist überwiegend gelungen; sicherlich hat dazu beigetragen, dass die Kultusministerkonferenz traditionell dank der von Ministerialbeamten geleisteten Vorarbeiten und dem Einstimmigkeitsprinzip unter einem gewissen Einigungszwang stand.

Auf der anderen Seite musste Bernhard Vogel mit seinen Kollegen von der CDU-Seite eine vertiefte Gemeinsamkeit organisieren, um das Gegensteuern gegen Aktionen von Seiten der SPD auf Bundes- wie auf Länderebene zu ermöglichen. Das war bis dahin nicht selbstverständlich gewesen, musste aber auch in den neuen Bund-Länder-Gremien realisiert werden. Schon bald organisierte Bernhard Vogel zusammen mit seiner neu berufenen Hauptabteilungsleiterin Schulen, Hanna-Renate Laurien, ein Treffen der Amtschefs der von CDU oder CSU geführten Kultusministerien – Baden-Württemberg, Bayern, Saarland, Schleswig-Holstein und Rheinland-Pfalz – in Bad Kissingen. In Zukunft wurden die regelmäßigen Vorbesprechungen der »Kissingen-Runde« ein unentbehrliches Hilfsmittel zur Koordination der Bildungspolitik von CDU und CSU, vor allem in der Kultusministerkonferenz, aber auch in der Bund-Länder-Kommission für Bildungsplanung.

Man stellte sich auch auf die kontroversen Mehrheitsverhältnisse ein: Da die SPD-geführten Länder allein und mit dem Bund in der Mehrheit waren, wurden sie die »A-Seite« genannt, die CDU/CSU-geführten Länder bildeten die »B-Seite« in der Bildungspolitik. Diese Bezeichnungen sind bis heute geblieben, auch zu Zeiten, als die CDU/CSU-geführten Länder in der Kultusministerkonferenz in der Mehrzahl waren.

Nun war es nicht Bernhard Vogels Absicht, gegenüber den Bestrebungen der SPD in diesen Gremien auf eine sture Blockadepolitik umzuschalten. Dafür war er selbst zu sehr von der Notwendigkeit bildungspolitischer Reformschritte überzeugt. Schon unter seinem Vorsitz beschloss die Kultusministerkonferenz im November 1969 ein Versuchsprogramm mit 40 Gesamtschulen. Da Vogel selbst inzwischen auch bundesweit durch seine Politik in Rheinland-Pfalz Profil und Ansehen gewonnen hatte, konnte er mit den Erfahrungen aus Rheinland-Pfalz durchaus positiv Reformpositionen und Entwicklungsalternativen präsentieren. Es war nicht einfach, aber letztendlich erfolgreich, auf dieser Basis gemeinsame Positionen der CDU/CSU-Länder zu entwickeln. Diese Länder hatten zwar auf gemeinsamen Grundtendenzen, aber dennoch in vielen Einzelfragen unterschiedlich eigene Lösungen für Reformprobleme entwickelt, dafür auch Überzeugungsarbeit in Parteien, Parlamenten und Öffentlichkeit ihrer Länder geleistet, so dass sie nicht so einfach auf eine gemeinsame Linie zu bringen waren.

Das galt vor allem für eine gemeinsame Position zu den ersten Entwürfen des Bildungsgesamtplanes, die für die CDU/CSU weithin unannehmbar waren. Auf der anderen Seite gehörte zu den ersten bildungspolitischen Schritten der Bund-Länder-Kommission für Bildungsplanung ein weitreichendes, finanziell gut dotiertes Programm an Schulversuchen. Es erlaubte, auf dem Versuchswege neue Schulmodelle und Unterrichtsverfahren zu erproben, manchenorts aber auch stillschweigend einzuführen, ohne dass dafür die einstimmige Zustimmung der Kultusministerkonferenz erforderlich war. Obwohl ein CDU-geführtes Land wie Baden-Württemberg den bildungspolitischen Vorgaben des Bundes höchst kritisch gegenüberstand, wurde dieses Land zu einem Hauptabnehmer von Bundesmitteln im Bereich Schulversuche. Bei dieser Lage war es nicht immer einfach, dieses Land in die Front der CDU/CSU-Länder einzureihen, weil es natürlich dem Vorwurf ausweichen musste, bildungspolitische Ziele des Bundes versuchsweise zu erproben, sie aber politisch abzulehnen.

Ein Beispiel: Reform der Lehrerausbildung

Wie schwierig sich die Debatten in wichtigen Punkten entwickelten, mag ein Beispiel aus dem Jahre 1970 zeigen. Die Kultusministerkonferenz sah sich dem Drängen vor allem von Nordrhein-Westfalen, Berlin und Hessen gegenüber, mit Blick auf die dort begonnene Einführung und Weiterentwicklung der integrierten Gesamtschule eine reformierte Lehrerbildung zu beschließen. An die Stelle einer schulartbezogenen Ausbildung für Lehrer an Grund- und Hauptschulen, Realschulen und Gymnasien sollte eine Lehrerausbildung nach Stufen treten – Grundstufe, Mittelstufe und Oberstufe. Hier drohte wiederum das Doppelspiel: War das Vorhaben in der Kultusministerkonferenz nicht durchzubringen, konnte man es auf dem Wege über den noch nicht fertigen Bildungsgesamtplan voranbringen. Und umgekehrt: Eine Durchsetzung der neuen Lehrerbildung in der Kultusministerkonferenz musste dieser und damit der integrierten Gesamtschule den Weg zur Regelschule über den Bildungsgesamtplan ebnen.

Angesichts der politischen Mehrheitsverhältnisse war es nicht sicher, ob nicht Länder der CDU-Seite, insbesondere Baden-Württemberg, dem Modell der Stufenausbildung zuneigen würden. Im rheinland-pfälzischen Kultusministerium wurde deshalb in aller Stille ein Konzept für eine solche Stufenausbildung im Frühjahr 1970 ausgearbeitet. Auf der Kultusministerkonferenz in Frankenthal im Sommer 1970 sollte über die Reform der Lehrerausbildung beraten werden. Bernhard Vogel war aber nicht gesonnen, rasch die Segel zu streichen, und gab die Anweisung, das Konzept in der tiefsten Schublade verschwinden zu lassen. Er war überzeugt, einen politischen Kompromiss erreichen zu können, der den Ländern unter gewissen Auflagen eine alternative Stufenausbildung öffnete, aber die bisherige schulartbezogene Lehrerausbildung erhalten konnte, von deren Richtigkeit er überzeugt war, ohne sie in allen Einzelheiten zu verteidigen. Dies wurde nach sehr mühsamen, bis in die Nacht geführten Kompromissverhandlungen in Frankenthal auch erreicht. Nicht alle Seiten, schon gar nicht die Öffentlichkeit, waren von dem Beschluss überzeugt; er hat aber lange Bestand gehabt und die Struktur der Lehrerbildung bestimmt.

Nicht ohne wesentliche Bedeutung war – was bildungspolitisch eifrige Kämpfer gerne zu übersehen pflegten –, dass der möglichen besoldungspolitischen Konsequenzen wegen die Finanzminister der Bundesländer zu solchen Beschlüssen Stellung nehmen mussten. Immerhin waren Gymnasiallehrer dem höheren Dienst zugeordnet – sollten sie der Hauptschullehrer wegen, die im gehobenen Dienst angeordnet waren, zurückgestuft werden? Das schien schon aus Gründen des Vertrauensschutzes und der Besitzstandswahrung nicht möglich. Dann die Hauptschullehrer in den höheren Dienst bringen – ein Kostenschub! Konsequent erklärte die Finanzministerkonferenz im Herbst 1970 in einer Tagung mit den Kultusministern, dass eine Veränderung der Besoldungsstruktur nicht erwartet werden könnte. Das galt vor allem deshalb, weil man eben erst 1968 und 1970 zum Teil mit einer Verfassungsänderung das gesamte Besoldungsrecht auf eine neue Grundlage gestellt hatte.

Der hintergründige Wunsch nach einer Einstufung der Hauptschullehrer nach der Besoldungsgruppe A 13, der mit der Stufenlehrerausbildung verknüpft war, ließ diese im Wesentlichen scheitern. Damals konnte sich nicht einmal der SPD-Politiker Werz, Finanzminister von Nordrhein-Westfalen, der den Vorsitz der Finanzministerkonferenz führte, für diese Ideen erwärmen. Das war nicht unbedeutend, da in einigen Bundesländern das Finanzministerium von Ministern der FDP verwaltet wurde, die sich ganz im Gegensatz zu wichtigen bildungspolitischen Repräsentanten der FDP auf Bundesebene, wie Frau Hamm-Brücher, den besoldungspolitischen Konsequenzen widersetzten.

Der Bildungsgesamtplan und die Bundeskompetenz

Bei dem Bemühen Bernhard Vogels um Kompromisse in der Kultusministerkonferenz muss man die damaligen Erwartungen von Interessenverbänden und Öffentlichkeit an den noch zu schaffenden Bildungsgesamtplan in Betracht ziehen. Von ihm erwartete man eine Festlegung der Grundelemente des Bildungswesens, also in der Frage Gesamtschule oder dreigliedriges Schulsystem, Durchlässigkeit, spätere Schulwahlentscheidung und reformierte Lehrerbildung. Die Erwartung war, dass auf diesem Wege die Vorstellungen der CDU/CSU als der Minderheit beiseitegeräumt und die anhaltenden Organisationsdebatten im Bildungswesen beendet werden könnten. Bei allem Handeln in der Kultusministerkonferenz war immer der Blick auf die Bund-Länder-Konferenz für Bildungsplanung zu richten.

Deshalb waren wegen des Bildungsgesamtplanes auch die Mehrheitsverhältnisse in der Bund-Länder-Kommission für Bildungsplanung zu bedenken. Dort besaßen die SPD-geführten Länder 17 Stimmen, die der CDU nur fünf. Um des großen Konsenses willen hatte man allerdings vorgesehen, dass zur definitiven Beschlussfassung über einen Bildungsgesamtplan eine Dreiviertelmehrheit notwendig sein sollte. Das waren 18 Stimmen (ein Viertel waren 5,5 Stimmen, aufgerundet sechs).

Die Fähigkeit der CDU, für sie unerwünschte Festlegungen in einem zu schaffenden Bildungsgesamtplan zu verhindern und die SPD-Seite zum Kompromiss zu zwingen, hing damit politisch an einem seidenen Faden. Verlor die CDU in einem Land die Mehrheit und die Führung der Regierung, so konnte sich die SPD weitgehend durchsetzen. Die andere Möglichkeit, in einem der Länder der SPD die Führungsposition abzujagen, erschien so kurz nach der verlorenen Regierungsbildung 1969 sehr unwahrscheinlich. Zunächst waren eigene Positionen zu sichern: Die Landtagswahlen in Schleswig-Holstein und Rheinland-Pfalz im Frühjahr 1971 entschieden – obwohl dies bei weitem nicht im Fokus des öffentlichen Interesses stand – auch über die Machtverhältnisse in der bundesweiten Bildungspolitik. So war es nicht nur allgemein, sondern speziell aus Sicht der Bildungspolitik vorteilhaft, dass Gerhard Stoltenberg als ausgewiesener Hochschulpolitiker 1971 die Spitzenkandidatur der CDU in Schleswig-Holstein übernahm und damit auch Erfolg hatte.

Um die prekäre Mehrheitssituation in der Bildungspolitik auf Bundesebene im Sinne der CDU/CSU zu verändern, war es weiter notwendig, nach einem Wahlerfolg in einem von der SPD regierten Bundesland zu streben. Dies erklärt die vehemente Unterstützung, die Bernhard Vogel und vor allem Hanna-Renate Laurien der CDU Hessen im Landtagswahlkampf 1974 gaben, weil dort ein Erfolg in Reichweite schien. Die Hoffnung erfüllte sich allerdings trotz beträchtlicher Stimmengewinne der CDU unter Alfred Dregger nicht. So blieb es bei der schwierigen Mehrheitslage, bis im Februar 1976 durch die Wahl von Ernst Albrecht zum Ministerpräsidenten von Niedersachsen ein Umschwung erreicht wurde. Allerdings war damals auch die Gesamtstimmung für fundamentale bildungspolitische Reformen weithin stark rückläufig und das Argumentieren für die Kultusminister der CDU/CSU leichter geworden.

Einen Bildungsgesamtplan gewissermaßen als Masterplan für das gesamte Bildungswesen der Bundesrepublik zu entwerfen, war an sich schon eine anspruchsvolle, je nach Umfang, Verbindlichkeit und Zielsetzung auch monströse Absicht. Bei der gegebenen verfassungsmäßigen Zuständigkeit der Länder für diesen Politikbereich stellte sich zwar die Frage nach Nutzen, Sinn und Wirkungschancen eines solchen Vorhabens. Aber sowohl die damalige Reform- und Fortschrittseuphorie wie das Postulat absoluter Veränderungsschritte machten es schwer, hier mit alternativen Positionen wie denen der CDU sich öffentlich durchzusetzen. Dabei war das Vorhaben entscheidend von der Antwort auf die Frage abhängig, ob bei den so unterschiedlichen bildungspolitischen Positionen der großen Parteien SPD und CDU/CSU ein Durchsetzungsanspruch einer Seite zum Tragen kommen würde oder ob die Suche nach einem für beide Seiten akzeptablen Kompromiss das maßgebende Verhandlungsziel sein würde.

Der Kampf um die Gesamtschule

Am Anfang der Beratungen, als noch vieles offen war, erkannte man einen sehr entschiedenen Willen der SPD-Seite, auf Bundesebene vom Koalitionspartner FDP unterstützt, eine möglichst weitgehende Festlegung auf integrierte Gesamtschulsysteme durchzusetzen. Die Einsetzung von Arbeitsgruppen und die Einforderung von vielfachen Fachgutachten schoben die notwendige politische Entscheidung auf die lange Bank. Je länger die Arbeit am Bildungsgesamtplan dauerte, umso unwahrscheinlicher wurde es, dass ein einziges Systemmodell durchgesetzt werden konnte. Ein erster Entwurf, der vorgelegt wurde, scheiterte übrigens schon im Juli 1971.

Ein gewichtiges, anfangs von der SPD unterschätztes Detail war die Vorgabe, ein Bildungsbudget zu formulieren und damit den Finanzbedarf und die Finanzierbarkeit nachzuweisen. Zwischen den Forderungen, Vorausschätzungen und Erwartungen des Bundes und dem Rahmen und den Grenzen, die die Finanzminister von Bund und Ländern aus verständlichen Gründen setzten, klaffte immer eine, im Laufe der Beratungen sich vergrößernde Lücke. Wenn der Bildungsgesamtplan in seiner verabschiedeten, unverbindlichen Fassung weithin wirkungslos geblieben ist, so hat er dies zumindest zum erheblichen Teil dem in diesen finanziellen Daten zum Ausdruck kommenden, mangelnden Realismus zu verdanken.

Dazu trug aber auch erheblich bei, dass die anfängliche Euphorie des Bekenntnisses zur Gesamtschule, vor allem ihrer integrierten Form, angesichts praktischer Erfahrungen mit eingeführten Gesamtschulen, einer deutlichen Skepsis, ja zunehmender Ablehnung gewichen war. Hessen war mit der Errichtung von Gesamtschulen vorangegangen, Nordrhein-Westfalen, Berlin und Bremen folgten alsbald. Insbesondere die in der Frankfurter Nordweststadt eröffnete Schule rückte als positives oder auch negatives Vorbild in die Schlagzeilen.

Das Hauptproblem der integrierten Gesamtschule war die Qualität der Leistungen ihrer Schüler in den Abschlüssen im Vergleich zum dreigliedrigen Schulsystem. Das ursprüngliche Versprechen, mit diesem System alle Begabungen weit besser als das dreigliedrige Schulsystem zu fördern und zu entwickeln, auch durch einen möglichst langen gemeinsamen Unterricht, erwies sich als fast nicht erreichbar. Auch die Gesamtschule musste sich zu einer stringenten inneren Differenzierung der Schülerjahrgänge nach Arbeitstempo und Leistungsergebnissen entschließen.

Diese innere Differenzierung, konsequent durchgeführt, enthüllte, dass der möglichst lange gemeinsame Unterricht aller unterschiedlich begabten Kinder nicht sinnvoll realisiert werden konnte. Je stärker aber die Differenzierung nach Kursen ausfiel, um so geringer wurden die Chancen, aus einem Kurs mit seinem Leistungsniveau erfolgreich in einen anderen zu wechseln, mit anderen Worten, die hoch bewertete Durchlässigkeit nahm in der Praxis rasch ab, so dass damit der Unterschied zum dreigliedrigen Schulsystem nur noch organisatorischer Natur war.

Hinzu kam, dass Maß und Niveau der Differenzierungen für das Niveau, das bisher Hauptschüler, Realschüler und Gymnasiasten unterschiedlich gebildet hatten, in der Gesamtschule eine nicht unerhebliche Breite des jeweiligen Schülerjahrganges erforderten. Folge war, dass eine bestimmte Zahl von Schülern je Jahrgang erforderlich wurde – damals wurden fünf- bis sechszügige Jahrgänge für das richtige Maß gehalten – und damit die Schule quantitativ in für viele Eltern erschreckende Größendimensionen rückte. Um diese Menge an Schülern in einem Schuleinzugsbereich zu rekrutieren, mussten alle anderen Schularten geschlossen und auch regional erreichbare Gymnasien in Frage gestellt werden.

Dieser schulorganisatorische Zugriff auf das Gymnasium hat ganz erheblich die Elternwiderstände mobilisiert, die letztlich die durchgängige und flächendeckende Einführung der Gesamtschule verhindert haben: Die SPD musste mehr oder weniger in allen Ländern zugestehen, dass neben der Gesamtschule Gymnasien weiter existieren konnten, was dann die Realschulen ebenfalls veranlasste, nach Bestandsgarantien zu suchen. Wo die SPD führende Kommunalpartei war, mussten trotz Entscheidungen für Gesamtschulen die örtlichen Kommunalpolitiker um ihre Wahlerfolge fürchten, wenn sie schulorganisatorisch Tabula rasa machten. Das ließ auch in der SPD bis Mitte der siebziger Jahre die Gesamtschuleuphorie einbrechen.

Damit war natürlich auch für Bernhard Vogel und seine Kollegen von der CDU/CSU-Seite die Debatte beim Bildungsgesamtplan argumentativ leichter geworden. Bernhard Vogel hatte im Übrigen in der Gesamtschuldebatte auch wieder nicht die Position des radikalen Verweigerers bezogen, wozu manche Landesverbände der CDU neigten. Er wollte nicht nur Abgrenzung, sondern im Interesse eines vernünftigen Aufbaues des Bildungssystems in Deutschland auch Brücken zu SPD und FDP schlagen. Es war für ihn eine absolut nicht nachvollziehbare Vision, dass je nach Wechsel von Mehrheitsverhältnissen in den Ländern jedes Mal auch die Schulorganisation radikal umgebaut werden sollte, nach den

Vorstellungen der jeweiligen Mehrheitspartei. Das hieß, Kinder und Jugendliche in unvorstellbarem und nicht vertretbarem Umfange der Unsicherheit durch ständige Veränderung auszusetzen, wo ihr Ausbildungsgang doch Kontinuität und Stabilität benötigte.

Im Sinne seiner Reformbereitschaft und eines Brückenschlages entschied er sich, auch in Rheinland-Pfalz nach sorgfältigen und vertieften Prüfungsprozessen versuchsweise die Errichtung von Gesamtschulen auf den Weg zu bringen. Zuerst in Kaiserslautern, dann in Mainz sollten sinnvolle und pragmatische Strukturen erprobt werden; überdies hoffte man damit Erfahrungen und Erkenntnisse zu gewinnen, die in die Diskussion um die Alternativen – Gesamtschule oder dreigliedriges Schulsystem – eingebracht werden konnten. Die ersten Gesamtschulen in Rheinland-Pfalz waren fachlich so gut vorbereitet, dass sie hinsichtlich ihrer Leistungsfähigkeit dem Wettbewerb standhalten konnten. Angesichts der zunehmenden Kritik an den bereits begründeten Gesamtschulen konnte sich Bernhard Vogel in Rheinland-Pfalz schon des Gedankens erfreuen: Wenn wir eine Gesamtschule richtig und sorgfältig einrichten, kann sie sogar eine durchaus gute Schule werden, also eine Alternative sein.

Bei dieser Sachlage hat Bernhard Vogel die Debatte um die Gesamtschule zwar vehement und kritisch mitgetragen, aber nie verhärtete und alternativlose Positionen eingenommen. Vor allem hat er immer wieder davor gewarnt, die Organisationsform der Schule absolut zu setzen und von der Organisation alles Heil der Schulwelt zu erwarten. Ihm war viel wichtiger, was sich inhaltlich in den Schulen tat, wie die Arbeitsbedingungen für Lehrer waren – Verringerung der Klassengrößen z.B. – oder welche inhaltlichen Schwerpunkte und Ziele die Lehrpläne setzten.

Aus Lehrplänen werden Curricula

Neben die Gesamtschuldebatte, die auf der Ebene der Länder wie des Bundes zeitweise mit großer Heftigkeit geführt wurde, trat sehr rasch eine breite Diskussion über Lehrinhalte und Lehrpläne. Nicht nur die pädagogischen Wissenschaften hatten seinerzeit eine Hochphase ihres Einflusses, auch in Ausbildung und Praxis war die Veränderung, Modernisierung und bessere Darbietung der Lehrinhalte ein gewichtiges Thema geworden. Dabei waren Schulen wie Schulverwaltung vielfältigen, konkurrierenden und widersprüchlichen Einflüssen ausgesetzt. Auch in Rheinland-Pfalz ging es alsbald an die Ausarbeitung neuer Lehrpläne. Sie waren freilich mit den bisherigen, sehr knappen Zusammenfassungen nicht zu vergleichen.

Entsprechend den »modernen« pädagogischen Erkenntnissen wandelten sich die Lehrpläne zu »Curricula«, die sich nach Aufnahme möglichst vieler Einzelvorgaben oft als Ungetüme mit unzähligen didaktischen Anweisungen und Monster theoretisch-pädagogischer Vorgaben entpuppten. Diese Curricula-Konzepte auf ein halbwegs vernünftiges Maß und realistische Umfänge zu reduzieren, war Bernhard Vogels wichtigstes Anliegen. Da sich vor allem Hanna-Renate Laurien mit Verve und Begeisterung in die Schlacht um die Lehrpläne und Curricula stürzte, hatte Vogel die Chance, diesen Kampfplatz mit einer gewissen Distanz vom Feldherrnhügel aus zu betrachten. Keine Frage: Den vernünftigen und erfahrenen Lehrern waren auch die Vorgaben der reduzierten neuen Lehrpläne zu weitreichend, manchmal zu unpräzise, oft von hinderlicher Detailliertheit. Aber andererseits konnte man den zumeist von aktiv arbeitsbereiten Lehrern und Experten mühsam entwickelten und im Kompromiss vereinbarten Lehrplänen die Unterstützung auch nicht versagen.

Streit um die hessischen Rahmenrichtlinien

Zentraler Streitpunkt der bundesweiten Bildungspolitik wurde jedoch alsbald die energische und scharfe Debatte um die hessischen Rahmenrichtlinien. Dieses eng benachbarte, aber seit langem von der SPD auch bildungspolitisch geprägte Land hatte in rasantem bildungspolitischen Fortschrittseifer Anfang der siebziger Jahre Lehrpläne als Rahmenrichtlinien vorgelegt, zunächst als Entwurf, um die eine heiße Debatte entbrannte. Zunächst in Hessen von Lehrern, Lehrerverbänden und Elternvertretungen geführt, erhielt sie alsbald eine politische Dimension, weil auch die in Hessen in Opposition stehende CDU sich rasch dieses Themas annahm. Kern der Kritik war zunächst die theoretische Überfrachtung und die überdimensionierte Engführung im pädagogischen Vorgehen. Zum Teil in den sprachlichen Fächern, vor allem aber in den Fächern Deutsch, Geschichte, Geographie oder in der diese beiden Fächer sich einverleibenden Sozialkunde hatten sich moderne soziologische Modelle unverkürzt durchgesetzt.

Vor allem die Fixierung der so neu konzipierten »Gesellschaftslehre« auf die Konfliktpädagogik hatte viel Fragwürdiges an sich. Gesellschaft und Schule vorrangig auf das Modell einer radikalen Konfliktgesellschaft, Sozialkunde also allein auf die Lösung von Konflikten abzustellen, war nicht nur höchst einseitig. Es war letztlich wegen der Prämisse des gesellschaftlichen Konfliktes auch aller Erziehung zum sozialen Ausgleich und zur Entwicklung einer sozial integrativen Persönlichkeit eher hinderlich. Es gehörte zur Widersprüchlichkeit dieser sozialen Theorie, dass die tendenzielle Unvereinbarkeit von Konfliktmodell und sozialer Integration nicht erkannt wurde. Dahinter stand auch eine nicht vollzogene pädagogische Auseinandersetzung mit dem Modell einer auf Durchsetzungsfähigkeit getrimmten, individuell autonomen und sozial eher unkooperativen Persönlichkeitserziehung, die durch das Wunschbild einer nachhaltigen Selbstverwirklichung einer absolut unabhängigen Persönlichkeit begründet war.

Ein weiterer Streitpunkt war die Grundsatzposition, eine grundsätzliche und permanente Kritikbedürftigkeit aller gesellschaftlichen Verhältnisse zu unterstellen, dabei auch die Kritik als Element einer diskutierenden demokratischen Gesellschaft zu verabsolutieren. So konnten einerseits neomarxistische Vorstellungen in die Gesellschaftslehre eingebaut werden; die Absolutheit von Kritik stellte auch bestimmte Felder der gesellschaftlichen Tätigkeit von vorneherein unter einen Pauschalverdacht der demokratischen Unverträglichkeit, der ein kooperatives Gesellschaftsmodell unterwanderte. So waren ganz schnell vor allem Wirtschaft und Technik, aber auch z.B. klassische Medizin und gefügte Organisationsstrukturen bis hin zum Parteien- und Verfassungsstaat dem Verdacht kritikbedürftiger und deshalb unlegitimierter Existenz und Herrschaft ausgesetzt.

Dass dieses Modell – hier sicher idealtypisch charakterisiert und deshalb überzeichnet – als Grundlage eines jugendgerechten Lehrplanes für die Schulen weithin untauglich war, zeigte sich in der Debatte bald. Allerdings war die Hartnäckigkeit, mit der man in Hessen an diesen Richtlinienentwürfen festhielt, schwer zu begründen und hat der hessischen SPD sowohl in der Landtagswahl 1974 wie in der Bundestagswahl 1976 beträchtlich geschadet. Soweit die Bildungspolitik 1976 zum Rücktritt des hessischen Ministerpräsidenten Osswald (und dem Amtsverzicht seines Kultusministers Ludwig von Friedeburg schon 1974) beigetragen hat, war der Streit um die Rahmenrichtlinien ein ausschlaggebender Baustein. Bernhard Vogels Engagement war damals rhetorisch und publizistisch nicht nur der Kritik der Rahmenrichtlinien gewidmet, es diente vor allem dazu, in Rheinland-Pfalz und anderen Ländern, vor allem den von der SPD regierten, alternativen und sachgerechten Lehrplanmodellen den Weg zu öffnen. Man kann im Ergebnis weithin von einem Scheitern dieses Modells einer sozialen Theorie sprechen, wenngleich unübersehbar einzelne Elemente bis heute in der gesellschaftspolitischen Diskussion wirksam sind.

Der Kampf um das Hochschulrahmengesetz

Das dritte beherrschende Thema der bundesweiten Bildungspolitik Anfang der siebziger Jahre war die Hochschulgesetzgebung. Die Verfassungsänderungen Ende der sechziger Jahre hatten dem Bund dafür die Zuständigkeit im Bereich der neu eingerichteten Rahmengesetzgebung gebracht. Für viele, die an der großen Hochschulreform mitdiskutiert hatten, war eine einheitliche Hochschulstruktur nicht nur wünschenswert, sondern auch dringend geboten. Dabei vermischte sich der Debattenstrang, der vor allem eine größere Effektivität und eine praktikable Personal- und Gremienstruktur der Universitäten wünschte, mit der weithin politisch entwickelten Diskussionslinie, die die Mitbestimmungsregeln der Drittelparität für die Organe der Hochschule und den Gedanken einer Gesamthochschule durchsetzen wollten – Ideen, die wesentlich von der SPD vertreten wurden.

Die SPD hatte in nicht unerheblichem Maße Teilkräfte der studentischen Reformbewegung und der Repräsentanten des akademischen Mittelbaues an den Universitäten an sich binden können. Deren Forderungen suchte sie insbesondere im Bereich der Mitbestimmungsregeln in den Universitäten Geltung zu verschaffen. Die Dominanz dieser Forderung in den SPD-Programmen wurde nur teilweise dadurch gemildert, dass manche realistischen Hochschulpolitiker der SPD, vor allem auch Professoren, die der SPD angehörten, ein Gegengewicht bildeten. Auch hier schuf der Regierungswechsel in Bonn im Herbst 1969 neue Fronten. Jetzt erschien es den Hochschulpolitikern der SPD sinnvoll und möglich, ihre Hauptforderungen auf dem Weg über das Hochschulrahmengesetz durchzusetzen.

Auf diesem Politikfeld allerdings waren die Handlungsmöglichkeiten der CDU/CSU größer als beim Bildungsgesamtplan oder der gemeinsamen Hochschulbauförderung. Der Charakter des Rahmenrechtes machte es zwingend, dass das Gesetz an die Zustimmung des Bundesrates gebunden war. Hier konnte auch die Kultusministerkonferenz über die Landesregierungen einen gewissen Einfluss nehmen.

Allerdings muss auch hier berücksichtigt werden, dass im Bundesrat die von der CDU geführten Länder im Jahre 1970 nur 21 Stimmen gegenüber 20 Stimmen der von der SPD geführten Länder aufbrachten. Zudem musste in Baden-Württemberg mit einer Koalition aus CDU und SPD gerechnet werden, was die Risiken für die CDU erhöhte. Zwar war Kultusminister Wilhelm Hahn ein entschiedener Gegner der sozialdemokratischen Vorstellungen von der Hochschulreform, wie weit er aber das Land binden konnte, war offen. Erst als 1972 die CDU in Baden-Württemberg die absolute Mehrheit errang, war die Lage wieder eindeutig.

Aber die Möglichkeiten der CDU hingen weiterhin auch hier an einem seidenen Faden. Die Gewinnung eines weiteren Bundeslandes bei Landtagswahlen erschien zwingend notwendig, wollte man eine gewichtige Gegenposition zum Bund von den Ländern aus aufbauen und durchsetzen. Immerhin reichten die Mehrheitsverhältnisse aus, um zunächst den möglichen Einfluss auf die Gesetzgebung aufrechtzuerhalten.

Die neue Bundesregierung legte schon 1971 den ersten Entwurf eines Hochschulrahmengesetzes vor. Dem waren heftige öffentliche Diskussionen vorausgegangen, weil nicht nur die Bundesregierung ihre Leitlinien schon erstmals im Dezember 1969 präsentiert hatte, sondern auch Länder wie Hessen, Berlin und Nordrhein-Westfalen mit Hochschulgesetzen vorausgingen, die mindestens Teile der sozialdemokratischen Ziele übernahmen. Nordrhein-Westfalen förderte besonders das Projekt der Gesamthochschulen, in dem es Studiengänge der klassischen Universitäten mit denen der Fachhochschule verband. Auch Hessen ging mit der Gründung der Gesamthochschule Kassel den gleichen Weg, verschonte aber die bestehenden Hochschulen mit diesem Experiment. Überdies ging Hessen ebenso wie Berlin oder Bremen in der Frage der Drittelparität an den Hochschulen weiter als Nordrhein-Westfalen.

Im Kern ging es darum, wie weit die ordentlichen Professoren oder die gesamte Gruppe der Professoren überhaupt den maßgeblichen Einfluss auf die personelle Selbstergänzung bei Berufungen und Habilitationen behalten konnten. Das ging entweder über die Verweigerung der Drittelparität oder über die Ausgliederung der personellen Aufgaben der Fächer und Fachbereiche aus der in organisatorischen und Lehrfragen möglich scheinenden Drittelparität zwischen Professoren, akademischem Mittelbau und Studenten. Hierbei konnte unterstellt werden – jedenfalls in der damaligen dominierenden Meinungslage –, dass Studenten und Mittelbau viel häufiger auf einer Linie lagen, die Professoren und ihre langfristige persönliche wissenschaftliche Kompetenz und Erfahrung in die Minderheit zu geraten drohten.

Dabei war die Problematik der Gewichtung der ordentlichen Professoren, der Lehrstuhlinhaber, gegenüber den Nachwuchswissenschaftlern auf befristeten Stellen und außerplanmäßigen Professoren noch nicht gelöst, die sich vor allem in den medizinischen Fakultäten und Fachbereichen stellte. Die Homogenität der Professorengruppe war nicht automatisch gegeben, und die Interessenlage der Nachwuchswissenschaftler konnte leicht die Stellung der ordentlichen Professoren komplett untergraben, weshalb sich diese oft auch in eine resignative Verweigerung treiben ließen.

Bei dieser schwierigen Ausgangslage waren die Positionen der CDU/CSU-Länder nicht ganz einfach auf einen Nenner zu bringen. Baden-Württemberg unter Wilhelm Hahn und Bayern unter Hans Maier entschieden sich dafür, die herausgehobene Stellung der Professoren auch in den rechtlichen Mehrheitsverhältnissen der Fachbereiche zu verankern. Bernhard Vogel hingegen suchte auch hier, der nicht ganz so radikalen Stimmung in Rheinland-Pfalz und seiner Diskussionsfähigkeit auch mit studentischen Gruppierungen entsprechend, den Brückenschlag. Schon im Hochschulgesetz von 1970 ging er den Mittelweg, eine partielle Drittelparität festzulegen, aber die maßgebende Kompetenz in Personalfragen der Gruppe der Professoren einzuräumen. Allerdings wurde die Problematik der unzureichenden Homogenität dieser Gruppe und des Rückzugsverhaltens der ordentlichen Professoren damit nicht gelöst. Sie führte bei der ersten praktischen Umsetzung auch zu nicht unerheblichen Schwierigkeiten in Einzelfällen und zu manchen nicht so erwünschten Kompromissen.

Nach der Bundestagswahl 1972 legte die wiedergewählte SPD/FDP-Bundesregierung unter dem Bildungsminister Klaus von Dohnanyi erneut den Entwurf eines Hochschulrahmengesetzes vor, in den allerdings schon einiges an Neuentwicklungen eingegangen war. Insbesondere die Tatsache, dass sich Wissenschaftler, vor allem Professoren neu in Verbänden wie dem »Bund Freiheit der Wissenschaft« organisierten, dass betroffene Professoren gegen manche Landeshochschulgesetze vor dem Bundesverfassungsgericht Klage erhoben wegen der Verletzung der Wissenschaftsfreiheit durch die rechtlichen und organisatorischen Regeln, vor allem die Drittelparität, schuf eine neue Verhandlungslage.

Schon die Klagen als solche zeigten eine mäßigende Wirkung. Als sich die Klagen in mehreren Verfahren vor dem Bundesverfassungsgericht als erfolgreich erwiesen, war vor allem die generelle Drittelparität in den Organen der Hochschule vom Tisch und die Stellung der Professoren, auch der ordentlichen Professoren, gestärkt. Diese Entwicklung ließ das Diskussions- und Meinungsklima umschlagen, so dass die Positionen der CDU/CSU erfolgreicher öffentlich vertreten werden konnten.

Trotzdem oder gerade deshalb wurde das Ringen um das Hochschulrahmengesetz von 1974 bis 1976 zu einem unglaublich strapaziösen Verhandlungsmarathon vor allem im Vermittlungsausschuss des Bundesrates. Je klarer und deutlicher die Rechtsprechung des Bundesverfassungsgerichtes den Gesetzgeber, vor allem die SPD, zu binden wusste, umso hartnäckiger wurde um die verbliebenen Möglichkeiten zu einer sozialdemokratisch bestimmten Reform gerungen.

Bernhard Vogel wurde wegen seiner Kompromissfähigkeit, aber auch wegen seiner Funktion als Vorsitzender des Bundeskulturausschusses (seit 1970) zum wichtigsten Koordinator der Hochschulpolitik der CDU/CSU. Denn im Vermittlungsausschuss zu verhandeln, hieß ja auch, immer die Vertreter des Bundestages aus Regierung und Opposition als Partner am Tisch zu haben, unabhängig von der Notwendigkeit, dass die ministeriellen Fachleute auf beiden Seiten als Berater zugezogen werden mussten. Bei kaum einem politischen Vorhaben auf Bundesebene musste sich Bernhard Vogel so sehr in die rechtlichen und verfahrensmäßigen Details der Gesetzgebung einarbeiten, um jederzeit zu einer politischen Reaktion oder Vorschlagsbeurteilung in der Lage zu sein.

Ein wichtiger, hier noch nicht behandelter Streitpunkt zwischen Bund und Ländern war die rechtliche Fixierung der Regelung zum Numerus clausus, zur Beschränkung des Zugangs zur Hochschule wegen nicht ausreichender Studienplätze. Auch in dieser für Studenten hochwichtigen Frage hatte das Bundesverfassungsgericht stufenweise immer genauere Vorgaben für das staatliche Handeln gemacht.

Trotzdem war die Umsetzung, die wegen des Gleichheitsgrundsatzes zu einem bundeseinheitlichen Zulassungsverfahren führen musste, recht problembelastet. Deshalb entwickelte sich schon früh eine ausschlaggebende Verteilungs- und Zuteilungsrolle bei der gemeinsamen Zentralstelle für die Vergabe von Studienplätzen in Dortmund. Der Einbau dieses schon weit ausgereiften Verfahrens in das Hochschulrahmengesetz schuf nicht unerhebliche Probleme, weil mit der Genauigkeit und Detailliertheit der Vorgaben der Charakter eines Rahmengesetzes eindeutig überschritten wurde.

Mit der Verabschiedung des Hochschulrahmengesetzes war die politische Hauptarbeit getan. Allerdings musste dieses Gesetz nun in Landesrecht umgesetzt werden. Auch diese Aufgabe packte Bernhard Vogel in Rheinland-Pfalz noch an, obwohl ein Teil der Aufgabe schon seiner Nachfolgerin als Kultusminister, Hanna-Renate Laurien, zufiel. In diesem Zusammenhang ist der Hinweis von Bedeutung, dass genau wie im Schulwesen Bernhard Vogel ein entschiedener Verfechter der

Zulassung privater Hochschulen war. Neben den Kirchlichen Hochschulen, deren Bestandsfähigkeit von der Landesverfassung garantiert war, hielt er weniger im Universitätsbereich als vor allem im Fachhochschulbereich die Einrichtung privater Hochschulen für angemessen als Wettbewerbselement auch für die staatlichen Hochschulen.

Ist damit der Kreis von Bernhard Vogels bildungspolitischem Aktionsradius abgeschritten? Keineswegs, denn vieles musste hier außen vor bleiben, weil – wie die Länge dieses Beitrages beweist – ein ganzes Buch darüber geschrieben werden könnte. Da wäre zu behandeln der nachhaltige Einsatz Vogels im Bereich der Kulturpflege, der hier nur stichwortartig anklingen kann. Da war die mühsame aber erfolgreiche Steigerung der Zuschüsse für die kommunalen Theater im Lande oder die von ihm vorbereitete Übernahme des Pfalzorchesters Ludwigshafen in staatliche Regie. Nicht ohne Stolz nannte Bernhard Vogel seinen Anteil beim Erwerb des Bahnhofes Rolandseck und seinen Ausbau zum Kulturzentrum für die Region Bonn als Pluspunkt. Einen weiteren Akzent setzte die Übernahme der früher königlich-bayerischen Villa Ludwigshöhe in Landesbesitz, die durch den Ankauf eines wichtigen Teiles des Nachlasses des Malers Max Slevogt aus Privatbesitz zu einem kulturellen Glanzlicht wurde. Mit diesen und anderen Aktivitäten (Gründung der Kommission für die Geschichte des Landes Rheinland-Pfalz auf Initiative des Landtagspräsidenten Albrecht Martin) war es möglich, auch von der kulturellen und geschichtlichen Ebene her verstärkt zur Bildung eines Landesbewusstseins beizutragen.

SCHLUSSBETRACHTUNG

Überblickt man in dieser Weise das Wirken Bernhard Vogels für die Bildungspolitik im Lande Rheinland-Pfalz, so fällt als erstes die Fülle der aufgegriffenen und bewältigten Themen auf. Bernhard Vogel hat – und konnte es auch nicht – keines der wichtigen Themen der deutschen Bildungspolitik beiseite gelassen. Zum einen lag dies am Druck der Probleme bei Kindern und Jugendlichen, bei Lehrern und Eltern, bei Studenten und Hochschullehrern. Zum anderen war es die Intensität und Dominanz der breiten und vielfältigen bildungspolitischen Diskussion der sechziger und siebziger Jahre.

Hier war er aktiver Teilnehmer, engagierter Kombattant, ideenreicher Entwickler von Alternativen. Oft war er derjenige, der sich in seinen vielfältigen mündlichen und schriftlichen Äußerungen nicht nur auf die Tagesfragen beschränkte, sondern prinzipielle Entwicklungen analysieren konnte. Es gehörte zu seinen Markenzeichen, dass diese Fähigkeit zum weiten Vorausdenken, zum Vertiefen der Problematik und ihrer Gesichtspunkte ihm immer wieder nicht nur Gehör, sondern auch aufmerksame Gefolgschaft verschaffte. Damit konnte er auch seinen

Vorschlägen und Alternativen zumeist eine positive Resonanz, mindestens aber kritische Aufmerksamkeit sichern.

In den Debatten jener Jahre zwischen 1966 und 1976 hat er sich rasch als führender Kopf unter den Bildungspolitikern der CDU und CSU profiliert. Das lag aber nicht nur an seiner Fähigkeit, seine Positionen gut, sachlich und vorausdenkend zu begründen. Es lag auch daran, dass er in Rheinland-Pfalz ein reformbedürftiges Feld bearbeiten konnte, das in seinen Lösungen und Entscheidungen Vorbildcharakter und Beispielfunktion entwickelte. Wo man ihm nicht folgen konnte, musste man auf jeden Fall seine bildungspolitischen Arbeitsergebnisse doch beachten und diskutieren.

Dabei sind für Bernhard Vogels Wirken nicht nur die Konzepte, Ideen und Vorstellungen in Betracht zu ziehen, die er entwickelte. Seine politische Arbeitsmethode, sein Einfallsreichtum beim Begründen und Umsetzen dieser Ideen sind für den Erfolg seiner Politik mindestens so ausschlaggebend gewesen wie die Inhalte selbst. Seine Fähigkeit, widerständige und kritische Verhandlungspartner im Gespräch zu überzeugen oder mindestens so zu beeindrucken, dass sie ins Grübeln und Nachdenken gerieten, war seinerzeit selten. Kaum notwendig ist es hinzuzufügen, dass sein schwer bezähmbarer Humor, seine schlagfertige Präzisierung von Problemen durch leichte, meist freundlich-höfliche Ironie vielfach Spannung und Distanz aus Gesprächssituationen nahmen.

Helmut Kohl pflegte maßgebend mit dem Terminkalender zu regieren. Bernhard Vogel hatte diese Zeitplanung ebenfalls immer vor Augen, aber weit mehr als Kohl konnte er Notwendigkeit und Bedarf von Gesprächsterminen und persönlichen Kontakten in diese Zeitplanung einbauen. Seine Bereitschaft, den weit gespannten Zeitrahmen, über den er als Junggeselle verfügte, abends und auch nachts völlig auszuschöpfen, gab ihm dafür allerdings auch genügend Spielräume. Nicht immer zur Freude seiner engeren Mitarbeiter pflegten sich hohe Intensitätsphasen der bildungspolitischen Arbeit durch solche konzentrierten Abend- und Nachtgespräche hervorzuheben.

Durch diese Planungs- und Gesprächsmethode schuf er sich Raum für Überzeugungs- und Beeinflussungsprozesse, die zwar nicht immer zu Einigungen führten, aber ein Verhandlungsklima schufen, das es dem widerstrebenden Partner erleichterte, Vogels abschließende Entscheidungen hinzunehmen, wenn er sie nicht ändern konnte.

Zu den geschicktesten Schachzügen Bernhard Vogels gehörte es auch, immer wieder Partner und Kontrahenten, deren Mitwirkung er brauchte, durch Einbindung in Planung und Umsetzung seiner Vorhaben für sich zu gewinnen. Die in Fraktionen wie in Ministerien gerne gepflegte Gewohnheit, andere nach Möglichkeit nicht in die eigenen Taschen schauen zu lassen, geschweige denn, am Ergebnis genießerisch teilhaben zu lassen, war ihm weithin fremd. Oft hat er die unwahrscheinlichsten Verbündeten gewonnen, weil er ihnen Mitgestaltungschancen einräumte und auch im öffentlichen Erscheinungsbild der Politik ihnen Sichtbarkeit und Erfolg zuwies – dies war dann ein Gebot der Fairness gegenüber dem, der ihn unterstützt hatte.

Nicht ohne Kritik blieb – in Teilen der eigenen Partei wie bei bildungspolitischen Interessengruppen –, dass Bernhard Vogel auf Einigung mit politischen Kontrahenten, vor allem mit der SPD, auf Kompromiss gesetzt habe, zum Schaden der Sache, die es zu verfechten galt. Manchmal kam sein Vorgehen auch guten Parteifreunden im Lande als Leisetreterei und frühes »Weichwerden« vor. Wer allerdings die Chance hatte, enger mit ihm zusammenzuarbeiten und seine methodischen und sachlichen Wege zu verfolgen, entwickelte rasch ein großes Verständnis für die am Ergebnis orientierte, vorsichtig die Schritte nach vorn setzende Argumentationsweise Vogels.

Er bezog klare Positionen, aber er wollte weder kampfmächtige Auftritte noch grobschlächtige Debattenszenen, die den Kompromiss unmöglich gemacht hätten. Er bestritt die Kontroverse lieber mit dem Florett als dem Säbel, wie er 1974 in anderem Zusammenhang sagte. Insofern war er auch schon in seiner Argumentation weitblickender als Teile seiner Partei.

Für den harten Konfrontationskurs argumentierten gerne CDU-Politiker, vor allem in den Ländern, die teilweise durch lange Oppositionsjahre den Handlungs- und Verantwortungspflichten einer Regierungspartei entwöhnt waren. Dahinter stand die Überzeugung, nur eine entschiedene, harte, glasklare Abgrenzung und eine radikale Ausbildung von Alternativen zur dominierenden SPD werde so viel Überzeugungskraft entfalten, dass die Gewinnung der Mehrheits- und Führungsposition für die CDU ein automatisch in Wahlen folgendes Ergebnis sein würde. Von solcher Logik war Bernhard Vogel nicht sonderlich überzeugt. Er wusste als Politikwissenschaftler und Wahlforscher um die wechselnden, von Interessen und begrenzter Sicht bestimmten Erwartungen auch der eigenen Wähler, auch von ihnen oft nur schwer verrückbaren Grundstimmungen. Bei aller Entschlossenheit zur klaren Bestimmung der eigenen bildungspolitischen Linie hat er diese rigide Konfrontationstendenz kaum verfochten.

Bernhard Vogel hat nicht nur den Graben gesehen, der CDU und CSU beispielsweise von den bildungspolitischen Vorstellungen der SPD trennte – er hat zugleich immer wieder die Stellen gesucht und gefunden, wo man eine Brücke zum Gegner bauen konnte. Er hat dabei oft erwähnt, dass derjenige, der eine Brücke bauen will, auf dem eigenen Ufer ein festes Widerlager, eine stabile Basiskonstruktion errichten muss. Entschiedene Vertretung der eigenen Positionen und Kompromissfähigkeit schlossen sich für Bernhard Vogel nie aus.

Diese Einstellung Bernhard Vogels beruhte auch auf seinem Bekenntnis zu einer zentralen Verantwortung aller Demokraten, an der er nicht rütteln lassen wollte. Es ging ihm immer um die grundlegende Pflicht der Politiker und Parteien, auch aus Gründen des Vorbildes für Bürgerinnen und Bürger, den gemeinsamen Konsens aller Demokraten über Grundwerte der politischen Ordnung und der Verfassung aufrechtzuerhalten und, wo gefährdet, neu zu konstituieren. Denn in dieser Überzeugung verarbeitete er die maßgebenden Erfahrungen, die ihn zu seinem politischen Engagement in der CDU veranlasst hatten: Da war der Zusammenbruch der Weimarer Demokratie auch infolge einer mangelnden Unterstützung durch die Demokraten selbst. Da war nachhaltig wirkend der tiefgreifende moralische Verfall des politischen Denkens vieler Deutscher durch ideologische und propagandistische Verführung im Nationalsozialismus. Und da war ganz neu die Einsicht in die Wirkung einer auf Grundkonsens, Kompromissfähigkeit und zivilisierte politische Auseinandersetzung gegründeten Demokratie, wie sie das Bonner Grundgesetz und die Praxis der demokratischen Politik in Form von Stabilität und Vertrauenswürdigkeit seit 1949 geschaffen hatten.

An dieser Basis seiner politischen Überzeugungen wollte Bernhard Vogel keine Abstriche machen und deshalb stand neben klaren Überzeugungen immer die Bereitschaft zum Kompromiss mit dem politischen Gegner, wenn und soweit dieser sich ebenfalls als einigungswillig und -fähig erwies. Manche Brücke, um die es ging, ist damals auch nicht gebaut worden, nicht immer war eine Verständigung erreichbar. Aber vielfach ist Wichtiges und Grundlegendes im Bildungswesen damals geschaffen worden, und viele damals gelegte Fundamente haben bis heute Bestand. Dauerhaftes und über den Tag hinaus Weisendes für das Bildungswesen in Rheinland-Pfalz und in Deutschland begründet und geschaffen zu haben, bleibt die unvergleichliche Leistung Bernhard Vogels.

POLITIK
IN THÜRINGEN

Karl Schmitt

»So viel Anfang war nie«: Bernhard Vogel – ein Glücksfall für Thüringen

Am 23. Januar 1992 brauchte das neu erstandene Land Thüringen buchstäblich über Nacht einen neuen Ministerpräsidenten. Josef Duchač, der erste Amtsinhaber, war nach nur 14 Monaten zurückgetreten. Nach vergeblichen eigenen Bemühungen, einen Nachfolger zu finden, einigte sich die Thüringer CDU-Parteiführung mit Bundeskanzler Helmut Kohl: Am 27. Januar erging der Ruf an Bernhard Vogel, den Vorsitzenden der Konrad-Adenauer-Stiftung und Ministerpräsidenten von Rheinland-Pfalz von 1976 bis 1988. Am 5. Februar wählte der Thüringer Landtag Bernhard Vogel zum Ministerpräsidenten. Drei Wochen später, am 26. Februar, stellte dieser in seiner ersten Regierungserklärung sein Programm vor: »Thüringen – Deutschlands Mitte«.

Das Wagnis

Das rasante Tempo, in dem Thüringen sich auf Bernhard Vogel und Bernhard Vogel sich auf Thüringen eingelassen hatte, mag ein gutes Omen gewesen sein. Allerdings: Was in der historischen Rückschau als glückliche Fügung erscheint, war zu Anfang des Jahres 1992 ein Wagnis mit ungewissem Ausgang. Bernhard Vogel selbst empfand unmittelbar nach seiner Wahl zum Ministerpräsidenten am 5. Februar 1992 die in ihn gesetzten Erwartungen als eine bisher so noch nicht erlebte Herausforderung: »Auf dem kurzen Weg durch den Mittelgang, von der hintersten Stuhlreihe [des Plenarsaals des Thüringer Landtags] wurde mir binnen Sekunden schlagartig bewußt, was mir da bevorstand. Fast wäre ich wieder umgekehrt! Ich bin das nicht, sondern bin hier nach der Vereidigung zu einer ganz kurzen Erklärung an das Pult getreten und habe gesagt: ›Ich weiß, daß mir eine große Verantwortung auferlegt ist. ... Diese Verantwortung ist kein Anspruch, sondern diese Verantwortung wird ein Dienst sein.‹«

Trotz aller Ungewissheit hatte Vogel sich also in die Pflicht nehmen lassen, und er hatte sich selbst in die Pflicht genommen. Höchste Risikobereitschaft wurde ihm von Anfang an abverlangt: Vor der Bildung seines ersten Kabinetts standen Vogel nur wenige Stunden für Gespräche mit seinen zukünftigen Ministern zur Verfügung. Zudem hatte es Vogel nunmehr mit einem ungewohnten Politikertypus zu tun: Nicht mehr Juristen und altgediente Parteipolitiker bestimmten das Bild, sondern Naturwissenschaftler, Mediziner und Ingenieure, die erst seit 1989 in die Politik gegangen waren. Vor allem aber stellte ihn Thüringen vor völlig andere und ungleich schwierigere Herausforderungen als Rheinland-Pfalz. Hatten in Mainz nach der Aufbauarbeit von Peter Altmeier und Helmut Kohl seine Anstrengungen vornehmlich der Modernisierung des Landes gegolten, so waren in Thüringen viele Fundamente erst noch zu legen. Die strukturellen, personellen, rechtlichen bis hin zu den baulichen Voraussetzungen für das Tätigwerden der Institutionen des wieder erstandenen Landes mussten neu geschaffen werden. Zudem stellte der gesellschaftliche, wirtschaftliche und soziale Umbruch die erst schrittweise etablierten Landesinstitutionen unter einen außergewöhnlichen Erwartungs- und Handlungsdruck, dem sie anfangs nur mit viel Phantasie und mit Mut zu unkonventionellen Lösungen gerecht werden konnten.

Drei »Anfangskapitalien« brachte der neue Ministerpräsident nach Thüringen mit, die ihm den Weg zum Erfolg ebneten. Das Wichtigste war seine 22-jährige Regierungserfahrung in einem westdeutschen Landeskabinett, davon zwölf Jahre als Ministerpräsident, die zweimalige Präsidentschaft des Bundesrates und vier gewonnene Landtagswahlen. Darin lag ein schwer einholbarer Erfahrungsvorsprung nicht nur vor in der DDR aufgewachsenen Landespolitikern, sondern auch vor seinen ebenfalls aus Westdeutschland stammenden, ostdeutschen Amtskollegen Biedenkopf, Milbradt und Münch. Hinzu kamen seine vielfältigen, für einen Landespolitiker ungewöhnlich ausgreifenden internationalen Verbindungen, die er unter anderem als Vorsitzender der Konrad-Adenauer-Stiftung und als Vorsitzender des Zentralkomitees der deutschen Katholiken geknüpft hatte.

Das zweite unschätzbare Kapital Vogels bestand in seinen Kenntnissen über das Terrain, auf das er sich begab. Seit Studentenzeiten hatte er sich kontinuierlich mit Ideologie und Praxis des DDR-Sozialismus auseinandergesetzt. Das Festhalten an der deutschen Einheit war für ihn mehr als ein Lippenbekenntnis gewesen: Auch nach dem Mauerbau reiste er als Ministerpräsident Jahr für Jahr in die DDR, um sich ein persönliches Bild zu machen und Verbindungen zu pflegen. Die Städtepartnerschaften Trier/Weimar und Mainz/Erfurt gehen auf sein nachdrückliches Eintreten bei Erich Honecker zurück. Nach dem Fall der Mauer machte er das Potential der Konrad-Adenauer-Stiftung umgehend für den Vereinigungsprozess nutzbar.

Schließlich kamen Bernhard Vogel die historischen Verbindungen zugute, die lange vor den Städtepartnerschaften und der Verwaltungshilfe der Länder zwischen Thüringen und Rheinland-Pfalz gewachsen waren. Die Stadt Erfurt und das Eichsfeld hatten über Jahrhunderte zum Erzbistum Mainz gehört. Vogel bezog die glanzvoll restaurierte Mainzer Statthalterei im Herzen Erfurts als Sitz des Ministerpräsidenten und der Thüringer Staatskanzlei. Daher mochte es manchem als Fügung erscheinen, dass Vogels Weg von Mainz nach Erfurt geführt hatte. Der neue Ministerpräsident erkannte schnell, dass jenseits der hergebrachten Verbindungen zwischen Thüringen und Rheinland-Pfalz auch strukturelle Gemeinsamkeiten zwischen den beiden Ländern bestehen. Das hat ihm den Zugang zu Thüringen sehr erleichtert. Auch Thüringen, das erst 1920 aus sieben Kleinstaaten wieder erstand, 1945 unter amerikanischer Besatzung seine heutige territoriale Gestalt erhielt und in DDR-Zeiten in die drei Bezirke Erfurt, Gera und Suhl aufgeteilt war, hat (wie das »Bindestrich-Land« Rheinland-Pfalz) in seiner heutigen Landeshauptstadt keine natürliche Mitte. Die einzelnen Landesteile lassen sich nicht ohne weiteres von Erfurt aus dirigieren, sie verlangen jeweils einen besonderen Respekt ihrer Eigenart. Es war daher nur konsequent, dass Vogel als eine seiner ersten Amtshandlungen in Thüringen das von ihm bereits in Rheinland-Pfalz mit bestem Erfolg praktizierte Instrument regelmäßiger Kreisbereisungen einführte. In den beiden ersten Jahren seiner Amtszeit hat er auf diese Weise sämtliche damals bestehenden 35 Kreise und kreisfreien Städte in persönlichen Augenschein genommen. Darüber hinaus hat er in mehrtägigen Wanderungen Jahr für Jahr nicht nur Land und Leute erkundet und den wichtigsten Regionen seine Reverenz erwiesen, sondern mit der Naturverbundenheit auch ein wichtiges Element Thüringer Lebensart unter Beweis gestellt. Auch der »Thüringentag«, den Vogel 1996 zur Förderung des Thüringer Landesbewusstseins einführte, trägt dem Eigensinn der vielgestaltigen Bestandteile des Landes Rechnung. Das Anfang Oktober jährlich begangene Landesfest führt die Thüringer nicht in Erfurt, sondern im Wechsel in verschiedenen Landesteilen zusammen.

Von der »Aushilfe« zur Daueraufgabe

Im Februar des Jahres 1992 war nicht nur kaum einschätzbar, inwieweit Vogels Wirken in Thüringen zum Erfolg führen würde, ebenso ungewiss war die Dauer seines Engagements. Vogel selbst hat es zu Anfang als eine Art Nothilfe verstanden: »Zunächst bin ich gekommen in der Annahme: für zwei, drei Jahre. ... Es war ja eine Aushilfe erbeten. Wenn ein Lehrer in einer Klasse einspringt, dann tut er das für eine gewisse Zeit und nicht auf Dauer. Ich hatte nicht die Vorstellung, ich müsse die Klassenleiterfunktion übernehmen.« Es zeigte sich bald, dass diese befristete Aushilfe nicht ausreichte. Bereits wenige Wochen nach seiner Wahl zum Ministerpräsidenten zwang ihn der Zustand der Thüringer CDU-Landtagsfraktion (»Dagegen ist ein Hühnerhof eine militärische Formation«) zu der Einsicht, dass er die Landesregierung nur bei gleichzeitigem Vorsitz der Thüringer CDU würde effektiv führen können. Nach einigem Zögern erklärte er sich schließlich im November 1992 bereit, auch diesen »zweiten Koffer« zu tragen. Als dann der Jenaer Parteitag Vogel im Januar 1993 mit überwältigender Mehrheit zum Landesvorsitzenden wählte, war nur allzu deutlich, dass die Thüringer CDU bis auf Weiteres auf Vogels Führung angewiesen war. Es sollte bis zum Jahr 2000 dauern, dass Bernhard Vogel den Parteivorsitz an seinen »Kronprinzen« Dieter Althaus weitergab. Und es dauerte bis ins Jahr 2003, dass er die Zeit für reif hielt, auch das Amt des Ministerpräsidenten weiterzugeben in der Überzeugung: »Jetzt können meine Freunde es selbst. Es ist eine Mannschaft herangewachsen, die es selbst kann.«

Die elf Jahre und vier Monate, in denen Bernhard Vogel das Amt des Thüringer Ministerpräsidenten innehatte, erstreckten sich auf drei Legislaturperioden, die durch unterschiedliche Konstellationen gekennzeichnet waren. Von Februar 1992 bis Oktober 1994 führte er die CDU-FDP-Koalition fort, die sein Amtsvorgänger gebildet hatte. Zunächst ging es um Konsolidierung. Im August 1992 bildete Vogel sein Kabinett um; während er die FDP-Minister im Amt beließ, entließ er zwei durch Affären belastete CDU-Minister. Dadurch und durch die Übernahme des Parteivorsitzes gelang es ihm in kurzer Zeit, die Turbulenzen der Ära Duchač zu beenden und Thüringen aus den Negativschlagzeilen herauszuholen. Die erste Regierungserklärung markierte einen Neuanfang. In den bis zur Landtagswahl 1994 verbleibenden gut zweieinhalb Jahren gewann Vogel kontinuierlich an Ansehen. Lagen seine Popularitätswerte anfangs noch deutlich hinter denen seines SPD-Herausforderers Gerd Schuchardt zurück, so konnte er diesen bereits im Herbst 1993 überrunden. Kurz vor der Landtagswahl lag der Anteil der Thüringer, die Vogel als Ministerpräsident vorzogen, knapp 20 Prozent über dem Anteil derjenigen, die Schuchardt den Vorzug gaben. Gegenüber der SPD, die für ihren in Thüringen eingesessenen Kandidaten mit dem Motto »Einer von uns« warb, hatte Vogel somit bereits 1994 das Blatt zu seinen Gunsten gewendet: Die große Mehrheit der Thüringer und selbst die Mehrheit der SPD-Anhänger vertraten die Meinung, dass er die Interessen Thüringens genauso gut (oder sogar besser) vertreten könne wie ein aus Thüringen stammender Politiker. Ein starker Rückhalt unter den Anhängern der CDU zeigte überdies, dass seine innerparteiliche Befriedungspolitik Früchte trug.

Dass die CDU trotz des Debakels der Regierung Duchač bei der Landtagswahl 1994 ihr gutes Wahlergebnis von 1990 knapp halten konnte und die mit Abstand stärkste politische Kraft blieb, war wesentlich Vogels rasch gewonnener Popularität in Thüringen und dem deutlichen Kompetenzvorsprung zu verdanken, der in der öffentlichen Wahrnehmung der von ihm geführten Landesregierung im Vergleich zur SPD-Opposition zugeschrieben wurde. Allerdings gelangte der bisherige Koalitionspartner FDP nicht mehr in den Landtag; neben der CDU waren nun nur noch SPD und PDS vertreten. Vogel hatte deshalb 1994 keine andere Wahl, als mit der gestärkten SPD eine große Koalition einzugehen – im Unterschied zur CDU-FDP-Koalition keine Konstellation, die ihm bereits aus Rheinland-Pfalz vertraut war.

Trotz gelegentlicher Spannungen war es nicht zuletzt Vogels auf Kooperation, Ausgleich und Fairness bedachtem Verhältnis zum Stellvertretenden Ministerpräsidenten Gerd Schuchardt zu verdanken, dass die »Vernunftehe« mit der SPD über die gesamte Legislaturperiode hinweg ohne ernsthafte Krisen durchgehalten werden konnte. Dies wurde jedoch zunehmend schwierig, nachdem Schuchardt im März 1996 den Landesvorsitz an Richard Dewes hatte abgeben müssen, der der SPD innerhalb der Koalition ein schärferes Profil verleihen wollte. Da Dewes als Innenminister glücklos agierte und durch die Infragestellung der Abgrenzung zur

PDS für erhebliche innerparteiliche Spannungen in der SPD sorgte, fiel die Bilanz für die beiden Partner der großen Koalition am Ende der Legislaturperiode sehr verschieden aus. Die Zufriedenheit mit der CDU war erheblich größer als die mit der SPD, war ihre Regierungsarbeit von 1994 bis 1999 doch in weit ruhigeren Bahnen verlaufen als in der vorangegangenen Legislaturperiode, als sie von Skandalen und erzwungenen Personalwechseln belastet worden war. Vogel hatte in dieser Zeit vollends die Statur und Autorität eines »Landesvaters« gewonnen, nicht zuletzt durch seine souveräne Führung und Moderation der großen Koalition. Angesichts des großen Vorsprungs des Ministerpräsidenten gegenüber seinem Herausforderer (58 Prozent der Thüringer zogen Vogel, nur 18 Prozent Dewes vor) führte die Strategie der CDU, ganz auf ihren Spitzenkandidaten zu setzen (»Wer Vogel will, muss CDU wählen!«), bei der Landtagswahl 1999 zu einem vollen Erfolg. Die CDU erreichte mit 51 Prozent die absolute Mehrheit der Stimmen.

Dieses Wahlergebnis befreite Vogel von allen Rücksichten auf Koalitionspartner, die er zuvor hatte nehmen müssen. Allerdings stellte der Wegfall des Außendrucks eines Koalitionspartners die von ihm geführte Alleinregierung der CDU vor die Aufgabe größerer Anstrengungen zu innerer Geschlossenheit und nahm ihr darüber hinaus die bequeme Möglichkeit, bei unpopulären Maßnahmen auf Koalitionszwänge zu verweisen. Insgesamt gelang der Regierung in der dritten Legislaturperiode ein eher geräuschloses Regieren. Obwohl Vogel im Landtagswahlkampf 1999 versichert hatte, dass er für die gesamte Wahlperiode kandidiere, war allen Entscheidungsträgern wie auch der Öffentlichkeit in Thüringen bewusst, dass es in diesem Zeitraum für die CDU vorrangig darauf ankam, eine Führungspersönlichkeit hinreichend Profil gewinnen zu lassen, um mit Aussicht auf Erfolg die Nachfolge Vogels anzutreten. Dies konnte nach Lage der Dinge nur unter drei Voraussetzungen geschehen: Erstens musste sich aus dem Trio der seit Jahren als aussichtsreiche Kandidaten gehandelten Personen ein klarer Favorit herausschälen. Zweitens mussten Erbfolgestreitigkeiten sowohl mit dem Amtsinhaber als auch zwischen den Prätendenten selbst tunlichst vermieden werden. Und schließlich brauchte der Nachfolger hinreichend Zeit, um bis zur nächsten Landtagswahl der Wählerschaft seine Kompetenz überzeugend demonstrieren zu können – was zwingend einen Rückzug Vogels während der Legislaturperiode bedeutete. Alle drei Voraussetzungen wurden durch gute Regie, Diskretion und Nervenstärke der Beteiligten erfüllt. Nachdem Dieter Althaus 1999 den Fraktionsvorsitz und im November 2000 den Landesparteivorsitz übernommen hatte, sahen seine potentiellen Konkurrenten um das Amt des Ministerpräsidenten keine Chance mehr. Mit seiner Ankündigung beim CDU-Landesparteitag in Gera am 24. Mai 2003, als Ministerpräsident zurückzutreten und Dieter Althaus zu seinem Nachfolger vorzuschlagen, hat Vogel einen Zeitpunkt gewählt, der mit einer Frist von einem Jahr bis zur Landtagswahl Althaus eine gute Chance für einen erfolgreichen Stabwechsel gab – wie der Wahlausgang zeigte.

Leistungen

Die ersten Sätze von Vogels erster Regierungserklärung vom Februar 1992 enthalten das Leitmotiv, den Kern des Konzepts seiner Regierungszeit: »Thüringen – das Land in der Mitte Deutschlands – muß zum voll entwickelten gleichwertigen Land im Kreis der deutschen Länder und zum selbstbewußten Gliedstaat der Bundesrepublik Deutschland werden. ... Thüringen muß sein eigenes, unverwechselbares Profil gewinnen: als leistungsfähiges Wirtschaftszentrum, als klassisches Land der Bildung und der Wissenschaft, als traditionsreiche Kulturlandschaft, als attraktives Land für Urlaub und Erholung, als Mittler zwischen Ost und West.«

Waren die Eigenständigkeit Thüringens und seine Gleichberechtigung unter den 16 deutschen Ländern vorrangige Ziele, so mussten zunächst die rechtlichen Fundamente seiner neu gewonnenen Existenz gelegt werden. Die Beratungen des Landtags über die Thüringer Landesverfassung steckten im Frühjahr 1992 noch in ihren Anfängen. Vogel tat alles ihm Mögliche, um die Verfassungsberatungen voranzubringen. Waren die Verhandlungen festgefahren, suchte er gemeinsam mit Gerd Schuchardt, dem Fraktionsvorsitzenden der SPD, nach konsensuellen Lösungen, um der Verfassung eine möglichst breite Zustimmung über die Regierungskoalition hinaus zu sichern. Als sie schließlich am 25. Oktober 1993 auf der Wartburg feierlich verabschiedet wurde, war dieses Ziel erreicht. Mit der Zustimmung der Fraktionen der CDU, SPD und FDP gegen die der LL-PDS und des Bündnis 90/Die Grünen hatte sie eine Zweidrittelmehrheit gefunden, die ein Jahr später mit einer Mehrheit von über 70 Prozent in einem Volksentscheid bestätigt wurde. Damit hat Thüringen eine Verfassung erhalten, die nicht nur der besonders reichen Verfassungstradition des Freistaats angemessen, sondern auch derjenigen Bürger im Land würdig ist, die ihr im Herbst 1989 mit großem Mut den Weg bereitet hatten. In Reaktion auf die »leidvollen Erfahrungen mit überstandenen Diktaturen« (Präambel) gewährleistet sie über die Regelung von Verfahren hinaus als Vollverfassung Grundrechte und enthält mit den Staatszielen Richtlinien für staatliches Handeln. Die Wiederaufnahme der Bezeichnung des Landes als »Freistaat« drückt staatliches Selbstbewusstsein aus und enthält ein Angebot an die Thüringer, sich mit ihm zu identifizieren.

In dem Bewusstsein, dass auch der Freistaat Thüringen von Voraussetzungen lebt, die zu schaffen und zu erhalten nicht in seiner Hand liegt, bemühte Vogel sich um einvernehmliche Beziehungen zu den Religionsgemeinschaften. Im Oktober 1993 schloss der Freistaat als erstes der jungen Länder einen Staatsvertrag mit der Jüdischen Landesgemeinde. Ihm folgten 1994 Verträge über die Rechtsbeziehungen und Zusammenarbeit mit den evangelischen Kirchen und der katholischen Kirche.

Voraussetzung für die Handlungsfähigkeit des wieder erstandenen Freistaats nach innen und außen war der Aufbau einer leistungsfähigen Verwaltung. In Anbetracht der Größe des Landes und auch um einen Bezug zu den DDR-Bezirken Erfurt, Gera und Suhl zu vermeiden, wurde auf Bezirksregierungen verzichtet und stattdessen als Mittelinstanz das Landesverwaltungsamt in Weimar geschaffen. Die Kommunalstrukturen waren nicht zuletzt wegen ihres äußerst kleinteiligen Gebietszuschnitts reformbedürftig. Bereits im April 1992 beschloss die Landesregierung deshalb, eine Verwaltungs- und Gebietsreform einzuleiten. Die bis dahin 35 Landkreise wurden zu 17 neuen zusammengefasst. Die Zahl der im Jahr 1990 ca. 1.700 Städte und Gemeinden wurde bis 2003 durch Zusammenschlüsse auf weniger als 1.000 reduziert; ihre Verwaltungskraft wurde durch die Bildung von Verwaltungsgemeinschaften gestärkt. Die Thüringer Kommunalordnung stellte das Recht der kommunalen Selbstverwaltung auf eine neue Grundlage.

Der Neugestaltung des Thüringer Bildungswesens galt die besondere Aufmerksamkeit des früheren Kultusministers. In Abkehr von der Einheitsschule der DDR wurde in der Verfassung die Zweigliedrigkeit der Struktur (Regelschule und Gymnasium) verankert; gemeinsam mit Sachsen setzte Thüringen das achtjährige Gymnasium gegen den Widerstand der alten Länder durch. Reorganisiert wurde auch die akademische Ausbildung. Mit der Gründung einer Berufsakademie wurden neue Wege einer Verbindung von Theorie und Praxis in der Zusammenarbeit von Unternehmen und Staat beschritten. Die traditionellen Hochschulstandorte wurden ausgebaut, allerdings mit Ausnahme der Erfurter Medizinischen Akademie, die zugunsten der Konzentration der medizinischen Lehr- und Forschungstätigkeit auf die Universität Jena 1993 aufgelöst wurde. Mit besonderer Energie betrieb Vogel die Neugründung der Universität Erfurt. Was schon bei der Gründung der Universität Trier-Kaiserslautern gegolten hatte, galt jetzt noch mehr: Er erkannte die Zeiten des Umbruchs als Gelegenheit zum geistigen Aufbruch. Er wollte die Chance einer Neugründung dazu nutzen, als Gegenmodell zur Massenuniversität ein eigenständiges Profil einer forschungsorientierten, geisteswissenschaftlichen Universität zu entwickeln.

Beherrschendes Thema auf der landespolitischen Agenda waren die Probleme der Wirtschaft. Auch Vogel hatte, als er nach Thüringen kam, das Ausmaß der von der DDR-Staatswirtschaft hinterlassenen Misere, die Folgen des Zusammenbruchs der Absatzmärkte und die für eine Erholung notwendigen Zeiträume unterschätzt. Konzepte für die Umstrukturierung der sozialistischen Planwirtschaft zur sozialen Marktwirtschaft waren Mangelware; auch war der Handlungsspielraum der Landesregierung begrenzt. In Auseinandersetzung mit der Treuhandanstalt konnte sie versuchen, Insolvenzen abzuwenden oder Investoren anzuziehen. In Thüringen gelang es, die Standorte Eisenach, Jena, Rudolstadt-Schwarza, Sömmerda und Unterwellenborn zu sichern. In Eisenach ist der Erfolg von Opel zum Signal für zahlreiche Zulieferunternehmen geworden; Thüringen blieb ein führendes Autoland. Jena hat sich durch die Synergie von Universität und Weltunternehmen ähnlich wie Dresden und Bitterfeld zu einem industriellen Leuchtturm entwickelt. Dagegen mussten Standorte wie der Kalibergbau in Bischofferode trotz persönlicher Interventionen des Ministerpräsidenten schließen. Mit öffentlichen Infrastrukturinvestitionen versuchte die Landesregierung, die Grundlagen für neue Investitionen zu schaffen.

Erfolgreich war Vogel bei der Einforderung von Solidarität seitens der westdeutschen Länder, des Bundes und der Europäischen Union. Für Thüringen in seiner zentralen Lage besonders wichtig waren die Investitionen in die Verkehrswege. Der Ausbau der durch Thüringen führenden Autobahnen konnte gesichert sowie der Neubau der Thüringer Wald- und der Südharzautobahn vollendet werden. Hingegen blieb der Neubau der ICE-Strecke München–Erfurt–Berlin wegen des Baustopps seitens des Bundes stecken. Als einer der Vorsitzenden der ersten Föderalismuskommission von Bundestag und Bundesrat hat Vogel an dem Beschluss mitgewirkt, in dessen Folge das Bundesarbeitsgericht seinen Sitz in Erfurt nahm. Durch sein Engagement konnte 1997 der »Kinderkanal« von ARD und ZDF nach Erfurt geholt und damit der Medienstandort Mitteldeutschland gestärkt werden. Als bislang kleinste Stadt und als erste des ehemaligen Ostblocks war Weimar mit seiner Bewerbung um den Titel »Kulturstadt Europas« erfolgreich, den sie 1999 trug und der dem Freistaat Thüringen, der die Hauptlast der Finanzierung übernahm, internationale Aufmerksamkeit einbrachte. 2007 findet auf einer Industriebrache mit schwersten Umweltbelastungen, dem ehemaligen Uranabbaugebiet der Wismut in Ostthüringen, die Bundesgartenschau statt. Zu den wichtigsten Erfolgen Vogels zählt schließlich, dass er als Verhandlungsführer der jungen Länder im Sommer 2001 in enger Abstimmung mit seinen Amtskollegen im Osten eine Einigung beim Solidarpakt II erreichen konnte; er sieht für die Jahre 2005 bis 2019 Transferleistungen von 156 Milliarden Euro vor und schafft Planungssicherheit für die Aufbauprojekte in den jungen Ländern.

Insgesamt gesehen konnte Thüringen unter der Führung Vogels den wirtschaftlichen Strukturwandel rascher vorantreiben als die übrigen ostdeutschen Länder. Dabei kam dem Land sein Standortvorteil in der Mitte Deutschlands, dazu auch die Nachbarschaft zu Bayern, Hessen und Niedersachsen zugute. Im Ergebnis lag die Arbeitslosenquote Thüringens unter und lagen die Wachstumsrate, die Industriedichte und die Zahl der Handwerksbetriebe über dem ostdeutschen Durchschnitt. Thüringen ist somit in der Ära Vogel dem Ziel selbsttragenden Wachstums deutlich näher gekommen.

Große Aufmerksamkeit widmete Vogel stets den internationalen Verbindungen Thüringens. Aufgrund der deutschen Geschichte liegen ihm die Beziehungen Deutschlands zu Frankreich, den USA, Israel und Polen besonders am Herzen. Für Thüringen wurden Regionalpartnerschaften mit der Picardie in Frankreich, Essex in England und Małopolska in Polen vereinbart. Daneben werden enge Beziehungen zu Ungarn, der russischen Region Saratow, zu Litauen sowie zur chinesischen Provinz Shaanxi gepflegt. Auf einer Vielzahl von Auslandsreisen hat Vogel auch um wirtschaftliche Zusammenarbeit und um ausländische Investitionen in Thüringen, um die Erschließung neuer Märkte für Thüringer Produkte sowie um kulturelle Zusammenarbeit geworben. In der Ära Vogel wurde Thüringen zu einer Brücke im zusammenwachsenden Europa, wurde Weltoffenheit zur gelebten Maxime Thüringens.

Impulse

Zum Wiederaufbau Thüringens hat Bernhard Vogel vor allem drei entscheidende Impulse gegeben. Er vermittelte erstens eine überzeugende Vision: Eine Vision von Thüringen und eine Vision der deutschen Einheit. Thüringen – das Land in der Mitte Deutschlands, das den gleichberechtigten Platz im Kreis der deutschen Länder einnimmt, der ihm zusteht. »Wir wollen auf die eigenen Beine kommen. ... Wir wollen auf den Platz, den Thüringen ohne Weltkrieg und deutsche Teilung heute selbstverständlich einnehmen würde.« Die deutsche Einheit – eine Bewährungsprobe für die Solidarität der Nation. Aufbauhilfen sind keine milde gewährten Subventionen an dauernd bedürftige Bittsteller, sondern die Beseitigung von Folgen der deutschen Teilung, die Befriedigung eines in Jahrzehnten entstandenen Nachholbedarfs, auf die die Benachteiligten nicht nur einen legitimen Anspruch haben, sondern die auch einen unverzichtbaren Beitrag darstellt zur wirtschaftlichen Zukunft von Deutschland als Ganzem. In dieser zugleich solidarischen und dynamischen Sicht der Nation verliert die pauschale Kontrastierung von Osten und Westen an Bedeutung. Vogel wurde deshalb nicht müde, an die elementare geographische Tatsache zu erinnern, dass Erfurt westlich von München liegt.

Zweitens hat er die Problemlast des Neuaufbaus Thüringens als persönliche Herausforderung angenommen, hat sie als Chance des Aufbruchs und der Erneuerung gesehen. »So viel Anfang war nie« – mit diesem Hölderlin-Wort vermittelte er den Thüringern immer wieder Zukunftsvertrauen und Selbstbewusstsein. »Wir wollen in den jungen Ländern ein Stück Aufbruch Deutschlands bewerkstelligen. Ein Stück Wiedervereinigung in dem Sinn, dass aus den jungen Ländern ein Aufbruchs- und Mobilitätsschub für ganz Deutschland ausgelöst wird.« Pessimismus ist für Vogel Feigheit. Deshalb widerspricht er der These Wolfgang Thierses, die neuen Länder ständen sozial und wirtschaftlich auf der Kippe, vehement: »Es geht darum, die Menschen in den jungen Ländern in ihrer Leistungsbereitschaft zu ermutigen. ... Wer uns helfen will, soll uns ermutigen.« Selbst nach dem schwärzesten Tag seiner Regierungszeit in Thüringen, nach den Morden am Erfurter Gutenberg-Gymnasium im April 2002, gab er nicht nur der Trauer Raum, sondern sprach auch von Hoffnung und Zuversicht: »Von hier geht eine Botschaft aus: Das furchtbare Geschehen hat die Menschen zusammengebracht. ... Es gibt mehr Gemeinsamkeit und Gemeinsinn in unserem Volk, als wir es für möglich gehalten haben. ... Mitmenschlichkeit ist in Deutschland keine verloren gegangene Tugend. ... Die Überlebenden dieser Schule trauern, aber sie resignieren nicht.«

Und schließlich hat Bernhard Vogel den Neuaufbau Thüringens nie als eine allein materielle, sondern vor allem als Aufgabe der geistigen Erneuerung gesehen: »Die Zukunftsgestaltung beginnt in den Köpfen der Menschen und nicht nur in den Bilanzen der Betriebe und in den Kassen des Staates.« Dieses wohl schwierigste Stück Arbeit an der inneren Einheit ist er mit Behutsamkeit und großer Bereitschaft zum Zuhören, aber auch in dem Bewusstsein angegangen, dass geistige Erneuerung voraussetzt, mit der Vergangenheit ins Reine zu kommen. Die Auseinandersetzung mit der eigenen Geschichte blieb nicht auf Gedenktage beschränkt. Das Konzentrationslager Buchenwald, Teil der Geschichte Thüringens, dient als Stätte der Erinnerung, des Gedenkens, der Besinnung und der Erkenntnis. Entlang der ehemaligen innerdeutschen Grenze entstanden Grenzlandmuseen, die die Erinnerung an die deutsche Teilung wachhalten. Im Dezember 2000 gründete der Freistaat Thüringen die Stiftung Ettersberg. Sie ist der vergleichenden Erforschung europäischer Diktaturen und ihrer demokratischen Transformation gewidmet. Sie soll die Erinnerung an die beiden unterschiedlichen Formen totalitärer Herrschaft bewahren und die nachfolgenden Generationen für die Gefährdungen von Freiheit und Demokratie sensibilisieren.

POLITISCHER STIL

In seinem Artikel »Politik« im Staatslexikon der Görres-Gesellschaft hat Bernhard Vogel selbst eine Art »Fürstenspiegel« für Politiker in einer modernen Demokratie entworfen. Sein Katalog der Tugenden des Politikers ist so umfangreich wie anspruchsvoll. Nur er selbst vermag wohl zu ermessen, inwieweit er in seinem eigenen langen Politikerleben den hier gesetzten Maßstäben gerecht geworden ist. Gleichwohl treten aus dem Blickwinkel seines Wirkens in Thüringen einige Züge hervor, die für ihn bezeichnend sind.

Als erstes fällt die Sachlichkeit ins Auge, mit der Vogel sich der Welt der Politik nähert und in ihr agiert. Man mag hier einen Realitätssinn am Werk sehen, den der gelernte Politikwissenschaftler der Schulung seines akademischen Lehrers Dolf Sternberger verdankt. Sachlichkeit verlangt vorurteilslosen Respekt vor den Tatsachen. Und auf den Boden der Tatsachen bringt Vogel ohne Umschweife etwa solche Westdeutsche, die sich aus weiter Entfernung über die Wahlerfolge der PDS oder über die hohe Beteiligung an der Jugendweihe echauffieren: indem er schlicht die Ursachen dieser Erscheinungen nüchtern analysiert. Sachlichkeit erfordert auch intime Vertrautheit mit Verhältnissen und Vorgängen im Kleinen wie im Großen, von ausgedehnter Korrespondenz und Sprechstunden im eigenen Wahlkreis über regelmäßige Präsenz bei Fraktionssitzungen bis hin zu detaillierter Kenntnis der Dossiers. Vogel schont sich nicht beim Aktenstudium bis spät in die

Nacht. Wer ein solches Arbeitspensum absolviert, bleibt Meister auch in schwierigen Verhandlungen am Kabinettstisch und unterwegs im Land, zumal wenn eine beeindruckende Kondition hinzukommt. Sachkunde wird genutzt, nicht zur Schau gestellt; die Attitüde des Besserwissens ist Vogel fremd. Nicht hingegen die Selbstironie: »Die nächste Wiedervereinigung machen wir besser.« Zur Sachlichkeit gehört bei Vogel auch seine Abneigung gegen alles Theatralische, gegen alles Spektakuläre. Royalistische Stilelemente, die die Amtsführung seines Dresdner Kollegen Biedenkopf schmückten, sind bei ihm schwer vorstellbar – im Übrigen wäre Derartiges auch kaum nach dem Geschmack der nüchternen Thüringer gewesen. Sachlichkeit prägt nicht allein Vogels persönlichen Politikstil; er setzte auch auf Versachlichung der politischen Debatte durch Beiziehung externen Sachverstands. So nahm er den Anschlag auf die Erfurter Synagoge am 20. April 2000 zum Anlass, eine sozialwissenschaftliche Studie zur Verbreitung des Rechtsextremismus in Thüringen in Auftrag zu geben. Diese Studie wird seither jährlich als »Thüringen-Monitor« weitergeführt; auf seiner Grundlage berichtet die Landesregierung dem Landtag regelmäßig über den Stand der politischen Kultur in Thüringen – eine Form der Sozialberichterstattung, die in den übrigen Ländern Deutschlands ihresgleichen sucht.

Mit der Sachlichkeit eng verwandt ist ein weiterer Zug von Vogels Politikstil: Sein Streben, divergierende Positionen zum Konsens zu führen, schwierige Partner zu integrieren, auch über Parteigrenzen hinweg. Zwar ist auch für Bernhard Vogel selbstverständlich, dass Politiker in der Demokratie Parteipolitiker sind. Aber die Formel »Ministerpräsidenten sind Landesväter und Parteisöhne zugleich« (Heinz Kühn) gilt für ihn nicht. Er ist kein »Parteisohn«, wie sein politischer Weg zeigt. Vogels Politikerkarriere verlief nicht über die »Ochsentour« der Parteiarbeit; die Übernahme politischer Ämter ging meist dem Aufstieg in der Partei voraus und nicht umgekehrt. Im ersten Abschnitt seiner politischen Laufbahn förderte ihn Helmut Kohl. Danach ging Vogel seinen Weg selbstständig. Die Nachfolge Kohls als Landesvorsitzender der CDU und als Ministerpräsident in Rheinland-Pfalz erfocht er gegen dessen Willen. Und auch als Ministerpräsidenten von Thüringen hatte der Bundesvorsitzende und Bundeskanzler Kohl 1992 noch andere Kandidaten im Blick. Diese Unabhängigkeit bestimmt Vogels Verhältnis zu seiner Partei, der CDU: Im Unterschied zu Kohl, für den die Partei der zentrale Lebensraum war, wurde sie für Vogel nie die eigentliche Heimat. Anders als bei dem »Hordenführer« (Peter Haungs) Kohl, dessen Weg zur Macht und deren Ausübung auf der systematischen Pflege von Parteigefolgschaften beruhte, ist Vogels Verhältnis zu seinen Mitstreitern in Partei und Regierung sehr viel stärker von der Nähe in inhaltlichen Positionen und von Distanz im Persönlichen geprägt. Sein Verhältnis zur Politik ist gouvernemental, auf das Ganze gerichtet; für ihn hat die Partei eine vornehmlich dienende Funktion.

Sein auf Konsens und Integration zielender Politikstil war es, der es ihm ermöglichte, die tief zerklüftete Thüringer CDU wieder zusammenzuführen. Und die gleichen Fähigkeiten bewährten sich in schwierigen Verhandlungen über die Thüringer Landesverfassung. Das dabei gewachsene Vertrauen war ein wichtiges Kapital, das die darauf folgende große Koalition erst ermöglichte. Und es war mehr als ein parteitaktischer Schachzug, dass Vogel den als Wissenschaftsorganisator und als SPD-Parteipolitiker gleichermaßen ausgewiesenen Peter Glotz zum Gründungspräsidenten der Universität Erfurt berief. Und es war wiederum das Interesse Thüringens, das Vogel davon abhielt, die 1998 gebildete rot-grüne Bundesregierung aus parteitaktischen Erwägungen heraus mit einer Blockade-Politik im Bundesrat zu bekämpfen. Sein Umgang mit politischen Gegnern zeichnet sich durch Fairness und Respekt aus. Von der PDS grenzte er sich klar ab, hielt aber das Ansinnen, sie auszugrenzen, für absurd und für wirklichkeitsfremd. Schon in seiner ersten Regierungserklärung im Februar 1992 hatte er gefordert: »Ein ›Erfurter Dialog‹ des Aufeinanderzugehens, ... des Austausches von Ansichten und Meinungen soll in Gang gebracht werden.«

Konsensorientierung, Toleranz und das Bemühen um Vertrauen sind für Bernhard Vogel ebenso wenig Werte in sich wie die Ausübung von Macht: »Macht lohnt nicht um jeden Preis« – so die Begründung für seinen Rücktritt vom Amt des rheinland-pfälzischen Ministerpräsidenten, als eine Intrige ihn den Parteivorsitz kostete. Sie gewinnen ihre Bedeutung erst dadurch, dass sie in einer pluralistischen Demokratie den Wettstreit politischer Grundpositionen ermöglichen. Bernhard Vogels eigene Standpunkte wurzeln in seinen christlichen Wertgrundlagen. Zwar hat er den Christen im politischen Geschäft nie herausgekehrt, das »C« seiner Partei ist für ihn jedoch Antrieb und vor allem Forderung an sich selbst. Hier liegen die Grundlagen für eine verantwortliche Politik, das Eintreten für die Menschenrechte, für die Grundsätze der Solidarität und der Subsidiarität. An diesen Grundsätzen hält er unbeirrbar fest. Und gerne zitiert er das chinesische Sprichwort: »Der Drache lehrt: Wer hoch steigen will, muss es gegen den Wind tun.« Er hielt sich an diesen Grundsatz auch im Juli 1994 beim Besuch des chinesischen Ministerpräsidenten Li Peng in Weimar. Li Peng, verantwortlich für die »chinesische Lösung«, das Massaker auf dem Platz des Himmlischen Friedens in Peking im Juni 1989, verlangte ultimativ, die vor dem Goethehaus gegen ihn protestierenden Demonstranten, darunter in der ersten Reihe den SPD-Oppositionsführer im Landtag, mit Polizeigewalt vom Platz zu verweisen. Vogel nahm ohne Zögern den Eklat, den sofortigen Abbruch des Staatsbesuchs, in Kauf. Er zeigte hier weit mehr als Respekt für die lebendige Erinnerung an den Herbst 1989; er trat für die Grundwerte der Verfassung ein: die Unantastbarkeit der menschlichen Würde. In dieser Frage bezieht er leidenschaftlich Position. Seine Rede nach dem Anschlag auf die Erfurter Synagoge im Jahr 2000 stellte er unter das Diktum von Theodor Heuss: »Keine Freiheit den Feinden der Freiheit!«.

Ein Glücksfall

Als Bernhard Vogel 1992 nach Thüringen kam, sah er es »als unverhofftes Glück, in der Politik noch einmal weitermachen zu dürfen«. Es war zugleich ein Glücksfall für Thüringen, dass Bernhard Vogel zur Verfügung stand und sich in die Pflicht nehmen ließ. Wie kaum eine andere Persönlichkeit war er geeignet, die Geschicke des wieder erstandenen Landes in die Hand zu nehmen. Er brachte eine langjährige politische Erfahrung als erfolgreicher Ministerpräsident ebenso mit wie eine Vision der Einheit Deutschlands und eine Vision der Rolle Thüringens, einen Führungsstil und eine Art, Probleme zu lösen, die zu den Herausforderungen passten, vor denen Thüringen stand. Mit Sachlichkeit und Toleranz, mit Grundsatztreue und Zuversicht, vor allem aber mit der Achtung und der Zuneigung, die er den Thüringern entgegenbrachte, half Bernhard Vogel ihnen, ein neues Selbstwertgefühl und ein neues Selbstbewusstsein zu finden. So konnte Thüringen nicht nur den ihm zukommenden Platz unter den deutschen Ländern einnehmen. Mehr noch: Unter Vogels Führung errang der Freistaat eine Bedeutung und ein Ansehen, wie es für ein Land seiner Größe und seines wirtschaftlichen Potentials nicht selbstverständlich ist – eine glückliche Parallele zur Rolle Weimars 200 Jahre zuvor. Vor allem aber hat Vogel den (durch bittere Erfahrungen in Rheinland-Pfalz geschärften) Blick stets auf ein gutes Ende gerichtet. Er hat zur rechten Zeit Abschied von seinem Amt genommen und damit zum Wohl Thüringens das unter seiner Führung gelegte Fundament gesichert.

Als Bernhard Vogel 1992 das Amt des Thüringer Ministerpräsidenten antrat, hat ihm ein Weggefährte aus Mainzer Tagen einen guten Wunsch mit auf den Weg gegeben: »Ich wünsche ihm, dass die Menschen in Thüringen, die über fast 60 Jahre nicht nur mit Unfreiheit und Unterdrückung, sondern auch mit Perfidie und Charakterlosigkeit leben mussten, einen Ministerpräsidenten wie Bernhard Vogel, einen Menschen mit guten Eigenschaften, als Chance für sich und ihr Land erkennen.« Dieser Wunsch ist in Erfüllung gegangen. Die Thüringer danken es Bernhard Vogel, dass er sich mit seiner ganzen Person auf ihr Land eingelassen hat. Durch dieses Beispiel hat er auch der Einheit Deutschlands einen großen Dienst erwiesen. Der gebürtige Erfurter und bekennende Jenaer Gerd Schuchardt, der 1994 unter dem Motto »Einer von uns!« gegen den aus dem Westen ins Land gekommenen Bernhard Vogel in den Landtagswahlkampf gezogen war, bescheinigte ihm acht Jahre später: »Herr Vogel, Sie sind heute für mich ein Thüringer.«

MICHAEL KRAPP

Wiedervereinigung und Aufbau in Thüringen

Am 5. Februar 1992 wurde Bernhard Vogel zum Ministerpräsidenten von Thüringen gewählt. Erst acht Tage vorher hatte er sich auf Drängen von Bundeskanzler Helmut Kohl entschieden, dieses Amt zu übernehmen. An diesem 27. Januar 1992 hielt sich Bernhard Vogel, der Vorsitzende der Konrad-Adenauer-Stiftung, zu einer Besprechung mit der Leitung der Hanns-Seidel-Stiftung in München auf. Beim Mittagessen in einem Münchner Gasthaus erreichte ihn der Anruf von Helmut Kohl. Unmittelbar danach brach Vogel nach Erfurt auf und wurde noch am gleichen Tag von der Thüringer Landtagsfraktion als Ministerpräsident nominiert.

Ursache für den schnellen Routenwechsel war eine instabile Phase der ersten Thüringer Landesregierung unter Ministerpräsident Josef Duchač, die zu dessen Rücktritt nach nur 15 Monaten Amtszeit führte.

Ich betrachtete meine wichtigste Aufgabe als Chef der Staatskanzlei in dieser Phase darin, die oberste Verwaltung des Landes so stabil wie möglich zu halten. Das veranlasste mich unter anderem, so bald wie möglich das Gespräch mit dem neuen Ministerpräsidenten zu suchen, was wegen der natürlich vorrangigen politischen Gespräche in den Koalitionsfraktionen von CDU und FDP nicht ganz so einfach war.

Schließlich konnte ich den frisch vereidigten Ministerpräsidenten auf der Treppe des Verwaltungshochhauses kurz vor seinem Einstieg in den Dienstwagen der Konrad-Adenauer-Stiftung erstmals ansprechen. Da sich der Stiftungsvorsitzende auch dringend in Sankt Augustin zum unerwarteten Ausgang seiner Dienstreise erklären musste, entschlossen wir uns kurzerhand dazu, dass ich zur ersten Dienstberatung zu ihm ins Auto steige und nach Klärung der dringendsten Angelegenheiten in meinem Dienstwagen dann unverzüglich nach Erfurt zurückkehre. Dieser erste Arbeitskontakt war also ausgesprochen pragmatisch, es blieb nicht der letzte dieser Art.

Das war für mich allerdings nicht selbstverständlich. Denn ich bin natürlich davon ausgegangen, dass ein neuer Ministerpräsident seine unmittelbaren Mitarbeiter mitbringt und insbesondere von der Möglichkeit der Versetzung des »alten« Staatssekretärs in den vorläufigen Ruhestand ohne Angabe von Gründen Gebrauch macht. Da der Ministerpräsident bei den nächsten Gelegenheiten diese Frage nicht ansprach, habe ich dies mit dem Hinweis getan, dass ich volles Verständnis für einen solchen Schritt hätte und für diesen Fall meine Zukunft in der Wiederaufnahme meiner wissenschaftlichen Tätigkeit an der TH Ilmenau sähe. Aus diesem Grund habe ich mich auch der Evaluation an meiner früheren Hochschule, wie sie der Einigungsvertrag für eine weitere Tätigkeit dort vorsah, unterzogen.

Eine Rückkehr in die Fraktion, in die ich 1990 direkt als CDU-Kandidat des Landkreises Ilmenau gewählt wurde, war mir in der laufenden Legislaturperiode verwehrt. Mein Mandat musste ich konsequenterweise abgeben, nachdem ich selbst noch dem Abgeordnetengesetz zugestimmt hatte, das die Inkompatibilität des Abgeordnetenstatus mit der Tätigkeit als Staatssekretär festlegt. Dieses Amt hatte ich auf Bitte des ersten Ministerpräsidenten mit Konstituierung der ersten Landesregierung aus der Fraktion heraus übernommen.

Ministerpräsident Vogel hat in keiner Phase dieser Zeit einen Zweifel daran gelassen, dass er Wert auf meine weitere Arbeit als Thüringer in der Thüringer Staatskanzlei legt. Daran haben weder Spekulationen der Presse über meinen Rückgang an die TH Ilmenau noch anfängliche Versuche von einzelnen Verwaltungshelfern aus den alten Bundesländern, in der Übergangsphase über meinen Kopf hinweg Personalentscheidungen in der Staatskanzlei zu beeinflussen, etwas geändert. Das war für mich die entscheidende Vertrauensgrundlage für eine langjährige Zusammenarbeit mit dem Ministerpräsidenten als Chef der Thüringer Staatskanzlei und ab 1999 als Kultusminister in der Thüringer Landesregierung.

Bis zum 5. Februar 1992 waren in Thüringen trotz aller politischen Fragilität der Regierungskoalition aus CDU und FDP einige personelle und strukturelle Entscheidungen gefallen, von denen der neue Ministerpräsident ausgehen musste.

Ausgangspunkt des Neuaufbaus war das Wiedererstehen des Landes Thüringen im Rahmen des Beitritts der ehemaligen DDR zur Bundesrepublik Deutschland. Die alles entscheidende, insgesamt letzte und doch erste demokratische Volkskammerwahl am 18. März 1990 öffnete innenpolitisch den Weg zur Deutschen Einheit über die Bildung von fünf neuen Ländern. Auch wenn die SED/PDS ganz pfiffig mit dem Slogan »Kein Anschluss unter dieser Nummer: Art. 23 GG« Wahlkampf betrieb, war die überwältigende Mehrheit der Ostdeutschen der Meinung, dass gerade dies der richtige Weg »zurück in die Zukunft« sei, wie die »Allianz für Deutschland« plakatierte.

Von vornherein galten die DDR-Bezirke Erfurt, Gera und Suhl als Basis für ein Land Thüringen, dessen selbstständige Existenz nie ernsthaft in Frage gestellt wurde. Der 3. Oktober 1990 war also auch die Geburtsstunde des neuen Landes Thüringen, das kurz darauf nach einigen plebiszitären und kommunalpolitischen Entscheidungen per Staatsverträgen mit Sachsen und Sachsen-Anhalt um die Kreise Altenburg, Schmölln und Artern aus den ehemaligen Bezirken Leipzig bzw. Halle territorial abgerundet wurde.

Zwischen den Höhepunkten der politischen Wende in der ehemaligen DDR und diesen historischen Tagen hatte gerade einmal ein knappes Jahr gelegen. Nun ging es für Thüringen darum, den Einigungsvertrag durch die Wahl eines Landtages, den Aufbau einer Landesregierung und einer Landesverwaltung auszufüllen. Am 14. Oktober 1990 fanden die Wahlen des Landtags statt, der sich am 25. Oktober historisch bewusst im Deutschen Nationaltheater Weimar konstituierte.

Am 8. November 1990 wurde Josef Duchač zum Ministerpräsidenten gewählt, und am 12. November 1990 nahm die neue Landesregierung ihre Arbeit auf.

Meine Arbeit in der Staatskanzlei begann mit diesem Tage nicht etwa bei »Punkt 0«, sondern – um im Bilde zu bleiben – etwa bei »Punkt minus 100«. Denn es musste nicht nur die Landesverwaltung völlig neu aufgebaut, sondern gemäß Einigungsvertrag gleichzeitig die drei Bezirksverwaltungsbehörden abgewickelt werden. Obwohl der Politisch-Beratende Ausschuss zur Gründung des Landes Thüringen in der Interimszeit die Bildung von Regierungsbezirken empfohlen hatte, wurde dieser Vorschlag nicht weiterverfolgt. Das war der Zerschlagung des Landes Thüringen durch Einführung zentralistischer Bezirksstrukturen im Jahre 1952 ebenso geschuldet wie der Größe Thüringens, die die Einrichtung mehrerer Bezirksregierungen nicht unbedingt nahelegt.

Stattdessen erfolgte im Juni 1991 die Errichtung eines Thüringer Landesverwaltungsamtes in Weimar als zentrale Bündelungsbehörde der mittleren Verwaltungsebene, neben der noch verschiedene ressortgebundene Mittelbehörden, wie die Oberfinanzdirektion, die Umweltämter oder das Landessozialamt, eingerichtet wurden. Das Landesverwaltungsamt stellte auch die Verbindung der Landesregierung zu den Landkreisen und kreisfreien Städten im Sinne der Kommunalaufsicht her. Da die Kommunen noch lange vor der Konstituierung des Landes mit der Kommunalwahl am 6. Mai 1990 in das politische Leben der kommunalen Selbstverwaltung eintraten, traten deren Repräsentanten auch entsprechend selbstbewusst bei der Diskussion um die Gestaltung dieser mittleren Verwaltungsstrukturen auf.

Die aus DDR-Zeiten übernommene Kleinräumigkeit der Kommunalstrukturen war demgegenüber ein nicht so beliebtes Thema der Bürgermeister und Landräte der ersten Stunde. Ebenso verdrängt wurden zunächst die kostenintensiven Fragen der kommunalen Infrastrukturen wie Straßenbau, Wasserver- und Abwasserentsorgung sowie die Abfallentsorgung. Auf letzteren Feldern zeichnete sich ab, dass die Europäische Union, der wir zu unserer großen Befriedigung automatisch mit der Deutschen Einheit beigetreten waren, bald nachhaltige Forderungen auch an die neuen Länder stellen würde. Das führte in einigen Fällen durch falsche Beratung, durch Partikularinteressen und durch anfängliche Schwäche der Landesverwaltung zu unvorteilhaften Entscheidungen über Verbandsstrukturen und zu überdimensionierten Investitionen.

Unabhängig von diesen Strukturfragen waren aber auch die Personalprobleme in den oberen Führungsetagen der Landesverwaltung dringend zu klären. Der Einigungsvertrag gab den neuen Landesregierungen nur bis Ende des Jahres 1990 Zeit, diese Fragen durch Abwicklung nicht mehr notwendiger oder gewünschter Behörden ohne die in der alten Bundesrepublik üblichen arbeitsrechtlichen Vorbehalte zu klären.

Und so bestand meine erste ernste Herausforderung darin, über Übernahme oder Nichtübernahme von Mitarbeiterinnen und Mitarbeitern der ehemaligen Bezirksverwaltungsbehörden in die neue Staatskanzlei zu entscheiden. Dass sich hierbei viele persönliche, politische und fachliche Interessen kreuzten, liegt auf der Hand. Manche rigorose Abrechnungswünsche von ehemals Benachteiligten landeten auf meinem Tisch ebenso wie viele nicht erfüllbare Hoffnungen der Betroffenen. Ich hatte mir vorgenommen, nicht nur nach Papierform zu entscheiden, sondern mit allen Betroffenen zu sprechen. Die letzten Personalgespräche dieser denkwürdigen Art fanden am 30. Dezember 1990 statt.

Ich machte dabei deutlich, dass die freien Wahlen den politisch exponierten Funktionsträgern der alten Verwaltung ihre gut dotierten Stellen unwiderruflich entzogen haben. Die Übernahme in eine adäquate Stelle der neu aufzubauenden staatlichen Verwaltung sei in der Regel nicht möglich, da die damit verbundene Verpflichtung auf das Grundgesetz von den Betroffenen eine öffentliche politische »Wende« verlange, die nach so kurzer Zeit nicht glaubwürdig abgelegt werden könne.

In diesen Gesprächen habe ich aber auch deutlich gemacht, dass diese Konsequenz ausschließlich die Tätigkeit im Öffentlichen Dienst betreffe. Ganz im Unterschied zu politisch bedingten Entlassungen in der DDR, die praktisch den endgültigen Ausschluss von jeder höher qualifizierten Tätigkeit nicht nur im Öffentlichen Dienst, sondern in der gesamten Volkseigenen Wirtschaft bedeuteten. Der demokratische Rechtsstaat ziele nicht auf eine solche totale Ausgrenzung, denn es sei jedem freigestellt, in der Wirtschaft oder bei Verbänden sein berufliches Glück neu zu suchen. Soweit ich das verfolgen konnte, haben die Betroffenen von dieser Freiheit auch Gebrauch gemacht.

Konnte man diese Entscheidungen der Personalauswahl noch relativ einfach an offiziellen Kriterien wie die Höhe der Stellung in der Verwaltungshierarchie, die praktisch identisch mit der Stellung in der SED-Hierarchie war, festmachen, war das Kriterium der inoffiziellen Arbeit für die Staatssicherheit selbstverständlich nicht so offenkundig. Hier galten aber mit dem vom Einigungsvertrag übernommenen Stasi-Unterlagengesetz der letzten Volkskammer auch andere gesetzliche Bestimmungen, die für die Überprüfung und Entscheidung mehr Zeit gaben. Deshalb habe ich alsbald die Überprüfung aller vorläufigen Mitarbeiterinnen und Mitarbeiter der Staatskanzlei bei der »Gauck-Behörde« veranlasst. So war die Staatskanzlei auch die erste Behörde mit einem entsprechenden Rücklauf.

Tatsächlich stellte sich heraus, dass wenige vorläufig übernommene Mitarbeiter die entsprechenden Fragebögen nicht wahrheitsgemäß ausgefüllt hatten, so dass diese vor allem deswegen unverzüglich aus dem Öffentlichen Dienst ausscheiden mussten. Mit einer Debatte im Landtag und der darauf folgenden Schlagzeile »SPD fordert Rücktritt von Krapp« in der Mitteldeutschen Allgemeinen vom 4. Juli 1991 kehrte sich eine bekannte Regel um in: »den *ersten* beißen die Hunde«. Damit war aber dieses Kapitel für die Mitarbeiterschaft der Staatskanzlei auch erledigt, während eine langanhaltende öffentliche Stasi-Diskussion zu allen anderen gesellschaftlichen Bereichen begann.

Als Plattform auch dieser Diskussion hatten sich inzwischen unabhängige Medien etabliert. Im Zeitungsbereich setzten sich dabei die von der Treuhand privatisierten ehemaligen SED-Bezirkszeitungen durch, da sie für potente Kaufinteressenten wegen ihres relativ großen Abonnentenstammes besonders interessant waren. Die dabei angewandten Methoden der Treuhandanstalt und der Kaufinteressenten waren für uns neue Bundesbürger teilweise ernüchternd. Ein nicht unmaßgeblicher Repräsentant einer großen westdeutschen Zeitungsgruppe deutete mir z.B. unter vier Augen an, dass die Zeitungsmärkte in den neuen Ländern schon aufgeteilt waren, »... als Sie noch auf den Straßen bei den Montagsdemonstrationen waren«. Die hoffnungsvollen Neugründungen von Tageszeitungen nach der Maueröffnung hatten kaum eine Chance.

Mehr Gestaltungsmöglichkeiten hatte die Staatskanzlei bei der Transformation des zentralistischen DDR-Rundfunks in einen föderalen öffentlich-rechtlichen Rundfunk. Gemeinsam mit Sachsen und Sachsen-Anhalt gründete Thüringen nach vorhergehenden Abwicklungs- und Aufteilungsverhandlungen mit den anderen neuen Ländern den Mitteldeutschen Rundfunk, der am 1. Januar 1992 auf Sendung ging und die Interimslösung der »Einrichtung nach Artikel 36 des Einigungsvertrages« ablöste. Selbstverständlich trat Thüringen auch dem ZDF-Staatsvertrag bei.

Einige Zeit stand das Schicksal des *Deutschlandfunk* auf der Kippe, da einige alte Bundesländer dessen Auftrag – die Förderung der Deutschen Einheit – als erfüllt ansahen und offensichtlich seine Frequenzen gerne anderweitig verwendet hätten. Es war der deutliche Widerspruch insbesondere aus Thüringen, der mit Hinweis auf die auch zukünftig zu pflegende innere Einheit Deutschlands in Europa seine Abwicklung verhinderte und dabei sogar noch als zweites bundesweites Rundfunkprogramm das *DeutschlandRadio* in die öffentlich-rechtliche Medienlandschaft einbrachte, in dem ganz im Sinne von Willy Brandt der *RIAS* mit dem *Deutschlandsender/Kultur* zusammenwuchs. Im Sinne der dualen Medienlandschaft wurde ebenfalls im Jahre 1991 noch das erste Thüringer Privatrundfunkgesetz verabschiedet, auf dessen Basis sich aber erst viel später auch zwei private Hörfunkprogramme in Thüringen etablierten.

Der frisch gewählte Ministerpräsident Vogel kam also in ein neues Bundesland, in dem einige grundsätzliche Strukturfragen entschieden waren. Dafür gab es ein überreiches Angebot an ungelösten Problemen auf allen Ebenen der kommunalen und staatlichen Verwaltungsstrukturen, deren er sich unverzüglich nach seiner Vereidigung annahm. »Thüringen ist für mich die größte Herausforderung, die in meinem Leben auf mich zugekommen ist«, bekannte er in der ersten Pressekonferenz als neuer Thüringer Ministerpräsident und ehemaliger Ministerpräsident von Rheinland-Pfalz. Dabei schwang nicht nur Respekt vor dieser Aufgabe, sondern durchaus auch freudige Erwartung mit.

Eine der ersten strategischen Aufgaben, denen sich Bernhard Vogel zuwandte, war die Vorbereitung einer kommunalen Gebietsreform. Die bisherige Kreiseinteilung mit 5 Stadt- und 35 Landkreisen war bei einer Bevölkerungszahl von ca. 2,5 Millionen für eine moderne Verwaltung viel zu kleinräumig und kosteninten-

iv. Die schon erwähnte »frühe Geburt« der kommunalen Gebietskörperschaften und die unbestreitbare Leistung der neuen Kommunalpolitiker bei der Umgestaltung aller lokalen Lebensbereiche machten diese Aufgabe nicht leichter. In unendlich vielen Einzelgesprächen, Konferenzen mit dem Landkreistag und dem Gemeinde- und Städtebund sowie Debatten im Landtag näherte man sich einer Lösung.

In dieser Zeit führte der Ministerpräsident auch das Instrument der Kreisbereisung ein, das ihm das Land und seine Menschen vertrauter machte und außerdem den Blick für das Mögliche in diesem Reformprozess schärfte. Halb zum erholsamen Ausgleich, halb zur Ergänzung dieser Landeserkundung machte sich der »Wander-Vogel« auch bald an das etappenweise Erwandern des Rennsteigs und anderer touristischer Höhepunkte. Diese Ereignisse entwickelten sich zu »laufenden Veranstaltungen« mit »offener Tagesordnung«, die dem landesväterlichen Image von Bernhard Vogel sehr zugutekamen.

Diese vertrauensbildenden Maßnahmen, aber vor allem auch die kommunalpolitischen Erfahrungen aus seiner Zeit als Ministerpräsident in Rheinland-Pfalz und nicht zuletzt der fürsorgliche Umgang mit den verständlichen Zukunftssorgen betroffener Amtsträger führten langsam, aber sicher zum Erfolg. Zwar konnten nicht alle als optimal geltenden Vorstellungen umgesetzt oder alle Bürgerproteste – sogar mit fliegenden Eiern, z.B. um die neuen Kfz-Kennzeichen – verhindert werden, aber schließlich trat noch rechtzeitig vor der nächsten Landtagswahl die Gebietsreform am 1. Juli 1994 in Kraft.

Nunmehr galt eine kommunale Struktur mit 17 Landkreisen und 6 kreisfreien Städten. Dem dominierenden ländlichen Raum Thüringens geschuldet ist das Institut der »Verwaltungsgemeinschaft«, und für die ganz schwierigen Fälle lokaler Identität gibt es die »Erfüllende Gemeinde« und die »Große kreisangehörige Stadt«. Außerdem wurde die Kompetenzverzahnung zwischen Landes- und Kreisebene mittels »eigenem« und »übertragenem Wirkungskreis« und durch Inanspruchnahme der Kreisbehörde als untere staatliche Verwaltungsbehörde gesetzlich in der Thüringer Kommunalordnung geregelt. Außerdem wurde mit der neuen Kommunalordnung die direkte Wählbarkeit von Landräten, Oberbürgermeistern und Bürgermeistern eingeführt.

Bei aller Wichtigkeit der kommunalen Reformen durfte der im Gang befindliche Umbau und Aufbau der sonstigen Staats- und Verwaltungsorganisation nicht aus dem Blick geraten. Nur für eine Übergangszeit waren die DDR-Verwaltungsstrukturen noch gültig, um die Kontinuität des gesellschaftlichen Lebens zu sichern. Im Einigungsvertrag war aber festgelegt, dass auch in den neuen Ländern grundsätzlich die Verwaltungsstrukturen der alten Länder der Bundesrepublik übernommen werden. Deren Grundsätze sind zwar bereits durch das Grundgesetz und Bundesrecht determiniert, aber die landesspezifischen Ausprägungen der Zuständigkeiten, die Standortfragen und Gebietszuschnitte bedurften dringend landesgesetzlicher Grundlagen.

Zunächst hatte man sich mit einem Gesetz über die Verkündung von Rechtsverordnungen und Organisationsanordnungen vom 30. Januar 1991 beholfen. Zunehmend fehlte aber ein Gesamtkonzept, das der neu gewonnenen Staatlichkeit Thüringens ein unverkennbares Gesicht verlieh. Deshalb wurde die Erarbeitung einer Thüringer Verfassung als gesetzliche Grundlage nicht zuletzt für die ausstehende funktionale Verwaltungsreform immer wichtiger.

Hierbei haben sich in guter demokratischer Tradition der Ministerpräsident und die Landesregierung zurückgehalten und dem Landtag die Initiative überlassen. In der breit angelegten Diskussion um die neue Thüringer Verfassung vergewisserten sich die Abgeordneten der ersten Legislaturperiode des wiedererstandenen Landes noch einmal grundsätzlich der territorialen, geschichtlichen und politischen Identität Thüringens unter besonderer Beachtung der Erfahrungen der friedlichen Revolution von 1989/90 und gossen sie in eine Form, die von den Mitgliedern aller Fraktionen, außer denen der PDS, am 25. Oktober 1993 auf der Wartburg beschlossen wurde.

Mit einem Volksentscheid parallel zur zweiten Landtagswahl am 16. Oktober 1994 trat diese Verfassung schließlich endgültig in Kraft. Seit diesem Tag trägt Thüringen auch wieder das Attribut »Freistaat«, was an die erste republikanische Staatsgründung auf Thüringer Territorium im Jahre 1920 anknüpft.

Mit diesem 16. Oktober 1994 ist schließlich auch Bernhard Vogel endgültig in Thüringen »angekommen«, denn er gewann seinen Erfurter Wahlkreis. Nach langwierigen Koalitionsverhandlungen mit der SPD, in denen er als Verhandlungsführer in zähen nächtlichen Verhandlungen auch schon mal seine Zigarre als ultimative »Geheimwaffe« gegenüber überzeugten Nichtrauchern einsetzte, wurde er am 30. November 1994 erneut zum Ministerpräsidenten gewählt.

In diese Zeit fiel auch der Umzug der Staatskanzlei vom alten Hochhaus am Landtag – im Volksmund die »Eierkiste« – in die sanierte »Alte Mainzer Statthalterei«. Es hatte einen besonderen symbolischen Reiz, dass gerade ein ehemaliger Ministerpräsident aus Mainz in dieses historische Gebäude in Erfurt einzog – aber nicht als Statthalter, sondern als frei gewählter Thüringer Ministerpräsident. Gleichwohl war sich Bernhard Vogel der durchaus liberalen Haltung des letzten Mainzer Statthalters in Erfurt, Carl von Dalberg, bewusst, weshalb er alsbald dessen Tradition der für das damalige Erfurter Bürgertum offenen gesellschaftlichen Soireen aufgriff und die Reihe der ebenso offenen »Erfurter Gespräche« mit erlesenen Gästen von Michail Gorbatschow bis John Kornblum und von Joachim Gauck bis Joachim Fest etablierte.

Aber auch in der Sanierungsphase der Statthalterei setzte der »Feingeist Vogel« seine Akzente und sorgte z.B. dafür, dass beim Neubau der zur Hälfte zerstörten Freitreppe zum Barocksaal die Galerie der Putten wieder vervollständigt wurde. Da die alten Vorlagen fehlten, erlaubte er sich, Vorschläge zur allegorischen Darstellung der Deutschen Einheit und des Thüringer Kabinetts einzubringen, die nun jeden aufmerksamen Besucher erfreuen. Die Einweihung dieses Gebäudekomplexes in Form eines Tages der offenen Tür war mit ca. 25.000 Besuchern ohne jeden Zwischenfall ein voller Erfolg. Die Thüringer haben sich an diesem Tag mit dieser Staatskanzlei als ihrem Regierungszentrum und als Stück ihrer Geschichte identifiziert.

Als direkt gewählter Erfurter Abgeordneter des Thüringer Landtages hat sich Bernhard Vogel auch an anderen Stellen für Schwerpunkte der Stadtgestaltung eingesetzt. So förderte er z.B. den Abriss des hässlichen Rohbaus eines sozialistischen Kulturpalastes direkt vor der Alten Mainzer Statthalterei. Leider klafft bis heute an dieser Stelle aber noch ein riesiges Loch. Demgegenüber wurde der Aufbau eines neuen innerstädtischen Gebietes auf der Industriebrache hinter dem Erfurter Dom mit dem letzten Opernbau des 20. Jahrhunderts in Deutschland sowie Fünfsternehotel zügig fertiggestellt.

Über ein reines Stadtprojekt hinaus ging sein Einsatz für die Wiedereröffnung der 1816 geschlossenen Erfurter Universität. Mit dem »Max-Weber-Kolleg« entstand nicht nur ein lebendiges Denkmal für diesen berühmten Sohn Erfurts, sondern der Kern einer geisteswissenschaftlichen Universität, die sich als Reformprojekt Thüringer und Deutscher Hochschulpolitik profiliert. In Verbindung mit dieser Neugründung wurden auch die Studienrichtungen der anderen Thüringer Hochschulen in Erfurt, Jena, Weimar und Ilmenau im Sinne eines »Campus Thüringen« entwickelt und die Hochschullandschaft um bedarfsorientierte Fachhochschulen in Schmalkalden, Erfurt, Jena und Nordhausen sowie eine Berufsakademie mit Standorten in Eisenach und Gera erweitert.

Gerade bei solchen Projekten kamen Thüringen die Verbindungen zugute, die Bernhard Vogel aus seinen langjährigen politischen Tätigkeiten in der alten Bundesrepublik und aus seinen vielfältigen Interessen und internationalen Freundschaften mitbrachte. Ohne dieses »Kapital« wäre es wohl auch nicht gelungen, mittels der temporären Föderalismuskommission zur Neuverteilung der Bundesbehörden auf die Länder das Bundesarbeitsgericht von Kassel nach Erfurt, Teile der Bundesversicherungsanstalt für Angestellte nach Gera, des Bundesamtes für Wasserbau nach Ilmenau oder des Deutschen Patentamtes nach Jena zu verlegen.

Mit solchen punktuellen Erfolgen vor Augen, einer soliden Verfassung im Rücken und zwei ehrgeizigen Koalitionsfraktionen an der Seite wurde nun auch die Schlagzahl der Staatskanzlei bei der politischen Gestaltung des Freistaates deutlich erhöht. Das war auch rein taktisch nötig, da der links stehende Koalitionspartner mit seinem aus dem Saarland importierten Innenminister sogleich für politischen Wirbel sorgte. Denn der betrieb unverzüglich die Dezentralisierung der Polizeistruktur, was den rechts stehenden Koalitionspartner nervös machte.

Nervosität machte sich auch in der Wirtschaft breit, da sich mit ungeklärten Eigentums- und chaotischen Grundbuchverhältnissen, Eigenkapitalmangel und aufgestauten Umweltlasten erhebliche Investitionshürden auftaten. Nicht überall waren die Verhältnisse so günstig wie bei Carl Zeiss und der daraus hervorgegangenen Jenoptik in Jena, wo noch im Jahre 1991 mit Hilfe der Treuhand und des ehemaligen Ministerpräsidenten von Baden-Württemberg, Lothar Späth, optimale finanzielle und personelle Voraussetzungen für eine industrielle Erfolgsgeschichte geschaffen werden konnten. Auch der schnelle Wechsel vom Wartburg-Werk zum Opel-Werk in Eisenach kann als Erfolgsgeschichte vermerkt werden. Ganz anders wirkte die Treuhand bei Abwicklung vieler Betriebe und Kombinate wie z.B. des Kalibergbaus in Thüringen, was Bernhard Vogel veranlasste, öffentlich von »der Fratze des Kapitalismus« zu sprechen.

Zur Verbesserung der allgemeinen wirtschaftlichen Rahmenbedingungen wurden Landesgesellschaften wie die Landesentwicklungsgesellschaft, die Thüringer Liegenschaftsgesellschaft, die Thüringer Aufbaubank, die Thüringer Bürgschaftsbank, der Thüringer Industriebeteiligungsfonds, die Venture Capital Gesellschaft Thüringen, die Thüringer Gesellschaft für Arbeit und Wirtschaft sowie die Ernst-Abbe-Stiftung, die Stiftung für Technologie, Innovation und Forschung Thüringen und zusammen mit Sachsen und Sachsen-Anhalt die Mitteldeutsche Medienfördergesellschaft gegründet.

Zur weiteren Entlastung der Ministerialbürokratie musste dringend eine Funktionalreform eingeleitet werden. Das war für den Erhalt der Wettbewerbsfähigkeit Thüringens mit den anderen Ländern nötig und auf Basis der neuen Verfassung nun auch in geordneter und systematischer Art und Weise möglich. Schrittweise wurden die nachgeordneten Verwaltungen der Finanzen, des Sozialen, der inneren Sicherheit und der Justiz auf den Standard der alten Länder gebracht. Lediglich mit dem Thüringer Verfassungsgericht leistete man sich eine Einrichtung, die zwar nicht obligatorisch, aber für ein Land mit einem langen Demokratiedefizit essenziell ist. Dort, wo sich der Einsatz neuer Informationstechnologien anbot, konnte sogar der alte DDR-Traum vom »überholen ohne einzuholen« mindestens kurzzeitig realisiert werden. So war Thüringen eines der ersten Länder in der Bundesrepublik, die elektronische Grundbuchämter und das elektronische Kataster einführten.

Das allgemeinbildende, staatliche Schulsystem wurde von Beginn an in Grundschule, Regelschule mit Haupt- und Realschulgang und 8-jähriges Gymnasium gegliedert. Das wich zunächst von der Schulstruktur der alten Länder ab und wurde von diesen in der Kultusministerkonferenz sehr skeptisch beobachtet, hat sich aber inzwischen auch für diese als in die Zukunft weisend erwiesen. Das Gleiche gilt für die Fortsetzung der Tradition von fünf Spezialgymnasien für Sport und Naturwissenschaften, die in der dritten Legislaturperiode anlässlich des EU-Sprachenjahres 2001 um ein Spezialgymnasium für moderne außereuropäische Fremdsprachen am traditionsreichen Standort der Salzmannschule in Schnepfenthal bei Waltershausen und um eine internationale Schule in Weimar ergänzt wurde.

Völlig neu mussten die Schulen in freier Trägerschaft aufgebaut werden, da diese keinen Platz im sozialistischen Schulsystem hatten. Als Träger kamen neben entsprechenden Vereinen natürlich vor allem die christlichen Kirchen in Frage. Nicht nur deshalb, sondern auch zur Regelung des Religionsunterrichts an allen Schulen, des Kirchensteuereinzugs, der gesellschaftsrechtlichen Anerkennung von Diakonie und Caritas und nicht zuletzt zur umfassenden Sicherung der Religionsfreiheit mussten die Beziehungen zwischen Staat und Kirchen neu geregelt werden. Anknüpfend an die Weimarer Verfassung hatte die neue Thüringer Verfassung auch hierzu die Grundlagen geschaffen. In freundlichen, aber auch bestimmten Verhandlungen mit den evangelischen Kirchen und dem Heiligen Stuhl wurden Vertragswerke entwickelt, die dem jeweils unabhängigen, aber traditionell doch kooperativen Dienst von Staat und Kirchen an den Menschen in Thüringen dienen.

Auf Initiative der CDU-Fraktion wurde im Sinne des Einigungsvertrages die Verbeamtung der Mitarbeiter im Öffentlichen Dienst vorangetrieben. Da Thüringer Beschäftigte im Öffentlichen Dienst die üblichen Laufbahnbefähigungen in der DDR nicht erwerben konnten, wurde nach Einigungsvertrag das Instrument des *Bewährungsbewerbers* eingesetzt. Für den großen Bereich der Lehrer war die Frage der Verbeamtung lange Zeit politisch strittig.

Nach intensiven Verhandlungen der Koalitionspartner CDU und SPD miteinander und mit den Lehrerverbänden einigte man sich schließlich auf ein Modell der freiwilligen »Teilzeitverbeamtung auf Zeit«. Damit sollte der demographisch und historisch bedingten Überbesetzung Rechnung getragen werden, ohne das Ziel der Verbeamtung aufgeben zu müssen. Das Risiko einer Verfassungsklage wegen Verletzung des grundgesetzlichen Alimentationsgebots für Beamte wurde von beiden Koalitionspartnern als gering eingeschätzt und vor allem wegen vereinigungsbedingter Umstände auch von den zu Rate gezogenen Juristen in Kauf genommen. Wie man inzwischen weiß, schützt auch das vor Klagen auf Vollzeitbeschäftigung nicht.

Entsprechend den Mechanismen einer großen Koalition wurden so auch in anderen Detailfragen Kompromisse gefunden. Deshalb durfte z.B. die Thüringer-Wald-Autobahn zunächst nur als Thüringer-Wald-Schnellstraße mit reduzierten Kurvenradien bezeichnet werden, oder die Trinkwassertalsperre Leibis bekam eine etwas niedrigere Staumauer als ursprünglich geplant. Die bekannten grundsätzlichen Konflikte der beiden Koalitionsparteien in der Wirtschafts- und Sozialpolitik wurden mit Geld »ausgewogen«. Das heißt, dass z.B. eine besondere finanzielle Wohltat für den zweiten Arbeitsmarkt mit einer ebensolchen Wohltat für die Wirtschaftsförderung des Mittelstandes auszugleichen war. Das war nachweisbar kein Schaden für das Wirtschaftswachstum oder die Arbeitslosenzahlen, belastete allerdings den Haushalt des Freistaates in dieser Zeit besonders stark und brachte Thüringen gegenüber Sachsen hinsichtlich Verschuldung eindeutig in die schlechtere Position.

Manche eigentlich nicht vorhandene D-Mark musste aber in dieser Zeit der zweiten Legislaturperiode auch deshalb in die öffentliche Hand genommen werden, um Thüringen kulturell wieder in die Mitte Deutschlands zu rücken. Weimar als Ort der Deutschen Klassik bedurfte dringender Erhaltungsinvestitionen, um den Verfall von unschätzbaren Werten aufzuhalten. Aber auch die Vielzahl der so genannten Residenzstädte, wie z.B. Eisenach, Gotha, Meiningen, Sondershausen oder Altenburg, musste unterstützt werden, um historische Bausubstanz von europäischem Rang zu retten. Dazu wurden wichtige Jubiläen als Investitionsanlässe, wie z.B. der 250. Geburtstag Johann Wolfgang von Goethes mit dem europäischen Kulturstadtjahr Weimar 1999, genutzt.

Da sich das Kulturland Thüringen ganz besonders durch die Verbindung von Kultur und Landschaft definiert, waren die Umweltwunden, die die vergangenen Systeme hinterlassen hatten, ganz besonders schmerzhaft. Der Teersee bei Rositz und die Abraumkegel des Uranbergbaus bei Ronneburg waren solche weithin riechbaren oder sichtbaren Zeichen der Umweltsünden aus fast hundert Jahren rücksichtsloser Industriegeschichte. Ihre Beseitigung kostete viel Geld, das von Bund und Land aufgebracht werden musste. Ministerpräsident Vogel hat sich erfolgreich dafür eingesetzt, dass im Frühjahr 2007 die Rekultivierungsarbeiten an einem der größten Uranfelder des Kalten Krieges zwischen Gera und Ronneburg ihren krönenden Abschluss in der Eröffnung der Bundesgartenschau finden.

Doch nicht nur freudige Anlässe waren Grund für kulturpolitisch unverzichtbare Investitionen. Die zwei Diktaturen des 20. Jahrhunderts haben in Thüringen Spuren hinterlassen, die es aus der Verpflichtung und dem Bedürfnis heraus, solches in der Zukunft zu verhindern, nachhaltig zu erinnern galt. Unbestreitbar ist das KZ Buchenwald bei Weimar solch ein singulärer Ort des Grauens, der ganz besonders zu berücksichtigen war.

Der 9. April 1995 bot sich aus Anlass des 50. Jahrestages der Befreiung dieses Lagers als Tag der Begegnung mit noch lebenden, ehemaligen Opfern aus ganz Europa in einer überarbeiteten Gedenkstätte an. Der Thüringer Ministerpräsident hatte die Gedenkveranstaltung unter das Thema »Sieh hin, und du weißt!« (Hans Jonas) gestellt. Es war Jorge Semprun als ehemaliger kommunistischer Buchenwaldhäftling und späterer spanischer Kultusminister, der in seiner Gedenkrede im Deutschen Nationaltheater Weimar sehr bewegend auch an die Opfer des Speziallagers Nr. 2 erinnerte, das die sowjetische Besatzungsmacht an dieser Stelle errichtete.

Das war eine wichtige externe Bestätigung aus berufenem Munde für das zeitweise heftig umstrittene Vorhaben Thüringens, neben der Gedenkstätte des KZ Buchenwald in angemessener örtlicher und inhaltlicher Distanz auch eine Gedenkstätte des Speziallagers Nr. 2 zu errichten.

Diese Rede war auch Anlass, dem von Semprun schon anlässlich der Verleihung des Friedenspreises des Deutschen Buchhandels in der Frankfurter Paulskirche vorgeschlagenen Projekt einer Weimarer Bildungs- und Forschungsstätte zu den totalitären Erfahrungen Europas im 20. Jahrhundert eine konkrete Form zu geben. Inzwischen arbeitet die *Stiftung Ettersberg* von Weimar aus wissenschaftlich und international über Ursachen der Entstehung und Wege der Überwindung der Diktaturen Europas im 20. Jahrhundert. Diese Stiftung ist inzwischen auch Koordinationszentrum aller lokalen Gedenkstätten für NS-Opfer, Stasi-Opfer und Grenz-Opfer, die im ganzen Land verstreut sind und meist ehrenamtlich betrieben werden.

Die aktive Aufarbeitung Thüringer Zeitgeschichte hat spätestens in der Phase des aufkommenden Wahlkampfes für die dritte Legislaturperiode auch tagespolitische Wirkungen entfaltet. Vor allem die SPD stand vor der Frage, ob sie eine Koalition mit der keineswegs schwächer werdenden SED-Nachfolgerin PDS anstreben solle. Dieses Problem bereitete der Thüringer SPD in dieser Zeit große interne Schmerzen, die durch die Irritationen des ersten Regierungsjahres von Rot/Grün in Berlin nicht gelindert wurden. Im Ergebnis konnte die CDU in Thüringen 1999 mit ihrem inzwischen in allen Schichten anerkannten Spitzenkandidaten Bernhard Vogel die absolute Mehrheit der Stimmen einfahren.

Der hatte sich nicht in diese Position gedrängt, da er doch schon eine ganze Weile über einen Stabwechsel an jüngere Nachfolger möglichst aus Thüringen selbst nachgedacht hatte. Mit den nun möglichen personellen Gestaltungsmöglichkeiten konnte er auch dafür einen neuen Anlauf wagen. Er widersprach deshalb auch nicht den medialen Spekulationen, die die neuen Spitzen der Fraktion, des Finanz- und des Innenministeriums als Favoriten in diesem Sinne sahen. Nach den Regeln der Medien in einer freiheitlichen Demokratie waren diese potentiellen Nachfolgekandidaten natürlich ab sofort einer verschärften öffentlichen Beobachtung ausgesetzt.

So war es kein Zufall, dass eine eskalierende Auseinandersetzung zwischen dem neuen Innenminister und dem alten Chef des Thüringer Verfassungsschutzes mit dem Rücktritt des Ministers endete. Für den Finanzminister war es eine Herausforderung, diese Lücke zu schließen. Die für das Finanzressort recht gut geeignete Burschikosität war für die notwendige Gratwanderung des neuen Innenministers zwischen kollektiver Sicherheit und individueller Freiheit in den Augen der veröffentlichten Meinung jedoch nicht ganz so erfolgreich. Gut ein Jahr vor Ende der laufenden Legislaturperiode entschied sich Bernhard Vogel, die Nachfolgefrage zugunsten des amtierenden CDU-Fraktionsvorsitzenden und früheren Kultusministers zu lösen.

Am 10. Juni 2003 trat zum ersten Mal das Thüringer Kabinett unter Leitung von Ministerpräsident Dieter Althaus zusammen. Bis auf das Sozial- und das Wirtschaftsministerium konnten die alten Ressortleitungen im Amt bestätigt werden, so dass für eine klare Kontinuität der Landespolitik in dieser Legislaturperiode gesorgt war.

Diese war z.B. im Bereich Wirtschaft und Arbeit dadurch charakterisiert, dass beide Zuständigkeiten in einem Ressort zusammengeführt waren. Damit sollte verdeutlicht werden, dass der zweite Arbeitsmarkt, dem unter den Bedingungen der jungen Länder noch auf Jahre hinaus eine wichtige Rolle zukommt, für uns nicht Selbstzweck ist. »Der zweite Arbeitsmarkt ist die Brücke zum ersten Arbeitsmarkt und nicht das Tor zum dritten Arbeitsmarkt, den wir entschieden ablehnen«, so Ministerpräsident Vogel in der ersten Regierungserklärung der dritten Legislaturperiode.

Dabei lagen die Vergleichswerte inzwischen gar nicht schlecht. Auf tausend Einwohner im erwerbsfähigen Alter lag Thüringen mit 563 Beschäftigten etwa gleichauf mit Rheinland-Pfalz. Aber bei uns fragten von tausend eben 773 Bürger Arbeit nach, in Rheinland-Pfalz nur 694. In dieser Relation spiegelt sich auch heute noch die Tatsache wider, dass die private Vermögensbildung in den neuen Ländern nach 40 Jahren »Volkseigener« Wirtschaft nach wie vor sehr rückständig ist.

Aus diesem Grund setzte sich Ministerpräsident Vogel in dieser Phase verstärkt für eine Beteiligung der Arbeitnehmerinnen und Arbeitnehmer am Produktivvermögen ein. In der Tat haben einige dynamische Firmen der Thüringer Technologiebranchen den Investivlohn für ihre Belegschaft eingeführt. Für eine flächendeckende Umsetzung dieses Konzeptes haben sich die Tarifpartner zu dieser Zeit aber noch nicht entscheiden können. Dazu fehlte wohl auch die bundespolitische Unterstützung durch Rot/Grün in Berlin.

Daran konnte auch der politisch komplementär erstarkende Bundesrat nichts Wesentliches ändern. Gleichwohl trug Thüringen im Bundesrat die Arbeitsmarktreform mit, die landläufig mit dem Namen von Peter Hartz verbunden ist. Zur intensiven Begleitung dieser Verhandlungen auf Bundesebene wurde mit der dritten Legislaturperiode die Stellung des Chefs der Thüringer Staatskanzlei durch den Ministerrang aufgewertet. Aus diesem Amt heraus sind auch die Vorbereitungen einer Föderalismusreform und eines Europäischen Verfassungsvertrages zu koordinieren. Zur Intensivierung der Öffentlichkeitsarbeit wurde im historischen »Haus Vaterland« neben der Staatskanzlei ein Europäisches Informationszentrum eingerichtet.

Insgesamt kann man davon ausgehen, dass der Freistaat Thüringen mit der dritten Legislaturperiode eine Ausprägung der staatlichen Struktur erreicht hat, die vergleichbar zu den alten Ländern ist. Da auch mit dem Solidarpakt II die degressive Perspektive der einheitsbedingten Förderungen vereinbart ist, wurde nun alle Kraft darauf konzentriert, auch bei den Haushaltseckwerten vergleichbar zu werden. Neben der Verbesserung der Einnahmesituation, die eng mit der nur indirekt von der Politik zu beeinflussenden wirtschaftlichen Entwicklung zusammenhängt, war die direkt zu gestaltende Ausgabesituation kritisch zu hinterfragen.

Der neuralgische Punkt war nach wie vor die personelle Überbesetzung des Öffentlichen Dienstes. Verstärkt wurde diese Situation durch die rückläufige Bevölkerungsentwicklung – teils durch Geburtenschwund, teils durch ein negatives Wanderungssaldo. Der Abbau von Stellen im Öffentlichen Dienst war unausweichlich.

Logischerweise wurde das demographische Problem zuerst bei der sinkenden Inanspruchnahme der Kindergartenplätze sichtbar, was wegen der kommunalen Zuständigkeit zunächst noch alleine von den Gemeinden bzw. Landkreisen geregelt werden konnte bzw. musste. Doch bald machte sich auch in den Grund- und weiterführenden Schulen eine wachsende Überbesetzung der Lehrerschaft bemerkbar, was möglichst sozialverträglich mit freiwilligen Teilzeitmodellen kompensiert werden sollte.

Entsprechende »Floating«- und »Swing«-Vereinbarungen mit den Tarifpartnern haben einen großen Teil des Problembergs abgetragen. Allerdings war die Bereitschaft zum solidarischen Teilen von Stellen nicht so groß, dass auf Entlassungen verzichtet werden konnte. Das war für Beschäftigte im Öffentlichen Dienst offensichtlich eine völlig neue Erfahrung, was für entsprechende politische Aufregung sorgte. Die daraus erwachsenden arbeitsrechtlichen Konflikte wurden auf dem Weg des Teilzeitvergleichs geregelt.

Außerdem wurde keineswegs ein proportionaler Stellenabbau angestrebt, weil neben dem Rückgang der Schülerzahlen ein Anstieg der pädagogischen Anforderungen zu konstatieren ist. Das reicht von der Einführung moderner Informationstechniken über die Verstärkung der Fremdsprachkompetenzen bis hin zur Intensivierung sozialpädagogischer Maßnahmen, wie zum Beispiel die Einführung von Schuljugendarbeit als Weg zur offenen Ganztagsschule. Die insgesamt sehr guten PISA-Ergebnisse Thüringens haben uns ermutigt, den eingeschlagenen Kurs in der Schulpolitik fortzusetzen.

Ein erschütterndes Beispiel nicht gelingender Bewältigung von komplexen Widersprüchen einer heranwachsenden Schülerpersönlichkeit durch Elternhaus, Schule und gesellschaftlichem Umfeld war das Massaker am Gutenberg-Gymnasium in Erfurt im Jahre 2002. Die Trauerfeier für Opfer und Täter auf dem überfüllten Erfurter Domplatz und das effiziente Krisenmanagement werden auch als Teil der Geschichte des jungen Freistaates Thüringen in Erinnerung bleiben, die durch Bernhard Vogel als Landesvater nachhaltig geprägt wurde.

Wenn solche singulären Ereignisse eine vernünftig geplante Landespolitik auch nicht grundsätzlich ändern können, können sie doch bestimmte Entwicklungen beschleunigen. Das gilt auch für das Schulgesetz, das sich zu dieser Zeit in der Novellierung befand. Schneller als noch eine Woche vor dem Massaker – in der Landeselternkonferenz – absehbar, wurde die dort erwogene Zwischenprüfung von Gymnasiasten am Ende der 10. Klasse mit Vergabe eines dem Realschulabschluss gleichwertigen Zertifikates eingeführt. Auch die mit Volljährigkeit der Schüler eintretende Informationssperre der Schulen an die Eltern wurde unter bestimmten Bedingungen aufgehoben.

An der Schulpolitik wird exemplarisch erkennbar, dass das Leitmotiv der dritten Legislaturperiode »Sparen und Gestalten« nachhaltig in die Tat umgesetzt wurde. Das galt auch für die anderen Ressorts und Politikfelder, so dass eine deutliche Verringerung der Neuverschuldung erreicht werden konnte. Das große

Ziel einer schrittweisen Entschuldung in absehbarer Zeit verschwand jedoch mit stetig abnehmenden Steuereinnahmen hinter dem Horizont der Doppelhaushalte dieser Legislaturperiode.

Mit herannahendem Ende dieser Periode wurden diese Fragen wie üblich auch wieder verstärkt Gegenstand des heraufziehenden Wahlkampfes. Bernhard Vogel hatte die Weichen durch den Wechsel an den Spitzen von Regierung und Landespartei aber rechtzeitig in die richtige Richtung gestellt. Im Juni 2004 konnte die von Dieter Althaus geführte CDU erneut die absolute Mehrheit der Mandate im Thüringer Landtag erringen. Mit zwei Stimmen ist die Mehrheit zwar nicht mehr so komfortabel wie 1999, aber das Fundament ist solide gelegt, so dass Thüringen den politischen Stürmen der Zukunft zuversichtlich entgegengehen kann. Bernhard Vogel hat daran den entscheidenden Anteil.

Hermann Ströbel

Bildungspolitik in Thüringen 1990 bis 2005

Reformen und Qualifizierung von Schule und Hochschule, Hochschulgründungen

Vorbemerkung

Im folgenden Beitrag ist die Bildungspolitik in Thüringen in den Jahren von 1990 bis 2005 dargestellt, von der Zeit der politischen Wende in der DDR und den Anfängen in den neuen (jungen) Ländern bis zu den Herausforderungen an eine zeitgemäße Bildungspolitik in der Gegenwart. Maßgeblich geprägt wurde diese Phase der Bildungspolitik durch Ministerpräsident Bernhard Vogel 1992 bis 2003, eine Bildungspolitik mit festen Grundsätzen und liberalen Gestaltungsmöglichkeiten. Schwerpunkt des Beitrags ist der Schulbereich, in dem der Verfasser im Berichtszeitraum tätig war. Bernhard Vogel hatte als Ministerpräsident allerdings stets auch die Thüringer Hochschulen im Blick; ihre Entwicklung hat er mit Nachdruck gefördert und entscheidend beeinflusst.

Die Situation vor und in der Wende

Das Schulsystem der DDR wird immer wieder als Einheitsschulsystem dargestellt mit dem Kernelement der 10-klassigen Polytechnischen Oberschule (POS), der einen Schule für alle Kinder und Jugendlichen. Natürlich werden dann auch noch die zur Hochschulreife führende Erweiterte Oberschule (EOS), die berufliche Bildung mit kommunalen Berufsschulen und Betriebsberufsschulen, Facharbeiterausbildung und Berufsausbildung mit Abitur (BmA) erwähnt, auch Sonderschulen für Behinderte, und vielleicht noch die Spezialschulen. Eher selten wird dabei allerdings deutlich, dass die DDR neben der Einheitsschule Talente sehr gezielt förderte und forderte, im Sport – das ist noch am ehesten bekannt –, aber auch in Mathematik und den Naturwissenschaften sowie in den Sprachen. Selbst in der POS war der Unterricht nicht immer so einheitlich, wie er oft beschrieben wird.

Dies ändert freilich nichts an der Tatsache, dass die DDR-Schule eine ideologisch ausgerichtete indoktrinierende Schule war. Ihr Ziel war es nach dem Bildungsgesetz von 1965, »allseitig und harmonisch entwickelte sozialistische Persönlichkeiten« heranzubilden. Diese Indoktrination abzuschütteln, die Schule aus ihrem Zwangskorsett zu befreien, war eine nicht unwesentliche Motivation für viele der Menschen, welche die politische Wende in der DDR herbeigeführt und die neuen Strukturen mitgestaltet haben. Der Politisch-Beratende Ausschuss zur Bildung des Landes Thüringen fasste 1989/1990 die vielfältigen Initiativen und Erwartungen zusammen.

Das galt entsprechend auch für den Bereich der Fachschulen, Ingenieurschulen, Hochschulen und Universitäten, wenn diese auch nicht alle der gleichen ideologischen Engführung unterworfen waren wie die Schulen, zumal in den naturwissenschaftlichen Disziplinen oder im medizinischen Bereich. Mit dem Hochschulerneuerungsprogramm (Bund und neue Länder) von 1991 und dem damit verbundenen Wissenschaftler-Integrations-Programm (WIP) wurden hier dann in Thüringen neue Akzente gesetzt.

Neuanfang nach der Wende

Nach den Wahlen am 14. Oktober 1990 begann eine von CDU und FDP getragene Koalitionsregierung unter Ministerpräsident Josef Duchač ihre Arbeit. Kultusministerin wurde Christine Lieberknecht (CDU), Wissenschaftsminister Ulrich Fickel (FDP).

Die Kindergärten wurden zunächst dem Kultusministerium zugeordnet, schon nach kurzer Zeit (in der zweiten Hälfte des Jahres 1991) aber dem Sozialministerium. Damit sollte auch verdeutlicht werden, dass die Kindergärten keine staatlichen Vorschulen sind.

Im Schulbereich setzte alsbald nach der Wende ein heftiger Streit zwischen Gesamtschulanhängern und Anhängern des gegliederten Schulwesens ein. Allerdings war das in weiten Strecken ein »Stellvertreterkrieg«: Die entsprechende jahrzehntelange Auseinandersetzung in der alten Bundesrepublik wurde nun in die neuen Länder getragen. Die Positionen waren in den einzelnen Ländern unterschiedlich, je nach der parteipolitischen Ausrichtung der jeweiligen Landesregierung. Unumstritten war in Thüringen stets die Einführung von Gymnasien, Streitpunkt war die Frage, ob die Hauptschule ebenfalls eingeführt werden sollte. Im Ergebnis wurde im Zusammenwirken von Vertretern der Lehrerschaft und der Landesregierung die Thüringer Regelschule »erfunden«, eine Zusammenfassung von Hauptschule und Realschule, und zwar – je nach Entscheidung der Schulkonferenz – in der additiven Form mit Hauptschul- und Realschulklassen oder in der integrativen Form mit abschlussbezogenen Kursen. Sachsen-Anhalt ging mit der Sekundarschule, Sachsen mit der Mittelschule einen ähnlichen Weg. Im »Vorläufigen Bildungsgesetz« vom März 1991 wurde dies festgeschrieben und zum Beginn des Schuljahres 1991/92 umgesetzt (in Sachsen 1992/93). In einer großen Kraftanstrengung wurden nach Verabschiedung des Bildungsgesetzes »Vorläufige Lehrplanhinweise« in wenigen Wochen erstellt und die Schulorganisation mit den Schulleitungen für mehr als 1.500 Schulen und an 40 Schulämtern (das war die Zahl der Kreise) etabliert. Ziel war, bereits im Herbst 1991 in den neuen Strukturen zu beginnen. Ein besonderer Akzent war dabei die Einführung des Religions- und des Ethikunterrichts.

Im Kultusministerium waren in der ersten Zeit Aufbauhelfer vor allem aus Rheinland-Pfalz zusammen mit einigen Thüringern tätig, die Beschäftigten in den Schulämtern und die Mitglieder der Schulleitungen waren fast ausnahmslos Thüringer.

Parallel zur Vorbereitung des Schuljahres 1991/1992 wurden die Einführung der zweiphasigen Lehrerausbildung und die Errichtung eines Landesinstituts für die Fort- und Weiterbildung der Pädagogen vorbereitet. Außerdem begann eine aufwändige und recht konfliktreiche Überprüfung der fachlichen und der persönlichen Eignung des Personals. Im Schuljahr 1991/1992 besuchten dann in Thüringen 408.409 Schüler und Schülerinnen 1.567 Schulen (zum Vergleich: im Schuljahr 2005/2006 waren es 284.732 Schülerinnen und Schüler in 1.064 Schulen).

Aufgrund der vorgesehenen Neuordnung der Lehrerausbildung wurden die Ausbildungsstätten für die Grundschullehrer, die Institute für Lehrerbildung (IfL), um die Jahreswende 1990/1991 aufgelöst (»abgewickelt«). Die Lehrerbildung für Grundschullehrer sollte zukünftig an der Pädagogischen Hochschule Erfurt-Mühlhausen erfolgen. Die zweiphasige Lehrerausbildung begann mit der Einrichtung der entsprechenden Studiengänge und von Staatlichen Studienseminaren nach dem Vorbild von Rheinland-Pfalz. Für die Studenten und angehenden Lehrer, die bereits in der Ausbildung waren, galten Übergangsregelungen. Die Ingenieurschulen entwickelten sich zum Teil zu Fachhochschulen (Erfurt, Jena, Schmalkaden) oder wurden in die neue Struktur der berufsbildenden Schulen einbezogen.

Auch im Hochschulbereich ging es um die Beseitigung ideologischer Engführung und die damit verbundene Überprüfung des Personals. Außerdem galt es, die Vorgaben des Einigungsvertrags umzusetzen, also die Anpassung des Hochschulrechts in Thüringen an die Vorschriften des Hochschulrahmengesetzes. Eine wesentliche Grundlage für den Prozess der Umgestaltung waren die Empfehlungen des Wissenschaftsrates. Dass in diesem Prozess auch manche Schwächen der Hochschulen in den alten Ländern in die neuen Länder übernommen wurden, war wohl aufgrund des immensen Zeitdrucks, unter dem die Neuerungen umgesetzt werden mussten, unvermeidbar. 13.700 Studenten und Studentinnen waren laut Thüringer Landeshochschulplan von 2001 im Wintersemester 1990/1991 an den Thüringer Hochschulen eingeschrieben (zum Vergleich: 2005/2006 waren es 49.075).

Politische Verantwortung für die Bildungspolitik ab 1992

Am 5. Februar 1992 wurde Bernhard Vogel Ministerpräsident des Landes Thüringen. Das Kultusministerium blieb bei der CDU, das Wissenschaftsministerium bei der FDP. Die Koalition CDU-FDP wurde fortgesetzt. Neuer Kultusminister wurde Dieter Althaus (vorher bildungspolitischer Sprecher der CDU-Landtagsfraktion). Schwerpunkt war in dieser Phase die Fortsetzung der begonnenen Gesetzgebung für die neuen Strukturen und Inhalte. Ein herausragendes Ereignis in der Hochschulpolitik war die Wiedergründung der Universität Erfurt.

Nach der Wahl 1994 wurde unter Ministerpräsident Bernhard Vogel eine große Koalition CDU-SPD gebildet. Kultusminister blieb Dieter Althaus, Wissenschaftsminister wurde Gerd Schuchardt (SPD). Die Gesamtschule wurde nun als zusätzliche Schulart in das Bildungsgesetz aufgenommen, allerdings ohne dass die bisherige Grundstruktur des gegliederten Schulwesens aufgegeben wurde. Die Zahl der Gesamtschulen (integrativ oder additiv) im Sinne westdeutscher Gesamtschulen vor 1990 betrug in Thüringen im Schuljahr 2006/2007 sechs (bei insgesamt 252 Regelschulen und 100 Gymnasien).

Schwerpunkte der Legislaturperiode 1994/1999 waren die Lösung der anstehenden Personalprobleme im Schulbereich (v.a. Anerkennungsfragen, Personalreduzierung wegen zurückgehender Schülerzahlen, Teilzeitregelungen, Verbeamtung), die Lehrplanentwicklung, die Absicherung des Thüringer Schulwesens auch im Rahmen der Kultusministerkonferenz (z.B. das achtjährige Gymnasium). 1997 wurde die Fachhochschule Nordhausen neu gegründet. Im Januar 1999 begann die Berufsakademie Thüringen in Eisenach und in Gera ihren Lehrbetrieb.

1999 erreichte die CDU mit Bernhard Vogel die absolute Mehrheit im Thüringer Landtag, Kultusminister wurde Michael Krapp (CDU), Wissenschaftsministerin Dagmar Schipanski (CDU). Die Legislaturperiode von 1999 bis 2004 war anfangs geprägt durch Auseinandersetzungen um Kündigungen im Grundschulbereich. Die internationalen Schulvergleichsuntersuchungen (PISA für die Fünfzehnjährigen und IGLU für die Grundschule) begannen und zeigten erste Auswirkungen. Qualitätsfragen und die Rechenschaftslegung rückten im Bildungsbereich stärker in den Vordergrund. Eine tiefe Narbe hinterließ das Verbrechen am Gutenberg-Gymnasium in Erfurt (26. April 2002), wo ein ehemaliger Schüler 16 Menschen und sich selbst erschoss. Ein Schwerpunkt des neuen Kultusministers war der Medienbereich. Im Hochschulbereich war es der Hochschul- und Zukunftspakt von 2002.

Die CDU konnte bei den Landtagswahlen 2004 mit Dieter Althaus (Ministerpräsident seit Juni 2003) ihre absolute Mehrheit verteidigen. Kultus- und Wissenschaftsministerium wurden nun zusammengelegt. Kultusminister wurde Jens Goebel (CDU). Die Kindergärten wurden dem neuen Kultusministerium zugeordnet. Die Verantwortung für den gesamten Bildungsbereich ist damit bei diesem Ministerium zusammengeführt worden.

Die neuen Strukturen und ihre Konsolidierung

Die Gesetzgebungsarbeit der ersten Jahre bezog sich im Bildungsbereich auf das Kindertageseinrichtungsgesetz (1991), das Schulgesetz (1991 und 1993), das Förderschulgesetz (1992), das Gesetz über Schulen in freier Trägerschaft (1994, vorher im Vorläufigen Bildungsgesetz von 1991), das Gesetz über die Finanzierung der staatlichen Schulen (1992), das Gesetz über die Schulaufsicht (1993), das Erwachsenenbildungsgesetz (1992) und das Hochschulgesetz (1991 und 1992). Dazu war naturgemäß eine Vielzahl von Verordnungen und weiteren Regelungen zu erarbeiten. Damit lagen nach relativ kurzer Zeit Grundlagen für die Konsolidierung der neuen Strukturen vor, die in der Regierungszeit von Bernhard Vogel (1992 bis 2003) nach aktuellen Erfordernissen weiterentwickelt wurden. Die wesentlichen Elemente dieser Neugestaltung sind bis heute, 2007, erhalten.

Die Kindergärten gingen mit der Wende in die Trägerschaft der Kommunen über und wurden dann zunehmend von freien Trägern geführt. Die Kindertagesstätten hatten zwar nach dem Gesetz auch in der neuen Gesellschaftsordnung die Aufgabe, Bildung und Betreuung zu verbinden, doch trat in der Praxis oft der Bildungsaspekt in den Hintergrund. Dadurch entwickelten sich Kindergärten und Grundschulen in den ersten Jahren unterschiedlich. Erst in den letzten Jahren wurde die Bedeutung der vorschulischen Bildung – nicht zuletzt aufgrund neuerer Erkenntnisse der Hirnforschung – wieder stärker betont, was letztlich zu dem Thüringer Bildungsplan für Kinder bis 10 Jahre von 2006 (Erprobungsfassung) geführt hat.

Die schon 1991 geschaffene Grundstruktur des Schulwesens wurde im Thüringer Schulgesetz von 1993 nicht geändert. Die Grundschulen blieben weiterhin in der Regel mit einem Schulhort (als Teil der Schule) verbunden. Regelschule und Gymnasium, die beiden Hauptsäulen des Sekundarbereichs, stabilisierten sich. Die Verteilung der Schüler auf die beiden Schularten Regelschule und Gymnasium pegelte sich bei zwei Drittel zu einem Drittel ein. An den Elternwillen und an bestimmte Leistungsvoraussetzungen gebundene Übertrittsbestimmungen für das Gymnasium sowie die Durchlässigkeit zwischen den Schularten (z.B. der mögliche Übertritt von der Regelschule in das Gymnasium, nach der 5., der 6. oder der 10. Klasse der Regelschule) charakterisieren dieses System. Bei der Regelschule wurde statt der in den ersten Jahren vorherrschenden additiven Form im Laufe der Zeit häufig die integrative Form gewählt oder es gab an einer Schule beide Formen in jeweils verschiedenen Klassenstufen. Dies hing auch mit dem Rückgang der Zahl der Schüler und den sich daraus ergebenden Schwierigkeiten der Klassenbildung zusammen.

Das Abitur konnten die Thüringer Gymnasiasten von Anfang an nach zwölf Schuljahren ablegen (achtjähriges Gymnasium), Schüler, die nach der Regelschule in das Gymnasium überwechseln, nach dreizehn Jahren. Besondere Kennzeichen der Thüringer gymnasialen Oberstufe wurden die Stammgruppen (mit zehn Wochenstunden, davon sechs für Deutsch und vier für Mathematik oder umgekehrt), das Seminarfach, die Seminarfacharbeit – eine entsprechende Initiative dazu wurde von Thüringen auch in die Kultusministerkonferenz eingebracht – und die zentralen Abschlussprüfungen. An den berufsbildenden Schulen wurden berufliche Gymnasien mit eigenen (berufsbezogenen) Fachprofilen eingerichtet, die aber ebenfalls zur allgemeinen Hochschulreife führen. Die Frage einer Rückkehr zum Klassenverband in den letzten beiden Jahren vor dem Abitur wird auch in Thüringen seit einiger Zeit erneut diskutiert. Hintergrund ist die demographische Entwicklung im Land (Rückgang der Schülerzahlen). In den berufsbildenden Schulen wurde neben der Berufsschule eine breite Palette von Schulformen auf- und ausgebaut, vergleichbar dem Spektrum in den alten Ländern. Gelitten hat dieser Aufbau unter dem bundesweit zu beobachtenden Mangel an Lehrkräften vor allem in den beruflichen Fächern.

Für die Förderschulen gibt es in Thüringen ein eigenes Gesetz, um die Bedeutung dieses Schulbereichs hervorzuheben. Ein wichtiger Schritt war die Einrichtung von Förderschulen auch für geistig Behinderte, welche die Einrichtungen des Gesundheitswesens in der DDR für »schulbildungsunfähige« Kinder und Jugendliche ablösten. Beim Ausbau des Förderschulnetzes haben sich vor allem die Kirchen sehr engagiert. 1991/1992 waren 12 von 114 Förderschulen Schulen in freier Trägerschaft, 2006/2007 24 von 96.

Schulen in freier Trägerschaft wurden von der Thüringer Landesregierung von Anfang an in besonderer Weise gefördert. Ein eigenes Gesetz trägt dem Rechnung. Dies zeigt sich auch in der zahlenmäßigen Entwicklung: 1991/1992 gab es 1.547 staatliche Schulen in Thüringen und 20 Schulen in freier Trägerschaft, 2006/2007 ist das Verhältnis 918 zu 133. Den größten Zuwachs gab es bei den berufsbildenden Schulen (1991/1992 105 staatliche, 5 nichtstaatliche Schulen, 2006/2007 55 staatliche und 67 nichtstaatliche Schulen). Eine nicht ganz einfache Aufgabe war und ist es, die staatliche Förderung nach der Phase des Aufbaus in eine mit anderen Ländern, die bei den Schulen in freier Trägerschaft schon eine lange Tradition haben, vergleichbare Dimension überzuleiten.

Eine zusätzliche Bereicherung des Schulwesens war und ist eine ganze Reihe von Schulversuchen. Zahlreiche Initiativen aus der Wendezeit mündeten in solche Versuche. Vielfach wurde hier an die reiche reformpädagogische Tradition in Thüringen angeknüpft, so vor allem an die hier entstandene Jenaplan-Pädagogik von Peter Petersen oder etwa auch an Hermann Lietz (Haubinda). Die in Thüringen gelegenen Spezialschulen der DDR wurden mit einer Ausnahme (Spezialschule für Russisch in Wickersdorf) in Spezialgymnasien übergeführt, teilweise mit Regelschulzweig. So gibt es in Thüringen drei Sportgymnasien (Erfurt, Jena, Oberhof), ein Musikgymnasium (Belvedere in Weimar) und Spezial-Klassen für Musik (Goethe-Gymnasium, Gera), drei Gymnasien mit mathematisch-naturwissenschaftlichem Spezialschulteil (Erfurt, Ilmenau, Jena) und seit 2001 wieder ein

Spezialgymnasium für Sprachen, die Salzmannschule in Schnepfenthal bei Gotha. Um jungen Erwachsenen, denen in der DDR der Weg zum Abitur verwehrt wurde, die Möglichkeit zum nachträglichen Erwerb der allgemeinen Hochschulreife zu eröffnen, wurde in Weimar ein Thüringenkolleg errichtet, danach noch ein weiteres Kolleg in Ilmenau.

Eine weitere Besonderheit ist die Thuringia International School Weimar (seit September 2000 staatlich anerkannte Ergänzungsschule) eines privaten Trägervereins, der vom Freistaat Thüringen unterstützt wird. Ministerpräsident Bernhard Vogel hat sich mit Nachdruck für die Errichtung dieser Schule als einem wichtigen Standortfaktor für ausländische Investoren eingesetzt.

Die Trägerschaft der staatlichen Schulen wurde grundsätzlich den Landkreisen und kreisfreien Städten übertragen, das pädagogische Personal verblieb beim Land. In Landesträgerschaft wurden nur einige wenige Schulen übernommen. Die Frage der Übernahme der Trägerschaft durch einzelne Gemeinden stellte sich im Laufe der Jahre immer wieder einmal durch entsprechende Anträge einzelner Kommunen. Meist ging es dabei freilich um die Abwendung von Schulschließungen wegen zurückgehender Schülerzahlen.

Bei der Schulaufsicht gab es zunächst die Diskussion, ob die Zuordnung zu den Verwaltungen der Kreise und kreisfreien Städte erhalten bleiben sollte. Im Ergebnis wurde hier eine Trennung vorgenommen. Aus den ursprünglich 40 Schulämtern wurden 15 Koordinierende Schulämter und schließlich 13 (inzwischen elf) Staatliche Schulämter, die direkt dem Kultusministerium nachgeordnet sind. Zwischenzeitlich gab es eine Schulabteilung im Landesverwaltungsamt in Weimar, die aber nach einiger Zeit wieder aufgelöst wurde; ihre Aufgaben wurden teils den Schulämtern, teils dem Kultusministerium zugeteilt, so dass die Schulaufsicht wieder konsequent zweistufig wurde. Die Schulämter waren in den ersten Jahren vorrangig mit Personalangelegenheiten befasst, Aufgaben der Schulentwicklung kamen dabei zu kurz. Nach dem Schulaufsichtsgesetz von 1993 haben die Schulämter Verwaltungs-, Beratungs- und Kontrollaufgaben, die sie nach dem Grundsatz der dialogischen Schulaufsicht erledigen sollen.

Bei der Erwachsenenbildung war ein besonderes Anliegen der Thüringer Landesregierung in den ersten Jahren die Sicherstellung eines flächendeckenden Angebots und die Förderung freier Träger. Nach Abschluss der Aufbau- und Konsolidierungsphase war es auch hier nicht einfach, den Trägern die Notwendigkeit von Einschränkungen aufgrund der Haushaltslage des Landes zu verdeutlichen.

In den Thüringer Hochschulen wurde der mit der Wende begonnene Transformationsprozess fortgesetzt. Schwerpunkte waren hier neben rechtlichen, strukturellen und organisatorischen Fragen die personelle Erneuerung und die inhaltliche Neugestaltung der Studiengänge sowie die Verstetigung der schulartbezogenen Lehrerausbildung.

Zum 1. Januar 1994 erfolgte die von Bernhard Vogel mit Nachdruck betriebene Wiedergründung der Universität Erfurt. Gründungspräsident wurde der SPD-

Politiker und Kommunikationswissenschaftler Peter Glotz. Die Medizinische Hochschule Erfurt wurde gleichzeitig aufgehoben, ihre Aufgaben übernahm die Friedrich-Schiller-Universität Jena.

Ein Abschnitt der Thüringer Verfassung vom 25. Oktober 1993 hat Bildung und Kultur zum Gegenstand (Art. 20 bis Art. 30). Damit wurden die Grundlagen für ein freiheitliches Bildungswesen im Freistaat Thüringen festgelegt, so das Recht jedes Menschen auf Bildung, die besondere Förderung von Begabten, Behinderten und Benachteiligten, die Mitbestimmung der Eltern beim Zugang zu den verschiedenen Schularten, demokratische Bildungs- und Erziehungsziele, eine unverfälschte Darstellung der Vergangenheit im Geschichtsunterricht, die Sicherung des Religions- und des Ethikunterrichts als ordentliche Lehrfächer, das Recht zur Errichtung von Schulen in freier Trägerschaft, die Zulassung von freien Trägern auch in der Erwachsenenbildung, die Freiheit von Wissenschaft, Forschung und Lehre.

Die weitere Entwicklung der Schulen in Thüringen

Die neuen Inhalte

Das Schulwesen in der DDR war stärker auf Mathematik, Naturwissenschaften und Technik ausgerichtet als in den alten Ländern. Hier gab es in Thüringen eine leichte Akzentverschiebung in der Stundentafel zugunsten der Fremdsprachen, die Vertreter der Mathematik und der Naturwissenschaften allerdings für bedenklich hielten. Diese Bedenken reichen bis in die Gegenwart und verstärken den Ruf nach mehr Naturwissenschaften vor allem in der Oberstufe des Gymnasiums. Fremdsprachen spielten vor der Wende – von den Spezialschulen abgesehen – eine eher nachgeordnete Rolle, wobei Russisch dominierte. Trotz dieser Dominanz des Russischen war allerdings die sprachliche Kompetenz in dieser Sprache vielfach recht gering. Im neuen Schulsystem wurde die dominierende Rolle sofort von Englisch übernommen, an die zweite Stelle rückte Französisch vor Russisch. Russisch erfuhr erst nach einigen Jahren wieder mehr Zuspruch. Inzwischen gibt es auch wieder eine Russisch-Olympiade in Thüringen (neben dem Bundeswettbewerb Fremdsprachen). Im Schuljahr 2005/2006 war die Teilnahme der Schüler am Fremdsprachenunterricht an den allgemeinbildenden Schulen in Thüringen wie folgt verteilt (gerundete Zahlen): Englisch 68 %, Französisch 18 %, Latein 6,3 % (14.400 Schüler), Russisch 6,2 % (14.000 Schüler). Im Zuge neuerer didaktischer Überlegungen wurde auch in Thüringen der Unterricht in der ersten Fremdsprache (meist Englisch) schon ab der 3. Klasse der Grundschule (in einigen Fällen auch schon ab Klasse 1) eingeführt. In einem um die Jahrtausendwende entwickelten Fremdsprachenkonzept des Thüringer Kultusministeriums werden weiterführende Überlegungen angestellt, die inzwischen zu ersten praktischen Konsequenzen geführt haben, beispielsweise zu Schulen mit zwei Fremdsprachen ab Klasse 5. An einigen Schulen gibt es bilinguale Klassen (Deutsch-Französisch und Deutsch-Englisch), an berufsbildenden Schulen kann das KMK-Fremdsprachenzertifikat erworben werden.

Ein besonderes Anliegen der Thüringer Landesregierung war die frühzeitige Einführung des Religionsunterrichts und des Ethikunterrichts. Beide Fächer wurden 1991 Pflichtfächer; alle Schüler sollten erreicht werden. In der ersten Zeit waren es zwei Begriffe, die zu teilweise heftigen Diskussionen führten: »Ersatzfach« für Ethik und »Wahlpflichtfach« für beide Fächer. Ersatzfach wurde als eher abwertend aufgefasst; Wahlpflichtfach verkannte die Konsequenz aus der Bekenntniszugehörigkeit der Schüler. Letztlich endete die Diskussion in der klaren Festlegung des Thüringer Schulgesetzes (August 1993) und dann auch der Thüringer Verfassung vom 25. Oktober 1993: »Religions- und Ethikunterricht sind in den öffentlichen Schulen ordentliche Lehrfächer« (Artikel 25, Abs.1). Ordentliche Lehrfächer sind also beide. Als schwierig erwies sich die Festlegung, Ethikunterricht und Religionsunterricht in den einzelnen Klassenstufen der Schulen parallel einzuführen. Solange nicht ausreichend Lehrer für beide Fächer zur Verfügung standen, musste jeder Anschein einer Bevorzugung eines Faches vermieden werden. Insgesamt hat sich der Grundsatz bewährt, diesen Unterricht schrittweise, regional unterschiedlich und bedarfsorientiert einzuführen. In diesem Rahmen konnte manches ausgeglichen und es konnten Irritationen abgebaut werden. Behutsamkeit und Einfühlungsvermögen waren gefragt, zumal auch im kirchlichen Bereich, vor allem in den evangelischen Gemeinden, in den Anfangsjahren nicht unerhebliche Vorbehalte gegenüber einem staatlichen Religionsunterricht bestanden. Der Unterricht in den staatlichen Schulen wurde überdies vielfach als Gefahr für die Fortführung der gemeindlichen Unterweisung, etwa der Christenlehre, gesehen. Im Schuljahr 2005/2006 war der Unterricht in Religionslehre und Ethik an den allgemeinbildenden Schulen in Thüringen wie folgt verteilt (gerundete Zahlen): Evangelische Religionslehre 25 %, Katholische Religionslehre 7 %, Ethik 66 %.

Im gesellschaftswissenschaftlichen Bereich wurden neue Akzente in Geschichte und mit den neuen Fächern Sozialkunde, Wirtschaft und Technik, Wirtschaft–Umwelt–Europa sowie Wirtschaft und Recht gesetzt. In den wirtschaftsbezogenen Fächern und darüber hinaus, beispielsweise bei der Berufswahlvorbereitung, hat sich eine intensive Zusammenarbeit mit Vertretern der Wirtschaft entwickelt, vor allem im Rahmen der 1991 gegründeten »Landesarbeitsgemeinschaft Schule-Wirtschaft Thüringen«.

Aus den sehr knappen »Vorläufigen Lehrplanhinweisen« (1991) wurden die »Vorläufigen Lehrpläne« des Jahres 1993. Die große Offenheit der vorläufigen Richtlinien wurde nach den relativ engen und noch dazu ideologisch gebundenen Vorgaben in der DDR begrüßt, hatte aber auch manche Unsicherheit in der

Lehrerschaft zur Folge. Hier war es immer wieder nötig, zur Wahrnehmung und Ausgestaltung der neuen Freiheiten in eigener Verantwortung zu ermutigen. Nach der Erstellung der »Vorläufigen Lehrpläne« begann ein längerer Prozess, der zum Thüringer Kompetenzmodell und schließlich zu den Thüringer Lehrplänen von 1999 führte. Zentraler Begriff des Kompetenzmodells ist die Lernkompetenz, der Sach-, Methoden-, Sozial- und Selbstkompetenz zugeordnet sind. Damit wurde der Lernprozess der Schüler in den Mittelpunkt gerückt, ohne auf fachliche Substanz zu verzichten. Motor für die Entwicklung und die Umsetzung des Modells und der auf dieser Grundlage entwickelten Lehrpläne war und ist das 1991 in Arnstadt errichtete Thüringer Institut für Lehrerfortbildung, Lehrplanentwicklung und Medien (ThILLM), seit 1997 in Bad Berka. Die Anpassung dieser Lehrpläne von 1999 an die nach PISA 2000 von der Kultusministerkonferenz entwickelten nationalen Bildungsstandards war entweder nicht nötig, weil die Lehrpläne diesen Standards bereits entsprechen, oder sie ist unproblematisch.

Die Pädagogen

Die in den Schulen tätigen Pädagogen begleiteten die Wende mit unterschiedlichen Positionen. Einerseits waren Lehrer sehr aktiv an der gesellschaftlichen Umgestaltung beteiligt, andererseits gab es natürlich auch Abwartende und Pädagogen, die sich nur schwer der neuen Ordnung fügen konnten. Vorbehalte gegen die in der DDR staatlich reglementierte Schule und damit die Lehrer waren in der Bevölkerung weit verbreitet und wurden von den alten Ländern her eher noch verstärkt, und zwar in zwei Richtungen: die fachliche und die persönliche Eignung der Pädagogen. Es bedurfte erheblicher Anstrengungen, bis in der Kultusministerkonferenz einvernehmlich ein Beschluss zur Anerkennung von Ausbildungen in der DDR erreicht war (Greifswalder Beschluss der Kultusministerkonferenz vom 7. Mai 1993 über die Anerkennung und Zuordnung der Lehrerausbildungsgänge der ehemaligen DDR). Ziel war es dabei einerseits, die fachliche Ausbildung in der DDR im Vergleich zur Ausbildung in den alten Ländern zu bewerten, aber andererseits dafür Sorge zu tragen, dass Ausbildungen, die in der DDR nicht absolviert werden konnten (z.B. das Hochschulstudium für Grundschullehrer), nicht auf Dauer zum Nachteil der Betroffenen werden.

Neue Fächer wie Sozialkunde, Religionslehre, Ethik, Wirtschaft und Recht erforderten neue oder zusätzliche Qualifikationen, Horterzieher in der Grundschule mussten für die Besoldung dem Hort oder der Grundschule zugeordnet werden, POS-Lehrer wurden für das Gymnasium und dessen Oberstufe gebraucht, es gab zu viele Russischlehrer und zu wenig Englischlehrer. All dies führte dazu, dass vom ThILLM, teilweise in Zusammenarbeit mit den Hochschulen, über viele Jahre ein umfangreiches Qualifizierungsprogramm durchgeführt wurde. Es wurden Unterrichtserlaubnisse erworben, zum Teil auch von älteren

Lehrern noch Staatsexamina abgelegt, um den Anforderungen der neuen Schule fachlich gerecht zu werden. Die meisten Pädagogen in Thüringen haben sich in den Jahren nach der Wende mit Fleiß und Engagement den neuen Herausforderungen gestellt, und zwar auch in fortgeschrittenem Alter in einem Ausmaß, wie es Lehrer in den alten Ländern nie erleben mussten.

In der personell nicht einfachen Situation der ersten Jahre blieb es nicht aus, dass sich mancher zum Ethik- oder zum Sozialkundeunterricht drängte, der dafür persönlich nicht geeignet war. Hier und teilweise auch bei anderen Lehrern löste die Weiterbeschäftigung Widerstände im Kollegium, in der Elternschaft oder in der allgemeinen Öffentlichkeit aus. Deshalb war es notwendig, neben der aufwändigen fachlichen Überprüfung aller Pädagogen eine nicht weniger aufwändige, vor allem aber konfliktreiche Überprüfung der persönlichen Eignung vorzunehmen. Es wurden Kommissionen eingerichtet, Anhörungen durchgeführt und schließlich Kündigungen ausgesprochen. In einer ersten Phase erschien es den Kommissionen auf Schulamtsebene bei etwa 6.000 von etwa 36.000 Beschäftigten bedenklich, sie weiter zu beschäftigen, v.a. wenn sie in der DDR besondere Funktionen hatten, nach Überprüfung waren es noch etwa 4.000 und nach den Einzelanhörungen wurden etwa 1.400 Kündigungen ausgesprochen. Die sich anschließenden Arbeitsgerichtsprozesse zogen sich über viele Jahre hin. Nicht wenige endeten mit einem Vergleich.

Ein eigenes Kapitel war in diesem Zusammenhang die Überprüfung aller Beschäftigten auf eine eventuelle Zusammenarbeit mit dem Ministerium für Staatssicherheit der DDR. Hier wurden Kündigungen nach Einzelfallprüfungen auf der Grundlage von Unterlagen der »Gauck-Behörde« (Bundesbeauftragter für die Unterlagen des Staatssicherheitsdienstes der ehemaligen Deutschen Demokratischen Republik, BStU) ausgesprochen, im Lauf der Jahre etwa 600. Auch hier zogen sich die Arbeitsgerichtsprozesse über viele Jahre hin, wobei zu beobachten war, dass die Arbeitsgerichtsbarkeit im Laufe der Jahre immer höhere Anforderungen an die Zulässigkeit einer Kündigung wegen persönlicher Nichteignung stellte. In zahlreichen Fällen erfolgte allerdings bei nachgewiesener Zusammenarbeit mit der Staatssicherheit ein Ausscheiden aus dem Landesdienst im gegenseitigen Einvernehmen.

Zentrales Problem in der zweiten Hälfte der 90er Jahre war der durch die dramatisch zurückgehenden Schülerzahlen bedingte Stellenabbau. Zwangsmaßnahmen sollten dabei vermieden werden. In intensiven Verhandlungen der Landesregierung mit der Gewerkschaft Erziehung und Wissenschaft und den Lehrerverbänden gelang es 1995, ein Beschäftigungsmodell zu entwickeln, das durch folgende Elemente gekennzeichnet ist: 1. vorübergehender Einsatz in anderen Schularten (»Swing-Modell«), 2. Flexibilisierung der Pflichtstundenverteilung (»Floating-Modell«). Der Grundgedanke ist, dass der Beschäftigte für seine Bereitschaft, ein flexibles Teilzeitangebot anzunehmen, Kündigungsschutz erhält. Die Teilzeitbeschäftigung ist dabei nach Schularten differenziert. Grundschullehrer beispielsweise begannen damit 1997 mit 80 % eines entsprechenden Vollzeitbeschäftigten, der Beschäftigungsumfang sank im Laufe der Jahre bis auf 55 % und stieg danach wieder an, um 2010 wieder zur Möglichkeit einer Vollbeschäftigung zu führen.

Dieses Modell wurde im Laufe der folgenden Jahre in Gesprächen mit den Vertretern der Pädagogen fortgeschrieben und präzisiert. Außerdem wurde es ergänzt durch weitere Teilzeitmodelle bis zur Altersteilzeit sowie durch Programme mit Hessen und Niedersachsen, in deren Rahmen Thüringer Lehrer in diese Länder wechselten. Mit diesen Maßnahmen sollte einerseits der Stellenabbau sozial verträglich vorgenommen werden, und andererseits sollte dadurch ein Einstellungskorridor für junge Lehrkräfte geschaffen werden. Im Grundschulbereich mussten dennoch 2001 etwa 450 Lehrer, die das Modell nicht angenommen hatten und sich auch nicht in Teilzeit hatten verbeamten lassen, gekündigt werden. Das Ziel »Einstellungskorridor« wurde nicht erreicht, was sich auch in der Altersstruktur der Lehrerschaft zeigt: Betrug das Durchschnittsalter der Lehrer an den staatlichen allgemeinbildenden Schulen in Thüringen 1991/1992 40,7 Jahre, waren es im Schuljahr 2005/2006 bereits 48,2 Jahre; in der Grundschule waren im Schuljahr 2005/2006 von insgesamt 5.121 Lehrern 55 unter 30 Jahren, 599 waren 60 Jahre und älter.

Ein weiteres Problem stellte die Frage der Verbeamtung dar. Von den meisten Lehrkräften wurde diese mit Nachdruck gefordert. Man sah darin auch ein Element der (schrittweisen) Gleichstellung mit den Lehrern in den alten Ländern. In der Koalitionsregierung der zweiten Legislaturperiode von 1994 bis 1999 war die CDU dafür, die SPD zögerlich. Man einigte sich schließlich auf die zeitlich bis 31. Dezember 2006 befristete Möglichkeit einer Einstellungsteilzeit, die sich in Bezug auf den Umfang der Beschäftigung am Floating-Modell orientierte. Die entsprechende Änderung des Thüringer Beamtengesetzes erfolgte 1998. Trotz der für die Teilzeitverbeamtung geltend gemachten besonderen Umstände hat das Thüringer Oberverwaltungsgericht diese in einem Urteil vom 12. Dezember 2006 für rechtswidrig erklärt. Wenn dieses Urteil höchstrichterlich bestätigt würde, hätte es erhebliche Auswirkungen: rund 9.900 Thüringer Lehrer sind teilzeitverbeamtet; ihre Arbeit verteilt sich nach einer Pressemitteilung des Thüringer Kultusministeriums vom 12. Dezember 2006 auf etwa 7.400 Stellen.

Die Zahl der Lehrer in Thüringen ist seit Anfang der 90er Jahre von rund 32.800 auf rund 24.100 im Schuljahr 2006/2007 zurückgegangen (Pressemitteilung vom 12. Dezember 2006).Die Entwicklung des Personals an den Thüringer Schulen erforderte eine Vielzahl von Maßnahmen, bei denen das Kultusministerium von der Personalvertretung, vor allem dem Hauptpersonalrat, kritisch, aber stets auch konstruktiv begleitet wurde.

Die Schüler

Die größte Herausforderung neben dem Neuaufbau des Bildungswesens in Thüringen ging in den 90er Jahren ohne Zweifel vom dramatischen Rückgang der

Schülerzahlen aus. Die Grundschulen in Thüringen besuchten 1991/1992 138.291 Schüler, der niedrigste Stand war 2002/2003 mit 52.777 erreicht, seitdem steigt die Zahl wieder etwas an (61.398 im Schuljahr 2005/2006). Zeitlich versetzt erreicht dieser Rückgang die anderen Schularten. Dies hatte und hat natürlich auch Auswirkungen auf das Schulnetz: 769 Grundschulen gab es in Thüringen 1991/1992, im Schuljahr 2005/2006 waren es noch 472.

Eine erfreuliche Entwicklung war bei der Mitwirkung der Schüler an der Gestaltung des Schullebens und bei der Weiterentwicklung des gesamten Schulwesens zu beobachten. Die Bereitschaft zum Engagement war von Anfang an groß. Man hatte den Eindruck, dass die Schüler die neue Freiheit schätzten und gerne nutzten. So war die Landesschülervertretung ein regelmäßiger und konstruktiver Gesprächspartner des Kultusministeriums und manche neue Regelung entstand aus diesen Gesprächen. Weitere Zeichen dieser Offenheit für Neues sind die Beliebtheit von projektorientierten Schullandheimaufenthalten und Klassenfahrten, vor allem in den ersten Jahren verständlicherweise gerne ins Ausland. Auch längere Auslandsaufenthalte im Rahmen von Schulbesuchen, vor allem in die Vereinigten Staaten von Amerika, wurden bald für viele Schüler fast etwas Normales. Die Anstrengungsbereitschaft der Schüler war besonders in den ersten Jahren sehr hoch. Das zeigt sich bis in die Gegenwart beispielsweise auch bei der Präsentation und »Verteidigung« von Seminarfacharbeiten in der gymnasialen Oberstufe oder bei der Teilnahme an einer Vielzahl von Wettbewerben.

Die Eltern

Auch die Elternvertretung engagierte sich von Anfang an, konstruktiv und auch fordernd, wobei allerdings zu beobachten war, dass viele Eltern verunsichert und zumindest am Anfang eher zurückhaltend waren. Im Laufe der Jahre wurde immer deutlicher eine gewisse Spaltung der Elternschaft bemerkbar, in Eltern, die an der Schule interessiert sind und sich aktiv einbringen – am ausgeprägtesten ist dies naturgemäß bei den Schulen in freier Trägerschaft der Fall –, und Eltern, die von der Schule nur schwer oder gar nicht erreicht werden. Zu den Wünschen und Erwartungen der Eltern ist anzumerken, dass nach Umfrageergebnissen etwa die Hälfte der Elternschaft für ihre Kinder die Hochschulreife anstrebt, und zwar über das Gymnasium. Die Möglichkeiten über die Regelschule sind im Bewusstsein der meisten Eltern immer noch nicht verankert. Erfreulich ist, dass es inzwischen an sehr vielen Thüringer Schulen Fördervereine gibt, die in vielfältiger Weise das Schulleben mitgestalten.

Bei der Beteiligung der Eltern an bildungspolitischen Fragen ist einerseits eine starke Orientierung an den Forderungen aus der Wirtschaft festzustellen (solide Kenntnisse, positive Persönlichkeitsmerkmale wie Fleiß, Zielstrebigkeit, Verlässlichkeit). Ein Beispiel für diese Haltung war die massive Forderung, (wieder)

»Kopfnoten« für Betragen und Arbeitsverhalten einzuführen, eine Forderung, die dann auch zu einer entsprechenden Änderung der schulischen Vorschriften führte (Bewertung von Verhalten und Mitarbeit im Zeugnis). Andererseits sind Teile der Elternschaft auch für eine gewisse Rückwärtsgewandtheit empfänglich (»In der DDR-Schule war doch nicht alles schlecht«), eine Tendenz, die sich nach der Veröffentlichung der Ergebnisse der PISA-Studie eher noch verstärkt hat: Wenn Finnland, das doch die DDR-Schule zum Vorbild nahm, so gut abschneidet ... – so wurden viele Meinungsbeiträge eingeleitet und gleichzeitig begründet. In der bildungspolitischen Diskussion zeigt sich dies vor allem in einer recht weit verbreiteten Befürwortung einer Einheitsschule mindestens bis Klasse 8, eventuell aber auch bis Klasse 9 oder 10. Hier mischen sich alte bildungspolitische Vorstellungen von integrierten Schulen in den alten Ländern und Erfahrungen, die Eltern in der eigenen Schulzeit in der DDR gemacht haben, mit den Wünschen und Erwartungen für die eigenen Kinder. Dass eine konsequente Verfolgung dieser Vorstellungen logischerweise zur Abschaffung des staatlichen Gymnasiums führen müsste, wird in Diskussionen zu diesem Thema meist nicht deutlich.

Ein weiterer Aspekt ist die gerade von Eltern häufig geäußerte Forderung nach zentralen, für ganz Deutschland verbindlichen Vorgaben, etwa bei den Lehrplänen, den Abschlüssen, den Prüfungen oder auch den Schulstrukturen. Die Eigenverantwortung der Länder in der föderalen Bundesrepublik gerade in Fragen der Bildung wird vielfach als nachteilig angesehen. Die Rolle der Kultusministerkonferenz bedarf immer wieder der Erklärung. Diese Positionen und Überzeugungen scheinen in den neuen Ländern stärker ausgeprägt zu sein als in den alten.

SCHULE UND MEDIEN

Es war von Anfang an ein großes und mit Nachdruck gefördertes Anliegen der Thüringer Landesregierung, die Schüler mit den Medien vertraut zu machen und sie zu einem verantwortlichen Umgang vor allem auch mit den modernen Medien anzuleiten. In diesem Zusammenhang ist die Ausstattung der Schulen mit Rechnern und Programmen zu sehen (ein Schwerpunkt lag hier in den 90er Jahren). Dazu gehören die frühe Einführung und die Weiterentwicklung des Informatikunterrichts, die Einbeziehung des gesamten schulischen Lehr- und Lernprogramms in die Medienkunde (vgl. Konzept des Thüringer Kultusministeriums von 2001/2002 zur Medienkompetenzentwicklung). Dazu gehören aber auch die Leseerziehung, Hörspiel- und Video-Wettbewerbe, die Zusammenarbeit mit der Landesmedienanstalt, mit Zeitungen, Funk und Fernsehen, Medienschulen, ein Arbeitskreis Schulsoftware (von Lehrern für die Schulverwaltung), die Bemühungen um einen Jugendschutzfilter für das Internet. Zahlreiche Thüringer Schulen haben inzwischen eine eigene Homepage.

Die Schulaufsicht

Thüringen hat seit 1993 ein eigenes Gesetz über die Schulaufsicht. Grundgedanke war dabei strukturell der einer zweistufigen Schulaufsicht und damit direkt dem Kultusministerium nachgeordneten Schulämtern. In Thüringen gibt es (2007) elf staatliche Schulämter. Sie sind für die Schulen aller Schularten von in der Regel jeweils zwei kommunalen Gebietskörperschaften zuständig. Eine wichtige inhaltliche Aufgabe der Schulämter ist nach dem Gesetz die Beratung und Unterstützung der Schulen, ohne die Eigenverantwortung der Schulen und der Lehrer zu gefährden. In den letzten Jahren ist dieser Aspekt im Zusammenhang mit Fragen der Qualitätsentwicklung und Qualitätssicherung stärker in den Vordergrund getreten. Inzwischen wird häufig von der Qualitätsagentur Schulamt gesprochen. Die Einhaltung des für die Schulaufsicht in Thüringen postulierten dialogischen Prinzips ist eine Aufgabe, der sich die Beteiligten immer wieder neu stellen müssen.

Die Schularten

Die Anfang der 90er Jahre geschaffene Grundstruktur des Thüringer Schulwesens wurde nicht geändert. Die Schwerpunkte in den einzelnen Schularten haben sich teilweise verschoben.

In der Grundschule war in Zeiten des massiven Rückgangs der Schülerzahlen die Bildung jahrgangsübergreifender Klassen ein strittiges Thema. Es gab mehr Gegner als Befürworter (»Rückfall ins pädagogische Mittelalter«), und nicht selten war der Wunsch, eine Schule zu erhalten, stärker als die Bereitschaft und die Fähigkeit zu klassenstufenübergreifendem Unterricht. Hier war dann die Verantwortung der Schulaufsicht gefragt. Gegenüber den vorschulischen Einrichtungen öffneten sich die Grundschulen nach den Anfangsjahren zunehmend. Fragen der Einschulung wurden gemeinsam beraten und die Grundschulen entwickelten den Ehrgeiz, möglichst alle Schulanfänger aufzunehmen. Daraus entstand die flexible Schuleingangsphase, in der die Klassen 1 und 2 in einem, zwei oder drei Jahren absolviert werden. Sie wurde 2003 allgemein eingeführt. Weitere Schwerpunkte der Grundschule waren der frühe Fremdsprachenunterricht (verbindlich ab 2003) und die Durchführung von Vergleichstests (Kompetenztests) in Deutsch und Mathematik in Klasse 3 ab Schuljahr 2002/2003.

Die Regelschule wurde am Anfang von deutlich mehr als 60 Prozent der Schüler in Thüringen besucht. In den letzten Jahren ist dieser Prozentsatz etwas zugunsten des Gymnasiums zurückgegangen. Neue Akzente wurden an der Regelschule 2004 mit einer flexiblen neuen Stundentafel und der Projektarbeit in Klasse 10 gesetzt. Die Fortsetzung der Ausbildung an einer Oberstufe der Regelschule in Zusammenarbeit mit den berufsbildenden Schulen ist seit einigen Jahren im Gespräch.

Am Gymnasium wurde 2003 eine »Besondere Leistungsfeststellung« am Ende der Klasse 10 eingeführt, die zur Bescheinigung einer dem Realschulabschluss gleichwertigen Schulbildung führt. Im Gegensatz zu anderen Ländern ist damit das Äquivalent des »Mittleren Schulabschlusses« am Gymnasium in Thüringen ebenso an eine zentrale Prüfung gebunden wie der Realschulabschluss an der Regelschule und das Abitur.

Ein wichtiges bildungspolitisches Anliegen der Thüringer Landesregierungen war und ist die Integration behinderter Schüler. Ein differenziertes Förderschulnetz und verstärkte Bemühungen um eine integrative Beschulung von behinderten Kindern und Jugendlichen sind Ausdruck der entsprechenden Bemühungen. Auffällig war, dass zumindest in den ersten Jahren nach der Wende von vielen Eltern behinderter Kinder der Schulbesuch in einer Förderschule generell für günstiger eingeschätzt wurde als eine integrative Beschulung. Die Einrichtung von Diagnose-Förderklassen auch in der Grundschule führte zu gewissen Spannungen zwischen den Grundschulen und den Förderschulen. Die Mobilen Sonderpädagogischen Dienste (MSD), in denen Förderschullehrer tätig sind, hatten hier eine wichtige Brückenfunktion. Das gilt, wenn es um behinderte Schüler geht, für das Verhältnis der verschiedenen Schularten bis in die Gegenwart. Der Besuch der Förderschule ist nach wie vor regional recht unterschiedlich: Zwischen etwa 4 und etwa 8 % der Schüler besuchen in den einzelnen Schulamtsbereichen eine Förderschule. Insgesamt ist der Anteil der Förderschüler an der gesamten Schülerschaft in Thüringen immer noch vergleichsweise hoch (etwa 7 % gegenüber etwa 5 % im Bundesdurchschnitt).

Bei den berufsbildenden Schulen waren die wichtigsten Aufgaben in den Jahren seit der Wende die Weiterentwicklung des Schulnetzes, eine an den Erfordernissen einer zeitgemäßen Ausbildung orientierte technische Ausstattung der Schulen, eine angemessene Personalversorgung und die Begleitung des Aufbaus berufsbildender Schulen in freier Trägerschaft. Eine intensive Zusammenarbeit mit den Vertretern der Wirtschaft und der kommunalen Gebietskörperschaften ist hier unverzichtbar. Sie wurde und wird in Thüringen gepflegt und auch von Ministerpräsident Bernhard Vogel stets besonders gefördert. Hervorzuheben ist die frühe und starke Europa-Bezogenheit der berufsbildenden Schulen in Thüringen, und das nicht nur, weil viel »Europa-Geld« in die Ausstattung der Schulen, den Schulbau und die Fortbildung der Lehrer geflossen ist, sondern aus der Überzeugung heraus, dass es eine zukunftsfähige Ausbildung ohne Europa-Bezug nicht mehr gibt. Die in den letzten Jahren vollzogene Umstellung des Unterrichts von fachbezogenen auf lernfeldbezogene Lehrpläne ist den Thüringer berufsbildenden Schulen gut gelungen, und dies trotz des erwähnten Lehrermangels. In der dualen Ausbildung hat Thüringen sich im Grundsatz auf zwei Berufsschultage festgelegt, aber in den Verhandlungen mit der Wirtschaft Lösungen gefunden, die auch auf die Wünsche und Erfordernisse der Betriebe Rücksicht nehmen.

Finanzierung der Schulen

Die Finanzierung der Schulen geht in Thüringen wie in anderen Ländern vom Grundsatz der Kostenteilung zwischen dem Land und dem (kommunalen oder freien) Träger aus. Aufgrund der teilweise maroden Bausubstanz der Schulen zum Zeitpunkt der Wende mussten die Träger vor allem in den 90er Jahren massiv bei ihren Investitionen im Schulbereich unterstützt werden. Dies geschah durch das Land, teilweise die Europäische Union und den Bund. Der Bildungsbereich hatte in Thüringen unter Bernhard Vogel stets eine besondere Bedeutung, so dass eine vergleichsweise günstige Finanzausstattung nicht überrascht. Beim Kostenvergleich mit anderen Ländern müssen allerdings immer auch die besonderen Umstände der Situation in den neuen Ländern nach der Wende berücksichtigt werden.

Die Lehrerbildung

Die Lehrerbildung in Thüringen war in den Jahren nach der Wiedervereinigung Deutschlands durch drei Schwerpunkte gekennzeichnet: 1. Ausbildung aller Lehrer in der ersten Phase an einer Hochschule. 2. Einrichtung von Studienseminaren für die zweite Phase der Ausbildung. 3. Umfangreiche Weiterbildungsmaßnahmen für zahlreiche Lehrer im Hinblick auf neue Fächer und neue Inhalte. Insgesamt glich sich die Lehrerbildung zunehmend an eine in den alten Ländern übliche Struktur an. Inzwischen liegt auch in der so genannten dritten Phase der Lehrerbildung der Schwerpunkt auf der Sicherung und Erweiterung der fachlichen und pädagogischen Kompetenz der aktiven Pädagogen für die Aufgaben der Schulentwicklung in der Gegenwart und für die Zukunft.

Die weitere Entwicklung der Hochschulen in Thüringen

Elf Hochschulen entstanden oder wurden weitergeführt: die wiedergegründete Universität Erfurt, eine Technische Universität in Ilmenau, eine klassische Volluniversität in Jena (Friedrich-Schiller-Universität), die Bauhaus-Universität in Weimar, die Hochschule für Musik »Franz Liszt« in Weimar, vier Fachhochschulen mit den Standorten Erfurt, Jena, Nordhausen und Schmalkalden, weiterhin eine Fachhochschule für öffentliche Verwaltung in Gotha und derzeit noch eine Fachhochschule für Forstwirtschaft in Schwarzburg, die in naher Zukunft in die Fachhochschule Erfurt eingegliedert werden soll. Darüber hinaus gibt es als Bildungseinrichtung des tertiären Bereiches die Berufsakademie Thüringen mit den Standorten Eisenach und Gera.

Nach der Erneuerung und demokratischen Umgestaltung des Hochschulbereichs in den beiden ersten Legislaturperioden (bis 1999) stehen mit dem Thüringer Landeshochschulplan von 2001 die Bemühungen um eine Erhöhung der Chancen der Thüringer Hochschulen für den globalen Wettbewerb im Vordergrund. Durch Deregulierung und Leistungsorientierung soll Exzellenz mit Effizienz verbunden werden, um in diesem Wettbewerb zu bestehen. Der Planungszeitraum für diesen Plan, der Schwerpunkte für die einzelnen Hochschulen enthält, erstreckt sich bis 2008.

2002 hat Thüringen als eines der ersten Länder in Deutschland mit den Hochschulen einen Hochschul- und Zukunftspakt geschlossen, der klare und verlässliche Rahmenbedingungen für mehrere Jahre (2003 bis 2006) schuf. Ein flexibilisierter Haushaltsvollzug sowie Ziel- und Leistungsvereinbarungen sind weitere Elemente der Hochschulreformpolitik in Thüringen.

Eine wichtige Planungsgrundlage sind die Empfehlungen einer Expertenkommission «Wissenschaftsland Thüringen», die Ende 2002 eingesetzt wurde und die gesamte Thüringer Hochschul- und Forschungslandschaft einschließlich der wirtschaftsnahen Forschungseinrichtungen evaluieren sollte. Die Kommission hat ihre Empfehlungen am 14. Mai 2004 vorgelegt. Darin wird dem Land eine konsequente Wissenschaftspolitik bescheinigt. Diese habe gute Rahmenbedingungen geschaffen, die von den Hochschulen für ein differenziertes Studienangebot genutzt werden. Verbunden ist diese Einschätzung mit der Empfehlung, das Erreichte weiter zu verbessern. Hierfür werden konkrete Vorschläge ausgesprochen, beispielsweise zum Bereich der Weiterbildung, wo die Kommission ungenutztes Potential sieht, zur Schwerpunktbildung an den einzelnen Hochschulen und zur Zusammenarbeit der Hochschulen im Rahmen des Campus Thüringen. Mit der Novellierung des Thüringer Hochschulgesetzes von 2006 und der Teilnahme an der Exzellenzinitiative des Bundes und der Länder zur Förderung von Wissenschaft und Forschung an deutschen Hochschulen sind Zeichen für die Fortsetzung der Hochschulreform in Thüringen gesetzt worden.

Neue Anforderungen

In den nächsten Jahren wird es in der vorschulischen Bildung und in der Grundschule in Thüringen vorrangig um die Umsetzung des Bildungsplans für Kinder bis 10 Jahre gehen. Wichtig ist hier eine enge Zusammenarbeit zwischen den Beteiligten und der Grundsatz, dass das einzelne Kind im Mittelpunkt stehen muss und Ausgangspunkt für alle pädagogischen Bemühungen ist.

Dies gilt sinngemäß natürlich auch für die weiterführenden Schularten, wo schon seit einiger Zeit die Frage ganztagsschulischer Angebote besondere Bedeutung hat. Anfänge mit der Schuljugendarbeit in Thüringen (2003) sind hier genauso einzubeziehen wie die Zusammenarbeit mit der außerschulischen Jugendarbeit, das Verhältnis von Schulen und Kindertagesstätten, die Rolle von Internaten.

Insgesamt wird es darum gehen, die Qualität von Bildung und Erziehung in Thüringen zu sichern und weiterzuentwickeln. Vergleichsuntersuchungen können dabei helfen, wenn sie gründlich ausgewertet werden und den dabei gewonnenen Erkenntnissen weiterführende Ziele folgen, die konsequent angestrebt werden. Weitere Hilfen sind die in Thüringen bereits entwickelten Instrumente der Selbsteinschätzung von Schulen, die weitere Ausgestaltung des 2004 begonnenen Entwicklungsvorhabens »Eigenverantwortliche Schule« (Beschreibung der Rahmenbedingungen, Verfahren für die Festlegung von Entwicklungszielen der Einzelschule, Zielvereinbarungen mit dem Schulamt, Rechenschaftsablage nach einer bestimmten Zeit), die Sicherung eines differenzierten Unterstützungssystems für die Schulen. Die Schulämter müssen ihre Rolle als Qualitätsagenturen an- und wahrnehmen und es müssen Führungskräfte gewonnen und ausgebildet werden, die den weiteren Entwicklungsprozess professionell steuern.

Schließlich wird es in der Lehrerbildung darauf ankommen, dass es gelingt, die drei Phasen so miteinander zu verknüpfen, dass es zwischen den einzelnen Ausbildungsabschnitten keine Brüche gibt. Dazu müssen die beteiligten Ausbilder im Rahmen verbindlicher Vereinbarungen eng zusammenarbeiten. Gemeinsame Veranstaltungen, Personalaustausch und intensiv begleitete Praktika schon während des Hochschulstudiums werden in diesem Zusammenhang wichtige Elemente sein. Insgesamt muss die Lehrerbildung sich an einem zeitgemäßen Lehrerleitbild ausrichten und die von der Kultusministerkonferenz entwickelten oder noch zu entwickelnden ländergemeinsamen Standards für die Lehrerbildung beachten.

In den Hochschulen wird ebenfalls die Frage der Eigenständigkeit im Rahmen der Fortschreibungen des Hochschulpakts weiter diskutiert werden. Außerdem sind für die Umsetzung des Bologna-Prozesses, die Umstellung der Studiengänge auf Bachelor- und Master-Abschlüsse, noch zahlreiche Fragen zu klären – nicht nur im Lehrerbereich.

Anmerkungen:

Die Zahlenangaben sind der Schulstatistik des Thüringer Kultusministeriums (www.schulstatistik-thueringen.de) und Angaben des Thüringer Landesamtes für Statistik (www.tls.thueringen.de) entnommen.

Für weitere Einzelheiten zum Bildungswesen in Thüringen wird auf die Homepage des Thüringer Kultusministeriums verwiesen: www.thueringen.de/tkm.

Einen Überblick über die Transformation des ostdeutschen Bildungssystems gibt das Buch von Hans-Werner Fuchs, *Bildung und Wissenschaft seit der Wende*, Opladen 1997 (mit ausführlichem Literaturverzeichnis).

MEDIENPOLITIK

Jürgen Wilke

Ordnung und Neugestaltung der Medien in Deutschland

Die Ordnung und Neugestaltung der Medien als politische Aufgabe hat zwar eine zurückreichende historische Tradition, versteht sich aber keineswegs von selbst. Denn während die Geschichte – zumindest in Deutschland – dafür viele Exempel liefert, zuletzt durch Instrumentalisierung und Missbrauch der Medien im Dritten Reich und in der DDR, ist der gestaltende Zugriff der Politik auf die Medien in demokratischen Verhältnissen problematisch und legitimierungsbedürftig. Zwar können die Medien der Massenkommunikation so wenig wie andere gesellschaftliche Einrichtungen in einem rechtsfreien Raum existieren, weshalb Normen für sie festzulegen Sache der Politik und der Staatsorgane ist. Aber deren Kompetenz und Aktionsradius hierzu ist in liberalen Demokratien notwendigerweise begrenzt. Das gilt im Grundsatz auch für die Bundesrepublik Deutschland, wenngleich mit spezifischen Besonderheiten, die wiederum historisch zu erklären sind.

Erste Phase: Alliierte Grundentscheidungen

Blickt man auf die Geschichte der Bundesrepublik, so lassen sich hinsichtlich der Ordnung und Neugestaltung der Medien als politischer Aufgabe vier Phasen unterscheiden. Die erste Phase liegt im Grunde noch vor der Entstehung des 1949 auf dem Territorium der drei westlichen Besatzungszonen gebildeten Staates. Wie allgemein bekannt, fielen die medienpolitischen Grundentscheidungen bereits vor der Gründung der Bundesrepublik. Sie wurden maßgeblich durch die westlichen Besatzungsmächte geprägt, die sich von der Absicht leiten ließen, einer abermaligen staatlichen Indienstnahme der Medien wie im Nationalsozialismus einen Riegel vorzuschieben. Das galt sowohl für die Presse als auch für den Rundfunk. Durch die Vergabe von Lizenzen sollten wirtschaftlich starke und politisch vielstimmige Zeitungen (und Zeitschriften) entstehen. Und um den Pluralismus auch im Rundfunk (zunächst nur Hörfunk) zu realisieren, schien die Organisation öffentlich-rechtlicher Anstalten die geeignete Form zu sein. Fünf von zunächst sechs Rundfunkanstalten erhielten ihre Rechtsgrundlage noch vor der Gründung der Bundesrepublik, eine danach. Dabei kam es durchaus zu Konflikten mit den zuständigen Gesetzgebern, den Parlamenten der jeweiligen Bundesländer. Mit dem Gedanken einer Selbstbescheidung wollten sich die gewählten Abgeordneten keineswegs alle abfinden.[1]

---
[1] Vgl. Hans Bausch, *Rundfunkpolitik nach 1945. Erster Teil: 1945-1962,* München 1980.

Zweite Phase: Begrenzte und gescheiterte Ansätze der Umgestaltung

Die zweite Phase im Prozess der Ordnung und Neugestaltung von Medien setzte 1949 mit dem Erlass des Grundgesetzes und der Errichtung der politischen Ordnung der Bundesrepublik ein. Das Grundgesetz machte dafür die maßgeblichen Rahmenvorgaben, vor allem durch den Artikel 5. Dieser garantiert nicht nur, wie noch die Weimarer Reichsverfassung, die Meinungsfreiheit, sondern eigens auch die Presse-, Rundfunk- und Filmfreiheit sowie die Freiheit, sich aus allgemein zugänglichen Quellen ungehindert zu unterrichten (Informationsfreiheit). Außerdem ist darin ein Zensurverbot ausgesprochen. Diese detaillierte Verfassungsgarantie ist international nahezu einzigartig.[2]

Aus diesem Artikel resultierte zunächst einmal eine medienpolitische Selbstbeschränkung für das staatliche politische Handeln, was noch dadurch verstärkt wurde, dass nur wenige weitere medienrechtlich relevante Bestimmungen in das Grundgesetz aufgenommen wurden und diese primär die gesetzlichen Kompetenzen betreffen. So erhielt der Bund die Zuständigkeit für ein Presserechtsrahmengesetz zugeordnet (Art. 75 Nr. 2) sowie diejenige für das Post- und Fernmeldewesen, heute Telekommunikation (Art. 73 Nr. 7). Aus dem Prinzip der konkurrierenden Gesetzgebung (Art. 72) resultierte, dass die Länder über die Organisationsform des Rundfunks zu befinden hatten. Die Verfassungsgeber im Parlamentarischen Rat dürften sich kaum über die volle Tragweite im Klaren gewesen sein, die diese Kompetenzverteilung später für die Ordnung und Neugestaltung der Medien in Deutschland besaß.[3] Und diese Verteilung war ja auch ein Grund, warum dem Bundesverfassungsgericht, also der Judikative, eine so wichtige Rolle bei der Ordnung und Neugestaltung des Rundfunks in Deutschland zufallen sollte.

Die Regelungen des Grundgesetzes limitierten den Handlungsspielraum in der zweiten, von uns hier identifizierten Phase der Medienpolitik. In den 1950er Jahren geschah diesbezüglich nicht allzu viel. Zwar fehlte es nicht an Initiativen, diese liefen aber ins Leere oder scheiterten. Dazu gehörte der 1951/1952 vorgelegte Entwurf eines Bundespressegesetzes, der zahlreiche neuerliche Beschränkungen vorsah (u.a. durch so genannte »Landespresseausschüsse«).[4] Dergleichen war politisch nicht mehr durchsetzbar. Auch spätere Initiativen zu einem Presserechtsrahmengesetz blieben stecken. Als Fehlschlag endete noch mehr der Versuch Konrad Adenauers, den Bund als (Mit-)Träger eines zweiten Fernsehpro-

---

[2] Vgl. Christian Breunig, *Kommunikationsfreiheiten. Ein internationaler Vergleich*, Konstanz 1994.
[3] Vgl. Klaus-Berto von Dömming/Rudolf Werner Füßlein/Werner Matz, *Entstehungsgeschichte der Artikel des Grundgesetzes*, in: Jahrbuch des öffentlichen Rechts der Gegenwart, N.F. 1 (1951).
[4] Norbert Frei, »*Was ist Wahrheit?*«. *Der Versuch einer Bundespressegesetzgebung 1951/52*, in: Hans Wagner (Hg.), *Idee und Wirklichkeit des Journalismus. Festschrift für Heinz Starkulla*, München 1988, S. 75–91.

gramms in Deutschland zu installieren, der in den »Fernsehstreit« und das berühmte Fernsehurteil von 1961 mündete.[5] Angesichts der damit verfolgten Absicht bildete das Zustandekommen zweier Bundesrundfunkanstalten für Gesamtdeutschland (Deutschlandfunk) und für das Ausland (Deutsche Welle) eine vergleichsweise unumstrittene und partielle Ergänzung des bundesdeutschen Mediensystems. Und dies deshalb, weil die Länder hier gewissermaßen »stillhielten« und ein Tätigwerden des Bundes aus übergeordneten Gründen tolerierten. Hinsichtlich eines zweiten Fernsehprogramms war das schon nicht mehr der Fall.

Aber auch die Bundesländer konnten in den 1950er Jahren medienpolitisch nur wenig bewegen. Wohl haben sie Anfang der 1960er Jahre Landespressegesetze erlassen, die allerdings durch das Grundgesetz präjudiziert waren und sich deshalb auf ein Mindestmaß ordnungspolitischer Vorgaben beschränken mussten. Im Rundfunk waren die Verhältnisse festgezurrt, zumal die drei westlichen Besatzungsmächte noch bis zum Inkrafttreten des Deutschlandvertrags im Juni 1955 über einschlägige Vorbehaltsrechte verfügten. Erst als diese wegfielen, kam es zur ersten Strukturveränderung des Rundfunks durch Aufteilung des Nordwestdeutschen Rundfunks (NWDR) in zwei getrennte Anstalten, den Westdeutschen Rundfunk (WDR) und den Norddeutschen Rundfunk (NDR).[6] Außer der Regionalisierung wurde dabei jedoch zugleich die Zusammensetzung der Aufsichtsgremien geändert. An die Stelle des bis dahin pluralistischen, aus Vertretern gesellschaftlich relevanter Gruppen zusammengesetzten Rundfunkrats des NWDR traten jetzt zwei staatlich-politische, parlamentarisch gebildete, je nach den Anteilen der Parteien in den Landtagen bzw. der Bürgerschaft. Auf andere Entwicklungen hatte die Politik hingegen keinen Einfluss, weil diese der Selbstverwaltung öffentlich-rechtlicher Anstalten unterlagen, vor allem der Aufbau eines ersten Fernsehprogramms auf der Basis des organisatorischen Zusammenschlusses in der ARD. Auch technische Neuerungen wie die Nutzung des UKW-Bereichs tangierten die politische Regelungskompetenz nicht.

Dritte Phase: Politische Gestaltung des Umbruchs der Medienlandschaft

Eine neue, dritte Phase der Ordnung und Neugestaltung von Medien setzte in der Bundesrepublik Deutschland in den 1970er Jahren ein. Jetzt wurde daraus eine vorrangige politische Aufgabe, und die Medienpolitik beherrschte jahrelang die politische Agenda. Die Presse war davon wiederum weniger betroffen, obwohl auch hier ein Handlungsdruck durch die zunehmende Konzentration und die

---

[5] Vgl. Rüdiger Steinmetz, *Freies Fernsehen. Das erste privat-kommerzielle Fernsehprogramm in Deutschland*, Konstanz 1996.
[6] Bausch (wie Anm. 1), S. 204ff.

drohende Verringerung publizistischer Vielfalt entstand. Bis 1976 hatte sich die Zahl der Publizistischen Einheiten, also der Zeitungen, die mit einer Vollredaktion alle Ressorts selbstständig erarbeiten, halbiert; und die Zahl der Lokalmonopole war angestiegen. Im Prinzip ließ sich aus dem Art. 5 GG, eigentlich einem Abwehrrecht, nicht ganz ungerechtfertigt auch ein Auftrag ableiten, das Institut freie Presse zu sichern. Doch die Vorschläge, die die von der Bundesregierung eingesetzte Günther-Kommission 1968 zur Eindämmung der Pressekonzentration machte, waren zwar gut gemeint, aber nicht umsetzbar, da sie der Pressefreiheitsgarantie desselben Artikels zuwiderliefen. Einen Ausweg bot hier lediglich das Kartellrecht, von dem denn auch 1976 durch das Pressefusionskontrollgesetz Gebrauch gemacht wurde. Dieses hat tatsächlich eine eindämmende Wirkung gehabt: Zwar weiß man nicht, wie viele Fusionsabsichten angesichts geringer Chancen erst gar nicht verfolgt wurden. Aber zumindest in der Hälfte der vom Bundeskartellamt ausgesprochen Untersagungen beabsichtigter Fusionen oder Übernahmen sind Wettbewerbsverhältnisse erhalten geblieben.[7]

Eine Priorität erhielt die Medienpolitik in den 1970er und 1980er Jahren in der Bundesrepublik in erster Linie jedoch durch den Rundfunk. Voraussetzung dafür waren grundlegende technische Neuerungen. Bis dahin mussten Rundfunksignale ausschließlich über terrestrische Frequenzen übermittelt werden, deren Spektrum begrenzt war. Ohnehin hatte Deutschland bei der in den frühen Nachkriegsjahren getroffenen internationalen Frequenzaufteilung (»Kopenhagener Wellenplan«) Nachteile hinnehmen müssen. Selbst das Bundesverfassungsgericht gründete in seinem Fernsehurteil 1961 die Rechtfertigung des öffentlich-rechtlichen Rundfunks auf den Frequenzmangel. Dieser Mangel wurde jetzt durch zwei neue Übertragungstechniken beseitigt: durch Kabel und Satelliten. Wie sollte davon Gebrauch gemacht werden? Diese Frage machte medienpolitische Grundentscheidungen notwendig. Sie hatten ihre technologische, wirtschaftliche und arbeitsmarktpolitische Seite, waren im eigentlichen Sinne aber ordnungspolitischer Art.[8]

Die notwendigen Entscheidungen sind in der Bundesrepublik keineswegs überstürzt getroffen worden. Sie bildeten sich im Gegenteil erst in einem langwierigen Willensbildungsprozess heraus, der vor allem durch medienspezifische Traditionen, die Eigenheiten des politischen Systems und parteipolitisch konträre Grundorientierungen geprägt wurde. Zu den Traditionen gehörte, dass Rundfunk bis dahin in Deutschland lediglich in öffentlich-rechtlicher Form betrieben worden war, wenn nicht sogar in obrigkeitlicher wie in der Weimarer Republik oder

---

[7] Vgl. Stephanie Roth, *Effizienz und Konsequenzen der Pressefusionskontrolle auf dem deutschen Pressemarkt seit 1976. Untersuchung anhand von Fallbeispielen und Bewertung der aktuellen Diskussion des GWB,* Magisterarbeit, Mainz 2005.

[8] Vgl. Bernhard Vogel, *Wege in die Medienlandschaft der achtziger Jahre,* in: Markus Schöneberger/ Dieter Weirich (Hg.), *Kabel zwischen Kunst und Konsum. Plädoyer für eine kulturelle Medienpolitik,* Berlin/Offenbach 1985, S. 49–65.

unter staatlicher Direktive wie im Dritten Reich. Vom politischen System her setzten für die Entscheidungsfindung der bundesdeutsche Föderalismus den Rahmen und die Tatsache, dass die Bundesländer von verschiedenen Parteien regiert wurden.

Die Parteien haben in den 1970er Jahren erst eigentlich die Medienpolitik »entdeckt« und ihren Grundüberzeugungen gemäße Vorstellungen entwickelt, die in so genannten »Medienpapieren« ihren Niederschlag fanden. Dabei unterschieden sich im Grundansatz insbesondere die Unionsparteien von den Sozialdemokraten. Während die letzteren an den öffentlich-rechtlichen Strukturen festhalten wollten, befürworteten die ersteren auch eine privatwirtschaftliche Betätigung und sahen darin Chancen für mehr Wettbewerb. Die FDP vertrat im Grundsatz liberale Positionen, was sie allerdings nicht daran hinderte, dem von der Regierung der sozial-liberalen Koalition 1979 beschlossenen Verkabelungsstopp zuzustimmen. Die Divergenz der großen Parteien resultierte aber nicht nur aus Grundüberzeugungen, der staatlichen Sicherung des »Gemeinwohlprinzips« auf sozialdemokratischer Seite und dem individualrechtlichen Freiheitsprinzip bei den Christdemokraten; sondern inhärent war auch eine unterschiedliche Zufriedenheit mit dem öffentlich-rechtlichen System.

Die Umstände haben es gefügt, dass sich das Tor zu einer Neuordnung der (Funk-)Medien in der Bundesrepublik auftat, als Bernhard Vogel Ministerpräsident des Landes Rheinland-Pfalz wurde. Er war dort seit 1967 Kultusminister gewesen und übernahm das Amt des Regierungschefs im Herbst 1976, nachdem sein Vorgänger Helmut Kohl als Vorsitzender der CDU/CSU-Bundestagsfraktion nach Bonn übergewechselt war. Mit der neuen Funktion war automatisch auch der Vorsitz in der Rundfunkkommission der Ministerpräsidenten verbunden, der praktisch von der Staatskanzlei ausgeübt wurde. Jedoch bedeutete dies allenfalls eine organisatorisch-koordinierende Prärogative, keine inhaltlich-politische. Zu den offenen Problemen, mit denen sich der neue Ministerpräsident konfrontiert sah, gehörte die Frage der zukünftigen Rundfunkordnung. Denn die im November 1973 eingesetzte Kommission für den Ausbau des technischen Kommunikationssystems (KtK) hatte im Januar 1976 ihren Telekommunikationsbericht vorgelegt.[9] Dieser formulierte seine Ergebnisse sehr zurückhaltend. Die Kommission stellte zum damaligen Zeitpunkt fest, es sei kein drängender Bedarf an zusätzlichen Fernsehprogrammen vorhanden. Auch das Bedürfnis nach lokalen Hörfunk- und Fernsehprogrammen sei wenig ausgeprägt. Einen »bedarfsgerechten« weiteren Ausbau der Versorgung mit Rundfunk und anderen Telekommunikationsformen in Breitband-Verteilnetzen bewertete die Kommission als positiv. Und sie empfahl, zunächst begrenzte und auf fünf Jahre befristete, wissenschaftlich begleitete Pilotprojekte zu veranstalten, um Erfahrungen zu sammeln.

---

[9] Kommission für den Ausbau des technischen Kommunikationssystems (KtK), *Telekommunikationsbericht*, Bonn 1976.

Es gehört gewiss nicht zu den Ruhmestaten des deutschen Föderalismus, dass, nachdem dieser Vorschlag gemacht worden war, acht Jahre vergingen, bis dieser umgesetzt wurde. Jedenfalls konnten sich die Bundesländer erst einmal nicht über die Pilotprojekte verständigen. Im November 1977 legte Rheinland-Pfalz auf der Sitzung der Chefs der Staatskanzleien die Pläne für das ursprünglich zusammen mit Baden-Württemberg geplante Pilotprojekt Ludwigshafen/Mannheim vor. Darin war die Zulassung auch privater Programmanbieter unter dem Dach einer Anstalt des öffentlichen Rechts, genannt Anstalt für Kabel-Kommunikation (AKK), vorgesehen. Eine Einigung über dieses und drei weitere Pilotprojekte (in Dortmund, Berlin und München) erzielten die Ministerpräsidenten am 11. Mai 1978. Doch weitere Zeit verging, bis auch eine gemeinsame Finanzierung der Pilotprojekte gefunden war. Dies gelang erst im November 1980.

Die späten 1970er und die frühen 1980er Jahre waren eine Zeit intensiver medienpolitischer Debatten in der Bundesrepublik Deutschland.[10] Dabei wurde ein teilweise erbitterter Meinungsstreit ausgetragen. An diesem hat sich auch Bernhard Vogel immer wieder beteiligt. Zum einen bei den parlamentarischen Beratungen über das rheinland-pfälzische Landesgesetz über einen Versuch mit Breitbandkabel, das die Grundlage für das Ludwigshafener Kabelpilotprojekt schuf. Vogel hat die Motive für die Neugestaltung und die Intention dieses Projekts dort, darüber hinaus aber auch in der gesellschaftlichen Diskussion offensiv vertreten und wurde dadurch zu einem maßgeblichen »Weichensteller« des Medienstrukturwandels in Deutschland. Er diagnostizierte einerseits »Fehlentwicklungen« des gegenwärtigen Systems, »mit einer leistungsmindernden Bürokratisierung etwa, mit der Infragestellung der Grundsätze von Sparsamkeit und Wirtschaftlichkeit, mit einer Abflachung des journalistischen Leistungsprinzips zugunsten eines Proporzprinzips, mit einem nicht sachdienlichen Einfluss von Parteien, Staats- und Parlamentsvertretern in den Kontrollorganen und mit einer zu großen Distanz zwischen den Anstalten und ihren Teilnehmern.«[11] Ausdrücklich trat er dem Vorwurf einer Zerschlagung des öffentlich-rechtlichen Systems entgegen und konstatierte: »Dieses System wird in Zukunft nicht ohne Konkurrenz sein, und es wird gut sein, dass es diese Konkurrenz gibt, weil überall und immer Konkurrenz nur gut für mehr Freiheit und für mehr Vielfalt und nie schädlich dafür gewesen ist.«[12] Und Vogel bekannte ferner: »soviel Freiheit wie möglich, aber soviel staatliche Zuständigkeit, dass das, was wir machen, auch noch von uns verantwortet werden kann, weil es sonst nicht mehr glaubwürdig ist.«[13]

---

[10] Vgl. *Die Medienpolitik der 80er Jahre*, mit Beiträgen von Jürgen Wilke, Bernhard Vogel, Christian Schwarz-Schilling, Klaus von Dohnanyi, Peter Schiwy, Claus Detjen, Beate Schneider, in: HPM 9 (2002), S. 161–225.
[11] TV-Courier Nr. 2-D, 23. Jg., 20.1.1983, S. 5.
[12] Landtag Rheinland-Pfalz, 9. Wahlperiode, 21. Sitzung, 29. Mai 1980, S. 1076.
[13] Ebd. S. 1077.

Mit dem Anfang Dezember 1980 vom Landtag von Rheinland-Pfalz beschlossenen Landesgesetz über einen Versuch mit Breitbandkabel war die Rechtsgrundlage für das Pilotprojekt Ludwigshafen gelegt. Aber bis zur Aufnahme des Sendebetriebs vergingen weitere Jahre. Nachdem Baden-Württemberg sich ausgeklinkt hatte, musste das Versuchsgebiet geändert und auf die Vorderpfalz ausgeweitet werden. Die Verkabelung schritt nur langsam voran. Das Land Hessen, das am längsten die Neuordnung behinderte, erklärte, sich an der vereinbarten Finanzierung nicht zu beteiligen. Schließlich mussten die technischen und organisatorischen Voraussetzungen für das Pilotprojekt aufgebaut werden. Als am 1. Januar 1984 die AKK in Ludwigshafen ihren Sendebetrieb aufnahm, hat man von einem »Urknall im Medienlabor« gesprochen.[14] Diese Metapher ist allerdings irreführend, wenn man damit die Vorstellung einer Plötzlichkeit verbindet. Davon konnte nach dem jahrelangen mühsamen Entstehungsprozess keine Rede sein. Nur insofern ist das gewählte Bild zutreffend, als der Start des Pilotprojekts tatsächlich den Anfang des dualen Rundfunksystems in Deutschland markiert.

Was dadurch eingeleitet war, zog rasch weitere Entscheidungen nach sich. Dabei zeigte sich, dass das Pilotprojekt infolge der zwischenzeitlich fortgeschrittenen technischen Entwicklung praktisch schon überholt war. Bereits knapp zwei Monate nach dem Projektbeginn verständigten sich die Ministerpräsidenten darauf, einen Satellitenkanal (ECS-1-Westbeam) an die AKK zur Nutzung durch private Programmanbieter zu vergeben. Damit war deren »Entbindung« über das Versuchsgebiet hinaus vorgezeichnet. Jetzt bedurfte es aber noch übergreifender Regelungen, die mit der Unterzeichnung des (ersten) Rundfunkstaatsvertrags vom 23. April 1987 durch die Bundesländer erreicht wurden. In ihm wurde die generelle Zulassung privater Programmanbieter festgeschrieben und das Notwendige an gemeinsamen Bestimmungen für das Nebeneinander von öffentlich-rechtlichem und privatem Rundfunk getroffen. Das betraf insbesondere die Finanzierungs- und Werberegelungen. Kompromisse waren bei der Aushandlung des Staatsvertrags auch deshalb notwendig, weil die Bundesländer in ihrer Rundfunkgesetzgebung im Einzelnen unterschiedliche Modelle verfolgt hatten (was vor allem den Hörfunk betraf).

Seitdem ist der Rundfunkstaatsvertrag mehrfach novelliert und an sich verändernde Umstände angepasst worden.[15] Dabei wurden beispielsweise die Bestimmungen zur Konzentrationskontrolle neu gefasst und für deren Überprüfung ein eigenes Gremium, die KEK, installiert. 1991 wurde er auf das »vereinte Deutschland« ausgedehnt und damit zugleich die Medienordnung der alten auf die neuen Bundesländer ausgeweitet. Durch die Wiedervereinigung stellte sich noch einmal eine außergewöhnliche Gestaltungsfrage auch für die Massenmedien. In den An-

---

[14] Vgl. Stephan Ory/Rainer Sura, *Der Urknall im Medienlabor. Das Kabelpilotprojekt Ludwigshafen*, Berlin 1987.
[15] Reinhard Hartstein u.a. (Bearb.), *Rundfunkstaatsvertrag: Kommentar* (Stand Juli 2005), München 2005.

passungen des Rundfunkstaatsvertrags ist den Bundesländern ein inzwischen allerdings nur begrenzter Spielraum für medienpolitische Entscheidungen verblieben. Dazu kommt die Frage der Gebührenbemessung, die jüngst erneut Anlass für eine Klage der öffentlich-rechtlichen Anstalten vor dem Bundesverfassungsgericht war, das darüber im September 2007 entschieden hat.

Vierte Phase: Eigendynamik des Mediensystems bei schwindender Regulierung

Seit Mitte der 90er Jahre ist die Bundesrepublik Deutschland bezüglich der Neugestaltung und Ordnung der Medien in eine neue Phase eingetreten. Ausgelöst wurde diese Entwicklung abermals durch technische Neuerungen. Als neuer Verbreitungsweg ist das Internet hinzugetreten und hat einen raschen Siegeszug erlebt. Es handelt sich dabei um einen vieldimensionalen »Kommunikationsraum« mit unterschiedlichen Anwendungsmöglichkeiten, vom Briefverkehr (E-Mail) bis zum World Wide Web, das der herkömmlichen Massenkommunikation am nächsten steht. An dieser neuen Technik beeindrucken die schier unbegrenzte Kapazität, die multimedialen Darstellungsformen und die Möglichkeiten der Interaktivität. Die Digitalisierung hat ebenfalls eine Erweiterung der Kapazität für den klassischen Rundfunk mit sich gebracht. Sie tritt an die Stelle der analogen Verschlüsselung und soll diese in Deutschland 2010 ablösen. Die Digitalisierung ermöglicht eine Kompression der Signale und Daten, was Platz schafft für eine weitere Vervielfachung der Angebote. Deshalb sind z.B. neben die vier großen TV-Sender und Sendergruppen (ARD, ZDF, RTL, Sat.1/Pro Sieben) neue Akteure getreten, in jüngster Zeit beispielsweise Kabelanbieter. Waren diese bisher ausschließlich dazu da, Programmangebote weiterzuleiten, so treten sie inzwischen mit Eigeninteressen auch hinsichtlich der Programmbouquets auf. Während Kabelnetzbetreiber ihre Netze auch für Telefon und Internet ausbauen, suchen Telefongesellschaften in das Internet-Fernsehen einzusteigen.

Die neuen Techniken haben dazu geführt, dass sich das Mediensystem hierzulande in einem Prozess wachsender Eigendynamik befindet. Wesentlich dazu beigetragen hat die Liberalisierung der Telekommunikation, wie sie im Informations- und Kommunikationsdienstegesetz und im Mediendienste-Staatsvertrag von 1997 ihren Ausdruck fand. Die Deregulierung, die damit einherging, hat den staatlichen Einfluss auf die Telekommunikation, insbesondere die Netzkommunikation, weitgehend reduziert, wenn nicht ausgeschlossen. So ist das Internet ein »Raum«, in dem rechtliche Normen nur noch schwer durchsetzbar sind. Ohnehin steht die Adressenverwaltung durch die Internet Corporation for Assigned Names and Numbers (ICANN) bisher unter amerikanischer Aufsicht. Gerade die totale Grenzüberschreitung macht die Durchsetzung nationaler Normen im Netz praktisch unmöglich.

Die technische Eigendynamik des Mediensystems hat eine schwindende Macht des Staates zu seiner politischen Gestaltung zur Folge. Grundlegende Entscheidungen sind aller Voraussicht nach nicht mehr zu treffen bzw. bleiben der staatlichen Regelungskompetenz entzogen. Was bleibt, sind Detailentscheidungen, die allerdings von prinzipieller Bedeutung sein können. Dazu gehört vor allem, wie die Chancengleichheit und Sichtbarkeit der Programme künftig in dem Überfluss der Bouquets gesichert werden kann. Dieses Problem stellte sich schon ansatzweise bei der Einspeisung der Programme in die Kabelnetze, verschärft sich aber durch die Vermehrung der Angebote. Hier erheben insbesondere die öffentlichrechtlichen Anstalten ihren Anspruch, basierend auf der Bestands- und Entwicklungsgarantie, die ihnen zugesprochen worden ist. Einer gewissen Regulierung unterliegt auch gegenwärtig die Internet-Präsenz der öffentlich-rechtlichen Rundfunkanstalten. Die anfänglich umfangreichen Aktivitäten, die sie hier entfalteten, sind im neunten Rundfunkänderungsstaatsvertrag limitiert worden, inhaltlich auf »programmbegleitende« Angebote, finanziell durch die Selbstbindung, dafür nicht mehr als 0,75 Prozent der Gebühreneinnahmen zu verwenden. Ob es dabei bleiben wird, steht dahin, gerade angesichts der weiteren Expansion des Internet 2.0.

Denn inzwischen läuft schon eine zweite Welle der Digitalisierung. Sie fördert die Konvergenz von herkömmlichen Übertragungswegen und Computernetzwerken und löst die herkömmlichen Grenzen zwischen Rundfunk und den Formen der Telekommunikation auf. Die neue Generation des Internet 2.0 schafft zudem ganz neue interaktive Anwendungen. Mehr und mehr stellen Nutzer selbst Inhalte ins Internet ein, und zwar nicht nur geschriebene Texte (Blogs), sondern auch eigene Videos. Riesige nutzergenerierte Portale sind entstanden (Youtube, Myspace usw.), die sich zumal bei jungen Leuten großer Beliebtheit erfreuen und bereits Instrumente enormer Wertschöpfung sind. Dabei handelt es sich um fernsehaffine Formate, auf die TV-Sender gelegentlich schon selbst zurückgreifen.

Was an politischer Gestaltungsaufgabe verbleibt, ist, wie bestimmte bisher geltende Rechtsnormen im medialen Umbruch gesichert werden können oder wie sie modifiziert werden müssen. Wobei deren Durchsetzung aus technischen Gründen und aus Gründen eines im Internet erodierenden Rechtsbewusstseins zunehmend problematisch wird. Das gilt vor allem für zwei Komplexe: den Jugendschutz und das Urheberrecht. Zum Jugendschutz verpflichtet schon Art. 5 GG. Aber autoritative durchgreifende Regelungen, wie sie für die gedruckte Presse und den öffentlich-rechtlichen Rundfunk möglich waren, sind im Internet kaum wirksam. Auch hier schwindet die staatliche Durchsetzungskraft. Und schwer ersichtlich ist auch, wie berechtigte Urheberinteressen angesichts der schier unbegrenzten Zugriffs- und Verarbeitungsmöglichkeiten im Netz erhalten bleiben können. Denn selbst wenn hier die Interessen einvernehmlich berücksichtigende Lösungen gefunden werden könnten, bleibt wiederum offen, wie weit sich die Nutzer im Internet daran halten werden.

Die Veränderungsprozesse, die sich in der digitalen Welt vollziehen, werden von nicht wenigen mit Befürchtungen und Sorgen gesehen. Welche Wirkungen wird die durch Eigendynamik und primär von technischen und wirtschaftlichen Faktoren bestimmte Medienentwicklung nach sich ziehen? Damit wiederholen sich Fragen, die bisher jede größere Veränderung im Mediensystem begleitet haben. Vor allem der Einführung des dualen Rundfunksystems ging eine ähnliche Debatte voraus. Dass vieles von den prognostizierten Szenarien nicht eingetreten ist, lässt sich heute feststellen. Andererseits haben sich gewiss auch nicht alle Erwartungen der damaligen Befürworter des Wandels erfüllt. Immerhin hat sich das Medienangebot erhöht, auch der Fernsehkonsum ist gestiegen, wenn auch nicht in dem einst befürchteten Maße. Dass jetzt ähnliche Ängste hinsichtlich des Internet und der Konvergenz der Medien geäußert werden, kann niemanden überraschen. Auch hier wird nach der üblichen Euphorie nicht alles so heiß gegessen werden wie gekocht. Andererseits dürften die Veränderungen aber noch größer sein als beim Übergang vom öffentlich-rechtlichen Duopol zum dualen System. Denn diesmal verändert sich auch der Modus der Kommunikation, von der früher rezeptiven Haltung zu einer (inter-)aktiven. Diese Veränderung zeichnet sich zunächst in der jüngeren Generation ab, in der die Internet-Nutzung schon einen Sättigungsgrad erreicht hat.

Je mehr die politischen Möglichkeiten zur Ordnung und Neugestaltung der Medien abnehmen – und sie haben schon deutlich abgenommen –, umso mehr ist die Gesellschaft auf Selbststeuerung angewiesen. Das gilt für die beteiligten Institutionen ebenso wie für den einzelnen Nutzer. Ein Beispiel dafür ist die Neufassung des grundgesetzlich auferlegten Jugendschutzes. Dieser ist zum 1. Januar 2003 in gleich zweierlei Form neu gefasst worden: In dem vom Bundestag erlassenen Jugendschutzgesetz, das die herkömmliche Prüfung jugendgefährdender Schriften für »Trägermedien« aller Art fortgeschrieben hat. Und in dem von den Bundesländern beschlossenen Jugendmedienstaatsvertrag, der den Jugendschutz in Rundfunk und Telemedien gewährleisten soll. Zumal der letztere ist dem Gedanken der »regulierten Selbstregulierung« verpflichtet. Länderübergreifende Fernsehanbieter allgemein zugänglicher Telemedien und Anbieter von Suchmaschinen müssen (ab einer bestimmten Größenordnung) Jugendschutzbeauftragte bestellen; eine Kommission für Jugendschutz hat die Landesmedienanstalten bei der Kontrolle der Einhaltung der einschlägigen Vorschriften zu unterstützen. Anerkannt werden ferner die Einrichtungen der Freiwilligen Selbstkontrolle von Film und privatem Fernsehen. Deren Entscheidungen entlasten Anbieter von der Gefahr nachträglicher strafrechtlicher Verfolgung.

Die Befähigung zur Selbststeuerung erwächst allerdings nicht nur aus solchen gesetzlichen Stützen, sondern bedarf auch der Fundamentierung in der (Zivil-)Gesellschaft selbst. Worauf es vor allem ankommt, ist Bildung. Auch diese zu fördern, ist eine politische Gestaltungsaufgabe. Dabei geht es nicht nur um »technische« Bildung, um die Bedienung und den Umgang mit der Medien-»Hardware«, sondern auch um Bildung im weiteren Sinne und das Gefühl für Medien-»Qualität«. Schwinden die unmittelbaren politischen Gestaltungsmöglichkeiten des Mediensystems, so doch nicht die mittelbaren, die umso wichtiger sind.

1   Alois Glück, Erwin Teufel, Norbert Lammert, Annette Schavan, Christoph Böhr, Bernhard Vogel und Dieter Althaus am 11. Oktober 2003 (v. l. n. r.)

2   Beim Besuch von Papst Johannes Paul II. mit Kardinal Joseph Ratzinger in Speyer 1987

3   Mit Erzbischof Guido Del Mestri, Hans Maier und Hans Koschnick (Katholikentag in Freiburg 1978)

4   Mit Bischof Karl Lehmann (30.6.1988)

5   Bei der Verabschiedung von Helmut Kohl als Ministerpräsident von Rheinland-Pfalz und der Wahl Bernhard Vogels zu seinem Nachfolger am 2. Dezember 1976 (dpa)

CDU

Mit Rheinland-Pfalz vertraut

Bernhard Vogel, Ministerpräsident für Rheinland-Pfalz.

Helmut Kohl, Kanzler für Deutschland.

Gemeinsam mehr erreichen

Flugblatt zur Landtagswahl am 6. März 1983

7   Auf dem Landesparteitag der CDU Rheinland-Pfalz am 15.10.1988 mit Georg Gölter (dpa)

8   Landtagswahl in Thüringen am 16. Oktober 1994 (dpa)

9 Bei einer Rennsteig-Wanderung im Gespräch mit Bürgern

10 Mit dem Gründungsrektor der Erfurter Universität Peter Glotz am 9. Dezember 1996 (dpa)

11 Moderation einer Hörfunksendung beim Kabelpilotversuch Ludwigshafen/Vorderpfalz am 30. Januar 1984 (dpa)

12 Als Bundesratspräsident 1976/77 (Darchinger)

13 Bei einer Podiumsdiskussion mit Edmund Stoiber, Franz-Josef Strauß und Lothar Späth (v. l. n. r.)

14 Beim Baumpflanzen in Kijali (Ruanda) mit Vertretern der ruandischen Regierung; im Hintergrund Peter Molt, daneben Botschafter Dr. Reinhart Bindseil

15 Mit dem französischen Staatspräsidenten François Mitterrand am 2. Februar 1984 (Bundesbildstelle)

16 Mit dem amerikanischen Präsidenten Ronald Reagan, 1988 (Albert M.)

17 Mit dem amerikanischen Präsidenten George W. Bush sen. im Januar 1989 (links Hannelore Kohl)

18 Mit dem amerikanischen Präsidenten Bill Clinton am 14. Mai 1998

19 Mit dem früheren polnischen Außenminister Władysław Bartoszewski beim Sommerfest der Konrad-Adenauer-Stiftung 2001 in Berlin

20 Mit dem früheren polnischen Staatspräsidenten Lech Wałęsa bei der 25-Jahr-Feier von Solidarność 2005

DER DEUTSCHE FÖDERALISMUS

Für Bernhard Vogel,
der rechtzeitig sein Haus bestellt hat,
in Freundschaft!

HANS MAIER

Wandlungen des Föderalismus in der deutschen Geschichte

Die föderalen Strukturen Deutschlands haben sich in einem langwierigen geschichtlichen Prozess herausgebildet. Er reicht vom Alten Reich mit seinem ständisch, später konfessionell differenzierten Einungswesen bis zu den Staatenbünden und Bundesstaaten des 19. und 20. Jahrhunderts. Wie sich föderale Strukturen in allen politischen Veränderungen behaupten und mit der Zeit immer deutlicher ausprägen – dies ist eine historische Thematik, die noch der zusammenfassenden Darstellung harrt.[1] Der Südwesten und Süden – Schwaben und Franken –, teilweise auch die Mitte Deutschlands hätten darin den beherrschenden Platz – als bündische, locker organisierte Gebilde, als eine »staatlose« Welt des gemeinen Rechts – als Kontrafaktur zu den »nationalstaatlichen« Verdichtungen Österreich und Preußen – in geringerem Maß auch Bayern – im deutschen Südosten, Norden und Nordosten.

I

Was es dem Betrachter bis heute schwer macht, diesen Prozess als Ursprung föderaler Ordnung zu würdigen, ist die Tatsache, dass es hier an organisierendem Willen, an Telos und Steuerung – im Unterschied zu Amerika[2] – gänzlich zu fehlen scheint. Wir begegnen hier, wenn man überhaupt Vergleiche ziehen will, eher einem anarchischen, sich ständig negierenden als einem zentripetalen, sich organisierenden Föderalismus. Musterbeispiel hierfür scheint die Entwicklung des Alten Reiches in den neueren Jahrhunderten zu sein: hier hat weder der Kaiser ein souveränes letztes Wort noch der Reichstag (so dass weder die französische Form monarchisch-bürokratischer Zentralisierung noch die britische Form der

---

[1] Ein pointierter Überblick bei G. A. Ritter, *Föderalismus und Parlamentarismus in Deutschland in Geschichte und Gegenwart* (Sitzungsberichte der Bayerischen Akademie der Wissenschaften, Philosophisch-Historische Klasse, 2005, Heft 4), München 2005.
[2] Der amerikanische Föderalismus weist paradoxerweise nicht nur größere Verschiedenheiten auf als der deutsche, er hat auch einen sehr viel stärker ausgeprägten zentripetalen Zug. Er ist im Grunde eine Theorie bundesstaatlicher »Einheit in Vielheit«. Seinen klassischen Ausdruck hat er in Alexander Hamilton/James Madison/John Jay (Hg.), *The Federalist* (1787) gefunden.

Parlamentsherrschaft erreicht wird); zwischen beide, in beide hinein schieben sich die Bünde der Fürsten, Ritter, Prälaten und Städte: so weit und tief, dass ohne sie nicht regiert werden kann; doch auch wieder nicht so allumfassend und flächendeckend, dass sie das ganze Territorium des Reiches umgreifen und »in Form bringen«. Ein gewaltiges ordnungsloses Spiel der Macht – so sah Hegel in seinem Rückblick auf die Reichsverfassung diesen Dualismus und Pluralismus, der in Europa (abgesehen von der polnischen Adelsrepublik) nicht seinesgleichen hatte.[3] Dies gilt besonders für die spätere nochmalige Potenzierung und Aufgipfelung – denn zur ständischen Bundesbildung kamen ja in Reformation und Gegenreformation noch die konfessionellen Zusammenschlüsse hinzu!

Gleichwohl: all diese inner- und zwischenständischen Einungen, und auch die Corpora der Konfessionen, bilden sich *im Rahmen* des Reichsrechts, sie waren nicht einfach anarchischer Wildwuchs. Oft nahmen sie sogar reichsrechtliche Aufgaben wahr, schützten Wirtschaftsräume, trugen zur Lösung von Konflikten bei, dämmten Fehden ein. »Die Einungen verzahnten sich mit dem Lehensrecht, indem sie durch Ausnahmen und Vorbehalte auch anderweitig gebundenen Ständen den neuen Rechtsraum öffneten. So entstand, wie anfällig auch immer, eine bündische Plattform ... Langfristig gesehen zeichnet sich hier eine Verfassungsmöglichkeit ab, die unterschwellig weiterwirkt und immer wieder hochtaucht, nämlich das gesamte deutsche Reich als Bund zu organisieren ... Die Bünde und Assoziationen haben das Reich unterhöhlt, aber ebenso erhalten, erhalten als konfessionell geteilten Verfassungsverband, dessen erzwungene Toleranz dem späteren Europa zum Vorbild diente.«[4]

Wenn in Deutschland die ältere Föderalstruktur erst 1815 in einen Staatenbund überführt wurde – lange nach dem Grabenbruch des Dreißigjährigen Krieges, nach der Umwandlung des traditionellen Einungsrechtes in ein formelles Bündnisrecht, das auch Verträge mit ausländischen Mächten einschloss –, so lag dies vor allem daran, dass sich aus den älteren Machtschichtungen und ständischen Gemengelagen nur in begrenztem Maß moderne *Staaten* entwickelt hatten. Es fehlten für einen föderalen Aufbau einfach die dafür nötigen – leidlich homogenen – Grundbausteine. So war der Übergang vom Reich zum Bund – neues Paradox – daran geknüpft, dass sich die Stände, oft mit fremder Hilfe, zu Territorialstaaten entwickelten und sich innerhalb des Reiches zu autonomen Gebilden verselbstständigten, bis dann schließlich Napoleon das kleinteilige Mosaik des Reiches zerschlug und zu größeren Figuren neu zusammensetzte.

Was dann folgte, der Deutsche Bund, der Norddeutsche Bund, das Bismarckreich mit seinen Fortsetzungen und endlich – wiederum nach einem Grabenbruch – die Bundesrepublik Deutschland, das erscheint uns heute historisch näher verwandt, geographisch enger aufeinander bezogen, als es den Vergangenheit und

---

[3] Georg Wilhelm Friedrich Hegel, *Über die Reichsverfassung*, hg. von Hans Maier nach der Textfassung von Kurt Rainer Meist, Hamburg 2004.
[4] Reinhart Koselleck, *Föderale Strukturen in der deutschen Geschichte*, Pforzheim 1975, S. 12, 14.

Gegenwart, Nord und Süd scharf trennenden Historikern des 19. Jahrhunderts, einem Treitschke oder Sybel etwa, erschien. Wesentliche Elemente des heutigen Föderalismus lassen sich durchaus schon in der föderativen Organisation Deutschlands nach 1815 entdecken. So hat Thomas Nipperdey darauf hingewiesen, dass die Einzelstaaten nach 1815 noch durchaus Rückhalt in großen Teilen der Bevölkerung hatten, der Begriff der Nation sich erst allmählich mit eigenständigem Inhalt füllte. »Die föderative Struktur war nicht nur ein restaurativer Oktroi souveränitätsbesessener Obrigkeitsstaaten, sondern ruhte auf volkstümlicher Grundlage. Nicht nur das aristokratische und bürokratische Establishment der Einzelstaaten, nicht nur die mit traditionellen Institutionen verbundenen Kirchen, sondern weite Teile der am Rande der Politik lebenden Bauern und kleinstädtischen Bürger lebten im Einzelstaat, fühlten sich primär als Bayern, Hannoveraner, Badener und Preußen, und erst dann als Deutsche. Und auch die neuen Staaten von Napoleons Gnaden haben zum Teil erstaunlich rasch einen eigenen Staats- und Landespatriotismus erzeugt. Der ›Partikularismus‹ war eine soziokulturelle Realität. Die Nationalbewegung der Gebildeten ist erst langsam zur Massenbewegung, mindestens der Bürger geworden; dabei hat sie sich – merkwürdig genug – mit mächtigen und traditionsreichen Regionalismen wie dem rheinischen in Preußen, dem pfälzischen und dem fränkischen in Bayern, verbunden, dieses Regionalbewusstsein war gegen die neuen Partikularstaaten gerichtet; wenn man nicht mehr Franke sein konnte, wollte man nicht Bayer, sondern Deutscher sein. Auch die Nationalbewegung ging von der Wirklichkeit der regionalen und partikularstaatlichen Mentalität aus; sie übernahm die offiziöse Rhetorik, die den Bund der deutschen Staaten in einen Bund der deutschen Stämme umdeutete, und das wurde, wie man am liberal nationalen volkstümlichen Lied ablesen kann, durchaus populäre Meinung.«[5]

Deutschland war in seiner Geschichte fast stets ein Reich, ein Staatenbund oder Bundesstaat, kurzum ein föderalistisches Gebilde. Zentralistische Perioden sind untypisch für unsere Geschichte.[6] Andere Nationen erkennen und spiegeln sich in ihren Hauptstädten. In der deutschen Geschichte fehlt ein ähnliches, die politischen und kulturellen Kräfte sammelndes Zentrum, die Adressen der deutschen Hauptstädte wechseln durch die Geschichte hindurch, von Aachen bis Mainz, von Rom bis Prag, von Wien bis Frankfurt, von Berlin bis Bonn. Fast immer war die Zentralgewalt in Deutschland schwächer als in anderen Staaten: Neben der Hauptstadt standen andere Zentren, und keine Stadt repräsentierte auf längere Zeit das

---

[5] Thomas Nipperdey, *Der Föderalismus in der deutschen Geschichte*, in: *Federalism. History and current significance of a form of government*, hg. von Johan C. Boogmann, G.N. van der Plaat, The Hague 1980, S. 125ff.

[6] Zum Folgenden vgl. meine Aufsätze: *Deutschland – Kulturnation? Eine Tradition, neubesichtigt*, in: *Wo ist die Sprache, die verbindet ...* (Bertelsmann Colloquium 1985), S. 19–39; *Aspekte des Föderalismus in Deutschland und Frankreich*, in: Jahrbuch des öffentlichen Rechts der Gegenwart 35 (1986), S. 47–55; *Ohnmächtige Kultur?* In: Fragen zur Zeit. Herausgeberkolumnen im »Rheinischen Merkur«, 2006, S. 22f.

ganze Deutschland – nicht politisch und schon gar nicht kulturell. Der Reichtum der Kultur in Deutschland zehrt bis heute vom landesherrlichen Mäzenatentum. Abseits der großen Städte stößt der Besucher in Deutschland noch heute auf viele kleine Residenzen mit eigenem Gesicht – auf Theater, Konzertsäle, Archive, Bibliotheken und Kunstsammlungen hohen Ranges. Wolfenbüttel, Meiningen, Hildburghausen, Weimar haben sich in Deutschland stets neben Frankfurt, Köln, Hamburg behauptet. Region war in Deutschland nie Provinz.

Der harte Kern der Staatlichkeit liegt in Deutschland seit Jahrhunderten bei Ländern, Regionen, Einzelstaaten. Diese Ordnung hat sich auch nach 1945 wiederhergestellt. Verglichen mit Regionen in anderen Staaten (z.B. in Italien, Spanien oder Frankreich), haben deutsche Länder den Charakter von Staaten, mit eigenen Verfassungen, Regierungen, Parlamenten, Gerichten, Beamten. Hier wird eine Kontinuität der deutschen Geschichte sichtbar: Die Länder sind die Erben der alten Fürstentümer, auch dort, wo es sich um nach dem Zweiten Weltkrieg neugeschaffene Staaten wie Nordrhein-Westfalen oder Rheinland-Pfalz handelt. Die Bundesrepublik ist eine Schöpfung der Länder, nicht umgekehrt.

II

Nach 1945 hat das Parteiensystem die föderale Ordnung stabilisieren helfen. Dies nicht in dem Sinn, dass Regionalparteien entstanden wären (sie haben sich im Gegenteil im Lauf der Zeit aufgelöst), sondern in dem Sinn, dass Bund, Länder und Gemeinden zu annähernd gleichgewichtigen und sich ergänzenden Rekrutierungs- und Aktionsfeldern der Parteien geworden sind. Kommunalwahlen, Landtagswahlen, Bundestagswahlen und Europawahlen lösen einander heute in regelmäßiger Folge ab, wobei die Tendenzen wechseln: In Zeiten starker politischer Polarisierung gleichen sich die Ergebnisse einander an, während sich unter Normalbedingungen eher eine Balance- und Kompensationswirkung geltend macht. Die Spielfelder der politischen Aktion sind im Lauf der Zeit einander immer ähnlicher geworden. Kleinere lokale Zusammenschlüsse, Rathausparteien, Wählergemeinschaften – in Stadt- und Gemeindeparlamenten, Kreis- und Bezirkstagen immer noch wirksam – haben im Ganzen an Bedeutung verloren. Es herrscht ein reger Austausch des politischen Personals hinüber und herüber. Die Wahlen auf den verschiedenen Gebietsebenen sind ein anstrengender, aber nützlicher Dauertest, der das politische System zwingt, sich dem Bürger gegenüber personell und programmatisch zu exponieren – und dies häufiger, als es die Logik strikt repräsentativer Verfassungsstrukturen an sich erforderte. Insofern sichert die föderalistische Ordnung nicht nur den Zusammenhalt durch homogene, auf allen Ebenen vertretene Kräfte – sie bildet auch ein Ventil für quasi-plebiszitäre Äußerungen, für spontane Entladungen, für Momentaufnahmen der politischen Meinung.

Demgegenüber wirken Technik, Industrialisierung, Medien – wie oft betont – stärker verändernd auf die föderalistische Struktur ein. Seit den sechziger Jahren hat man immer wieder eine Zunahme vereinheitlichender »unitarischer« Tendenzen konstatiert, ausgelöst durch die wachsende Mobilität der Bevölkerung und das Verblassen alter sozialer und landschaftlicher Zugehörigkeiten.[7] Die Vereinheitlichung der Lebensformen, die Standardisierung von Produktion und Konsum, die Effizienz und Schnelligkeit moderner Kommunikationsmittel, die gleichmäßiger gewordenen Ansprüche an Bildungsservice und sozialstaatliches »Netz«, kurz die Uniformität moderner Gesellschaften – das alles war dem Föderalismus, seinem Aufbau in Schichten und Gliederungen, seinem komplizierten Geäst und Geflecht in der Tat nicht günstig. So wurde in der Bundesrepublik Deutschland der Föderalismus seit dem Ende der sechziger Jahre »kooperativ« umgeformt: Eine Reihe von Gemeinschaftsaufgaben zwischen Bund und Ländern wurde neu geschaffen; Mischfinanzierungen entstanden selbst in Kernbereichen der Länderpolitik – man denke an den Hochschulbau; die Regelungskompetenzen des Bundes in den Bereichen der Rahmengesetzgebung und der konkurrierenden Gesetzgebung wurden immer stärker ausgeschöpft, und vor allem: die Organisationshoheit der Länder wurde eingeschränkt durch vielfältige Regelungen des Bundes über Organisation und Verfahren der Landesverwaltung (vor allem dadurch wuchs die Anzahl der zustimmungspflichtigen Gesetze in den vergangenen Jahrzehnten von ursprünglich 10% auf über 60% an!).

Galt solche »Politikverflechtung« (Fritz W. Scharpf) damals bei vielen als Fortschritt, so ist inzwischen das Pendel nach der anderen Seite ausgeschlagen. Die Zahl derer wuchs, die nach einer »klareren Verantwortungsteilung von Bund, Ländern und Kommunen« (Peter M. Huber) riefen und die Verflechtung der Verwaltungszuständigkeiten für einen Irrweg, ja eine Gefahr für die bundesstaatliche Ordnung hielten. Mit der Föderalismusreform des Jahres 2006 hat das Verlangen nach grundlegenden Änderungen die politische Ebene erreicht. Die nötige Veränderung der Finanzverfassung steht aber noch an – von einer umfassenden Länderneugliederung nicht zu reden.

---

[7] Früh die Diskussion bestimmend: K. Hesse, *Der unitarische Bundesstaat*, Karlsruhe 1962, mit skeptischen Akzenten gegenüber dem historisch-gewachsenen Föderalismus und mit dem Bemühen, den »primären« Aufgabenverlust der Länder durch »sekundäre« Mitwirkung an der Willensbildung des Gesamtstaats zu kompensieren. – Einen Schritt »näher zum Verfahren, zum tatsächlichen Prozess« will Peter Lerche in seinem, gleichfalls stilbildenden, Referat *Föderalismus als nationales Ordnungsprinzip* (Veröffentlichungen der Vereinigung der Deutschen Staatsrechtslehrer 21 (1964), S. 66ff., 73ff.) gehen: »Das Wichtige und Handfeste scheint mir zu sein, daß die Föderalstruktur alle lebendigen Gewalten in einen realen Status hineinzwingt, der mit einer vorläufigen Formel als ›Homogenität im Verfahren‹ bezeichnet werden mag« (ebd. S. 85). – Im Zeichen der durch die Gemeinschaftsaufgaben geschaffenen neuen Lage hat dann vor allem die »Politikverflechtung« zwischen Bund und Ländern – und die mit ihr einhergehende partielle Verwischung der Kompetenzen und Verantwortungen – die Aufmerksamkeit auf sich gezogen; vgl. Fritz Wilhelm Scharpf/Bernd Reissert/Fritz Schnabel (Hg.), *Politikverflechtung*, Bd. 1: *Theorie und Empirie des kooperativen Föderalismus in der Bundesrepublik*, Königstein/Ts. 1976; Bd. 2: *Kritik und Berichte aus der Praxis*, Kronberg/Ts. 1977.

Die Föderalismusreform wurde begünstigt durch einen Wandel der Mentalitäten. Nach Zeiten einer fast rauschhaft erlebten Mobilisierung und Dynamisierung machte sich seit den achtziger Jahren ein stärkeres Verlangen nach Befestigung, Überschaubarkeit, stabilen Zuordnungen bemerkbar. Das Pathos des Wiederaufbaus und der industriellen Expansion wurde abgelöst von einem Pathos der Bewahrung – man braucht nur an die »Erhaltung der Natur« als neuerlich proklamiertes Staatsziel zu erinnern. Die traditionellen *Schutz*aufgaben des Staates, lange an den Rand gerückt, gewannen im Zeichen von Ökologie und Lebenssicherung neue Bedeutung. Die Bedeutung des Umweltschutzes wurde entdeckt. Die »kleine Schule« war plötzlich Trumpf. Gewiss, vieles an dieser Bewegung war Nostalgie, Angst vor dem Tempo, mit dem die industrielle Welt ihre Ressourcen aufzehrte, Sehnsucht nach einer weniger beschleunigten, weniger lärmenden, weniger konkurrenzerfüllten Welt. Oft suchte man auch im Föderalismus der Härte politischer Auseinandersetzungen, den »Grenzerfahrungen« im Wortsinn auszuweichen. Teilstaatliche Systeme erlauben ja variable und gleitende Zugehörigkeiten – was nicht nur im Zeichen der Europapolitik neu entdeckt wurde. Auf die Frage, ob er sich nun als Deutscher oder Engländer fühle, gab ein seit langem in England lebender Gelehrter – Ralf Dahrendorf – die überraschende Antwort: als Baden-Württemberger. Berühmt wurde Bruno Kreiskys Antwort auf die Frage, warum er sich in Bayern so heimisch fühle: Das ist nicht mehr Österreich – und noch nicht Deutschland.

Die Auswirkungen auf das System, auf die politische Mentalität sind jedenfalls sichtbar: Das Kleine, Überschaubare, Kontrollierbare, aber auch das Wählbare (und notfalls Abwählbare), das Nahe, aber nicht Bedrängende ist gefragt. Man misstraut Herrschaftsansprüchen aus der Ferne. Das alles verschafft der föderativen Ordnung neuen Auftrieb, ja eine neue Legitimation. Sie braucht sich nicht mehr mit rationalen Hilfsargumenten – der Gewaltenteilung, des Subsidiaritätsprinzips, der Machtminderung usw. – gegen ihre Widersacher zu verteidigen. Sie kann ihre Gegner an sich herankommen lassen. Nicht die föderalen Glieder, die Zentralgewalt steht heute unter Rechtfertigungsdruck.

III

Fragen wir zum Schluss, wie sich föderale Ordnungen in nächster Zeit wohl weiterentwickeln werden, in Deutschland und anderswo, so zeigt sich kein einheitliches Bild. Nur einige Trends sind erkennbar, sie lassen sich – mit aller Vorsicht – in die Zukunft verlängern.

Erstens: Auf der einen Seite kann man ohne Zweifel festhalten, dass der Föderalismus im 20. Jahrhundert populär geworden ist, dass er die europäisch-amerikanischen Grenzen überschritten hat, dass er aus einer, wenn auch bedeutenden, Sonderidee und Sonderkultur zu einem weltweit verbreiteten Modell geworden ist. Zu Beginn des 20. Jahrhunderts existierten nur die »klassischen« Bundesstaaten – die USA, Kanada, Deutschland, die Schweiz, dazu Argentinien, Brasilien, Mexiko.[8] Heute dagegen ist rund die Hälfte der Erde bundesstaatlich organisiert. Vor allem nach dem Zweiten Weltkrieg sind neue Bundesstaaten wie Pilze aus dem Boden geschossen, einige sind wieder verschwunden, doch viele haben sich bis heute behauptet. Viele Kolonien sind nach 1945 als Bundesstaaten in die Unabhängigkeit entlassen worden. Einige davon sind freilich zu Einheitsstaaten geworden wie Burma, Kamerun, Kongo, Ghana, Indonesien, Ostafrika, die Westindische Föderation. Überhaupt deckt der Begriff Bundesstaat heute sehr unterschiedliche Wirklichkeiten – der Irregularitäten gibt es auch in der Gegenwart so viele wie im Alten Heiligen Römischen Reich.

So wird über die föderalistische Natur Großbritanniens nach wie vor spekuliert – sie ist de facto weiter fortgeschritten, als das Dogma der Parlamentssouveränität zu sagen zulässt. Erwähnt sei, dass viele Entwicklungsländer elementare Voraussetzungen einer föderalistischen Ordnung – die Bereitschaft, die Macht zu teilen, konkurrierende Zentren zu dulden usw. – nicht aufbringen konnten. Als besonders augenfällige Anomalie in europäischen Breiten sei Zypern erwähnt: seit 1977 ein bikommunaler Bundesstaat, wobei der türkische Bevölkerungsteil sich als in einem Gliedstaat eines Bundesstaates lebend betrachtet, der griechische Bevölkerungsteil dagegen darauf beharrt, in einem Einheitsstaat zu leben.

Sicher ist, dass *Idee* und *Doktrin* des Föderalismus im 20. Jahrhundert nicht mehr Sondergut von Gruppen, Minderheiten sind, dass sie vielmehr ein weithin anerkanntes, »wertfrei« gebrauchtes Organisationsmodell darstellen. In Deutschland ist Föderalismus keine süddeutsche Eigenheit mehr – und schon gar nicht mehr ein *katholisches* Proprium; in Frankreich sind föderalistische Ideen nicht mehr eine Domäne der Rechten (wie zuletzt noch in Vichy). Wenn dort vor Jahren noch gesagt wurde, die Rechte habe den inneren Föderalismus, die Linke den internationalen Föderalismus zu ihrer Sache gemacht,[9] so haben sich inzwischen die Verhältnisse fast umgekehrt. Gerade die entschiedene Dezentralisierung der letzten Jahre – eine deutliche historische Richtungsänderung im Land Colberts und Napoleons – ist von einer sozialistischen Regierung ausgegangen.

Zweitens: Auf der anderen Seite kann man nicht übersehen, dass der »Vorrat« für eine weitere Ausdehnung föderalistischer Systeme begrenzt ist. Einmal schwindet in einer sich immer mehr uniformierenden Welt das Element Verschiedenheit und damit ein Grundantrieb föderalistischer Staatsbildung. Und selbst dort, wo Verschiedenheit vorhanden ist (ethnische, religiöse, historische, soziale), fehlt oft der Wille, daraus im positiv-dialektischen Sinn »etwas zu machen« – man fällt leichter in die bequemeren Strukturen des Einheitsstaates zurück. Es fehlt auch die dynamisch raumgreifende Expansion als Antrieb föderaler Staatsbildung

---

[8] Max Frenkel, *Föderalismus und Bundesstaat*, Bd. 1, Bern 1984, S. 134ff.
[9] Robert Pelloux, *Brèves Réflexions sur la notion de féderalisme*, in: *Histoire des idées et idées sur l'histoire. Études offertes à Jean-Jacques Chevallier*, Paris 1977, S. 218.

und Staatserweiterung wie im Nordamerika des 19. Jahrhunderts. Und selbst den religiösen Vereinigungsbewegungen im Bereich des Islam ist keine föderalistische Bewegung und Staatenvereinigung nachgefolgt; im Gegenteil: Viele Staaten in diesem Bereich, die sich als »Vereinigte« bezeichnen, enthüllen sich bei näherem Zusehen als Einheitsstaaten, und die heftigen und blutigen Staatenrivalitäten haben im Zeichen der Re-Islamisierung nicht ab-, sondern zugenommen.

So ist vielleicht die interessanteste Entwicklung im Feld föderaler Politik die bewusste, von oben nach unten in Gang gesetzte Dezentralisierung und Regionalisierung im Inneren bisheriger Zentralstaaten – ich habe das Beispiel Frankreich schon erwähnt, aber auch Spanien, Italien, Indien, China wären hier zu nennen. Gewiss, Dezentralisierung ist nicht Föderalismus im alten Sinn und auch kein Ersatz für ihn – Heinrich Oberreuter hat darauf zu Recht hingewiesen.[10] Französische Regionen werden wohl nie das werden, was deutsche Länder sind.[11] Dennoch offenbart die Bewegung der Dezentralisierung und Regionalisierung in Frankreich und Spanien, wie stark die Potentiale des Föderalismus heute auch in Einheitsstaaten wirksam sind, wie stark der Wunsch geworden ist, Konflikte und Probleme nicht ausschließlich auf der Ebene des Zentralstaats zu lösen (der damit überfordert wäre!), sondern in einer Politik »vor Ort«, gemeinsam mit Gemeinden und Regionen, die ein neues Selbstbewusstsein gewonnen haben.

Der Föderalismus ist kein System, kein ausgeklügelt Buch – man darf ruhig fortfahren: er ist ein Ding mit seinem Widerspruch. Er muss sich immer wieder auf neue Realitäten einstellen. Er *kann* es glücklicherweise auch – wenigstens ist dies ein vorläufiges Fazit aus einer geschichtlichen Betrachtung seiner Erscheinungsformen. So darf man ihm eine günstige Prognose für die Zukunft stellen.

---

[10] Heinrich Oberreuter, *Föderalismus*, in: *Staatslexikon*, Bd. 2: *Deutscher Caritasverband – Hochschulen*. Hg. von der Görres-Gesellschaft, Freiburg i.Br. 1986, Sp. 632ff.
[11] Auch wenn heute auf dem Schloß in Caen die normannische Flagge mit dem Löwen weht – der Präsident des Regionalrats Basse-Normandie wird sich wohl nie als Nachfolger Wilhelms des Eroberers fühlen (so wie sich ein bayerischer Ministerpräsident bis heute immer noch ein wenig als Nachfolger des Herzogs Tassilo fühlen kann).

HEINRICH OBERREUTER

Wandlungen im deutschen Föderalismus seit 1949

Dem Verlangen in den Frankfurter Dokumenten der westlichen Alliierten von 1948, eine Verfassung föderalistischen Typs zu schaffen, begegnete der spätere Bundespräsident Theodor Heuss damals mit der Frage: »Was ist denn eigentlich ein föderativer Typ? ... Ein föderativer Typ hat unendlich viele Spielarten. Das wissen wir, dass wir keinen zentralistischen Staat bekommen, und wir wollen ihn auch nicht.«[1] Daraus ist zweierlei zu folgern: Zum einen ist der Föderalismus kein alliiertes Oktroi, er entsprach vielmehr, wie auch viele andere Quellen belegen, dem verfassungspolitischen Willen der Deutschen. Zum andern gab es auf keiner Seite unumstrittene Konzepte: Konfliktlinien über die Ausgestaltung dieses Strukturprinzips zogen sich durch die deutschen Parteien ebenso wie durch die Besatzungsmächte, ohne die allerdings das Grundgesetz »wohl zentralistischer geworden«[2] wäre. Nicht das Prinzip war also umstritten, sondern seine Ausgestaltung.

Anderes ist schwer vorstellbar. Denn für eine föderalistische Ordnung sprach allein schon die Verfassungstradition. Zudem geschahen staatliche Integration und Staatsaufbau, wie provisorisch gedacht auch immer, von den Ländern her. Von deren Priorität geht das Grundgesetz aus. Allerdings wären wegen der föderalistischen Kompetenzverteilung bei Gesetzgebung und Finanzwesen die Beratungen fast gescheitert. Die tatsächliche Entwicklung hat aber dann später den Bund und statt der Vielfalt die Einheitlichkeit gestärkt. Im Prozess der Verfassungsberatung blitzte diese zu erwartende Tendenz gelegentlich auf, ohne dass die Mehrheit den Mut fand, »der Katze die Schelle umzuhängen«[3].

Damals schon ging es um qualitativ vergleichbare Lebensbedingungen für alle Bürger sowie um die Funktionsfähigkeit des Bundes wie seiner Gliedstaaten. Kompromisse überwölbten die Interessengegensätze. Solche Kompromisse sind erfahrungsgemäß Einfallstore für künftige Revisionsversuche: Wandel war daher von Beginn an zu erwarten.

Der Kompromisscharakter der Föderalismuskonstruktion indiziert ein zweites dynamisches Element: Das Grundgesetz kodifiziert kein Trenn-, sondern ein Verbund- und Kooperationssystem, sich dabei an deutschen Traditionen orien-

---

[1] Zitat nach Volker Otto, *Das Staatsverständnis des Parlamentarischen Rates*, Düsseldorf 1971, S. 103.
[2] Walter Strauß, *Zu den Problemen des deutschen Föderalismus*, in: *Forschungen und Berichte aus dem öffentlichen Recht. Gedächtnisschrift für Walter Jellinek*, hg. von Otto Bachof, München 1955, S. 116.
[3] Carlo Schmid, *Bund und Länder*, in: Richard Löwenthal/Hans-Peter Schwarz (Hg.), *Die Zweite Republik. 25 Jahre Bundesrepublik Deutschland – eine Bilanz*, Stuttgart ²1974, S. 255.

tierend, nicht am amerikanischen Modell. Der deutsche Föderalismus ist keine Schichttorte, sondern ein Marmorkuchen. Dessen innere Struktur ist durchaus veränderungs- und wandlungsoffen-fließend. Aber gänzlich autonome Gestaltungsräume und offene Wettbewerbschancen, »Eigenstaatlichkeit«, »Transparenz« und »Bürgernähe«, als besondere Eigenschaften dem föderalistischen System begründend gerne zugeschrieben, werden durch die für Deutschland systemtypische Kooperationsstruktur nicht unerheblich reduziert. Wandel erfasst unter solchen Bedingungen grundsätzlich das System als Ganzes. Und auf symbolischer Ebene, der Ebene des Verfassungsverständnisses, mag gelegentlich schon von Wandel die Rede sein, wo tatsächlich nur die Einsicht in die Konstruktions- und Funktionsprinzipien dieser Spielart des Föderalismus wächst.

Wandlungspotential birgt schließlich der Parteienwettbewerb, der im Bundesstaat sowohl die horizontale wie die vertikale Struktur überlagert: die Dynamik politischen Machtinteresses und -verhaltens, welche sich Verfassungskonstruktion und Institutionen nutzbar zu machen versucht. Unterschiedliche Mehrheitsverhältnisse in Bundestag und Bundesrat bieten die Chance und Versuchung, statt föderaler Interessen parteiliche zu akzentuieren und föderale Strukturen parteipolitisch zu transzendieren.[4] Damit wandelt sich die Funktionsweise des föderalistischen Staates dramatisch. Sie wandelt sich aber bei der Veränderung der Mehrheitskonstellation, bei Wiederherstellung der »Gleichfärbung« in Bundestag und Bundesrat, auch wieder zurück. Dennoch ist eine grundsätzliche Stärkung und Verfestigung des parteiendemokratischen Faktors in der Geschichte der Bundesrepublik nicht zu bestreiten.

Während die grundgesetzliche Institutionenkonstellation auf Kooperation und Konsens angelegt ist, folgt das Parteiensystem dagegen dem Konkurrenzprinzip. Daraus ist eine Unvereinbarkeit zwischen Bundesstaatlichkeit und Parteienwettbewerb, ein »Strukturbruch« im deutschen Regierungssystem, gefolgert worden.[5] Zwischen Konsens und Konkurrenz (oder Konflikt) besteht aber eher ein Spannungsverhältnis als eine prinzipielle Unvereinbarkeit. Je nachdem, ob das eine oder das andere Prinzip aktualisiert wird, ändert sich natürlich das Bild föderalistischer Entscheidungsprozesse. Aber die Intervention des Parteienwettbewerbs in die föderalistischen Institutionen und Verfahren ist primär ein politisches Verhaltens- und nur sekundär ein Strukturproblem. Das daraus resultierende Spannungsverhältnis ist im Grunde keine Neuentdeckung. Denn der Verfassungsgeber, der den Föderalismus schuf und Bund und Ländern die Homogenität ihrer politischen Ordnungen auferlegte, war sich durchaus bewusst, dass Demokratie und Parteien dem Wettbewerb unterliegen und dass diese Konkurrenz zu gegenseitigen Begrenzungen führt. Gleichwohl hat er ein Kooperationssystem etabliert und damit Blockaderisiken wie Konsenschancen in gleicher Weise akzeptiert.

---

[4] Dazu Friedrich Karl Fromme, *Gesetzgebung im Widerstreit. Wer beherrscht den Bundesrat? Die Kontroverse 1969–1976*, Stuttgart 1976, als treffende Analyse der ersten Konfliktkonstellation.
[5] Gerhard Lehmbruch, *Parteienwettbewerb im Bundesstaat*, Wiesbaden ³2000 (erstm. 1976).

Ein politisch-pluralistisch konstruiertes Kooperationssystem kann gar nicht anders funktionieren. Ihm liegt die Logik der Entscheidungseffizienz nur gebrochen zugrunde. Vielmehr ist es bewusst darauf angelegt, Entscheidungsmacht zu hemmen und zu kontrollieren als Gegengewicht gegen zentralistische Übermacht. Föderalismus ist primär eine Methode der Demokratiesicherung, nicht der Effizienzmaximierung. Konflikte zwischen den Ebenen des Entscheidungssystems und innerhalb der Ebenen gehören zu den notwendigerweise zu ertragenden Kosten der Demokratie. Föderalismus gehört wie die Oppositionsfreiheit und die rechtliche Bindung allen politischen Handelns zu den grundlegenden Rahmenbedingungen des Regierens. Zu konzedieren ist allerdings, dass unterschiedliche Konstellationen des Machtspiels zu qualitativen Veränderungen des politischen Prozesses (z.B. durch Quantitäts-, Ressourcen- und Stilwandel) führen können. Deren Richtung ist jedoch nicht eindeutig festgelegt. Die blockierende Durchschlagskraft des Parteienprinzips hängt offensichtlich von der spezifischen Konstellation konkurrierender Mehrheiten ab. So wie diese Konstellation veränderbar ist, ist es auch die Funktionsweise föderaler Institutionen und Prozesse.

Der Kompromisscharakter der verfassungsrechtlichen Umsetzung des föderalistischen Prinzips, das Kooperation voraussetzende Verbundsystem und die auf allen Ebenen des Entscheidungssystems wirksame Parteienkonkurrenz: diese drei Faktoren gestalten den Föderalismus in der Bundesrepublik Deutschland grundsätzlich wandlungsoffen und dynamisch. Innerhalb dieser Rahmenbedingungen erscheint keine seiner aktuellen Erscheinungsformen als irreversibel. Diese Offenheit ist auch der Grund für wiederholt aufflackernde verfassungspolitische und verfassungsrechtliche Föderalismusdiskussionen. Schon die erste Enquetekommission des Bundestages zur Verfassungsreform 1977, aber auch die Verfassungsdiskussion nach der Wiedervereinigung sowie nicht zuletzt die Arbeit der Kommission zur Modernisierung der bundesstaatlichen Ordnung von 2003 bis zur Vorlage ihrer Ergebnisse 2006[6] bestätigen diesen Befund.

Unterhalb dieser verfassungspolitischen Grundsatzebene haben sich seit 1949 vier wesentliche Wandlungstendenzen herauskristallisiert, denen hier nachgegangen werden soll: Unitarisierung, Gouvernementalisierung, Europäisierung und Revitalisierung der föderalen Ordnung.

---

[6] Vgl. *Beratungen und Empfehlungen zur Verfassungsreform*, Teil 1: *Parlament und Regierung*, Teil 2: *Bund und Länder* (Zur Sache 76,3 und 77,2), hg. vom Presse- und Informationsamt des Deutschen Bundestages, Bonn, 1976, 1977, sowie Rainer Holtschneider/Walter Schön (Hg.), *Die Reform des Bundesstaates. Beiträge zur Arbeit der Kommission zur Modernisierung der bundesstaatlichen Ordnung 2003/2004 und bis zum Abschluss des Gesetzgebungsverfahrens 2006*, Baden-Baden 2007.

1. Unitarisierung

Ursprünglich verfassungsrechtlich reich ausgestattet, haben die Länder mehr und mehr an politischer Gestaltungsfreiheit und an Kompetenzen verloren. Wachstum und Wandel der Staatsaufgaben in einer im Banne zunehmender technologischer und ökonomischer Verflechtungen sich vollziehenden gesellschaftlichen Entwicklung – schon mehrfach als Ursachen für Prozesse identifiziert, die überkommene Interpretationsmuster der Institutionen außer Kraft setzen – sind auch die Triebkräfte des unitarischen Wandels. Sie haben das Verfassungsgebot zur »Wahrung einheitlicher Lebensverhältnisse« mit jener zwingenden und zugreifenden Dynamik ausgestattet, die es nicht erst seit jüngerem entfaltet. So vermochte der Bundesgesetzgeber, der nach verfassungsrichterlichem Spruch in eigenem Ermessen über das Bedürfnis bundeseinheitlicher Regelung entscheidet, Zug um Zug das Feld der konkurrierenden Gesetzgebung zu besetzen. Gleichzeitig zog er zunächst maßvoll, aber doch kontinuierlich, Länderkompetenzen an sich, bis er sich an der Schwelle der 70er Jahre mit einem einzigen tiefen Griff einer ganzen Reihe von Materien der konkurrierenden und der Rahmengesetzgebung bemächtigte, die ureigenes Länderreservat darstellten. Diese lebhafte Wanderungsbewegung in der Einbahnstraße von den Ländern zum Bund hat sich seither fortgesetzt.

Der tiefe Griff geschah bezeichnenderweise gemeinsam mit der Einführung der Gemeinschaftsaufgaben – dem Versuch, eine wildwuchernde Kooperationspraxis und Fondswirtschaft verfassungsrechtlich zu kanalisieren, mit deren Hilfe außerhalb der Verfassungsnormen die Durchführung von Länderaufgaben mit Bundesmitteln ermöglicht wurde. Die Gemeinschaftsaufgaben institutionalisieren und verrechtlichen nun diese Kooperation, beschränken aber zugleich die Zuständigkeit der Länder in Aufgabenbereichen, in denen sie bislang unbeschränkt zuständig waren, wie etwa bei Hochschulbau und regionaler Wirtschaftsförderung. Die Länder gerieten lediglich vom Regen in die Traufe; denn der »goldene Zügel«, an dem der Bund sie zuvor informell zu gängeln vermochte, hatte sich nun zur institutionalisierten »Angebotsdiktatur« (Seeger) des Bundes gewandelt. Wer könnte es sich politisch leisten, eine 50 Prozent-Offerte des Bundes im Spektrum der Gemeinschaftsaufgaben auszuschlagen?

Dennoch ist die unitarisierende Tendenz keineswegs auf den Machthunger der Zentralgewalt zurückzuführen. Längst bevor sie von Seiten des Bundes zutage trat, wurde sie in intensiver Selbstkoordination der Länder untereinander sichtbar, die durch Staatsverträge, Verwaltungsabkommen und Ressortministerkonferenzen gerade in solchen Aufgabenbereichen Abstimmung suchten und Einheitlichkeit herstellten, welche rechtlicher und politischer Steuerung des Bundes nicht zugänglich waren. Die frühzeitige und freiwillige Konstituierung dieser »dritten Ebene« belegt, wie wenig noch regionale Besonderheit und wie sehr die aus der Vielfalt zu konstruierende Einheitlichkeit und Gleichmäßigkeit Strukturgesetz des Bundesstaates geworden ist. Etwas anderes ist umso weniger denkbar, je mehr der Staat soziale Chancen zuweist und als Garant sozialer Gerechtigkeit in Pflicht genommen wird.

»Der unitarische Bundesstaat« ist von Konrad Hesse frühzeitig beschrieben, in seiner Notwendigkeit begründet und verfassungspolitisch auch verteidigt worden: mit historischen, strukturellen und politisch kulturellen Argumenten.[7] Anders als 1871 waren die Länder nach 1945 von wenigen Ausnahmen abgesehen keine historisch gewachsenen eigenen Staatswesen. Ihnen fehlt es an Tradition und prägender Kraft. Wesentliche Grundlagen konkreter Eigenständigkeit sind entfallen. Zugleich verlangte der Sozialstaat, der aktive Staat, begründet durch die steigende Bedeutung von Wirtschaft, Technik und Verkehr, nicht zuletzt aber auch durch die Beseitigung der Folgen der Weltkriegs- und NS-Katastrophe, »nach Einheitlichkeit und Gleichmäßigkeit«[8], selbst in originären Landesaufgaben, die sich jedoch nur bedingt autonom bewältigen lassen – wie z.B. die wissenschaftliche Forschung. Bald darauf einsetzende Entwicklungen der Ökologie und der Globalisierung hätten diesen Zwang zu weitgehender sachlicher Unitarisierung erst recht ausgelöst. Abgesehen von der Bildungs- und Kulturpolitik stellten sich den Ländern keine genuin politischen Fragen mehr.

Im allgemeinen Bewusstsein, in der öffentlichen Einschätzung des Föderalismus, hat sich im Wesentlichen dieser Unitarisierungstrend festgesetzt. Nicht, dass es kein Länderbewusstsein gäbe. Selbst die künstlichen, von den Besatzungsmächten geschaffenen Bindestrich-Gebilde der Nachkriegszeit haben so etwas herausgebildet. Und wer in der Wendezeit die Südschiene der untergehenden DDR bereiste, ertrank geradezu in einem Meer von Landesfarben als Gegensymbolen zur obsolet werdenden polittechnokratischen Parteiorganisation und ihren Bezirken. Aber wo es um Lebensverhältnisse und (Staats-)leistungen geht, werden Unterschiede nicht mehr hingenommen. Unitarisierung ist demnach weniger eine Folge staatlicher Aufgabenkonzentration beim Bund, sondern eher eine Konsequenz des sozialen, ökonomischen und technologischen Wandels.

Sie hat den Föderalismus verändert, aber nicht aufgehoben. Durch die bundesstaatliche Struktur bedeutet Unitarisierung keine Zentralisierung. Hesses klassische, bis heute gültige Beschreibung: »Der gewaltenteilende Effekt der bundesstaatlichen Ordnung bleibt erhalten und wird durch das Zusammenrücken der Länder sogar noch verstärkt. Anstatt durch Anordnungen der Zentrale und damit Formen straffer Über- und Unterordnung wird das staatliche Leben weithin durch Formen der Verständigung gleichgeordneter Faktoren bestimmt, die einer freiheitlichen Gesamtordnung sehr viel gemäßer sind als jene«.[9] Hesse hält dies zutreffend nicht für einen zu beseitigenden Fehler, sondern für eine Klugheit des

---

[7] Konrad Hesse, *Der unitarische Bundesstaat*, Karlsruhe 1962.
[8] Ebd. S. 13.
[9] Ebd. S. 21. Zu diesem Komplex auch schon: Renate Kunze, *Kooperativer Föderalismus in der Bundesrepublik*, Stuttgart 1968.

Grundgesetzes. Zudem ist über den Bundesrat und die Exekutivbefugnisse der Länder an Stelle der weithin verloren gegangenen Landesgewalt die Beteiligung der Länder an der Bundesgewalt getreten. Folglich ist Mehrebenenpolitik erhalten geblieben. Sie folgt nach wie vor demokratischen und föderalen Prinzipien.

Allerdings folgte sie nach der funktionalen Zuständigkeitsverteilung des GG noch nie den Geboten der Bürgernähe und Transparenz. Diese sind durch die Kooperations- und Koordinierungsprozesse der für Deutschland besonders typischen »Politikverflechtung« in der Praxis eher noch weniger einlösbar als in der Theorie. Denn die Verantwortlichkeiten verwischen sich in Prozeduren, die der Öffentlichkeit weitgehend entzogen sind. Legitimität entsteht mehr aus den Ergebnissen als aus den an sich deren Legitimation dienenden Verfahren.

Andererseits öffnet die Politikverflechtung vielfache Einfluss- und Eingriffsmöglichkeiten. Sie ist im Zusammenwirken auf der horizontalen Ebene wie in der Verknüpfung der horizontalen und vertikalen Ebenen partizipationsoffen für die professionellen politischen Akteure. Politikverflechtungstheorie und Vetospielertheorie[10] machen dem Föderalismus genau diese wechselseitigen Beeinflussungs- und Begrenzungschancen zum Vorwurf, als ob einer seiner wesentlichen verfassungspolitischen Vorzüge nicht in seinem Potential zur Machthemmung läge. Die politikwissenschaftliche Frage und Forderung nach der Durchsetzungsfähigkeit eines politischen Entscheidungszentrums ist dann defizitär, ja falsch gestellt, wenn sie sich an ein System richtet, welches normativ die Hemmung und Begrenzung von Macht zu einer demokratiegemäßen Grundfunktion erhebt. Gefragt werden müsste nach einer optimierenden Balance von Entscheidung und Kontrolle. Allerdings besitzen die Ergebnisse föderaler Prozeduren zunehmende Bedeutung für die Legitimität. Insofern ist mit verfassungspolitischen Argumenten allein der Einwand nicht entkräftet, die Akteure verfingen sich in einer Politikverflechtungsfalle[11]: Indem sie ihr Eigeninteresse wahrnähmen, schadeten sie dem Wohl der übergreifenden Gemeinschaft und damit sich selbst. Aus dieser institutionellen Falle gäbe es keinen Ausweg, die ineffiziente und unangemessene Entscheidungslogik zu ändern. Diesem Einwand begegnen eher empirische und international vergleichende Untersuchungen, die keine Defizite der Leistungsbilanz[12] und sogar erhebliche Problemlösungspotentiale der Politikverflechtung sehen, sowohl unter dem Leistungs- als auch unter dem Legitimationsaspekt. Fragmentierte Systeme passen sich besser an ökonomische Lagen an und verfügen zudem

---

[10] Fritz W. Scharpf/Bernd Reissert/Fritz Schnabel, *Politikverflechtung. Theorie und Empirie des kooperativen Föderalismus in der Bundesrepublik*, Bde. 1 und 2, Kronberg/Ts. 1975 bzw. 1977; George Tsebelis, *Decision-Making in Political Systems. Veto Players in Presidentialism, Parliamentarism, Multicameralism and Multipartyism*, in: British Journal of Political Science 25 (1995), 3, S. 289–325.

[11] Fritz W. Scharpf, *Die Politikverflechtungs-Falle. Europäische Integration und deutscher Föderalismus im Vergleich*, in: Politische Vierteljahresschrift 26 (1985), 3, S. 323–356.

[12] Josef Schmid, *Wo schnappt die Politikverflechtungsfalle eigentlich zu?*, in: Politische Vierteljahresschrift 28 (1987), 4, S. 446–451.

über dezentrales Problemlösungspotential. Suboptimalität ist relativ. Möglicherweise sind andere Systeme noch »schlechter« als Verflechtungssysteme.[13] Verflechtung und Kooperation sind in der Tradition wie in der Grundgesetzkonstruktion angelegt. Überflechtung, Immobilität und politisch motivierte Blockaden werden allerdings dadurch nicht gerechtfertigt, erscheinen aber eher als Konsequenz entsprechender Verhaltensdispositionen.

2. Gouvernementalisierung

Wenn sich angesichts des strukturellen Unitarisierungzwangs Bundesstaatlichkeit seit Jahrzehnten nicht so sehr in Länderkompetenzen verwirklicht, sondern in zentralstaatlicher Mitdirektionskompetenz der Länder, ist nach der Machtverteilung auf subnationaler Ebene zu fragen. Denn an der Mitdirektionskompetenz im Bund haben die Landtage keinen direkten Anteil. Sie sind zunächst Leidtragende des Verlusts legislatorischer Eigengestaltungschancen durch die Vereinnahmung der konkurrierenden Gesetzgebung durch den Bund geworden: eine Folge des Verfassungsgebots einheitlicher Lebensverhältnisse und der bereits geschilderten, bis zur Institutionalisierung der Gemeinschaftsaufgaben getriebenen Entwicklungen.

Den Bundesrat und die »dritte Ebene« beherrschen die Landesregierungen. Das System hat sich zum gouvernementalen Föderalismus entwickelt. Wo Länderkompetenzen ausgehöhlt worden sind, sind die Landtage betroffen. Kompensationen haben dagegen die Landesregierungen erfahren, speziell durch die Zustimmungserfordernisse zu den Verwaltungsvorschriften der Bundesgesetze aufgrund der Zuständigkeit der Länder für deren Durchführung. Trotz umfassender Diskussionen ist es bisher nicht gelungen, das Verhalten der Regierungen auf Bundes- und »dritter Ebene« effizienter parlamentarischer Mitwirkung zu unterwerfen. Herausgefordert empfinden sich dadurch selbst Regierungsfraktionen, die bei aller grundsätzlichen Loyalität gleichwohl um Positionsgewinne kämpfen.[14] Rechenschaftspflichten gegenüber den Parlamenten, die besonders nach der Wiedervereinigung – das Grundsatzproblem treffend beleuchtend – in neuen Landesverfassungen niedergelegt worden sind, blieben naturgemäß – auch im Rahmen der Kernbereichsgrenzen der Gewalten – allgemein. Machtpolitischer Hebel bleibt im Wesentlichen die allgemeine Vertrauensbindung der Regierung an die Mehrheit. Entmächtigend wirkt speziell die politische Bindekraft gouvernementaler Verhandlungen und Absprachen, die sich parlamentarischer Kontrolle, Einflussnahme oder gar Korrektur entziehen. Sie nimmt selbst den Mehrheitsfraktionen

---

[13] Ute Wachendorfer-Schmidt, *Politikverflechtung im vereinigten Deutschland*, Wiesbaden 2003, S. 386ff.
[14] Vgl. z.B. den Bericht der Enquete-Kommission »Reform des Föderalismus – Stärkung der Landesparlamente« des Bayerischen Landtags, Drs. 14/8660.

die Chance gestaltender Mitwirkung auf Politikfeldern, die für ihre Reputation und Wahlchancen in der eigenen Landesarena Bedeutung besitzen können. Ein wichtiger Grundsatz parlamentarischer Demokratie wird damit von den Füßen auf den Kopf gestellt.

Gouvernementalisierung bedeutet demnach nicht nur den Vorrang der Exekutiven kraft der Bedeutungssteigerung der Verwaltung im Leistungsstaat und ihres Vorsprungs an Sachkompetenz, sondern die Überführung ehedem eigener legislativer Kompetenzen auf die Mehrebenen-Verhandlungs- und Entscheidungssysteme. Zudem bleibt den Landtagen nur die Ratifizierung andernorts, in der Regel nicht öffentlich und informell herbeigeführter Konsense. Überhaupt nicht beeinflussbar erscheint das Verhalten der Regierungen im Vermittlungsausschuss und in hochaufgeladenen Konflikten bei divergierenden Mehrheiten in Bundestag und Bundesrat und dessen parteipolitischer Instrumentalisierung. Tangiert wird dadurch auch die Demokratiequalität der Gesetzgebung des Bundes, mit ihr aber zugleich die Verantwortlichkeit der Landesregierungen. Politische Steuerung wird auf diese Weise entparlamentarisiert.

In den Gesetzgebungsstatistiken schlägt sich auf den ersten Blick der Kompetenzverlust des Landtags nicht eindeutig nieder. Die Grobdaten sagen allerdings jenseits der Zahlen über die verbliebene Bedeutung der Gesetzgebung nichts aus. Untersuchungen, die Innovationen und Gestaltung von reinen Anpassungen unterscheiden, belegen einen rapiden Rückgang der ersteren. Die Zunahme von Ausführungsgesetzen zeigt einen reagierenden, vom Bund beherrschten Landesgesetzgeber, dessen substantieller Gestaltungsspielraum seit den 70er Jahren kaum 10 Prozent der legislatorischen Materien umfasst.[15]

Kann man sich mit der These bescheiden, im Grundgesetz sei diese Tendenz von Beginn an angelegt? Zum einen ist sie durch zusätzliche Entscheidungen verstärkt worden, zum anderen erhalten quantitative Größen und ihre Dynamik durchaus qualitatives Niveau. Bei aller Zustimmung zur bewährten und frühzeitigen Diagnose Konrad Hesses, die im Übrigen vor den zwischenzeitlichen Gipfelpunkten der Unitarisierung und vor allem vor der Europäisierung getroffen worden ist, kommt es letztlich durchaus auf einen nennenswerten Kompetenzsubstanzerhalt an, der die Staatsqualität der Länder ernsthaft schützt. »Die Art, wie diese Autonomierechte nach und nach eingeschränkt und aufgegeben wurden, ist ein Paradebeispiel für einen falsch verstandenen ›kooperativen Föderalismus‹.«[16] Denn letztlich veröden trotz aller Mitdirektionskompetenz ohne subs-

---

[15] Dazu Heinrich Oberreuter, *Landesparlamentarismus in Bayern. Wiederbegründung und Entwicklungstendenzen von 1946 bis heute*, in: Stefan Immerfall (Hg.), *Parteien, Kulturen und Konflikte. Beiträge zur multikulturellen Gegenwartsgesellschaft. Festschrift für Alf Mintzel*, Wiesbaden 2000, S. 139–164, bes. S. 151ff.

[16] Roman Herzog, *Kooperation und Wettbewerb*, in: APuZ 50 (2006), S. 4.

tanzielle Rechte auf eigener Ebene die Länder »zu regionalen Verwaltungsprovinzen mit Landtagen als regionalen Vertretungskörperschaften«[17]!

Damit allerdings könnte das Fazit, das Konrad Hesse noch gezogen hatte, viereinhalb Jahrzehnte später nicht mehr gelten. Diese Form des kooperativen Föderalismus unterminiert nicht nur demokratische Anforderungen an die Gesetzgebung, sondern das originär gewaltenbalancierende Element des Föderalismus selbst, der sich – konsequent zu Ende geführt – letztlich praktisch nur noch auf eine Form dezentralisierter Mitbestimmung ohne eigene Substanz reduziert sähe. Die jüngsten Reformprozesse wurden gerade wegen dieser Gefahr angestoßen.

3. Europäisierung

Während der innerstaatliche Föderalismuswandel fast schon Geschichte ist, deren Stationen ins Gedächtnis zurückgerufen werden müssen, stehen wir bei der Entwicklung trans- und supranationaler Politik als Zeitzeugen mitten in den Prozessen und beobachten einen vom Problemdruck (Ökologie, Ökonomie, organisierte Kriminalität) ausgehenden – wie ihn Fritz Scharpf genannt hat – »Zwang zur Konvergenz«, welcher nationale Politik zurückdrängt oder sogar »delegitimiert«.[18]

Das geläufige Paradebeispiel ist die europäische Integration, die, wie im Maastricht-Urteil des Bundesverfassungsgerichts mitgeteilt, schätzungsweise schon 80 Prozent aller Regelungen im Bereich des deutschen Wirtschaftsrechts und nahezu 50 Prozent aller anderen deutschen Gesetze durch Gemeinschaftsrecht festlegt oder veranlasst. Der Europäischen Union ist vertraglich die Weiterentwicklung des gemeinschaftlichen Besitzstandes ausdrücklich auferlegt. Sie ist im Besitz relativ weitreichender Autonomie bei der Bestimmung der Reichweite ihrer Zuständigkeiten. »Europa« transzendiert die nationalen Regierungssysteme, Institutionen, Prozeduren und Politikfelder. Damit tangiert es auch den deutschen Föderalismus, dem ohnehin Unverständnis bei den zumeist zentralistisch verfassten Partnern entgegentritt. Zusätzlich führt die Übertragung von Hoheitsrechten zu Verschiebungen im inneren Machtgefüge, speziell, wenn der Bund Länderkompetenzen überträgt.

Die Restbestände autonomer Landeskompetenzen schmelzen im Europäisierungsprozess. Die Länder haben nach dem innerstaatlich üblichen Muster reagiert: Für Kompetenzübertragungen haben sie Mitwirkungsrechte an der Europapolitik eingetauscht, bis zur Repräsentation des Bundes durch einen Landesvertreter im EU-Ministerrat bei Materien autonomer Länderzuständigkeit. Zusätzlich bestehen seit Beginn der 90er Jahre Informations- und Berück-

---

[17] Joachim Linck, *Haben die deutschen Landesparlamente noch eine Zukunft?*, in: Zeitschrift für Politikwissenschaft 14 (2004), 4, S. 1215–1234.
[18] Scharpf, *Die Politikverflechtungs-Falle* (wie Anm. 11), S. 323ff.

sichtigungspflichten von Stellungnahmen des Bundesrates. Aber das einzelne Land ist in seinen Interessen nur mittelbar über den Bundesrat geschützt. Die innerstaatliche Beteiligung an der Gesetzgebung findet in der EU keine wirkliche Entsprechung. Der Ausschuss der Regionen erwies sich als Enttäuschung. Europäisierung des deutschen Regierungssystems[19] bedeutet im Kern eine zusätzliche Beschränkung der subnationalen Einheiten, ohne wirklich vergleichbare Kompensationen wie bei der innerstaatlichen Entwicklung.

Hinzu kommt eine »weitgehende Umklammerung des Staates durch übergeordnete Entscheidungsebenen«[20] in internationalen Kooperationsprozessen wie Verteidigungsbündnissen, regionalen Organisationen oder auch der KSZE bzw. OSZE, die zwar oft nicht unmittelbare Verbindlichkeit schaffen, aber eben doch richtungweisende Wirkung entfalten.

Die Steuerungsfähigkeit der Parlamente in Bund und Ländern schwindet in dem Maße, in dem die Probleme sich internationalisieren oder globalisieren und die Problemlösung ins Gemeinschaftsrecht abwandert. Legitimitätseinbußen durch Souveränitätsverluste ziehen Entparlamentarisierung nach sich: »Entparlamentarisierung aber ist gleichbedeutend mit dem Verlust der Fähigkeiten des durch das Parlament repräsentierten Volkes, sein Schicksal selbst zu bestimmen. Ohne parlamentarische Zustimmung zustande gekommene Normen, die gleichwohl den Rechtsgehorsam des Bürgers erheischen, entbehren in dem Grade, in dem sie sich im ›dynamischen Mehrebenensystem‹ vom Parlament entfernen, demokratischer Legitimität.«[21]

In der Tat kann ein nationalstaatlich-föderalistisches Institutionensystem Regelungen nur im Rahmen der ihm gesetzten Grenzen treffen. Es bleibt auf den nationalen Rahmen reduziert. Insoweit lässt sich die Tendenz zur trans- und supranationalen Politik natürlich auch als ein Versuch verstehen, die Rolle der Politik z.B. gegenüber wirtschaftlichen Zwängen überhaupt zu verteidigen. Andererseits dürften zwar die Probleme überwiegend global, die Interessen des politischen Personals jedoch lokal oder regional zentriert sein, wegen dessen verständlicherweise im Vordergrund stehenden Intention, zunächst einmal die eigene Wiederwahlperspektive zu sichern. Daher führen z.B. Europaausschüsse in den deutschen Parlamenten ein Kümmerdasein.

In der EU hat es den Anschein, als ob die Länder nach situationsabhängigen Arrangements suchten. Den kaum zu gewinnenden Kampf um die Anerkennung föderalistischer Strukturen durch europäische Organe haben sie zugunsten der Optimierung länderegoistischer Interessen gleichsam realpolitisch preisgegeben.

---

[19] Roland Sturm/Heinrich Pehle, *Das neue deutsche Regierungssystem. Die Europäisierung von Institutionen, Entscheidungsprozessen und Politikfeldern in der Bundesrepublik Deutschland*, Wiesbaden ²2005.

[20] Christian Tomuschat, *Der Verfassungsstaat im Geflecht der internationalen Beziehungen*, in: VVDStRL 36 (1977), S. 57.

[21] Hans Hugo Klein, *Die Funktion des Parlaments im politischen Prozeß*, in: Zeitschrift für Gesetzgebung 12 (1997), S. 218.

Immerhin ist es den Deutschen gelungen, das Subsidiaritätsprinzip in das Vertragswerk einzubringen, um sich zur Verteidigung von Länderzuständigkeiten darauf berufen zu können. Allerdings nähert sich Brüssel diesem Prinzip von einem eher zentralistischen Ausgangspunkt an: demnach wird die Problemlösungskompetenz im Zentrum stets höher eingeschätzt als an der Peripherie. Innerstaatlich herrscht die gegenteilige Überzeugung.

4. Revitalisierung

Auch wenn es in Deutschland äußerst divergierende Meinungen zur Wunschgestalt des Föderalismus geben mag, besteht doch Einigkeit über seine Reformbedürftigkeit. Doch auch dabei sind Zielkonflikte nicht zu übersehen. Schon über die Popularität der Forderung nach mehr Wettbewerb lässt sich streiten,[22] zum einen, weil Konsens und Einheitlichkeit an Zustimmung nicht verloren haben, zum anderen, weil auch manche Länder selbst an ihre Wettbewerbsfähigkeit nicht glauben. Das Reformfeld wird von tiefgreifenden Interessengegensätzen beherrscht:
a) vom natürlichen Gegensatz zwischen Zentralgewalt und Gliedstaaten;
b) von Gegensätzen zwischen ärmeren und reicheren, wettbewerbsfähigen und weniger wettbewerbsfähigen, zwischen gestaltungsfreudigen und aus Mangel an politischer Vorstellungskraft oder materiellen Ressourcen innovationsscheuen Ländern;
c) von Polarisierungen zwischen Parlamenten und Regierungen, die einen interessiert an Informationen und Mitbestimmung, die anderen an möglichst ungebundenen Aktionsmöglichkeiten auf der höheren Ebene;
d) von den Konkurrenzverhältnissen im Mehrebenensystem von Ländern-Bund-Europa, die z.T. zusätzlich von den eben benannten Interessen geprägt sind.
Daher ist es nicht überraschend, dass Reform nur in kleinen und langwierigen Schritten möglich ist. Es überrascht eher, dass sie überhaupt und überwiegend – wenigstens verbal – in eine Zielrichtung angegangen worden ist: Revitalisierung des Föderalismus, trotz der offenen Frage, ob die Mehrzahl der Länder in Eigenständigkeit, Vielfalt und Wettbewerb wirklich erstrebenswerte Ziele sieht oder eher in finanziellen Subsidien durch Bund oder Finanzausgleich.

Wie unerträglich die Lage geworden war, zeigt sich an der Vielzahl der um die Jahrtausendwende eingesetzten Enquete-Kommissionen auf Länder- und schließlich an der Föderalismuskommission auf Bundesebene. Ein Schlüsselereignis war der Föderalismuskonvent der Landesparlamente, auf dem Bundespräsident Rau

---

[22] Vgl. die Skepsis Roman Herzogs, zum 50. Jahrestag der Konstituierung des Landtags von Nordrhein-Westfalen, in: Bulletin des Presse- und Informationsamts der Bundesregierung 83/1996, S. 900 und Fritz W. Scharpf, *Föderalismusreform. Weshalb wurde so wenig erreicht?*, in: APuZ 50 (2006), S. 10: »Föderalismus mag wohl sein, aber er sollte keinen Unterschied machen.«

die Demokratie durch die Schwächung föderaler Strukturen »ins Mark« getroffen sah. Die »Lübecker Erklärung« fasst die Stoßrichtung der Ländervorschläge zusammen.[23] Für sie wie für die spätere Föderalismuskommission gilt, dass grundsätzliche Systemveränderungen – etwa nach amerikanischem Muster oder noch weitere Schwächung der Gliedstaaten entlang politikwissenschaftlicher Effizienzthesen – nicht intendiert sein konnten. Solche Forderungen künden nur von der Politik- und Praxisferne ihrer Urheber. Politische Interessen führten so gut wie nie zu Seminardiskussionen. Sie orientieren sich an Praktikabilitäten, stellen den Solidaritätsgedanken nicht in Frage und zielen stärker auf Verhaltensänderungen im bestehenden System ab. Gleichwohl folgten sie einigen Leitgedanken wie Entflechtung (zur eindeutigen Kompetenzzuordnung und Reduzierung von Blockademöglichkeiten), Subsidiarität (zur Verbesserung von Problem- und Bürgernähe), Solidarität des Wettbewerbs (zur Stärkung der Innovationsfähigkeit ohne ruinöse Standortkonkurrenz) und Transparenz (zur Klarheit von Verantwortung, Kosten und Kontrolle).[24]

Auf dieser Basis erhoben sich dem Bund gegenüber Forderungen zur Stärkung der Länder und Landesparlamente mit legislatorischer und fiskaler Stoßrichtung. Schon bei der Verfassungsänderung von 1994 hatten Öffnungs- und Rückholklauseln sowie z.B. die Ersetzung des Bedürfnisgebots bei konkurrierender Gesetzgebung durch die Erfordernisnotwendigkeit versucht, Abhilfe zu schaffen. Populär geworden war nun bei der konkurrierenden Gesetzgebung des Bundes die unter das Stichwort »Vorranggesetzgebung« gefasste, seit 1972 virulente Idee, bundesrechtliche Regelungen durch Landesrecht zu ersetzen oder zu ergänzen – selbst unter dem Risiko der Verletzung einheitlicher Rechtsverhältnisse, jedoch unter dem Vorbehalt eines Einspruchs des Bundestags bzw. einer Letztentscheidung durch den Bundesrat. Im Grunde geht diese Idee auf einen Vorschlag aus dem Jahre 1972 zurück. Finanzpolitisch war selbst die »Lübecker Erklärung« vage geblieben, indem sie die Eigenstaatlichkeit der Länder an »ausreichende Finanzausstattung und möglichst eigenständige Finanzquellen« band.

Unstrittig hat die Erklärung damit Recht. Die Bundesstaatsreform 2006 zeigte, wie sehr sie den »nervus rerum« der Interessengegensätze und der Verteilungskonflikte zwischen den Akteuren traf. Die Schwächeren unter ihnen sahen schon im Wettbewerbsbegriff eine Aufkündigung der Solidarität der Stärkeren und befürchteten auch im zurückhaltender formulierten »Gestaltungsföderalismus« potentiell eine ruinöse innere Standortkonkurrenz. Mit dem Argument, ein fairer Wettbewerb verlange gleichartige wirtschaftliche Ausgangsbedingungen, vermochte die strukturelle Mehrheit der Schwachen nicht nur die Gemeinschaftsauf-

---

[23] *Föderalismuskonvent der deutschen Landesparlamente. Dokumentation.* Hg. vom Präsidenten des Schleswig-Holsteinischen Landtages, Kiel 2003. Ansprache des Bundespräsidenten S. 17–35, Lübecker Erklärung S. 127–133.
[24] Vgl. den Bericht der Enquete-Kommission »Reform des Föderalismus – Stärkung der Landesparlamente« des Bayerischen Landtags, Drs. 14/8660.

gaben (ein besonders anstößiges Element der Verflechtungsproblematik) partiell zu verteidigen, sondern auch die Finanzreform insgesamt auf einen zweiten Verhandlungsschritt zu verschieben, dessen Ergebnisse ohne großen Optimismus abzuwarten bleiben. Dabei wäre eine verstärkte (und damit konkurrierende Anreize ermöglichende) Finanzautonomie der Länder unzweifelhaft das Kernstück ihrer Revitalisierung.[25]

Zahlreiche Länder sind nicht nur Kostgänger des Bundes, sondern auch von ihresgleichen. Das vertikale Umverteilungsvolumen des Finanzausgleichs ist von etwa 1,5 Milliarden Euro 1994 auf mehr als 8 Milliarden 2000 gestiegen. Allein in Bayern nahmen die Beiträge von 6 Millionen 1993 auf 2,3 Milliarden 2001 rasant zu. In der Praxis wird den Geberländern das Ergebnis zusätzlicher Anstrengungen abgeschöpft. Die Nehmerländer werden auch ohne derartige Anstrengungen in etwa auf Durchschnittsniveau hoch subventioniert. Der West-Ost-Transfer ist bis 2019 fortgeschrieben worden. Tragfähige Voraussetzungen der Reform sind das auch dann nicht, wenn man sie für politisch geboten und für solidarisch hält. Ob erzwungene Umverteilung allerdings Solidarität ausdrückt, lässt sich bezweifeln. Umgekehrt ist es aber unrealistisch – und in den Zeiten des Wettbewerbsgedankens auch widersprüchlich – von den Leistungsstarken freiwillige Solidarität mit vergleichbaren Nivellierungsfolgen zu erwarten. Logisch erscheint hingegen der Ausgleich inakzeptabler Unterschiede durch den Bund. Insofern müsste die Reform II das Steueraufkommen so gestalten, dass beides möglich wird: Ausgleich und Wettbewerb. Roman Herzog, der dies vorschlägt, wirft aber zugleich die skeptische Frage auf: »Eine utopische Vorstellung?«[26]

Diese Skepsis wird durch die Föderalismusreform I, in der Tat trotzdem die größte Veränderung des Grundgesetzes seit 1949, genährt. Ähnlich wie bei der Finanzverfassung verfingen sich große Ziele der Entflechtung und Kompetenzneuordnung in den oben skizzierten Interessenkonstellationen. In den Details herrschte keineswegs stets solidarisches Verhalten unter den Ländern, noch länderfreundliches Verhalten des Bundes, von dem Altruismus nicht erwartet werden kann.[27] Andererseits erscheinen Positions- und Interessengegensätze durchaus auch begründet, wenn z.B. die kompensatorische Erweiterung der Zustimmungsrechte des Bundesrats aufgrund der Verwaltungshoheit der Länder zu deren materiellem Zugriff auf die politische Substanz eines Gesetzgebungswerkes – und damit zu den Blockademöglichkeiten des Bundesrates – führt, das ehedem zu den dem Bundestag zustimmungsfrei zugewiesenen Kompetenzen gehörte. Politisch ist hinwiederum ein Verzicht der Ministerpräsidenten auf dieses einflussmächtige Instrument auch dann nicht zu erwarten, wenn es bei

---

[25] Herzog (wie Anm. 16), S. 5.
[26] Ebd.
[27] Vgl. etwa zur Ausgangsposition zu Art. 84 Karl Rauber, *Artikel 84 GG und das Ringen um die Verwaltungshoheit der Länder*, in: Holtschneider/Schön (wie Anm. 6), S. 44.

einer Revision der verfassungsrechtlichen »Einheitstheorie«[28] die rechtliche Chance dazu geben würde.

Revitalisierung kann nicht Umgründung des deutschen Föderalismus bedeuten. Insofern durfte das programmatische Postulat nach »Entflechtung« auch nicht wörtlich als Aufhebung von »Verflechtung« genommen, sondern »nur« als Angriff auf die beklagte »Überflechtung« verstanden werden: Denn die Länder haben fast alle Bundesgesetze auf eigene Kosten als eigene Angelegenheiten zu vollziehen und hängen in ihren Steuereinnahmen fast völlig vom Bund ab. Ihren Einfluss auf die Gesetzgebung des Bundes über den Bundesrat können sie unter diesen Bedingungen nicht grundsätzlich preisgeben – die zu ändern wiederum praktisch einer Totalrevision des Bundesstaates gleichgekommen wäre.

Gleichwohl ist der Versuch, Bund und Ländern originäre Spielräume zurückzugewinnen, mit großer Intensität unternommen worden. Allerdings sieht die wissenschaftliche Kritik[29] die Ergebnisse nicht gleich positiv wie die Reformakteure.[30] Dem Bund – der, wie bisher schon, auf verfahrensrechtliche Vorschriften verzichten und diese in der Autonomie der Länder belassen kann – ist nun das Recht eingeräumt, Landesverfahrensrecht zu regeln, den Ländern im Gegenzug das Recht, diese Bundesvorschriften zu durchbrechen. Die Zustimmungspflicht ist in diesem Fall ausgeschlossen. Regelt der Bund allerdings »in Ausnahmefällen« wegen »eines besonderen Bedürfnisses« das Verwaltungsverfahren bundeseinheitlich, ohne die Abweichung einzuräumen, tritt die Zustimmungspflicht wieder in Kraft. In der Abweichungsgesetzgebung – ein Kernstück der Reform – bricht zum ersten Mal Landesrecht Bundesrecht, allerdings nur im Verwaltungsverfahren. Ihr absolutes Vetorecht verlieren die Länder in diesen Fällen, wodurch eine deutlichere Transparenz substantieller Verantwortlichkeit möglich erscheint. Allerdings ist ein neues Zustimmungsrecht bei Gesetzen eingeräumt worden, die den Ländern Kosten auferlegen. Dadurch und weil der Bund auch bisher schon Verwaltungsvorschriften nur subjektiv erforderlichenfalls erließ (und insofern die Ausnahme Regel bleiben könnte), werden die Zustimmungsfälle insgesamt kaum zurückgehen.

Genau diese Hoffnungen setzten jedoch die politischen Akteure in ihr Reformwerk. Es liegt am System, wenn der Anteil zustimmungspflichtiger Gesetze immer hoch war, durch die Unitarisierung gestiegen ist und wahrscheinlich hoch bleiben wird. Schon in der 1. Wahlperiode lag er bei 41,8 Prozent, stieg in der 2. Wahlperiode auf 49,8 Prozent und schwankte seither durchschnittlich um 53 Prozent.[31]

---

[28] Nach der sich die Zustimmungspflicht nicht nur auf Behördenorganisation oder Verwaltungsverfahren, sondern auf das ganze Gesetz als »gesetzgebungstechnische Einheit« bezieht (BVerfGE 8, 274).

[29] Z.B. Scharpf, *Föderalismusreform* (wie Anm. 22), Werner Reutter, *Regieren nach der Föderalismusreform*, in: APuZ 50 (2006), S. 12–17.

[30] Z.B. die Beiträge von Norbert Röttgen/Henner Joerg Boehl, Karl Rauber, Rainer Holtschneider und Walter Schön, in: Holtschneider/Schön (wie Anm. 6).

[31] Vgl. Peter Schindler, *Datenhandbuch zur Geschichte des Deutschen Bundestages 1949–1999*, Baden-Baden 1999, S. 2430f.

Dieser Anstieg ist zwar signifikant, aber keineswegs von einer vernachlässigenswerten Größe[32] seinen Anfang nehmend. Schätzungen des Wissenschaftlichen Dienstes des Deutschen Bundestags,[33] unter den Bedingungen des neuen Art. 84 GG wäre in der 14. und 15. Wahlperiode die Zustimmungspflichtigkeit mehr als halbiert worden, beruhen auf offensichtlich irrealen Annahmen – z.B., dass künftig alle Gesetze den Ländern Abweichungsrechte einräumen. Dieses vielfach prognostizierte Ausmaß an Entflechtung wird es ebenso wenig geben, wie sich die Ministerpräsidenten den Bundesrat als relevante Bühne politischer Profilierung nehmen lassen werden. Gesetzesmaterien von politischer, ökonomischer und sozialer Bedeutung tragen die Forderung nach bundesweit einheitlichem Vollzug in sich – und damit auch die Zustimmungspflicht. Auch deren stilles Vetopotential wird erhalten bleiben. Bei divergierenden Mehrheiten in beiden Kammern wird, wie bisher auch, der eine oder andere Entwurf wegen Aussichtslosigkeit gar nicht erst eingebracht werden.

Hat die Bundesstaatsreform die Spielräume des Landesgesetzgebers revitalisiert? Ursprünglich erstrebten die Länder umfassende Zuständigkeiten für die Regelung »regionaler Lebenssachverhalte«: Arbeitsmarktpolitik, Umwelt- und Wirtschaftspolitik, öffentliche Fürsorge. Zugleich sollte sich der Bund aus Bildung und Erziehung völlig zurückziehen. Faktisch war die Front der Länder aber aus den genannten unterschiedlichen materiellen Stärkeverhältnissen nicht geschlossen. Gleichwohl blieben auch hier Trennung der Kompetenzen und Entflechtung reformatorische Leitideen.

Einerseits wurde die ausschließliche Gesetzgebung des Bundes mäßig erweitert und seine Rahmengesetzgebung, bei der man nach Johannes Rau vielfach vor lauter Rahmen das Bild nicht mehr sah,[34] abgeschafft. Immerhin 16 Regelungsmaterien, darunter Strafvollzug, öffentliches Dienstrecht und (nicht unbedingt wesentliche) Teile des Umweltrechts wurden an die Länder übertragen. Für die konkurrierende Gesetzgebung herrscht in Zukunft ein Dreiklassenrecht: Für einen großen Teil muss der Bund die Erforderlichkeit nicht mehr nachweisen und kann autonom entscheiden; in den anderen Fällen muss die Erforderlichkeit allerdings nach den jüngsten restriktiven Kriterien des Bundesverfassungsgerichts nachgewiesen werden, nach denen eine »Gefahrenlage« vorauszusetzen ist und sich die »Lebensverhältnisse ... zwischen Ländern in einer unerträglichen Weise auseinander entwickeln«[35] müssen, so dass in diesen Fällen autonomer Bundesgestaltung enge Grenzen gezogen sein dürften; und schließlich ist den Ländern nach Art. 72 Abs. 3 nun die Möglichkeit eröffnet, in sechs Bereichen der früheren

---

[32] Herzog (wie Anm. 16), S. 5 nimmt kontrafaktisch 10 Prozent an.
[33] Harald Georgii/Sarab Borhanian, *Zustimmungsgesetze nach der Föderalismusreform*, Wissenschaftliche Dienste des Deutschen Bundestages (Hg.), Berlin 2006.
[34] Johannes Rau, Rede beim Föderalismuskonvent der deutschen Landesparlamente am 31.3.2003 in Lübeck, in: *Föderalismuskonvent der deutschen Landesparlamente* (wie Anm. 23), S. 24.
[35] BVerfGE 111, 226.

Rahmengesetzgebung des Bundes von dessen Rechtssetzung abweichende Regelungen zu treffen. Ob die Landtage dadurch tatsächlich massiv gestärkt und wieder zu Orten lebendiger Diskussion werden, mag die Zukunft erweisen. Die betreffenden Materien tragen, von Hochschulzulassungen und -abschlüssen abgesehen, die Evidenzkriterien dafür nicht unbedingt in sich. Von bedeutsamen »Lebenssachverhalten« regionaler Wirtschafts- und Arbeitsmarktpolitik sind alleinige Zuständigkeiten für Messen, Ladenschluss, Gaststätten und Spielhallen geblieben, von der Umweltpolitik der Freizeitlärm, von der Sozialpolitik das Heimrecht. »Dafür waren wir nicht angetreten«, bilanzierte ein Vertreter der Stuttgarter Regierung.[36] Allerdings sollte der Rückzug des Bundes aus der Bildungspolitik als zentralem Bereich der Kulturhoheit nicht unterschätzt werden. Die Selbstkoordination der Länder wird dadurch aber nicht reduziert werden.

Vom Ausgangspunkt her sind die Ergebnisse mager. Angesichts der Interessengegensätze zwischen Bund und Ländern wären nicht einmal sie ohne das Verfassungsgerichtsurteil zur »Juniorprofessur« vom 27. Juli 2004 zustande gekommen. Da dessen restriktive Interpretation der Erforderlichkeitsklausel die gesamte konkurrierende Gesetzgebung betraf und Anfechtungsgründe schuf, war der Bund gezwungen, Angebote zu unterbreiten, um sich im Gegenzug seine politisch unstrittigen Kompetenzen absichern zu lassen. Nicht die politischen Bundesstaatsakteure haben wenigstens Ansätze zur Revitalisierung der Landesgesetzgebung gegeben, sondern eine Intervention von außen durch das Bundesverfassungsgericht. Die politischen Akteure haben darauf reagiert, die Wirkung dieser Intervention aber begrenzt gehalten.

5. Fazit

Lässt sich eine »große« Föderalismusreform überhaupt realisieren? Die Ergebnisse der mühsamen Bundesstaatsreform und der vielfältigen Bemühungen in den Jahrzehnten zuvor nähren Zweifel daran.

Dabei ist durchaus eine Grundeinsicht in funktionale Notwendigkeiten zu konzedieren, wie z.B. bei der nun auf Bildung, Kultur und Rundfunk reduzierten Vertretungskompetenz der Länder im EU-Ministerrat. Gleichwohl regiert auch bei der Europafähigkeit der übliche Interessengegensatz.[37] Es gibt dazu kein gemeinsames Verständnis über einen europafähigen Föderalismus, wohl aber die Intention des Bundes, föderale Fesseln abzustreifen und die der Länder, genau dies zu verhindern und den Stand ihrer Rechte im Grundsatz zu bewahren. Insofern ist die Verflechtungsstruktur des alten Art. 23 GG erhalten geblieben: ein für das Gesamtthema typisches Exempel. Ebenso typisch sind die Verhaltensweisen der Akteure entlang der oben skizzierten Konflikt- und Interessenlinien. Bund

---

[36] Scharpf (wie Anm. 11), S. 10.
[37] Annegret Eppler, *Föderalismusreform und Europapolitik*, in: APuZ 50 (2006), S. 18–23.

und Länder sahen funktionale Notwendigkeiten, Überflechtungen zu sprengen. Aber erst eine unumgehbare »verfassungsgerichtliche« Wegweisung eröffnete die Chance zu verfassungspolitischer Bewegung.

Grundsätzlich krankt die Reformdiskussion an einem inneren Widerspruch. Die Reduzierung der Zustimmungspflichtigkeiten und die Restrukturierung der Gesetzgebungskompetenzen orientieren sich akzentuiert am Ansatz von Trennung und Entflechtung. Tradition und Konstruktion des deutschen Föderalismus verlangen aber auch weiterhin Kooperation und Konsens. Kompetenztrennung als Bezugsrahmen kann daher nur zu kleinen Schritten führen, die zusätzlich bedingt sind durch die Ressourcen, Kapazitäten und Handlungsbedingungen der einzelnen Länder, die ungleich sind. Eine Neugliederungsdiskussion der Bundesländer will aber aus guten Gründen kaum jemand von den politischen Akteuren eröffnen. Kein Land soll überfordert oder übervorteilt werden. Die Gleichwertigkeit der Lebensverhältnisse soll gewahrt bleiben. Insofern wird kaum eine größere Chance zur Revitalisierung der föderalen Strukturen zu gewinnen sein als diejenige, die sich im Jahre 2006 eröffnete. Auch die zweite, der Finanzverfassung gewidmete Stufe wird dies in naher Zukunft erweisen.

Erwin Teufel

Deutschland hat ein Zentralismusproblem
– nicht ein Föderalismusproblem

I.

Der Föderalismus hat in Deutschland eine lange und große Tradition: Jahrhundertelang existierten souveräne Staaten, Kleinstaaten, Reichsstädte, Fürstbistümer und Klöster unter dem Dach des ordnenden Reichsgedankens nebeneinander. Negativ betrachtet handelte es sich um eine territoriale Zersplitterung, positiv gesehen war es eine föderative Ordnung, deren Vielfalt die kulturelle, politische und wirtschaftliche Entwicklung Deutschlands entscheidend geprägt hat. In der deutschen Geschichte hatte es nie aufgrund von Tradition und historischen Erfahrungen Tendenzen hin zu einem Zentralstaat und zu einer einheitsstaatlichen Ordnung gegeben. Das gilt insbesondere auch für die Revolution von 1848/49 und für die »Verfassung der Paulskirche«. Daher auch die starke Identifizierung der Menschen mit ihrem Land, mit Mentalität und Sprache ihrer Herkunft.

Die Weimarer Republik war nach ihrer Verfassung ein demokratischer Bundesstaat, kein Einheitsstaat. Leider ist sie mit der Machtergreifung Hitlers gescheitert. Die Nationalsozialisten erließen wenig später, am 31. März und 7. April 1933, die Gesetze zur Gleichschaltung der Länder und schufen einen totalitären Einheitsstaat.

Es ist deshalb verständlich, dass das Pendel nach den zwölf Jahren Nazi-Herrschaft und dem Zusammenbruch Deutschlands wieder in die andere Richtung ging. Mit Duldung oder auf Betreiben der Besatzungsmächte entstand staatliches Leben in Kommunen und Ländern. Der Zuschnitt der Länder entsprach teilweise gewachsenen Einheiten, teilweise war er willkürlich und fügte sehr heterogene Gebiete zusammen.

Auch die Provisorien haben bis heute Bestand, mit einer einzigen Ausnahme: Die drei nach dem Zweiten Weltkrieg in der französischen und amerikanischen Besatzungszone entstandenen Länder Württemberg-Baden, Württemberg-Hohenzollern und Baden vereinigten sich zum Land Baden-Württemberg. In dieser einzigen Länderneugliederung nach 1945 entstand das leistungsfähigste deutsche Land. Das könnte eigentlich Anreiz für weitere Länderneugliederungen sein.

Es war ein Erlebnis, nach der Wende in der DDR 1989 zu sehen, wie gut auf einmal eine Identifizierung mit den alten Ländern entstand. Die Bewegung kam von unten. Sie ging vom Volk aus. Bei den Kundgebungen auf den Straßen und Plätzen zeigten sich immer mehr Fahnen und Symbole der früheren Länder. Die Menschen identifizierten sich nicht mit den Verwaltungsbezirken der vorangegangenen 40 Jahre, sondern mit den gewachsenen historischen Ländern von früher. Die Gliederung des Staates in überschaubare Einheiten und gewachsene Landschaften und Kulturräume ist menschengemäß.

II.

Die Länder haben sich in der schwierigsten Nachkriegszeit, deren Hauptmerkmale Hunger, Wohnungsnot, Flüchtlingselend, fehlende Arbeitsplätze, Kriegsfolgeschäden, zerstörte Städte, Kriegerwitwen, Kriegsversehrte und die Rückkehr der Kriegsgefangenen waren, bewährt. Sie haben sich in der größten Not als handlungsfähig und leistungsfähig erwiesen. Sie haben, lange bevor es einen Bund gab, demokratische und rechtsstaatliche Strukturen aufgebaut. Die »Bank deutscher Länder« und die Währungsreform 1948 waren ihr Werk, wie auch der Herrenchiemseer Verfassungskonvent, der Parlamentarische Rat und die Beratung und Verabschiedung des Grundgesetzes.

Die neue Bundesrepublik Deutschland ist ein Bundesstaat mit einer subsidiären und föderativen Ordnung, mit einer Selbstverwaltungsgarantie für Städte, Gemeinden und Kreise und mit Ländern, die genauso wie der Bund Staatscharakter haben. Die bundesstaatliche Ordnung ist nicht nur in Art. 20 GG gewährleistet, sondern das Grundgesetz verbietet eine Änderung der Verfassung, durch welche die Gliederung des Bundes in Länder und die grundsätzliche Mitwirkung der Länder bei der Gesetzgebung berührt wird (Ewigkeitsgarantie).

Der Sinn dieser bundesstaatlichen Ordnung ist eine Nähe zu den Menschen und ihren Problemen, eine Teilung und Kontrolle der Macht, eine Mitwirkungsmöglichkeit der Bürgerinnen und Bürger, ein Eigenleben der Gliedstaaten. Deshalb ist der Staat des Grundgesetzes kein dezentraler Einheitsstaat, sondern ein Bundesstaat, der die Eigenart, den Ideenreichtum und Wettbewerb der Länder achtet, wo sie für Gesetzgebung und Gestaltung selbst zuständig sind, und der die Kompetenz und den Sachverstand bei der Gesetzgebung des Bundes durch die Beteiligung der Länder vielfach potenziert.

III.

Das Grundgesetz hat für die Gesetzgebung eine Kompetenzanordnung geschaffen. In Art. 73 ist die ausschließliche Gesetzgebung des Bundes geregelt, Art. 75 sieht »Rahmenvorschriften für die Gesetzgebung der Länder« durch den Bund für wenige, aber wichtige Bereiche vor. Die Art. 74 und 74a sehen eine konkurrierende Gesetzgebung vor. Die ausschließliche Gesetzgebung des Bundes ist unbestritten.

Bei der Rahmengesetzgebung ist die Zuständigkeit des Bundes nach Bundesverfassungsgerichtsentscheidungen begrenzt. Die Substanz des Gesetzgebungsinhalts muss also bei den Ländern sein. Der Bund nimmt seine Möglichkeiten in der Rahmengesetzgebung jedoch extensiv, sehr in die Breite gehend und zum Teil umfassend wahr. Man braucht nur einen Blick auf das Hochschulrahmengesetz oder das Beamtenrechtsrahmengesetz werfen, um diese Aussage bestätigt zu finden. Niemand hat diese Kritik treffender formuliert als der damalige Bundespräsident Johannes Rau: »Man sieht vor lauter Rahmen das Bild nicht mehr.« Eine größere Zurückhaltung des Bundes wäre näher an der Verfassung, länderfreundlicher, sachgerechter und würde zu mehr Vielfalt und Wettbewerb beitragen.

IV.

Kernpunkt der Betroffenheit und der Kritik der Länder ist der Bereich der konkurrierenden Gesetzgebung. Hier haben die Länder die Befugnis zur Gesetzgebung, solange und soweit der Bund von seiner Gesetzgebungszuständigkeit nicht Gebrauch gemacht hat. Der Gesetzgebungskatalog der konkurrierenden Gesetzgebung in Art. 74 und Art. 74a GG ist mit 27 großen Bereichen der breiteste Katalog der Gesetzgebung. Der Parlamentarische Rat ging in allen diesen Bereichen von der grundsätzlichen Zuständigkeit der Länder und der Landtage aus. So ist auch das Grundgesetz formuliert.

Die Verfassungswirklichkeit hat sich 50 Jahre lang völlig anders entwickelt. Auf einer Einbahnstraße, ohne jeden Gegenverkehr, sind nicht ein Viertel und nicht die Hälfte der Gesetzgebungszuständigkeiten der Länder, sondern fast alle zum Bund gewandert. Die einzige Ausnahme einer Gegenbewegung war nach dem Europäischen Gipfel von Maastricht die Neuformulierung des Art. 23 GG mit konkreten Beteiligungsrechten des Bundesrats und der Länder bei Rechtsetzungsakten der Europäischen Union. Hier hatten die Länder eine starke Stellung, weil der Bundesrat der Ratifizierung des Vertragswerks von Maastricht zustimmen musste. Bundeskanzler Kohl hat damals aus Überzeugung der Neuregelung zugestimmt, das Auswärtige Amt und der Europaausschuss des Deutschen Bundestages nur mit Widerwillen.

Während also das Grundgesetz von der grundsätzlichen Zuständigkeit der Länder in der Gesetzgebung ausgeht, ist in Wirklichkeit die Bundesgesetzgebung Jahr für Jahr stark angewachsen und bildet heute mit Abstand das Schwergewicht der Gesetzgebung.

Es gibt dafür zwei Ursachen: Erstens entscheidet der Bundestag allein über die Voraussetzungen für die Inanspruchnahme des Gesetzgebungsrechts und definiert den Art. 72/2 nach seiner Vorstellung. Die Kriterien des Art. 72/2, vor allem die »Wahrung der Einheitlichkeit der Lebensverhältnisse«, haben sich nicht als Einschränkung erwiesen, wie damals angedacht, sondern als Begründung für die »Allzuständigkeit« des Bundes in der konkurrierenden Gesetzgebung. Auch die 1994 erfolgte Änderung des Art. 72 von der »Wahrung einheitlicher Lebensverhältnisse« zur »Herstellung gleichwertiger Lebensverhältnisse« hat in der Praxis zu keiner Einschränkung der Gesetzgebungstätigkeit geführt.

Der zweite Grund ist die Zurückhaltung des Bundesverfassungsgerichts in der Bewertung der Bedürfnisklausel des Art. 72/2. Mehrfach hat das Bundesverfassungsgericht festgestellt, dass das Bedürfnis nach bundesgesetzlicher Regelung »eine Frage des pflichtgemäßen Ermessens des Bundesgesetzgebers sei und daher der Nachprüfung durch das Bundesverfassungsgericht grundsätzlich entzogen«. Zusätzlich hat der Bund noch in vielen Bundesgesetzen in die Verfassungszuständigkeit der Länder eingegriffen, indem er Einzelregelungen über die Zuständigkeit von Behörden und über Verfahrensabläufe getroffen hat. Nun wundert sich der Bund, dass aus 10 bis 20 Prozent Mitentscheidungsrechten des Bundesrates in der Gesetzgebung 50 bis 60 Prozent Zustimmungspflichten geworden sind. Der Bundestag hat durch sein eigenes Verhalten die Ursachen dafür geschaffen.

Parallel dazu erfolgte eine immer intensivere Kompetenzverflechtung von Bund und Ländern sowohl bei Aufgaben und Ausgaben als auch bei den Einnahmen. Ein System von Zuweisungen und mischfinanzierten Aufgaben trat an die Stelle klarer Finanzierungszuständigkeiten des Bundes einerseits und der Länder andererseits, was im Übrigen durch die Verfassungsänderung von 1969 legitimiert wurde. Die Entscheidung über eine Aufgabe und über die insoweit entstehenden Ausgaben wurde immer mehr von der Finanzierungs- und Kostenlast abgekoppelt. Hierfür gibt es mehrere Beispiele: Die Schaffung des Anspruchs auf einen Kindergartenplatz durch den Bund – auf Kosten der Kommunen, Entschädigungsregelungen nach dem Bundesnaturschutzgesetz zugunsten der Landwirte – auf Kosten der Länder, Erhöhung der Leistungen des Bundessozialhilfegesetzes durch den Bundestag – ohne jede Kostenbeteiligung des Bundes, sondern auf Kosten der Stadtkreise und Landkreise.

Im Klartext gesprochen heißt das, dass der Bund beschließt, was die Länder oder Kommunen anschließend finanziell ausbaden müssen. Geschäfte zulasten Dritter können auf Dauer nicht gutgehen: Wer anschafft, muss auch zahlen. Entsprechendes gilt im Bereich der Einnahmenautonomie: Steuerrecht ist – nahezu ausnahmslos – Bundesrecht. Der Bund hat in solcher Weise von seiner konkurrierenden Gesetzgebungskompetenz Gebrauch gemacht, dass die Länder heute praktisch über keinerlei Steuerautonomie verfügen. Es fehlen den Ländern somit Möglichkeiten, ihre Einnahmesituation selbst beeinflussen zu können.

Die Gemeinschaftsaufgaben zwischen Bund und Ländern, erfunden während der Großen Koalition von 1966 bis 1969, haben keine Fortschritte in diesen Aufgabenbereichen gebracht, sondern durch die Vermischung von Zuständigkeiten und Verantwortung zur Unübersichtlichkeit für die Bürger und zur Schwächung des Föderalismus geführt. Die Länder haben sich durch Selbstkoordinierung in fast eintausend Länderarbeitsgruppen oder Bund-Länder-Arbeitsgruppen ihre Eigenständigkeit selbst geschwächt und Einheit vor Vielfalt gestellt.

V.

Hauptleidtragende dieser unguten Entwicklung sind die Landtage. Sie haben nach dem umfassenden Verlust der Gesetzgebungskompetenz an den Bund und nachdem die grundlegenden Gesetze der Nachkriegszeit – Landesverfassung, Gemeindeordnung, Landkreisordnung, Landesverwaltungsgesetz – erlassen sind, faktisch keine substantiellen Gesetzgebungsaufgaben mehr. Die Landesregierungen sind wenigstens noch über den Bundesrat an der Regelung der den Ländern verlorengegangenen Rechtsgebiete beteiligt. Aber Beteiligungsföderalismus ist kein eigenständiger Gestaltungsföderalismus.

Die Landtage haben eine Wesensveränderung durchgemacht. Sie revanchieren sich für den Verlust der Gesetzgebungszuständigkeiten durch die Einmischung in tausend reine Exekutiventscheidungen über Kleine Anfragen und Berichtsanträge. Die Landtagsdrucksachen verdoppeln sich von Legislaturperiode zu Legislaturperiode. Die Kontrolle der Verwaltung ist selbstverständliches Recht und Pflicht der Abgeordneten. Das kritisiere ich nicht, sondern ich kritisiere die Einmischung in die Zuständigkeit der Exekutive für Einzelentscheidungen. Dies hat die zusätzliche negative Auswirkung, dass ständig Ministerien wegen dieser Anfragen gezwungen sind, sich mit Einzelfällen zu befassen, für die untere und mittlere Verwaltungen zuständig sind.

Trotz dieses starken Kompetenzrückgangs in der Gesetzgebung entwickeln sich die Landesparlamente selbst in mittleren und kleineren Ländern zu Vollzeitparlamenten. In der Schweiz tagen beide Kammern auf Bundesebene als Sessionsparlament. Sie konzentrieren sich damit auf das Wesentliche in Zielvorgaben, Gesetzgebung und Kontrolle, und ihre Abgeordneten behalten die Bodenhaftung und die Praxisnähe durch ihren Beruf. Eine Föderalismusreform muss deshalb zuvörderst die Landtage in ihrer Kernkompetenz stärken.

VI.

Zum ersten Mal schien es 2003 eine Chance für eine Föderalismusreform zu geben. Sondierungen von Seiten der Länder beim Bund ergaben die Bereitschaft zu einer Föderalismuskommission aus je 16 Mitgliedern des Bundestages und des Bundesrates. Die Chance bestand, weil Bund und Länder je eine qualitativ vergleichbare Forderung hatten und die je andere Seite qualitativ Ebenbürtiges zu bieten hatte. Der Bund wollte eine starke Reduzierung der zustimmungspflichtigen Gesetze im Bundesrat, die Länder waren bereit, darauf einzugehen, wenn sie Zug um Zug einen qualitativ und quantitativ beachtlichen Teil der Kompetenzen zurückerhielten, die der Bund im Laufe von fünf Jahrzehnten an sich gezogen hat.

Die Föderalismuskommission trat am 7. November 2003 zusammen und wurde auch von nicht stimmberechtigten Mitgliedern der Bundesregierung, der Landtage, der kommunalen Spitzenverbände und von zwölf angesehenen Staatsrechtlern beraten. Die Kommission tagte von der ersten bis zur letzten Sitzung in guter Atmosphäre, die auch weiterführende Lösungen zu ermöglichen schien. Von der ersten Sitzung an war klar, dass die Länder im Kernbereich ihrer Zuständigkeit, also in der vollen Breite des Bildungsbereichs, bei der Personal- und Besoldungshoheit für die Landesbediensteten, in Politikbereichen, in denen die Länder näher bei den Bürgern und bei den Kommunen sind als der Bund, etwa in der Jugendhilfe, in der Sozialhilfe, im Bereich des Einzelhandels und der Märkte, nennenswerte Zuständigkeiten zurückerhalten müssten. Es galt auch seit den ersten Sitzungen diese Priorität. Sie stammte als Vorschlag sogar von einem Bundestagsabgeordneten, der Mitglied der Kommission war. In vielen Sitzungen und Debattenbeiträgen war klar, dass die erste Priorität bei den Ländern die Vollkompetenz im Bildungsbereich von der Volksschule bis zur Hochschule war.

Das wusste jeder Vertreter des Bundes. Jeder Vertreter des Bundes wusste aber auch, dass die Länder bereit waren, dafür, aber auch nur dafür, nennenswerte Zustimmungsrechte des Bundesrates bei Bundesgesetzen aufzugeben. Jedem war klar, dass der Bund scheitert, wenn sein Angebot nicht die Schwerpunktbereiche umfasst, sondern Quisquilien. Erst recht war jedem klar, dass auf den Bruch der Verhandlungen zielen würde, wer von den Ländern zusätzliche Kompetenzen im Bildungsbereich fordern würde, wie sie gegen Ende der Beratungen Frau Bulmahn im Bereich der Hauptschule oder Herr Runde im Bereich der Hochschulen gestellt haben.

Deshalb konnte niemand überrascht sein, dass bei dieser Forderung des Bundes am Ende der Beratungen der Föderalismuskommission ein Scheitern stand statt eines weiterführenden Kompromisses, wie er sich bis zur letzten Sitzung abzeichnete. Das Scheitern ist nicht Herrn Müntefering anzulasten. Er hat sich um eine für beide Seiten vertretbare Lösung bemüht. Das Scheitern ist der Bundesregierung anzulasten, die in fünf Kabinettssitzungen nicht zu einer Stellungnahme kam, aber in der allerletzten Phase Herrn Müntefering und der SPD-Bundestagsfraktion ihre ablehnende Meinung aufdrückte.

Die Länder waren zur Stärkung der Gestaltungskraft des Bundes zu erheblichen Zugeständnissen bereit. Dagegen zeigte die Bundesregierung bis zuletzt wenig Interesse an einer durchgreifenden Reform. Der Verweigerung einer konstruktiven Diskussion auf der Strecke folgte ein Mangel an Kompromissbereitschaft am Ende. Mit der Forderung nach zusätzlichen Bildungskompetenzen provozierte die Bundesregierung das Nein der Länder. Im letzten Bereich eigener Gestaltungsfähigkeit der Länder forderte sie deren Selbstaufgabe. Leichtfertig setzte sie damit den bereits greifbaren Kompromiss aufs Spiel.

So kam es – wie es nicht kommen musste – Ende 2004 zum Scheitern der Föderalismuskommission wegen der Uneinigkeit über die Neuverteilung der Bildungskompetenzen.

VII.

Durch die auf September 2005 vorgezogene Bundestagswahl ergab sich nach Bildung der Großen Koalition unverhofft die Möglichkeit zu einer Wiederaufnahme des Themas. Alle Vorarbeiten waren geleistet, alle Positionen der Beteiligten waren bekannt. Da jetzt Kompromissbereitschaft beim Bund bestand, kam es zu einer schnellen Einigung, ohne erneute Kommissionsberatungen, durch die Koalitionsvereinbarung, durch den Willen der neuen Bundesregierung, durch die Durchsetzungsfähigkeit der Fraktionsführungen gegen Spezialisten in betroffenen Ausschüssen und durch die Beharrlichkeit und Kompromissbereitschaft der großen Mehrheit der Länder. Handlungsfähigkeit und Reformfähigkeit erst nach vielen Zwischenetappen – dennoch ein Erfolg.

Zum ersten Mal werden die Verflechtungen zwischen Bund und Ländern aufgebrochen – beim Zustimmungsrecht des Bundesrates oder bei den Mischfinanzierungen. Zum ersten Mal werden die Landtage in zentralen Gesetzgebungsrechten deutlich gestärkt – im Hochschulrecht oder im Recht des öffentlichen Dienstes und in weiteren Bereichen, in denen die Länder näher an den Menschen und an den Problemen sind. Zum ersten Mal wird der unterschiedlichen Gestaltungskraft und dem unterschiedlichen Gestaltungswillen in den Ländern Rechnung getragen – durch die Abweichungsgesetzgebung.

Klar ist jedoch auch: Diese Reform ist ein Kompromiss unterschiedlicher Interessen auf Seiten des Bundes und auf Seiten der Länder. Natürlich haben die Länder bei den Gesetzgebungskompetenzen mehr erhofft – etwa im Bereich der öffentlichen Fürsorge und Jugendhilfe. Ich hätte mir vorstellen können, dass die Entflechtung der Mischfinanzierungen weiter geht – etwa durch die Abschaffung der Gemeinschaftsaufgabe Wirtschaftsstruktur. Ich hätte uns einen Nationalen Stabilitätspakt gewünscht, der sich stärker am Verursacherprinzip orientiert. Aber das war nicht durchsetzbar und das lag – so ehrlich müssen wir sein – mitunter weniger am Bund als an der Zurückhaltung und der Ängstlichkeit einiger Länder.

VIII.

Die Rahmengesetzgebung wurde abgeschafft. Eine Abweichungsgesetzregelung wurde neu eingeführt. Eigenverantwortung und Gestaltungsfreiheit werden sich künftig nicht mehr immer nur am schwächsten Glied orientieren. Das Abweichungsrecht öffnet deshalb Chancen für gestaltungswillige Länder.

Die Länder waren bereit, dem Bund bei der Schaffung eines Umweltgesetzbuches entgegenzukommen. Vertikale Differenzierungen hätten dieses Ziel vereitelt. Nur das Abweichungsrecht bot die Möglichkeit, dem Gestaltungswillen des Bundes Rechnung zu tragen, ohne das Kind mit dem Bade auszuschütten.

IX.

Bund und Länder haben nun eine gemeinsame Kommission zur Neugestaltung der Finanzverfassung eingesetzt. Das ist gut. Dass die finanzverfassungsrechtlichen Fragen bereits im Einsetzungsbeschluss der Föderalismuskommission weitgehend ausgeklammert worden waren, war von keinem Land nachdrücklicher kritisiert worden als von Baden-Württemberg. Deshalb ist es ein Schritt in die richtige Richtung, dass im Koalitionsvertrag die Anpassung der Bund-Länder-Finanzbeziehungen in einem weiteren Schritt ausdrücklich und mit dem Ziel der Stärkung der Eigenverantwortung der Gebietskörperschaften festgelegt worden ist. Wir brauchen eine größere Steuerautonomie der Länder.

Wir müssen die politischen Realitäten allerdings im Auge behalten. Denn die Ansichten über notwendige Reformschritte gehen bei der Finanzverfassung noch weiter auseinander als bei den Kompetenzen. Die strukturschwächeren Länder rufen nach der Solidarität der bundesstaatlichen Gemeinschaft und fordern die entsprechende Neuordnung der Finanzausgleichsmechanismen. Die strukturstärkeren Länder setzen dagegen auf mehr Gestaltungsfreiheit von Bund und Ländern sowohl bei den Kompetenzen als auch bei den Finanzen.

Beides geht nur schwer zusammen. Vielleicht hilft die Einsicht weiter, dass Milliardenleistungen im Länderfinanzausgleich die strukturellen Unterschiede der Länder nicht beseitigt haben. »Noch immer dominiert die Vorstellung, gleichwertige Lebensverhältnisse erforderten zentrale Lösungen« (Norbert Berthold). Was den Ländern hilft, ist größerer Gestaltungsspielraum und der Mut, ihn zu nutzen.

X.

Ganz zaghaft und vereinzelt gibt es auch Stimmen, die eine dritte Föderalismusreform, nämlich eine Neugliederung der Länder, fordern. Dem ist voll zuzustimmen, denn der Föderalismus in Deutschland würde nicht schwächer, sondern stärker, wenn es weniger Länder geben würde. Es gibt Länder, die weder der Fläche noch der Einwohnerzahl nach den Status eines selbstständigen, lebensfähigen Landes erfüllen. Die Zahl und die Grenzziehungen sind meist willkürliche Anordnungen der jeweiligen Besatzungsmacht. Sie überleben nur durch den Finanzausgleich und Bundeszuwendungen und durch Sonderzuwendungen. Natürlich ist in einem Bundesstaat auch Solidarität geboten, nicht aber Nivellierung. Das Bundesverfassungsgericht sagt, »dass der horizontale Finanzausgleich weder die Leistungsfähigkeit gebender Länder entscheidend schwächen, noch zu einer Nivellierung der Länderfinanzen führen darf«. Die Grenze ist überschritten. Die gebenden Länder werden schwächer, ohne dass die Nehmerländer stärker werden. Relativ reich ist das eine oder andere Land vor dem Länderfinanzausgleich. Nach dem Ausgleich ist alles nivelliert.

Obwohl eine Länderneugliederung mit Schaffung etwa gleich großer leistungsfähiger Länder geboten wäre, ist sie aus zwei Gründen derzeit ohne Chance.

Erstens: Der einzige Fall eines Volksentscheids im Grundgesetz ist für eine Länderneugliederung vorgesehen. Zu einer Neuordnung durch Bundesgesetz müssen die betroffenen Länder gehört werden, und die betroffenen Bürger müssen in einem Volksentscheid dem Neugliederungsvorschlag mit Mehrheit zustimmen.

Zweitens: Die positiven Entscheidungen des Bundesverfassungsgerichts (Mai 1992) für Bremen und das Saarland über einen Haushaltsnotstand mit anschließenden Sonderzuwendungen in Milliardenhöhe über Jahre. Jetzt erging ein sehr viel zurückhaltenderes Urteil zu einem Haushaltsnotstand und entsprechend begehrten Sonderzuwendungen des Landes Berlin (Oktober 2006).

Andererseits hat das Bundesverfassungsgericht schon früh darauf hingewiesen, dass der »Finanzausgleich nicht zum Ergebnis führen dürfe, lebensunfähige Länder künstlich am Leben zu erhalten«, und in einer anderen Entscheidung: »Ohne eine Neugliederung der Länder, im alten wie im neuen Bundesgebiet, wird eine befriedigende Finanzverfassung nicht zu erreichen sein.« Dem ist nur hinzuzufügen, dass im Grunde jedes Land in der Lage sein sollte, sich selbst zu finanzieren.

XI.

Auf Dauer wird die geschriebene Verfassung nur gelebte Verfassung bleiben, wenn ihre Grundprinzipien tradiert und von jeder Generation aus Überzeugung bejaht werden. Das gilt auch für die bundesstaatliche Ordnung, für den Föderalismus. Der Kern des Bundesstaates ist das Subsidiaritätsprinzip, ein Denken von unten nach oben. Wir müssen den Staat vom Bürger her denken. Das Ziel ist der freie Bürger, der auch Verantwortung übernimmt für sein Gemeinwesen.

Das Subsidiaritätsprinzip sieht das ursprüngliche Recht bei der kleinsten Einheit, vorrangig beim Einzelnen, dann bei freien Trägern und schließlich, wenn die Kraft des Einzelnen überfordert ist, bei der Gemeinde. Sie hat ein Selbstverwaltungsrecht. Sie ist allzuständig. Sie ist den Menschen und den Problemen und Aufgaben am nächsten. Deshalb liegt die Zuständigkeitsvermutung bei der Gemeinde. Nur was über die Kraft der Gemeinde hinausgeht, ist Sache des Kreises, nur was über die Kraft des Kreises hinausgeht, ist Sache des Landes. Nur was ein Land in seiner Leistungsfähigkeit überfordert, ist Sache des Bundes, und nur was über die Kraft des Nationalstaates hinausgeht, ist Sache Europas.

Wir müssen die Aufgabenerledigung so weit unten wie möglich ansiedeln, weil auf dieser Ebene Bürgernähe und Problemnähe ebenso gewährleistet sind wie effiziente Aufgabenerfüllung. Eine föderale Ordnung ist eine menschliche und menschengemäße Ordnung. Die Grundentscheidung für Subsidiarität, Föderalismus und Bundesstaat nach den Jahren des Nationalsozialismus war deshalb ein Glücksfall für Deutschland.

WISSENSCHAFT UND POLITIK

Hans-Joachim Veen

Der Deidesheimer Kreis

Eine Brücke zwischen Wissenschaft und Politik

Die Gründungsinitiative

Es muss Ende 1983 gewesen sein, als der damalige Vorsitzende der Konrad-Adenauer-Stiftung, Dr. Bruno Heck, mich, den jungen Leiter des Forschungsinstituts, zu sich rief, um ihm in seiner unnachahmlich schwäbisch wortkargen, aber vielsagenden Art mitzuteilen, dass er ein Gespräch mit dem rheinland-pfälzischen Ministerpräsidenten Bernhard Vogel gehabt habe, der einen kleinen Beraterkreis von Politikwissenschaftlern um sich versammeln wolle, und er, Bruno Heck, ihm dabei die Unterstützung der Konrad-Adenauer-Stiftung zugesagt habe. Ich solle das in die Hand nehmen und am besten gleich nach Mainz fahren, um alles Weitere mit dem Herrn »Minischterpräsidenten« zu besprechen.

So lernte ich, wahrscheinlich noch vor dem Jahreswechsel 1983/84, in der schönen Mainzer Staatskanzlei Bernhard Vogel kennen, der dort seit 1976 residierte. Er empfing mich liebenswürdig und hatte bereits ziemlich klare personelle Vorstellungen von dem Kreis, den ich ihm organisieren sollte. Vogel war also schon einige Jahre erfolgreich im Amt, als er die Initiative zur Gründung eines primär politikwissenschaftlichen Beraterkreises ergriff. Allerdings waren für ihn Wissenschaft und Politik nie getrennte Welten gewesen, in Heidelberg hatte er die Politikwissenschaft als eine praktische Wissenschaft verstehen gelernt und in seinem großen Lehrer Dolf Sternberger einen quasi öffentlichen Politikberater par excellence erlebt,[1] dessen Leitartikel in der FAZ das kategoriale Wissen ganzer Politikergenerationen wesentlich mitgeprägt haben.[2] Bernhard Vogel war, solange ich ihn kenne, immer ein systematischer Arbeiter, und er suchte Rat und Beratung vor allen Dingen in jenen Feldern, in denen er nicht so zu Hause war wie in den Bereichen von Kultur und Medien, Wahlen und Parteien, um nur einige Felder zu nennen, in denen er politisch und akademisch ausgewiesen war. Vogel wollte zusätzliche systematische Informationen und die Betrachtung aus kritischer Distanz. Er liebte schon damals den intellektuellen Diskurs und das freie Räsonieren jenseits des Tellerrandes der Tagespolitik, und er suchte vielleicht auch einen Resonanzboden für politische Entscheidungen. Er wollte offensichtlich sein politisches Profil weiter schärfen und sich selber auch bundespolitisch noch breiter

---

[1] S. jüngst Bernhard Vogel, *Dolf Sternberger und die Politische Wissenschaft*, in: Michael Borchard (Hg.), *Dolf Sternberger zum 100. Geburtstag*, Sankt Augustin/Berlin 2007, S. 13–22.
[2] Vgl. Günther Nonnenmacher, *Dolf Sternberger als Journalist*, in: Ebd. S. 23–34.

qualifizieren, als die Heidelberger Schule ohnehin hergab. Seine Sympathie für die Wissenschaften und sein lebhaftes Interesse am Dialog mit ihr machten ihn sehr früh zu einer Ausnahmeerscheinung unter deutschen Spitzenpolitikern.

Vogel gründete den Kreis von Anfang an in enger Zusammenarbeit mit einer weiteren Ausnahmeerscheinung der deutschen Politik und Politikwissenschaft, dem damaligen Bayerischen Kultusminister (1970 bis 1986) und Professor an der Ludwig-Maximilians-Universität München, Hans Maier, der wie kaum ein anderer die Symbiose von Politik und Wissenschaft verkörpert. Maier war die wissenschaftliche, Vogel die politische Autorität des Kreises. Bernhard Vogel und Hans Maier kannten sich bereits seit 1961. Hans Maier erinnert sich, dass Bernhard Vogel ihn damals in Freiburg besuchte, um ihn zur Mitarbeit an dem neu gegründeten Jahrbuch für christliche Gesellschaftsordnung »CIVITAS« zu gewinnen, das vom Heinrich-Pesch-Haus Mannheim herausgegeben wurde und dessen Schriftleitung Bernhard Vogel, Heinrich Krauss und Peter Molt innehatten. Hans Maier verfasste die erste Abhandlung im ersten Band von CIVITAS, der 1962 erschien, zum Thema »Politischer Katholizismus, sozialer Katholizismus, christliche Demokratie«, gefolgt von Peter Molt, einem alten Freund und Weggefährten Bernhard Vogels aus Heidelberger Zeiten, der zum Thema »Katholische Soziallehre und demokratische Ordnung« schrieb. Vogel und Maier teilen neben gemeinsamen politischen, religiösen und wissenschaftlichen Interessen nicht zuletzt auch partiell parallele politische Biografien. Als Hans Maier 1970 Bayerischer Kultusminister wird, erhält er ein Telegramm von seinem rheinland-pfälzischen Kollegen Bernhard Vogel: »Willkommen im Kreis der Prügelknaben der Nation«. Vogel ist zudem seit 1969 Präsident des Zentralkomitees der deutschen Katholiken, Hans Maier folgt ihm in dieses Amt 1976, als Vogel Ministerpräsident wird, nach. So wird der Kreis von vornherein um zwei herausragende Politiker- bzw. Wissenschaftlerpersönlichkeiten gebildet, die sich gegenseitig hoch schätzen und informell, wie alles im Deidesheimer Kreis ist, bis heute als erster und zweiter Vorsitzender fungieren.

Die Mitglieder

Die Mitglieder des Kreises rekrutierten sich im Wesentlichen aus den beiden großen Schulen der Politikwissenschaft, aus denen Vogel und Maier kamen, der Heidelberger bzw. Sternberger-Schule und der Freiburger Schule, die Arnold Bergstraesser wesentlich prägte. An der konstituierenden ersten Sitzung, die am 1. und 2. Juni 1984 in Bad Dürkheim stattfand, nahmen neben Bernhard Vogel und Hans Maier der Bonner Historiker Prof. Karl-Dietrich Bracher, Dr. Hans Heiner Boelte, ehemaliger Fernsehdirektor des Süddeutschen Rundfunks, Stuttgart, der Staatsrechtler Prof. Dieter Grimm, Bielefeld, und die Politikwissenschaftler Prof. Manfred Hättich, München und Tutzing, Prof. Peter Haungs, Trier, Prof. Herbert Kühr, Essen, Prof. Manfred Mols, Mainz, Prof. Wolfgang

Jäger, Freiburg, Prof. Ulrich Matz, Köln, Prof. Heinrich Oberreuter, Passau, Prof. Manfred Spieker, Osnabrück, Prof. Michael Zöller, Bayreuth, und Dr. Hans-Joachim Veen, Sankt Augustin, teil.[3] Da in der ersten Sitzung bereits ein Mangel an außenpolitischem Sachverstand konstatiert wurde, wurde auf Vorschlag von Peter Haungs 1985 Prof. Werner Link, Trier, in den Kreis aufgenommen. Anfang der 90er Jahre stieß Prof. Karl Schmitt, Universität Jena, dazu, als einziger Kollege, der dauerhaft in den neuen Ländern lehrt. Umgekehrt zog sich nach einigen Sitzungen Karl-Dietrich Bracher aus dem Kreis zurück, das Wissenschaftsverständnis war ihm vielleicht allzu praktisch und gegenwartsbezogen, ebenso wie 1987 Dieter Grimm, nachdem er zum Bundesverfassungsrichter gewählt worden war.

Im Jahre 2001, als die beiden Protagonisten Vogel und Maier auf das siebzigste Lebensjahr zusteuerten bzw. es erreicht hatten und auch die übrigen langjährigen Kreismitglieder nicht jünger geworden waren, wuchs die Einsicht, dass der Kreis verjüngt und erweitert werden müsste. Das war nach mehr als 15 Jahren regelmäßiger Treffen, eingeschliffener wechselseitiger Kenntnis und gewachsener Vertrautheit in einem eingespielten Team alles andere als ein leichtes Unterfangen, drohte doch dadurch die freundschaftlich-kollegiale Homogenität, die innere Balance des Kreises und die entspannte Atmosphäre des Herrenclubs gestört, wenn nicht zerstört zu werden. So war äußerst behutsames Vorgehen geboten. Nach mehreren tastenden und offengebliebenen Gesprächen im Kreis schlugen Bernhard Vogel und Hans Maier ein kluges Prozedere für die Erweiterung des Kreises vor, das unter zwei Maßgaben stehen sollte: Die Neuen sollten nach Möglichkeit nicht älter als sechzig Jahre sein und sie sollten weltanschaulich und individuell in den Kreis passen. Jedes Mitglied konnte bis zu zwei Personalvorschläge machen (ohne vorher mit dem Betreffenden darüber zu sprechen) und musste diese auf der 21. Sitzung am 3. und 4. November 2001 im Landhaus Eichholz kurz begründen. Jedes Mitglied des Kreises hatte ein Vetorecht, d.h., wenn ein Mitglied gegen einen Vorschlag votierte, war dieser vom Tisch. Das Ergebnis dieser denkwürdigen Kooptationsrunde waren am Ende vier neue Mitglieder, die sich sofort nahtlos in den Kreis einfügten und gleich als Referenten für die nächsten Sitzungen ihren Einstand gaben: Prof. Wilhelm Bürklin, Berlin, Politikwissenschaftler mit volkswirtschaftlicher Qualifikation und Geschäftsführer im Bundesverband Deutscher Banken; der spätere nordrhein-westfälische Staatssekretär Michael Mertes, Bonn, damals stellvertretender Chefredakteur des »Rheinischen Merkur«; der Philosoph Henning Ottmann und der Historiker Horst Möller, beide Professoren an der Ludwig-Maximilians-Universität München, Letzterer auch Direktor des Instituts für Zeitgeschichte. Damit hatte sich nicht nur das Durchschnittsalter deutlich verjüngt, auch die Expertise hatte sich um wirtschaftswissenschaftliche,

---

3   Der Verfasser ist Hans Maier und Manfred Spieker zu großem Dank verpflichtet. Denn ohne ihre Unterlagen über den Kreis seit 1984 hätte der Beitrag nicht geschrieben werden können, da alle Originalunterlagen des Verfassers, der den Kreis von 1984 bis 2001 betreute, in der Konrad-Adenauer-Stiftung nicht aufbewahrt wurden.

philosophische, historische und politische Erkenntnishorizonte fruchtbringend erweitert. Auf der 22. Sitzung, am 26./27. Oktober 2002, in der Akademie für politische Bildung in Tutzing wurden die neuen Mitglieder im Deidesheimer Kreis willkommen geheißen. Den festlichen Rahmen zu diesem 22. Politikwissenschaftler-Treffen des Deidesheimer Kreises bot der Festakt zum sechzigsten Geburtstag des Akademiedirektors Heinrich Oberreuter.

Auf der anderen Seite hatte der Kreis auch vier Todesfälle zu beklagen. Bereits am 19. Januar 1985 starb Herbert Kühr, der die Kommunalwissenschaften, verbunden mit einem starken christlich-sozialen Engagement, im Kreis vertreten hatte. Am 12. April 1994 verstarb Peter Haungs, ein enger Freund und Heidelberger Weggefährte Bernhard Vogels, der den Kreis fast zehn Jahre mit seinen mitreißend fröhlich-kritischen Einlassungen belebt und bereichert hatte. Und es war Bernhard Vogel, der alsbald dafür sorgte, dass ich, seit Jahren mit Peter Haungs wissenschaftlich und freundschaftlich verbunden, seine Professur 1994/1995 vertreten konnte, um die Parteienforschung in Trier weiter zu pflegen. Zu seinem 10. Todestag würdigte ihn sein Freund Werner Link auf unserer 25. Sitzung (30. April bis 2. Mai 2004) in der Villa La Collina, Cadenabbia, im Beisein seiner Witwe Gretlies Haungs mit bewegenden und sehr persönlichen Worten, von denen ich nur wenige zitieren kann: »Peter Haungs hat wie kein anderer die Herausforderung angenommen, die von Leibholz' Parteienstaatslehre ausging. Wenn ich heute mit jüngeren Politikwissenschaftlern spreche und Peter Haungs erwähne, wird meistens spontan sein wegweisender Aufsatz aus der ›Zeitschrift für Parlamentsfragen‹ (1973) erwähnt: ›Die Bundesrepublik – Ein Parteienstaat? Kritische Anmerkungen zu einem wissenschaftlichen Mythos‹. Peter Haungs liebte das ›Entmythologisieren‹. Er hat auf dem Spannungsverhältnis von Art. 21 und Art. 38 GG bestanden und sich gegen dessen Auflösung für die eine oder andere Seite ausgesprochen – theoretisch und empirisch gut begründet. Die bis in unsere Gegenwart hineinreichende Wirkung dieser Überlegungen bezeugt ihre wissenschaftliche Qualität ... Peter Haungs war ein politisch engagierter Mensch, Mitglied der CDU, freilich kein Mandatsträger. Aber bei aller Nähe zur Politik (vermittelt nicht zuletzt durch die enge Freundschaft zu ›seinem‹, zu ›unserem‹ Ministerpräsidenten) war Peter Haungs eben *Politikwissenschaftler*, nicht Politiker. Peter Haungs hat auch ohne direkte ›Praxis-Erfahrung‹ die für die praktische Politik wichtigen Fragen behandelt, so, wie er überhaupt eine ausgesprochen heuristische Begabung war, d.h. er konnte die richtigen Fragen stellen!«

Manfred Hättich, der die Akademie für politische Bildung in Tutzing langjährig als Direktor geprägt hatte und den Kreis immer wieder durch seine geistige Unbestechlichkeit und skeptische Nachdenklichkeit beeindruckte, starb am 21. März 2003. In memoriam Manfred Hättich resümierte auf unserem 26. Politikwissenschaftler-Treffen (30./31. Oktober 2004) im Studienhaus Wiesneck, in Buchenbach bei Freiburg, einfühlsam sein Nachfolger Heinrich Oberreuter im Beisein von Frau Rita Hättich: »Ich nenne als Charakterzüge Hättichs Offenheit,

Toleranz und Pluralität sowie nachdrückliche Skepsis gegenüber visionären Höhenflügen und modischen Verengungen gleichermaßen, schließlich noch den Blick über das Beständige im Wandel. Man möge sich nicht täuschen: Gelebte Liberalität hat nichts mit Durchsetzungsschwäche oder Standpunktlosigkeit zu tun. Manfred Hättich hatte seinen Standpunkt. Er hat ihn auch nicht verborgen; aber ihn missionarisch nach außen zu wenden, wäre ihm nie eingefallen, hätte ihm nie einfallen können angesichts der Maximen, denen er sich verschrieben hatte. ... Damit war er auch in seiner Person ein Garant wissenschaftlicher Redlichkeit. Hinzu kommt das praktische Engagement, wo es gefordert und nötig ist. Ich selbst bin Manfred Hättich frühzeitig in zahlreichen Gremien und Beiräten begegnet, in denen es um Politikwissenschaft und politische Bildung ging ... Das Gemeinwohl war für Hättich nicht nur ein Gegenstand für Fest- und Akademieansprachen. Zu diesem praktischen Engagement gesellte sich schließlich auch der diagnostische Zugriff auf die praktische Politik in Auseinandersetzungen um den Frieden, den Stil des Staates und die politische Kultur. ... Als *Wissenschaftler* war er für jeden gedankenreichen Diskurs über die Bedingungen, Formen und Gefährdungen freiheitlicher Ordnung leidenschaftlich offen. Dem *Pädagogen* kam es stets darauf an, wissenschaftliche Erkenntnisse für Bildungsprozesse fruchtbar zu machen. Schließlich ging es ihm um das Wichtigste für menschliches Zusammenleben: um freiheitliche Ordnung.«

Schließlich starb am 30. April 2005 Ulrich Matz, zuletzt Rektor der Universität Köln, nach langer Krankheit, die ihn schon vorher mehr und mehr der Welt entrückt hatte und bereits in den 90er Jahren sein Ausscheiden aus dem Kreis erzwang. Manfred Spieker, der in Köln sein Assistent gewesen war, überschrieb seine Würdigung auf dem 27. Politikwissenschaftler-Treffen des Deidesheimer Kreises (30. April/1. Mai 2005) in der Katholischen Akademie Berlin: »Begrenzte und unbegrenzte Herrschaft – Zur politischen Theorie von Ulrich Matz« und kennzeichnete damit bereits das Wesentliche seines politikwissenschaftlichen Denkens: »Leitfrage nicht nur der Habilschrift, sondern auch vieler anderer Publikationen von Matz in den 70er Jahren waren die Legitimitätsbedingungen demokratischer Herrschaft. Seit Platon und Aristoteles ist dies die Leitfrage der politischen Wissenschaft. Politik ist der rechtlich geordnete, von Gewalt freie Herrschaftsprozess. Kernaussage der politischen Theorie von Matz ist: Politik ist *Herrschaft*, aber immer *beschränkte* Herrschaft. Die Beschränkung der Entscheidungskompetenz des politischen Systems ist die zentrale Legitimitätsbedingung der westlichen Demokratie. Denn dem Staat ist immer Herrschaft gegeben, Herrschaft um des Gemeinwohls willen. Das Gemeinwohl ist das Telos der Herrschaft. Für Ulrich Matz als Aristoteliker ist politische Wissenschaft ohne Anthropologie nicht möglich. Die Lehre vom menschlichen Handeln ist das erste Kapitel seiner praktischen Staatslehre. In seiner Habilschrift nennt er die Politikwissenschaft einen Zweig der Anthropologie. Eine philosophische Staatslehre könne nur als praktische Philosophie entwickelt werden, die eine realistische Metaphysik voraussetzt und sich der Sinnfrage nicht entzieht. Bei der Einlösung dieser Postulate – Sinnfrage, realistische Metaphysik – ist Ulrich Matz allerdings überaus zurückhaltend. Er ist immer der scharfe Analytiker, der Kritiker, der sich mit Hobbes und Karl Marx, mit Individualismus und Kollektivismus, mit Emanzipationstheorien und neuzeitlicher Autonomie auseinandersetzt.«

Im Jahre 2007, als das 31. Treffen des Deidesheimer Kreises in Schloss Neuhardenberg vom 23. bis 25. März und das 32. Treffen am 10. und 11. November 2007 im Heinrich-Pesch-Haus in Ludwigshafen (früher Mannheim, in dem Bernhard Vogel seine ersten beruflichen Schritte tat) stattfinden, gehören dem Kreis 15 »ordentliche« Mitglieder an: Bernhard Vogel, Hans Maier, Hans Heiner Boelte, Wilhelm Bürklin, Wolfgang Jäger, Werner Link, Michael Mertes, Manfred Mols, Horst Möller, Heiner Oberreuter, Henning Ottmann, Karl Schmitt, Manfred Spieker, Hans-Joachim Veen und Michael Zöller. Die organisatorische Betreuung obliegt Dr. Eisel, dem Leiter der Politischen Bildung in der KAS. Der Kreis ist nach wie vor eine Herrenrunde, allerdings werden zu besonderen Anlässen und an besonders schöne Orte wie Cadenabbia, Wiesneck, Kreisau oder jüngst nach Neuhardenberg auch die Damen dazu gebeten.

Die Tagungsorte

Seinen Namen erhielt der Kreis übrigens erst auf der zweiten Sitzung, die am 24./25. November 1984 in Deidesheim stattfand. Maier und Vogel erinnerten sich damals an einen Vorgängerkreis gleichen Namens, den Helmut Kohl schon als Vorsitzender der rheinland-pfälzischen CDU-Landtagsfraktion Mitte der 60er Jahre eingerichtet hatte und in dem er gelegentlich die Fraktion bei gutem Essen und Pfälzer Wein auf schwierige Entscheidungen einstimmte oder Konflikte schlichtete. Kohl brachte dort aber auch wechselnde Kreise zusammen und lud, wie Hans Meier mir erzählte, Persönlichkeiten wie Günter Gaus, Ludolf Herrmann, Franz Josef Strauß, Ludwig Huber, den Vorgänger von Hans Maier als Bayerischer Kultusminister, und Hans Maier selber ein, um Fragen der Zeit zu diskutieren. Ein wiederkehrendes Thema war dabei, so Maier, die Bildungspolitik, die ja in Südwestdeutschland mit dem baden-württembergischen Kultusminister Wilhelm Hahn und dem Bildungsforscher Georg Picht bedeutende Köpfe besaß. Wir haben unserer Namensgeberin, der Weinstadt Deidesheim 1986, 1989 und 2001 wiederholt unsere Referenz erwiesen.

Am häufigsten getagt wurde in der Akademie für politische Bildung in Tutzing (1985, 1986, 1990, 1993, 2002, 2005). 1993, auf unserer 12. Sitzung am 30./31. Oktober, verabschiedeten wir dort Manfred Hättich als Akademiedirektor. Zu Gast war das NDR3-Fernsehen, das eine Sendung über wissenschaftliche Politikberatung machte und dazu zwei amtierende Ministerpräsidenten, Gerhard Schröder und Bernhard Vogel, im Kreise ihrer wissenschaftlichen Berater erleben wollte. Die Mitschnitte unserer Diskussion über Probleme der sogenannten »Inneren

Einheit« und den Modernisierungsdruck auf die ostdeutsche Wirtschaft und Gesellschaft gaben in der Ausstrahlung am 27. März 1994 unter dem Titel: »Können Politiker klüger werden?« einen kleinen Einblick in den unorthodox-freizügigen Debattierstil des Kreises. Deutlich wurde im Vergleich der beiden Beraterkreise von Schröder und Vogel aber vor allem, dass sich diese nach Charakter und Beschaffenheit deutlich unterschieden. Während es bei Schröder einige wenige Experten waren, die – so jedenfalls die Darstellung – auf konkrete Sachverhalte handlungsorientiert reagierten, präsentierte sich der Deidesheimer Kreis nicht nur zahlenmäßig größer und kompakter, sondern in der Art und Weise der Erörterung von Fragestellungen und Problemen auch breiter und offener in der Themensetzung, komplexer in der Einbettung und kritischer in der Betrachtung. Er war nie nur eine »Frage-und-Antwort«-Veranstaltung, sondern geprägt von unabhängigen, lebhaften und manchmal eigensinnigen Geistern, die nicht gekommen waren, um sich einzupassen und zu funktionieren, von denen solches auch nicht erwartet wurde. Aber zur Kultur und zum Diskussionsstil des Kreises unten mehr.

Relativ häufig haben wir auch im Landhaus Eichholz, in Wesseling bei Bonn, getagt (1988, 2001, 2003, 2006). Drei Mal waren wir in Erfurt zu Gast (1991, 1995 und 2000). Weitere Tagungsorte waren die Katholische Akademie in Stuttgart-Hohenheim (1987), die Franckeschen Stiftungen zu Halle (1994), das Hotel Berghof in Luisental im Thüringer Wald (1997), das Kurhaushotel in Bad Kissingen (1998), das Bildungszentrum der KAS, Schloss Wendgräben (2003), die Katholische Akademie Berlin (2005) und das Studienhaus Wiesneck bei Freiburg (2004).

Die Sitzungsstruktur

Schon beim zweiten Treffen am 24./25. November 1984 in Deidesheim bildete sich ein Sitzungsablauf heraus, der im Wesentlichen erhalten blieb und die Sitzungen bis heute strukturiert. Darauf wird später noch eingegangen. Für die konstituierende Sitzung am 1./2. Juni 1984 galt dies freilich noch nicht. Zwar kannten sich die meisten Teilnehmer mehr oder weniger gut, doch musste zunächst eine gemeinsame Grundlage geschaffen werden, auf der man miteinander diskutieren konnte. Politische oder thematische Vorgaben gab es nicht, vielmehr sollte eine Art Zwischenbilanz in vier Feldern gezogen werden, um eine gemeinsame Arbeitsgrundlage für künftige Diskussionen zu schaffen: zur Lage der politikwissenschaftlichen Vereinigungen und der Fachzeitschriften, zur Lage der politischen Bildung und der Akademien, zur Lage der Stiftungen und wissenschaftlichen Gesellschaften und schließlich zur politischen Lage und Entwicklung der Bundesrepublik knapp zwei Jahre nach dem Ende der sozial-liberalen Koalition und dem Regierungswechsel. Die kritische Bilanzierung der geistig-politischen Lage Deutschlands, der politischen Bildung und unseres Faches mündete, nicht sehr originell, aber dem bürgerlichen Aktionsdrang nach der von Kohl proklamierten »geistig-moralischen

Wende« vollauf entsprechend, in der Idee, eine neue Zeitschrift zu begründen, die politikwissenschaftlich fundiert auch wichtige Impulse für eine normative politische Bildung geben sollte. Gesucht wurde nach einem Organ, das aus der Position der Mitte als integrierende Plattform für wesentliche Gegenwarts- und Zukunftsfragen zur Verfügung stehen sollte. Adressat sollte »der intelligente und interessierte Laie, nicht der Fachkollege« sein. Den gewichtigsten Konzeptentwurf hierzu legte Manfred Hättich vor, der vorschlug, die Zeitschrift »Die Mitte« oder »Stimmen der Mitte« zu nennen. Seine Ausführungen zur Bedarfsfrage einer neuen Zeitschrift spiegeln die sozialkritischen Einschätzungen, die Sorgen, aber auch die Ambitionen der bürgerlichen Mitte zu Beginn der Ära Kohl treffend wider, ihrer Prägnanz und Aktualität wegen sollen sie zitiert werden: »Die erste Frage sollte nicht die nach der Marktlage im ökonomischen Sinne sein. Unsere Ausgangsposition ist eine normative. Wir sind der Auffassung, dass im gegenwärtigen öffentlichen Stimmenwirrwarr die Stimmen der Mitte zu schwach besetzt sind. Also treten wir mit einem Anspruch auf. Wir müssen Persönlichkeiten finden, die bereit sind, sich diesem Anspruch anzuschließen, und die bereit sind, das Erscheinen der Zeitschrift einige Jahre zu sichern ... Einen grundsätzlichen, wenn auch quantitativ kaum bestimmbaren Bedarf kann man abschätzen mit Hilfe von Defizit-Indikatoren hinsichtlich unserer politischen Kultur. Hier trifft man auf amorphe, rasch wechselnde Gemengelagen von Gleichgültigkeit, Einseitigkeiten, Radikalismen, extremen Pendelausschlägen, Emotionalisierungen, Ideologisierungen und moralischem Rigorismus. Verstehbare Ängste, Sorgen und Erwartungen äußern sich häufig in an Hysterie gemahnenden Formen. Die politische Kommunikation verläuft weithin undialogisch und vermittelt in ihrem Vollzug kaum etwas von den Werten und Normen, auf denen eine freiheitliche Grundordnung beruht. Die mentalen Beziehungen der Bürger zum Staat sind vielfach in subjektivistischen und egozentristischen Perspektiven verengt und damit im Grunde entpolitisiert, aber politisch außerordentlich wirksam. Die nachdenklicheren Bürger sind gerade angesichts dieser Lage besorgt, verunsichert und verängstigt. Das Vertrauen in die Problemlösungsfähigkeit des Staates ist schwach. Hinzu kommt, dass die bürgerlichen Orientierungsmöglichkeiten durch die Komplexität und Interdependenz der Probleme abgenommen haben, was stets Gefahren der Abwendung oder der Ideologisierung mit sich führt. Viele Bürger haben das Gefühl, in einer Epoche des Zerfalls zu leben. Ein derartiges kollektives Gefühl lähmt Kräfte, welche für die gemeinschaftliche Meisterung von Gegenwarts- und Zukunftsaufgaben notwendig wären. Dem kann eine Zeitschrift sicherlich nicht breitenwirksam entgegensteuern. Aber es müssen und können Oasen der geistigen Erfrischung und Erneuerungen gebildet werden. Dazu kann eine Zeitschrift Impulse geben ...«

Nach langem Ringen wurde das Zeitschriftenprojekt am Ende aus praktischen Gründen aufgegeben. Gleichwohl gibt Hättichs geistesgeschichtliche Analyse Mitte der 80er Jahre auch einen Eindruck von dem kritischen Impetus und dem bürgerlichen Ethos, die in dem Kreis lebten und leben.

Ab der zweiten Sitzung hatte der Deidesheimer Kreis ein festes Programm, dessen Grundstruktur bis heute beibehalten wird und je nach der Besonderheit des Tagungsortes (z.B. Besichtigungsprogramme in Kreisau oder Neuhardenberg) variiert wird. Angestrebt werden zwei Sitzungen pro Jahr. Sie beginnen in der Regel am Samstagmittag und enden Sonntagmittag. Dass sie unter Ausschluss der Öffentlichkeit stattfinden, versteht sich nach allem bisher Gesagten von selbst. Für den Samstagnachmittag sind in der Regel ein bis zwei Referate zu festgelegten Themen vorgegeben, über die dann ausgiebig diskutiert wird. Der Samstagabend ist nach dem gemeinsamen Abendessen bei Wein und Vogels Zigarren dem lockeren Gespräch in kleinen Runden oder in großer Runde über Gott und die Welt, über Personalia und Lehrstuhlbesetzungen, über politische Skandale und Chancen der Parteien gewidmet, in denen es zu später Stunde auch lautstark zugehen kann und die selten vor Mitternacht enden. Dafür wird am Sonntagmorgen (noch vor dem Frühstück) gemeinsam die nächstgelegene katholische Kirche besucht. Dies ist zwar nicht Pflicht für alle, doch die kleine protestantische Minderheit nimmt daran meistens im Geist der Ökumene, aus Prinzip allerdings nicht immer, teil. Der Sonntagvormittag ist in der Regel ganz der »politischen Lage« gewidmet, die ein fester Bestandteil aller Sitzungen ist und in die stets Bernhard Vogel mit seinem »Bericht zur politischen Lage« einführt und damit wesentliche Akzente der Diskussion vorzugeben versucht. Die Lage kann sich auf Rheinland-Pfalz oder Thüringen, auf die Bundesrepublik oder Europa, auf die CDU oder das Parteiensystem insgesamt, auf Regierung oder Opposition oder auch auf besondere Problemlagen und Reformvorhaben, seien es eigene oder die des politischen Gegners, beziehen. Immer wird damit eine offene, kritische und kontroverse Diskussion unabhängiger Geister eingeleitet, die der Meister nach einiger Zeit nicht mehr steuern kann noch will, die völlig unerwartete Wendungen nehmen und neue Themen aufbringen kann, die mal nachdenklich, mal leidenschaftlich, mal empirisch, mal normativ, mal skeptisch oder auch mal optimistisch diskutiert werden, ab und zu begleitet von den sanften Mahnungen des Vorsitzenden, man möge einander doch ausreden lassen: »Denn jetzt hat endlich Herr Y das Wort.« Bernhard Vogel selbst hört meist konzentriert und geduldig zu, schreibt intensiv mit und lässt seinem Mienenspiel nur gelegentlich freien Lauf. Das Finale ist eingeläutet, wenn er am Schluss zu jeder Einlassung präzise Stellung nimmt, kritisch oder ergänzend oder zustimmend, und abschließend ein Resümee versucht, das die Diskussion berücksichtigt und doch zu klaren Folgerungen kommt. Danach werden der nächste Termin und möglichst auch ein Thema und ein Referent für die nächste Sitzung festgelegt. Das Treffen schließt mit dem gemeinsamen Mittagessen.

Die Themen

Die Themenpalette ist weit gespannt. Stets wurde versucht, die aktuellen, aber auch prinzipiellen Probleme der Zeit zu thematisieren, jeder konnte aus seinem

Arbeitsfeld Vorschläge machen oder wurde gebeten, daraus zu berichten, nie herrschte Mangel an Themen. Die Fülle der Vorträge lässt sich grob unter fünf Themenkomplexe subsumieren: 1. »Politische Probleme der alten Bundesrepublik«, 2. »Probleme des Zusammenwachsens im wiedervereinigten Deutschland«, 3. »Deutsche Außenpolitik, Europa, die USA und das internationale System«, 4. »Kirche und Glauben«, 5. »Grundfragen von Politik und Ethik«.

Unter dem ersten Themenkomplex: »Politische Probleme der Bundesrepublik« lassen sich subsumieren: »Jugend und politische Partizipation« (Veen), »Wertewandel und Konsequenzen für die politischen Parteien« (Haungs), »Probleme der Politikberatung im politischen Entscheidungsprozess« (Vogel), »Analyse der Bundestagswahl 1987« (Oberreuter, Vogel, Veen), »Volksparteien – Überdehnt und abgekoppelt?« (Jäger), »Das Verhältnis der C-Parteien zueinander« (Oberreuter), »Politik und Recht« (Grimm, Maier), »Volksentscheid im Grundgesetz?« (Matz).

Zum zweiten Themenkomplex: »Probleme des Zusammenwachsens im wiedervereinigten Deutschland« gehören: »Der Einigungsprozess in den neuen Ländern« (Vogel), »Wissenschaftsverständnis, Wissenschaftsbetrieb und Wissenschaftspolitik in den ostdeutschen Ländern« (Oberreuter), »Zusammenwachsen oder Auseinanderdriften? Zur inneren Einheit Deutschlands« (Veen), »Erneuerung der Hochschulen in den neuen Ländern« (Oberreuter, Maier), »Die Wiedervereinigung und die Konfessionen« (Maier), »Die Rolle der Kirchen im Transformationsprozess in Ostdeutschland und in Polen« (Spieker), »Die demoskopische Lage vor der Bundestagswahl 1998« (Veen), »Analyse der Bundestagswahl 1998 und Perspektiven« (Veen), »Bilanz des Landtagswahljahres 1999« (Veen), »Religion und Politik – eine KAS-Umfrage« (Eisel), »Fragen der aktuellen Hochschulpolitik« (Jäger), »Zeitgeschichtliche Kontroversen in Deutschland« (Möller), »Analyse der Bundestagswahl 2005« (Oberreuter), »Schwachstellen und Chancen in Wirtschaft und Wirtschaftspolitik« (Bürklin), »Rechtsstaat, Rechtswegestaat – Wohltat oder Plage?« (Maier), »Ökonomie und Ordnungspolitik« (Zöller), »Wirtschaft und Wirtschaftspolitik« (Bürklin), »Reformbilanz aus ökonomischer Sicht ein Jahr nach der Großen Koalition« (Bürklin).

Unter dem dritten Themenkomplex: »Deutsche Außenpolitik, Europa, die USA und das internationale System« können subsumiert werden: »Alternativen deutscher Außenpolitik?« (Link), »Der Irak-Krieg und die internationalen Folgen« (Link), »Demokratisierungsprozesse in Lateinamerika und die europäische Hilfe« (Mols), »Soziale Marktwirtschaft – Ein weltweites Ordnungsmodell?« (Mols, Zöller), »Nation im Zeitalter europäischer Integration« (Boelte, Hättich, Maier), »Die EU nach Nizza« (Link), »Menschenrechte in der internationalen Politik« (Link), »Deutscher und europäischer Föderalismus« (Schmitt), »Parteienentwicklungen in Ostmitteleuropa« (Veen), »Die Privatisierung des Krieges: Staatenzerfall und neue Weltordnung« (Mertes), »Finanzmärkte im Zeitalter der Globalisierung« (Bürklin), »Die Erweiterung der EU« (Oberreuter).

Zum vierten Themenkomplex »Kirche und Glauben« gehören folgende Vorträge: »Kirche und Politik« (Maier), »Die Theologie der Befreiung« (Spieker), »Nach der Flut: Gedanken zur Lage der christlichen Konfession in Ost und West« (Maier), »Religion in der modernen Gesellschaft – Der Katholizismus in den USA« (Zöller), »Wird die planetarische Zivilisation religionslos sein?« (Mols), »Zur Lage der Kirchen in Deutschland« (Maier), »Auf dem Weg zum Ökumenischen Kirchentag (2001)« (Boelte), »Der Ökumenische Kirchentag 2003« (Boelte), »Anmerkungen zur Papstwahl« (Maier), »Wie Gott in die Medien kommt« (Boelte).

Unter »Grundfragen von Politik und Ethik« lassen sich schließlich ganz grob subsumieren: »Die Erhaltung werdenden Lebens« (Vogel), »Bürger und Res publica« (Maier), »Der Friedensbegriff und das Problem der Gewalt« (Zöller), »Kommunitarismus« (Veen, Zöller), »Politische Theologie und Christentum« (Ottmann), »Athen und Washington – Anmerkungen zur Gettysburg-Rede von Abraham Lincoln« (Mertes), »Journalisten und Politiker als Partner und Gegner« (Mertes), »Der Zweite Weltkrieg in historischer Perspektive« (Möller), »Der Kreisauer Kreis« (Maier).

Der Versuch einer groben Subsumierung der Themen macht deutlich, dass die Schwerpunkte auf Problemen des eigenen Gemeinwesens, auf der Bundesrepublik vor und nach der Wiedervereinigung liegen und dass darüber hinaus auch Fragen von Religion und Kirche in Deutschland, in Europa und weltweit uns immer wieder beschäftigt haben. Fragen der deutschen Außenpolitik, der EU und der internationalen Politik standen zwar nicht ganz so häufig auf der Tagesordnung, aber die Diskussionen darüber gehörten zu den kontroversesten und leidenschaftlichsten, die im Kreis geführt wurden. Die wohl prinzipiellsten und schärfsten Auseinandersetzungen, die meines Erachtens z.T. an die Fundamente des Kreises gingen, führten wir zum einen über Fragen der amerikanischen Außenpolitik unter Georg W. Bush und zu den deutsch-amerikanischen Beziehungen, zum anderen über Probleme werdenden Lebens, über Abtreibung, die Initiative »Donum Vitae« katholischer Laien und hier insbesondere über die rigide Position des Vatikans.

Die Kultur des Kreises

Die Beratungsfunktion des Kreises erstreckte sich im Laufe der Zeit auf mehrere Ämter Bernhard Vogels. Zunächst auf die des rheinland-pfälzischen Ministerpräsidenten (bis 1988), sodann auf die des Thüringer Ministerpräsidenten (1992 bis 2003), aber auch auf die des langjährigen Mitglieds des Bundesvorstandes der CDU und immer wieder auch auf sein Amt als Vorsitzender der Konrad-Adenauer-Stiftung, das Vogel erstmals 1989 bis 1995 und dann wieder seit 2001 bis auf Weiteres innehatte bzw. -hat. Die wissenschaftliche Politikberatung hat den Kreis zwar ursprünglich legitimiert, doch ist sie inzwischen nicht mehr die vorrangige der Funktionen, die den Kreis tragen. Über die Jahre ist ein Funktionswandel des Kreises unübersehbar. Mit der Veränderung der Tätigkeitsfelder seiner Protagonisten, die inzwischen weitgehend aus der aktiven Politik ausgeschieden sind, hat sich auch der Charakter des Kreises verändert. Mehr und mehr gewann er eine eigene Schwerkraft als ein Kreis befreundeter Kollegen, die über Jahre und Jahrzehnte ein- bis zweimal im Jahr zusammenkommen, um sich auszutauschen, intellektuelle Anregung zu erfahren und von der Expertise der anderen und den gemeinsamen Diskussionen zu profitieren. Der Deidesheimer Kreis wurde mehr und mehr zu einem Treffen von Politikwissenschaftlern, die ihre eigenen Einschätzungen, Analysen und Prognosen kritisch auf den Prüfstand der Kollegen stellten und Nutzen aus dem kritischen Resonanzboden zogen, den der Kreis immer wieder abgibt. Als »halbjährliche Mittwochsgesellschaft« hat Heiner Oberreuter ihn kürzlich bezeichnet, ein stolzer Vergleich, den man in aller Bescheidenheit sicherlich nur mit starken Einschränkungen und natürlich allenfalls bis 1933 gelten lassen kann.[4] Auf jeden Fall entstand ein intellektueller Diskurs zwischen Wissenschaft und Politik, der inzwischen nicht mehr unmittelbar auf politische Entscheidungen und konkreten Rat zielt, dafür aber Zeitdiagnosen entwickelt und Therapieansätze aufzeigt. Und mir scheint, dass Bernhard Vogel schon in seinen verschiedenen politischen Ämtern gerade diesen *nicht* determinierten Horizont des Kreises, den offenen kritischen akademischen Diskurs schätzte und aus ihm manch präzisere Erkenntnis und konkrete Anregung gewonnen hat. Auf jeden Fall besaß er immer die unter Politikern seltene Fähigkeit, gründlich zuzuhören und in seiner klaren Sprache intellektuelle Höhenflüge auf praktische Schlüsse herunterzuführen. Aber auch alle anderen Mitglieder des Kreises zogen Gewinn aus jedem Treffen und sind sich nach jeder Sitzung einig, dass man wieder einmal viel dazugelernt habe und dass die gerade zu Ende gehende Sitzung die wohl »bislang beste« gewesen sei. Dass es so weit kommen konnte und der Kreis seit dreiundzwanzig Jahren existiert, basiert auf einer Reihe von Voraussetzungen, die bei allen Konflikten, auch zum Teil scharfen Polemiken, die es gab, das Gemeinsame und das Verbindende höher gelten ließen als das individuell durchaus Verschiedene. Was also hielt den Kreis so lange zusammen? Zunächst sicher die Nähe zur CDU, auch wenn nicht alle Parteimitglieder sind. Hinzu kommt eine politisch-weltanschauliche Nähe liberal-konservativer und christlich-sozialer Provenienz. Alle sind christlich, zumeist katholisch fundiert. Manche kennen sich langjährig aus der katholischen Laienbewegung. Schließlich gibt es eine Reihe alter persönlicher Freundschaften, die schon vor dem Kreis bestanden, in ihm aber keine dominante Rolle spielen, insbesondere die Freundschaften Vogel – Haungs,

---

[4] Vgl. Paul Fechter, der der Mittwochsgesellschaft angehört hatte, *Menschen und Zeiten. Begegnungen aus fünf Jahrzehnten*, Gütersloh 1948. Vgl. auch Klaus Scholder (Hg.), *Die Mittwochsgesellschaft. Protokolle aus dem geistigen Deutschland 1932–1944*, Berlin 1982; Gerhard Besier (Hg.), *Die Mittwochs-Gesellschaft im Kaiserreich. Protokolle aus dem geistigen Deutschland 1863–1919*, Berlin 1990.

Vogel – Boelte und Vogel – Maier. Hans Heiner Boelte ist die personifizierte Brücke, alter Freund Vogels und zugleich ehemaliger Maier-Schüler. Letztlich entscheidend für den Zusammenhalt des Kreises über die Jahrzehnte sind aber die wissenschaftlich-normativen Gemeinsamkeiten, ist die Herkunft aus verwandten Schulen einer Politikwissenschaft, die sich nach dem Zeitalter der totalitären Diktaturen als praktische Wissenschaft zum Nutzen der guten Ordnung des Gemeinwesens versteht und ihre Selbstverpflichtung als Demokratiewissenschaft mit normativem und politisch-pädagogischem Anspruch ernst nimmt. Dieses gemeinsame Grundverständnis einer Politikwissenschaft, die Verantwortung für die gute, gerechte Ordnung hat und demgemäß sogar verpflichtet ist, der Politik nicht nur empirische Analyse, sondern auch normative Maßstäbe und kategoriales Wissen, mithin guten Rat zu vermitteln, lässt uns immer wieder zusammenkommen, um den Zustand des Gemeinwesens in diagnostischer und therapeutischer Absicht zu erörtern. »Wir alle wünschen Bürger zu sein«, um den Titel einer Aufsatzsammlung Sternbergers aufzugreifen,[5] die auch mich als jungen Studenten für die Politikwissenschaft begeistert hat. Vogel und Maier haben die Politikwissenschaft, wie sie sie in den Aufbaujahren der Demokratie in Deutschland, in Heidelberg und Freiburg, selber erfahren haben, mit dem Kreis in ihre vornehmste Pflicht genommen, und der Kreis hat diese Verpflichtung bereitwillig akzeptiert.

Das hohe Maß an fundamentalen Gemeinsamkeiten bedeutet allerdings keineswegs, dass man etwa ständig übereinstimmt. Das Gegenteil ist oft der Fall, wie könnte es bei profilierten Persönlichkeiten und gestandenen Professoren auch anders sein. Kontroverse Diskussionen sind an der Tagesordnung. Unterschiedliche Standpunkte werden engagiert, ausgiebig, manchmal hartnäckig und immer mit großer Offenheit debattiert, auf »political correctness« muss dabei keine Rücksicht genommen werden. Pointierten Einzelmeinungen wird mit großer Toleranz begegnet, man weiß in der Regel, von wem sie kommen. Diskutiert wird ungezwungen, oft im Stile eines lauten Nachdenkens, bei dem jeder »ins Unreine reden« und darauf vertrauen kann, nicht falsch verstanden zu werden. Das hohe Maß an wechselseitiger Vertrautheit sichert die Vertraulichkeit des Kreises, der auch davon lebt, dass die absolute Vertraulichkeit gewahrt bleibt. Bis heute sind aus ihm nie Indiskretionen gedrungen und sind auch nicht zu erwarten. Öffentliche Erklärungen gibt es nicht. Die anfängliche Praxis, Sitzungsprotokolle zu verfassen, haben wir alsbald fallen gelassen, es spricht sich freier ohne.

Als ich Hans Maier kürzlich mit der Frage konfrontierte, wie er denn den Kreis charakterisieren würde, die Bezeichnung »Freundeskreis« schiene mir doch zu stark, erwiderte er in seiner fein differenzierenden Diktion: »Aber er ist nahe an einem Freundeskreis.« Und so möge er noch lange bleiben. Dies wünscht der ganze Kreis sich und seinem Gründer zu dessen 75. Geburtstag.

---

[5] Dolf Sternberger, „*Ich wünschte ein Bürger zu sein*". *Neun Versuche über den Staat*, Frankfurt/M. 1967.

INTERNATIONALE VERSTÄNDIGUNG

ANDREAS KHOL

Bernhard Vogel im Dienste christlich-demokratischer Europavisionen

Von 1981 bis 1992 leitete der damalige Ministerpräsident von Rheinland-Pfalz, Dr. Bernhard Vogel, den Europaausschuss der Europäischen Demokratischen Union (künftig EDU). Als diese relativ schnell wuchs und auch weltweit zu agieren begann, wurde Bernhard Vogel zum 1. Vizepräsidenten gewählt und übte dieses Amt bis zur Zusammenführung von EDU und Europäischer Volkspartei (künftig EVP) im Jahre 2002 aus. Er legte den jährlich stattfindenden Parteiführerkonferenzen dieser Parteien-Internationale von Christdemokraten, Konservativen und anderen Gleichgesinnten (so die Eigendefinition) seine im Konsens aller Mitgliedsparteien erarbeiteten politischen Berichte vor. Er nahm an sämtlichen Parteiführerkonferenzen teil, arbeitete in den Präsidiumssitzungen mit und leitete für die EDU mehrere Fact Finding Missions vor allem in die neuen Demokratien Mittel- und Osteuropas. In diesen 21 Jahren intensiver Arbeit ging es in Europa um eine Reihe von grundlegenden Weichenstellungen, die ursprünglich auch zur Gründung der Europäischen Demokratischen Union (EDU) im April 1978 in Klesheim bei Salzburg geführt hatten.[1] Folgende Probleme waren zu lösen:
– Die Form des Vereinten Europa – Bundesstaat oder anderes?
– Die Grenzen des Vereinten Europa – Kerneuropa oder mehr?
– Die Unterstützung des Reformprozesses in Mittel- und Osteuropa und der dort entstehenden Schwesterparteien.
– Die höchst umstrittene Zusammenarbeit mit allen Volksparteien der rechten Mitte, über die Christlichen Demokraten hinaus:
  – im Europäischen Parlament,
  – im Grundwertebereich,
  – in wichtigen Bereichen der Innenpolitik,
  – im nichteuropäischen Bereich (Übersee).

---

[1] Die Zusammenarbeit der politischen Parteien im Zusammenhang mit der Europäischen Einigung und darüber hinaus ist umfangreich in der Frühjahrsnummer 2006 der Zeitschrift »European View« dokumentiert, die vom Forum for European Studies der Europäischen Volkspartei (EVP) in Brüssel herausgegeben wird. Die Arbeit der EDU ist in dem Buch von Lars Tobisson/Andreas Khol/Alexis Wintoniak, *Twenty Years European Democrat Union 1978–1998*, Wien 1998, dargestellt. Für die größeren Zusammenhänge ist das Werk von Michael Gehler/Wolfram Kaiser/Helmut Wohnout (Hg.), *Christdemokratie im 20. Jahrhundert*, Wien 2001, hilfreich. Die umfangreiche Arbeit von Bernhard Vogel als Vorsitzender des Europa-Ausschusses, als Vizepräsident der EDU, als Leiter von Missionen nach Russland, Polen, Tschechoslowakei, Ungarn u.a.m. und als Chefverhandler mit der KPdSU, vertreten durch Valentin Falin, ist in den Jahrbüchern der EDU von 1984 bis 1994 dokumentiert.

– Die Schaffung eines gesamteuropäischen Gegengewichts zu Sozialistischer Internationale und Weltkommunismus.

Die Europa-Visionen der beiden deutschen CD-Parteien CDU und CSU

Die beiden großen deutschen christlich-demokratischen Volksparteien CDU und CSU waren von ihrer Gründung her auf die Einheit Europas ausgerichtet, in der auch die deutsche Teilung zuerst überwunden und dann aufgelöst werden sollte. Das europapolitische Engagement war daher überragend und in beiden Parteien stets Chefsache. Auch die besonders wichtigen Stiftungen, die Konrad-Adenauer-Stiftung und die Hanns-Seidel-Stiftung, wurden in den Dienst der Einheit Europas gestellt und waren dafür hilfreiches, wichtiges Instrument.

In all den oben genannten Fragen gab es innerhalb der Christdemokratie in Europa keine einheitlichen Vorstellungen. Sahen die einen in den Sozialdemokraten einen natürlichen Bundesgenossen und Koalitionspartner (Benelux, Italien, Schweiz, Österreich), so sahen andere darin den politischen Gegner (»Freiheit oder Sozialismus«). Daraus folgte auch ein Schulenstreit im internationalen Bereich: Sammlung der Mitte- und Mitterechts-Parteien, über die Christdemokratie hinaus hinein in die Volksparteien der rechten Mitte in Skandinavien, im angelsächsischen Raum, in Süd- und Südosteuropa, oder Konzentration auf Parteien, welche die reine Lehre der Christdemokratie verfolgten. Dies war nicht nur in Europa, sondern weltweit von Bedeutung. Ebensolche Unterschiede gab es in der Einstellung zur Zusammenarbeit im Europäischen Parlament (künftig EP), im Europarat und in der Interparlamentarischen Union. Eine weitere Front zeigte sich zwischen Europäischen Föderalisten, vor allem innerhalb der Christdemokratie versammelt, und den Pragmatikern einer breiten europäischen Zusammenarbeit sui generis.

Die deutschen Christdemokraten begannen als Europäische Föderalisten und auch als Führungsmacht der Internationalen und Europäischen Christlichen Demokraten. Gemeinsam mit den Democristiani in Italien, den christlich-demokratischen (künftig CD) Parteien in Belgien, den Niederlanden, Luxemburg und Frankreich gründeten CDU und CSU die Union der Europäischen Christdemokraten (UECD), dann die Internationale der Christdemokraten (ICD). Im Zuge der politischen Entwicklungen wurde den Verantwortlichen, insbesondere Helmut Kohl und Franz Josef Strauß, sehr bald klar, dass das Konzept des europäischen Föderalismus zu eng und vor allem im Europäischen Parlament nicht mehrheitsfähig war, ebensowenig eine Parteienzusammenarbeit nur mit den CD-Parteien. Als Gegengewicht zur schnell zusammenwachsenden europäischen Sozialdemokratie und der Sozialistischen Internationale mußte eine umfassendere Union gegründet werden. Im EP war eine Mehrheit nur zusammen mit den britischen Konservativen und den französischen Gaullisten denkbar. Eine Überlegung, die nach den Erweiterungen der EU, vor allem nach Einbau der Skandinavier und der vormals kommunistischen Länder in Ost- und Mitteleuropa, noch viel bedeutsamer werden sollte.

Der Sozialdemokratischen Partei Europas im EP wurde also die Europäische Volkspartei und nicht die Europäische Christdemokratische Partei gegenübergestellt. In der Namenswahl, die Offenheit signalisiert, konnten sich CDU und CSU durchsetzen. In der tatsächlichen Mitgliedergestaltung bissen sie aber auf Granit. Weder gelang es, die Gaullisten und die Tories irgendwie an die EVP zu binden oder gar zu Mitgliedern zu machen, noch war es möglich, die christlich-demokratischen oder konservativen Volksparteien jener Staaten als Beobachter bei der EVP zuzulassen, die nicht Mitglied der damaligen Europäischen Gemeinschaften waren: Österreich, Schweiz, Finnland, Norwegen, Schweden. So ließen die CD-Fundis eine Reihe von wichtigen Parteien nicht in ihre Sandkiste, die EVP; sie durften nicht mitspielen. Das nahmen weder diese Parteien noch die deutschen Christdemokraten hin. Wie Lars Tobisson in seinem Beitrag (vgl. Anm. 1) deutlich macht, war diese splendid isolation, betrieben vor allem von den Italienern und den Benelux-CD-Parteien, der entscheidende Anstoß zur Gründung einer Parallelaktion, der Europäischen Demokratischen Union. Dort sollten alle christlich-demokratischen, konservativen und sonstigen gleichgesinnten Parteien der Mitte und der rechten Mitte aus dem Europarats-Europa, also dem freien Europa, zusammenarbeiten – über die Ideologischen Barrieren und die Grenzen der Europäischen Gemeinschaften hinaus. Da die Österreicher mit Parallelaktionen Erfahrung haben, wie es Robert Musil in seinem »Der Mann ohne Eigenschaften« so eindrucksvoll aufzeigt, wurde die Österreichische Volkspartei gebeten, diese Gründung vorzunehmen.

Die ÖVP tat dies unter den Bedingungen einer eigenen Grundsatzerklärung auf dem Boden der sozialen Marktwirtschaft, der Grundwerte von Solidarität, Personalität und Subsidiarität, sowie eines ausgesprochen missionarischen Antikommunismus. Die EDU sollte auch nach österreichischer Vorstellung ein Gegengewicht zur sozialistischen Internationale bilden, damals unter dem Dreigestirn Brandt, Palme und Kreisky europaweit eindrucksvoll als quasi Überregierung bekannt.

Die EDU (1978–2002) sollte auch keine europäische Partei mit supranationaler Steuerung von Brüssel aus – eine der Schwächen der EVP – sein, also kein Anhängsel der Fraktion im EP, sondern durch die Mitgliedsparteien geführt werden. Der Sitz war in Österreich, den Vorsitzenden stellte die ÖVP, der größte Beitragszahler, die Tories, den Schatzmeister. Die Arbeit sollten Ausschüsse leisten, beschickt von den jeweiligen sachlich zuständigen Parlamentsabgeordneten der Mitgliedsparteien. Die Ausschüsse sollten unter dem Vorsitz wichtiger Mitgliedsparteien stehen und immer in anderen Hauptstädten Europas tagen. Das Sekretariat, bewußt nicht Generalsekretariat sondern Exekutivsekretariat, sollte klein bleiben, ausschließlich helfend und organisatorisch auftreten.

Revolutionär war auch der Ansatz, daß in der EDU Englisch die Verhandlungssprache war und in der Regel nicht gedolmetscht wurde, es sei denn, eine Partei organisierte so etwas für ein nichtenglischsprachiges Mitglied.[2] So wurde denn auch die EDU in Klesheim bei Salzburg gegründet und war bis zu ihrer Vereinigung mit der EVP 2002 erfolgreich unterwegs. Ihre Ziele hat sie erreicht: das große Europa einer Europäischen Union, die Dominanz der roten Internationale wurde durch die schwarze Internationale – so wurde die EDU bald benannt – gebrochen. Die Parteien der Mitte und der rechten Mitte beendeten auch die sozialdemokratische Ära Europas, an die Stelle der oben genannten Sozialdemokraten traten Helmut Kohl, Margaret Thatcher und Jacques Chirac. Die Union öffnete sich für die Neutralen, die EVP für alle demokratischen Parteien des EDU-Spektrums. Auch die Arbeitstechnik der EDU und die erfolgreich tätigen Arbeitsausschüsse wurden übernommen, in denen innerstaatlich wirkende Parlamentarier zusammenarbeiten, sich kennenlernen, netzwerken und gemeinsame Lösungen für innenpolitische Grundsatzfragen entwickeln. In der EDU war man sich nämlich immer des Faktums bewusst gewesen, dass den einzelnen Parteien die Hemden näher sind als die Röcke und dass Mao Tse-tung recht hat, dass die fernen europäischen Wasser nicht löschen ... nulla propheta in patria, die politische Musik spielt in den staatlichen Parlamenten.[3]

Der Europaausschuss geführt von Ernst Albrecht und Bernhard Vogel

Die deutschen Christdemokraten hatten mit der Gründung der EDU ein für sie wichtiges Ziel erreicht. Die Gründung in Klesheim sah Maurice Couve de Murville, Helmut Kohl und Margaret Thatcher vereint am Verhandlungstisch. Margaret Thatcher, noch Oppositionschefin, war nach Salzburg vorwiegend aus innerstaatlich für sie wichtigen Gründen, nicht aus europäischer Begeisterung, gekommen: Sie brauchte für ihren Wahlkampf und für die Wahlen zum EP respektable europäische Bundesgenossen, mit denen man sich »Unter den Linden«

---

[2] Dies führte manchmal zu eindrucksvollen Szenen. In der Parteiführerkonferenz 1993 in Budapest folgte Bundeskanzler Helmut Kohl mit Kopfhörern dem zu seinem deutlichen Unwillen englisch sprechenden EDU-Vorsitzenden Alois Mock, danach berichtete der Exekutivsekretär Andreas Khol, gleichfalls im ungeliebten Englisch, dann begrüßte Joszef Antall – auf Deutsch. «Na, wenigstens der Ungar kann Deutsch«, merkte Helmut Kohl, immer noch die Kopfhörer auf, laut und deutlich an, so dass es der ganze Saal hören konnte.

[3] Botschafter Alexis Wintoniak, heute Leiter des Internationalen Dienstes des Österreichischen National- und Bundesrats, war von 1994 bis 2002 Exekutivsekretär der EDU; er bereitete die Verschmelzung mit der EVP vor, nachdem die EU-Erweiterung und die Öffnung der EVP die ursprünglichen Zielsetzungen der EDU obsolet gemacht hatten. Die Summe seiner Erfahrungen und Schlüsse sind in seinem Beitrag *Uniting the Centre-right of Europe. The result of historical developments and political leadership*, in: »European View«, Frühjahrsnummer, Brüssel 2006, S. 173–178, erschienen.

auch sehen lassen konnte. Die allein in der EVP verbliebenen CD-Parteien schossen aus allen Rohren dagegen und machten es CDU und CSU im europäischen Kontext nicht leicht. Beide Parteien gingen auf einem schmalen Grat.

In Brüssel in der EVP wegen der EDU angegriffen, verfolgten Helmut Kohl und seine Freunde in der CDU beharrlich auch die EDU-Arbeit. In Brüssel waren die europäischen Mandatare am Werk, in die EDU entsandten beide Parteien wichtige innerstaatlich wirkende Politiker. So übernahm die CDU den Vorsitz des Ausschusses Nr.1 der EDU, Europäische Strukturen, Europäische Politik, der wichtigste der Ausschüsse. Den Vorsitz hatte zuerst der Ministerpräsident von Niedersachsen, Ernst Albrecht. Nach dessen Ausscheiden 1991 übernahm Bernhard Vogel, damals Ministerpräsident von Rheinland-Pfalz. Damit unterstrich die CDU die Bedeutung, welche sie der EDU zumaß, denn Vogel war bekannt als Intimus und wirkungsvoller Arm des Bundeskanzlers.

In über dreißig ganztägigen Sitzungen, zuerst in Mainz, dann in Bonn und Sankt Augustin, später in den Hauptstädten der frei gewordenen Reformdemokratien, in den schon erwähnten Fact-Finding-Missions nach Russland, Litauen, Polen, Ungarn, Tschechoslowakei, Bulgarien und zuallererst nach Malta und in die Türkei: Bernhard Vogel hatte das Steuer seines Ausschusses immer fest in der Hand. Die bizarrsten, aber dennoch hoch aufschlußreichen Treffen waren wohl jene mit Valentin Falin und einer Delegation des ZK der KPdSU in Wien im Mai 1989 und dann zwei Jahre später, im Mai 1991 in Moskau, am Sitz des Zentralkomitees. 1989 in Wien zitierte Falin noch Schiller, in Moskau die Bibel und Jesus Christus, was Bernhard Vogel zur Bemerkung veranlasste, dass der Kommunismus nun wohl doch ans Ende gelangt sei.

Nach 1992 übergab Vogel den Ausschuss an einen Tory-Abgeordneten, Sir Geoffrey Pattie, blieb aber als Präsidiumsmitglied an Bord. In einer Präsidiumssitzung 1998 in Erfurt, damals schon thüringischer Ministerpräsident, nahm er kurz die Zügel in die Hand und bewerkstelligte den Führungswechsel in der EDU: Alois Mock, Vorsitzender der EDU von 1979 an, zuerst Oppositionsführer in Österreich, dann Vizekanzler und Außenminister und schließlich Außenminister bis 1995, hatte die EDU mit großem Einsatz und enormer Sachkunde geführt. Nur schwer trennte er sich nach dem Ausscheiden aus der österreichischen Regierung von dieser von ihm so hoch geschätzten Funktion, die er immer als Mission, als Sendung betrachtete. In einem Abendessen mit Bernhard Vogel wurden die Weichen auf den neuen Vorsitzenden, den finnischen Vizeregierungschef Sauli Niinistö, gestellt.

Die europäische Einigung: Die Föderalismus- und Kerneuropa-Debatte. Eine Debatte zwischen Christdemokraten und Konservativen

In den Arbeiten der EDU spielten mehrere schwierige Themenkomplexe zusammen. Auf der einen Seite ging es um Fragen der ideologischen Ausrichtung der Zusammenarbeit der in dieser Parteieninternationale vertretenen Parteien, insbesondere um die Kooperation von Christdemokraten mit anderen Volksparteien des Zentrums und der rechten Mitte. In der Europäischen Volkspartei, die nur wenige Monate vor der EDU gegründet worden war, arbeiteten nur waschechte Christdemokraten zusammen, und damit naturgemäß nur die Parteien von Belgien, Niederlande, Luxemburg, Deutschland und Italien. In Frankreich war die frühere starke CD-Partei von den unter immer wieder wechselnden Namen auftretenden Gaullisten integriert worden, in Großbritannien und Skandinavien gab es in den 80er Jahren noch keine nennenswerte CD-Partei. Andererseits gab es starke CD-Parteien in Österreich und der Schweiz, außerhalb der damaligen Europäischen Gemeinschaft. Die Christdemokraten waren Anhänger eines Europäischen Bundesstaates, waren Föderalisten; die Konservativen und andere Mitte-Rechts-Parteien in der EG und außerhalb, in der EFTA, lehnten dies als viel zu zentralistisch und integrierend ab. Die EDU war nunmehr vor allem von der CDU als mehrfache Brücke gedacht: Hier sind vor allem der weit vorausblickende Helmut Kohl zu nennen und sein alter Ego in der EDU, Bernhard Vogel. Sie planten die EDU als Ergänzung zur Europäischen Volkspartei. In dieser arbeiteten die orthodoxen CD-Parteien innerhalb der EG zusammen. Zu jener sollten noch die konservativen Parteien innerhalb der EG, also die britischen Tories und die französischen Gaullisten, dazukommen und alle Parteien der Mitte und der rechten Mitte der EFTA-Länder. Es waren dies vor allem Skandinavien, Österreich und die Schweiz, die als neutrale Länder in der damaligen Ausformung des Ost-West-Konfliktes der EG nicht beitreten konnten: Die EG wollte sie nicht, durfte sie nicht wollen, und diese Länder selbst durften auch nicht wollen. Dazu kamen noch die Parteien aus Malta und dann der Türkei, später zahlreiche neue Parteien aus dem Bereich der Reformdemokratien Mittel- und Osteuropas.

Vor allem die CD-Parteien der Beneluxstaaten, aber auch die Italiener lehnten diese deutsch-skandinavisch-britisch-österreichische Vision einer umfassenden Parteienzusammenarbeit ab und bekämpften sie am Anfang recht offen. Die Gegner der EDU fürchteten zu Recht um ihren Traum eines europäischen Bundesstaates und zu Unrecht um eine Verwässerung des sozialreformatorischen Ansatzes der Christdemokratie.

In den Arbeiten des Europaausschusses ging es nun darum, alle diese verschiedenen Vorstellungen über Europa, über die Zusammenarbeit der EG mit den EFTA-Ländern, über die Aufnahme neuer Mitglieder und die Einstellung zu anderen politischen Parteien auf einen gemeinsamen Nenner des Kompromisses zu bringen und über die politischen Parteien in die jeweiligen Länder hinein zu wirken. Die Berichtsentwürfe des Ausschusses wurden von Bernhard Vogel und seiner CDU vorbereitet und in manchmal oft recht zähen Sitzungen schließlich so zugefeilt, dass am Ende alle einverstanden waren. Die schwierigsten Verhandler waren bis zur europäischen Wende 1991 die Finnen. Ihre in Fußnoten zum Ausdruck kommenden Vorbehalte kannte jeder schon auswendig, mit zunehmender Perestroika wurden sie immer unernster vorgetragen. 1984 sprach sich Vogel im Ausschuss für die Aufnahme von Spanien und Portugal aus. Ebenso half er dann auch im Jahre 1984 dem Christdemokraten Fenech Adami in Malta gegen das totalitäre Züge annehmende sozialistische Regime von Dom Mintoff: Eine Sitzung des Ausschusses fand gegen den Willen der damaligen sozialistischen Regierung in Malta statt, die Regierung zitierte den Sekretär der Sitzung ins Regierungsgebäude, verlangte ultimativ den Verzicht auf jede Einmischung in die inneren Angelegenheiten Maltas und drohte eine Geldstrafe von 1.000 Pfund an. 1988 empfing dann der neue Ministerpräsident Fenech Adami den Vogel-Ausschuss im Regierungspalast von La Valetta. Gleichermaßen begleitete der Ausschuss die Hinwendung der Türkei zur Demokratie unter Turgut Özal und bereitete die Aufnahme seiner Mutterlandpartei in die EDU vor.

Nach der großen Wende in Europa unterstützte der Ausschuss die Aufnahme der skandinavischen Länder, Österreichs und der Schweiz in die Union; diese Unterstützung war außerordentlich hilfreich, denn so wurde eine Brücke auf Parteienebene gebaut, die in den Fährnissen der Verhandlungen mit der EU immer wieder aus der Sackgasse führte und auch die Bedenken mancher Fundamentalisten überwinden half. Parallel dazu liefen die Aufbauarbeiten in den neuen Demokratien, und auch deren europäische Bestimmung war in der EDU unbestritten. Damit löste sich aber auch die Verkrampfung der EVP, die langsam ein lockereres Verhältnis zur EDU entwickelte, das schließlich nach 1999 damit endete, daß die EDU schrittweise in die EVP verschränkt wurde; 2002 wurden EDU und EVP verschmolzen. Die Träume vom Europäischen Bundesstaat hatten sich verflüchtigt und die Notwendigkeit, im Europäischen Parlament Mehrheiten zu bilden, war allen einsichtig, allzumal die Democrazia Italiana im Korruptionsskandal dahinwelkte und durch die EDU-Mitgliedspartei Forza Italia ersetzt wurde.

Die Unterstützung von Demokratie und sozialer Marktwirtschaft weltweit und in den neuen Demokratien Mittel- und Osteuropas

Die Parteiführer der EDU betrauten den Vogel-Ausschuss auch mit der Unterstützung demokratischer Prozesse weltweit und in Europa, vor allem, wenn es um christlich-demokratische oder andere gleichgesinnte Parteien ging. So wurde die damalige Oppositionspartei in Malta, eine CD-Partei, massiv unterstützt; Vogel reiste zweimal nach Malta, und bei jeder der vielen Sitzungen seines Ausschusses nahm stets ein maltesischer Parteifreund teil und berichtete. Als die ideologische Auseinandersetzung zwischen Freiheit und Sozialismus aus Europa nach Mittelamerika verpflanzt wurde, wurde die Solidarität mit gleichgesinnten Parteien in Nicaragua, Costa Rica, Guatemala, El Salvador und Honduras auch zu einer europäischen Sache. Vogel entsandte aus seinem Ausschuss mehrere Delegationen nach Mittelamerika, und die Berichte wurden im Rahmen der Ausschusssitzungen beraten, die Hilfeleistungen koordiniert. Hilfreich war hier die Zusammenarbeit mit der Internationalen Demokratischen Union (IDU), die inzwischen gegründet worden war und eine gute Kooperation mit amerikanischen und asiatischen Parteien ebenso wie mit Parteien aus dem pazifischen Raum, ermöglichte.

Eine völlig neue und faszinierende Aufgabe erhielt Bernhard Vogel mit seinem Ausschuss, als der real existierende Sozialismus in den Ländern des Warschauer Pakts zu bröckeln begann, sich dort die Freiheit regte, durchsetzte und aus der Asche des Kommunismus parlamentarische Demokratien entstanden. Keine Demokratie ohne politische Parteien, dessen waren sich die bewährten Parteifamilien in Europa und die Stiftungen in den USA bewußt. So wurde der Vogel-Ausschuss damit betraut, in den Ländern Polen, dem Baltikum, in Rußland, Rumänien, Bulgarien und der Tschechoslowakei sowie in Jugoslawien die sich entwickelnde Parteienlandschaft zu erkunden und Schwesterparteien ausfindig zu machen, mit ihnen Kontakte herzustellen und ihre Vertreter in die Parteiführertreffen einzuladen. Damit begannen in den Jahren 1989 bis 1992 drei faszinierende Jahre. Der Ausschuss, so entschied Vogel, tagte nur mehr in Ausnahmefällen in Bonn oder Sankt Augustin, stattdessen in Budapest, Warschau, Prag, Sofia, Bukarest und auch in Laibach. Auch Parteiführerkonferenzen fanden in Osteuropa statt, die bewegendste war sicherlich jene mit dem schon schwer von seiner tödlichen Krankheit gezeichneten Joszef Antall 1993 in Budapest.

In der Folge konnten so in allen neuen Demokratien Schwesterparteien ausfindig gemacht werden, die bald Beobachter in der EDU wurden und dann volle Mitglieder. Ihnen wurde auch bilateral geholfen, mit Ausbildungen und Seminaren, mit Informationen über die Parteiengesetze, Parteiarbeit, Wahlkämpfe. Die Stiftungen, die den Mitgliedsparteien der EDU nahestanden, begannen ihre besonderen Hilfprogramme für diese zukünftigen Partner. Hier war die Tatsache sehr hilfreich, dass Bernhard Vogel auch Vorsitzender der Konrad-Adenauer-Stiftung war, und der Vertreter der CSU im Lenkungsausschuss, Dieter Schmidt, Mitarbeiter der Hanns-Seidel-Stiftung.

Im Rahmen dieser Arbeit wurde Bernhard Vogel auch von den Parteiführern ermächtigt, mit dem damaligen Internationalen Sekretär der KPdSU, Dr. Valentin Falin, zu einer ersten Begegnung in Wien am 5. Mai 1989 zusammenzutreffen. Diese Begegnung kam auf Wunsch der sowjetischen Seite zustande und wurde nach einer ausführlichen Beratung im Lenkungsausschuss der EDU durchgeführt.

Ziel Falins war eine Art gemeinsame Erklärung, wie sie schon früher auch mit der Sozialistischen Internationale unter heftiger Kritik von unserer Seite zustande gekommen war. Die Begegnung wurde unsererseits nach dem Grundsatz »wir hören uns das alles an, berichten unseren Parteichefs, und dann werden wir sehen, wie es weitergeht« durchgeführt. Daraus entwickelte sich eine lange Korrespondenz mit Textentwürfen, geheimen Zwischentreffen und einer weiteren öffentlichen Begegnung dann in Moskau, an der von Seiten der EDU auch höchstrangige Vertreter der Tories und der schwedischen Moderaten sowie der Gaullisten teilnahmen. Aber der Ansatz Falins einer Demokratisierung der KPdSU scheiterte, musste wohl scheitern, und so wurde das alles von der stürmischen russischen Entwicklung überrollt. Boris Jelzin schien die EDU zu einem Round Table nach Moskau einladen zu wollen, aber darauf ließ sich die EDU nicht ein, andere Entwicklungen wurden in anderen Bereichen verfolgt.

Am Beginn dieses langen Weges gehörten der EDU 14 politische Parteien aus acht Ländern an. Im Jahre 1994 hatte die EDU 40 Mitgliedsparteien, in manchen Ländern nicht nur eine, sondern mehrere. Im heutigen Europäischen Parlament ist eine Reihe von Politikern vertreten, die damals ihre ersten internationalen Schritte in die EDU setzten, einer ist sogar Mitglied der Kommission in Brüssel geworden. So war es einer der wichtigen und beabsichtigten Effekte der internationalen Parteienarbeit im System der EDU, dass ein Netzwerk gleichgesinnter Politiker in Europa entstand, das dann auch für bilaterale Zusammenarbeit fruchtbar wurde. Diese Zusammenarbeit hat sich bewährt; im heutigen Europa, geprägt von der EU, sind alle Bemühungen der CDU und von Bernhard Vogel fruchtbar geworden. Bernhard Vogel hat als Vertreter der CDU an wichtiger Stelle der zu diesem gesamteuropäischen Zweck gegründeten EDU in 20-jähriger, stetiger Arbeit nachhaltig gewirkt.

Eine Strecke des Weges gingen und gehen wir noch gemeinsam

Bei den meisten Sitzungen und den Reisen in die neuen Demokratien begleitete ich Bernhard Vogel in meiner Eigenschaft als Exekutivsekretär der EDU. Von 1981 bis zur Übergabe des Exekutivsekretariates der EDU an Alexis Wintoniak im Jahre 1994, also dreizehn Jahre, durfte ich mit Bernhard Vogel zusammenarbeiten: Viele Sitzungen, viele Winston-Churchill-Zigarren, viele Reisen, viel Gewöhnliches, viel Außergewöhnliches.[4] Dazu kamen seit 1984 jeden Sommer ein-

---

[4] Die Sitzungen in Malta, zuerst das »Crucifige«, dann vier Jahre später das »Hosianna« der Wahlsieger, die Begegnungen in Moskau und Wien mit Vertretern des ZK der KPdSU habe ich schon angedeutet. Eine Begegnung in Sofia, auch in den frühen 90er Jahren, muss hier am Ende noch verzeichnet werden. Wir waren auf der Suche nach christlich-demokratischen Gruppen und Bewegungen und stießen auf eine Gruppe unter der Führung eines orthodoxen Paters, ich meine, er hieß Sebov. Die Begegnung kam schnell zustande, Pater Sebov hatte allerdings nur begrenztes Interesse

tägige Wanderungen in den Bergen des Tiroler Ötztals, meistens im Juli, bei denen wir die politischen Entwicklungen in Europa, in unseren Ländern und in unseren politischen Parteien ausführlich beraten und die gemeinsame Arbeit in der EDU planen konnten. Nachdem wir uns beide aus unseren Mandaten verabschiedet und unterschiedliche Ehrenämter im Dienste der Demokratie und unserer Weltanschauung übernommen haben, bleibt uns dieses Vergnügen hoffentlich noch lange erhalten. Auf Wiedersehen in den Bergen des Ötztals!

---

an der Politik. Auf jede Frage von Bernhard Vogel antwortete er kurz und freundlich, um anzuschließen: »Aber Sie wissen schon, das Wichtigste sind Bibeln, wir brauchen viele Bibeln.« Nächste Frage, Antwort, und: «Sie wissen schon ... Wann kriegen wir bulgarische Bibeln!?« Ich bin sicher, Pater Sebov hat von Bernhard Vogel seine Bibeln bekommen!

FRIEDRICH KRONENBERG

Deutsch-polnische Versöhnung und Partnerschaft *⁾

Bernhard Vogel und zahlreiche Weggefährten gleichen Alters, zu denen ich mich auch zählen darf, die sich nach dem Zweiten Weltkrieg in kirchlichen und politischen Jugendverbänden engagierten und die sich durch politische Wachheit auszeichneten, waren von dem Auftrag überzeugt, sich mit aller Kraft für Versöhnung und Partnerschaft mit Frankreich, Israel und Polen einsetzen zu müssen. Dieser Auftrag bedurfte keiner wortreichen Begründung. Zu groß war die Schuld, die Deutsche in der Zeit des Nationalsozialismus auf sich geladen hatten. Zu schrecklich war das Unrecht, das in deutschem Namen verübt worden war, nicht zuletzt an Juden und Polen. Zu offenkundig verlangte der Auftrag, ein friedliches Europa zu schaffen, die Aussöhnung mit dem französischen Nachbarvolk.

Während unsere Bemühungen um Verständigung und Versöhnung mit den Nachbarn in Frankreich und mit den Juden in Israel, wo viele derer, die überlebt hatten, Zuflucht und neue Heimat gefunden hatten, bald gute Fortschritte machten, während deutsch-französische und deutsch-israelische Partnerschaft und Freundschaft wuchsen, blieb es im deutsch-polnischen Verhältnis zunächst merkwürdig still. Waren wir Deutsche gelähmt von der erdrückenden Barbarei, der gerade auf polnischem Gebiet Polen und Juden ausgesetzt waren? Spielte es eine Rolle, dass wir – jedenfalls wir in der alten Bundesrepublik – keine gemeinsame Grenze mit Polen hatten, weil die DDR sich dazwischen schob? Waren wir zu sehr mit dem Aufbau unseres eigenen Landes beschäftigt, so dass die Kräfte für die Aussöhnung mit Polen nicht reichten? Waren es die vielen vertriebenen Deutschen, denen selbst Unrecht widerfahren war und die bei aller Bereitschaft zur Verständigung und Versöhnung immer wieder auf das selbst erlittene Unrecht aufmerksam machten? Haben die Fortschritte in den Versöhnungsbemühungen mit Frankreich und Israel so sehr die Kräfte gebunden, dass für die in mancher Hinsicht schwierigere Aufgabe gegenüber Polen die Kräfte nicht reichten? Oder war es die Tatsache, dass sich in Polen nach der Okkupation durch die Nazi-Diktatur ein neues totalitäres Regime etabliert hatte, der Kommunismus sowjetischer Prägung?

---

*⁾ Dieser Beitrag schöpft aus der Kenntnis von Dokumenten und Erfahrungen vieler Beteiligter. Er berichtet aber auch aus eigenen Erfahrungen, die der Autor als Generalsekretär des Zentralkomitees der deutschen Katholiken (ZdK) von 1966 bis 1999 machen konnte sowie als Mitglied des Deutschen Bundestages von 1983 bis 1990 und schließlich als Präsident des Maximilian-Kolbe-Werks seit 2001.

Die Unfreiheit im Kommunismus spielte jedenfalls eine große Rolle, wenn es in den 50er Jahren trotz aller Einsicht und Bereitschaft zu keinen nennenswerten Bemühungen um Versöhnung kam, denn es fehlte schlicht die Möglichkeit, Partner zu finden, die sich frei, ohne politische Zwänge gemeinsam mit uns auf einen Weg der Versöhnung einlassen konnten. Natürlich gab es diese Partner in Polen, aber das totalitäre politische System dort machte es unmöglich, zu ihnen vorzudringen. Was blieb, war eine Art Friedhofsruhe, die alle Versöhnungsbereitschaft zu ersticken drohte.

Auch auf der Ebene der Bundesrepublik Deutschland kam es zunächst nicht zu wirksamen außenpolitischen Bemühungen um Verständigung zwischen Deutschland und Polen. Das begründete Festhalten am Selbstbestimmungsrecht für alle Deutschen, das für die Deutschen in der DDR die Freiheit bedeutete und in der Konsequenz dieser Freiheit mit großer Sicherheit die Einheit Deutschlands, war ein unüberwindliches Hindernis, mit den kommunistischen Machthabern in Polen in ein verantwortliches Gespräch zu kommen, ganz abgesehen davon, dass diesen Machthabern nach unserer Überzeugung auch die moralische Legitimation für solche Gespräche fehlte. Hinzu kam die Grenzfrage, die Frage nach der endgültigen Westgrenze Polens. Den meisten Politikern, die gegen eine Anerkennung der Westgrenze Polens argumentierten, war klar, dass diese Anerkennung als Schlussstrich unter das Unheil des Zweiten Weltkriegs notwendig und richtig sein würde, aber nicht als Mittel der Stärkung eines totalitären Systems und nicht ohne Gewährung des Selbstbestimmungsrechts für alle Deutschen. Die spätere geschichtliche Entwicklung in den 80er Jahren hat gezeigt, dass diese Position politisch richtig war.

Das ändert aber nichts an der Tatsache, dass Polen auf der politischen Agenda der Bundesrepublik Deutschland entweder keine Rolle spielte oder aber doch zu kurz kam bzw. oft ins Abseits geschoben wurde. Schon Konrad Adenauer hat gelegentlich Polen als Ziel deutscher Bemühungen um Verständigung und Partnerschaft genannt, ohne wirklich aktiv werden zu können. Bereits 1949 hat Konrad Adenauer in seiner ersten Regierungserklärung neben Frankreich, den Vereinigten Staaten und Israel auch Polen erwähnt. Er hat die Bedeutung Polens für die europäische Integration schon 1956 – beinahe prophetisch – vorausgesehen: »Ich habe immer den unerschütterlichen Freiheitswillen ebenso wie das tiefchristliche Fundament des polnischen Volkes bewundert. Dieser Freiheitswille und das christliche Fundament haben mir seit jeher die Hoffnung gegeben, dass eines Tages Polen doch wieder frei werden würde, und das würde für die ganze Lösung der europäischen Verwicklungen von entscheidender und gar nicht zu übersehender Bedeutung sein.«[1] Einem Vermächtnis gleich sagte Adenauer kurz vor

---

[1] Bernhard Vogel, »*Außenpolitik der Europäischen Union – Die Osterweiterung aus der Sicht Thüringens*«, Vortrag im Internationalen Kulturzentrum Krakau am 5.7.2001.

seinem Tod dem Präsidenten des Katholischen Flüchtlingsrats, dem ehemaligen Staatssekretär Peter-Paul Nahm: »Vergesst mir Warschau nicht!«

Willy Brandt hat sich mit seiner Ostpolitik – so verdienstvoll seine Entspannungspolitik war – vor allem an die Sowjetunion gewandt; Polen war ihm zwar in diesem Zusammenhang wichtig, aber kaum ein eigenständiger Adressat politischer Bemühungen um Verständigung und Versöhnung. Nichts macht das mehr deutlich als der Besuch Brandts 1970 in Polen und die herbe Kritik, die Wladyslaw Bartoszewski daran übt: »Warum hat Brandt, wenn er schon vor dem Ghetto-Denkmal auf die Knie gefallen ist, was ich für eine richtige und gute Geste halte, nicht auch z.B. vor einem historischen Denkmal, das den Kampf Polens um seine Unabhängigkeit darstellt, einen Blumenkranz niedergelegt? Er kam nicht auf diese Idee. Er kam nicht auf diese Idee, weil seine Denkweise von Kategorien wie ›Faschismus‹ und ›Antifaschismus‹ bestimmt war.«[2] Ein Versöhnungshandeln, das diesen Namen verdient, musste sich jedoch sowohl mit dem Faschismus als auch mit dem Kommunismus auseinandersetzen und durfte den Kommunismus nicht auf den Antifaschismus reduzieren.

Auch für Helmut Schmidt war – trotz seiner wirtschaftlichen Hilfsmaßnahmen für den polnischen Staat – das polnische Volk nicht ein ausgesprochener Adressat außenpolitischer Bemühungen um Versöhnung. »Schmidt hatte in ideeller oder weltanschaulicher Hinsicht gar kein Interesse an Polen und war nicht an einer Wiedergutmachung von Schuld und Leiden interessiert.«[3] Er war auf merkwürdige Weise in Edward Gierek, den polnischen Parteichef, vernarrt, und verstieg sich sogar zu dem Satz: »Ich möchte solch einen Menschen in meinem Kabinett haben.« Wladislaw Bartoszewski kann mit vielen anderen Polen bis heute nicht verstehen, »warum ein deutscher Sozialdemokrat den Deutschen so sehr schaden wollte, dass er ihnen als Regierungsmitglied Edward Gierek vorschlug«.[4] »Und zum Unglück der polnischen Nation fing Schmidt an, ihm intensiv zu helfen. Diese großen Kredite und riesigen Geldsummen wurden völlig falsch investiert. In Folge von Giereks verfehlter Wirtschaftspolitik werden die jetzigen und folgenden Generationen noch die Zinsen und Zinseszinsen seiner Schulden zurückzuzahlen haben.«[5]

Die Entstehung der polnischen Oppositionsbewegung Solidarność traf bei der damaligen Bundesregierung auf Unverständnis und Ablehnung. Noch 1985 meinte Horst Ehmke, dass eine direkte Zusammenarbeit mit den osteuropäischen Oppositionsgruppen den Prozess der Entspannung bedrohen würde.[6] Und Her-

---

[2] Wladislaw Bartoszewski, *Und reiß uns den Hass aus der Seele*, Warschau 2005, S. 108.
[3] Ebd. S. 135.
[4] Ebd. S. 136.
[5] Ebd. S. 135f.
[6] Horst Ehmke, *Friede und Freiheit als Ziel der Entspannungspolitik*, in: Die neue Gesellschaft/Frankfurter Hefte 11 (1985), S. 1003–1010.

bert Wehner sorgte sich, »krisenhafte Entwicklungen in diesem Land könnten die europäische und die Weltpolitik in Mitleidenschaft ziehen«.[7]

Auch unter Helmut Kohl kam es zunächst nicht zu einer außenpolitischen Initiative gegenüber Polen, weil aus guten Gründen am Selbstbestimmungsrecht aller Deutschen festgehalten wurde. Es waren kirchliche und gesellschaftliche Kräfte, über die noch zu reden sein wird, die einen wirklichen Versöhnungsprozess in Gang gesetzt hatten, und obwohl dieser Versöhnungsprozess maßgeblich von Personen bestimmt wurde, die entweder der SPD oder den Unionsparteien nahestanden oder die gar deren Mitglieder waren, schlug sich diese Tatsache sehr verschieden im politischen Spektrum nieder. In der SPD gab es ein allgemeines Sympathisieren mit solchen »Versöhnungsgruppen«, in den Unionsparteien hingegen gab es allgemein mehr Distanz, in der Realität aber auch die Tatsache, dass führende Repräsentanten dieser »Versöhnungsarbeit« zugleich führende Politiker in ihren Parteien waren. Ich nenne fünf Landespolitiker: Albrecht Beckel, Hans Maier, Erwin Teufel, Werner Remmers, Bernhard Vogel. Als Bundespolitiker nenne ich Alois Mertes. Alle waren Mitglieder des Zentralkomitees der deutschen Katholiken (ZdK). Beckel, Maier und Vogel waren Präsidenten des ZdK; Beckel, Vogel und Remmers waren Präsidenten des Maximilian-Kolbe-Werks. Damit war gewährleistet, dass der Gedanke der Versöhnung zwischen Deutschen und Polen trotz aller Widrigkeiten und Spannungen in den Unionsparteien politisch präsent war.

Wie virulent diese politische Präsenz des Versöhnungsgedankens war, wurde 1989 deutlich, als der politische Prozess kulminierte. Als Ergebnis des jahrzehntelangen Dialogs war eine Erklärung polnischer und deutscher Katholiken zum 1. September 1989, dem 50. Jahrestag des Kriegsausbruchs, formuliert worden, die selbstverständlich auch Bernhard Vogel unterzeichnet hatte, und zwar unter dem Titel »Für Freiheit, Gerechtigkeit und Frieden in Europa«. In dieser Erklärung wurde der Angriff Deutschlands auf Polen erneut verurteilt. Gemeinsam wurden die Opfer und das Leid in Polen und in Deutschland beklagt, um schließlich im Rahmen der politischen Forderungen festzustellen, »dass die Westgrenze Polens dauerhaft Bestand hat« und »dass die Völker Europas, auch das deutsche Volk, das von der Spaltung Europas besonders betroffen ist, das Recht auf Selbstbestimmung wahrnehmen können«. Polen und Deutsche treten gemeinsam für die Anerkennung der Westgrenze Polens ein, treten gemeinsam für die Wahrnehmung des Rechts auf Selbstbestimmung durch das deutsche Volk ein und damit für die sich abzeichnende Konsequenz der Einheit Deutschlands. Diese Erklärung wurde bereits am 8. August 1989 in Bonn der Presse vorgestellt, von polnischer Seite war Wladislaw Bartoszewski zugegen, der mit großer Überzeugungskraft in der Pressekonferenz selbst und nachfolgend in vielen Interviews für das ungeschmälerte Selbstbestimmungsrecht aller Deutschen eintrat.

---

[7] »Süddeutsche Zeitung« vom 21.8.1980.

Noch am Tage der Veröffentlichung habe ich Bundeskanzler Helmut Kohl an seinem Ferienort am Wolfgangsee die Bitte übermitteln lassen, die Erklärung positiv zu kommentieren. Ich wusste, dass er persönlich der gleichen Meinung war, wie sie in der Erklärung formuliert war. Leider sah er sich noch nicht in der Lage, dieser Bitte nachzukommen. Die in mancherlei Hinsicht noch unübersichtliche innerdeutsche Entwicklung und die schwer einzuschätzende Einstellung unserer europäischen Nachbarn zu dieser Entwicklung ließen einen solchen Kommentar des Bundeskanzlers noch nicht zu. Erst wenige Wochen später erwähnte Helmut Kohl unsere Erklärung in einer Regierungserklärung aus Anlass des 50. Jahrestags des Ausbruchs des Zweiten Weltkriegs am 1. September 1989 im Deutschen Bundestag.

Im Zentralkomitee der deutschen Katholiken bekam ich als Generalsekretär mancherlei Ärger, vor allem mit Vertretern der Vertriebenenverbände und der Vertriebenenseelsorge. Es war Sommer 1989, drei Monate vor dem Fall der Mauer. Wie viel Unversöhntes stand trotz jahrzehntelangen Bemühens immer noch zwischen Deutschen und Polen, aber auch zwischen den Deutschen selbst, die unterschiedliche Positionen verfolgten. Es wurde sogar versucht, einem deutschen Unterzeichner der Erklärung, der im kirchlichen Dienst stand, das Arbeitsverhältnis zu kündigen; erfolglos allerdings, dank tatkräftiger Solidarität von Bischöfen und Laien.

Ich habe damals in meinem Vorwort zu der Erklärung Folgendes geschrieben: »Seit mehr als zwei Jahrzehnten gibt es im Rahmen der Arbeit des Zentralkomitees der deutschen Katholiken zahlreiche Begegnungen und Gespräche zwischen deutschen und polnischen Katholiken, die inzwischen zu vielfältigen Partnerschaften geführt haben. Die Erklärung polnischer und deutscher Katholiken zum 1. September 1989 ist eine Frucht dieser Zusammenarbeit ... Inzwischen hat der Geschäftsführende Ausschuss des Zentralkomitees der deutschen Katholiken in einem einstimmig gefassten Beschluss begrüßt, dass polnische und deutsche Katholiken diese gemeinsame Erklärung erarbeitet und veröffentlicht haben. Die Erklärung ist ein Beispiel dafür, wie sich Katholiken über Grenzen hinweg einer gemeinsamen Geschichte stellen, die bestimmt ist von wechselseitig zugefügtem Unrecht, von Schuld und Not und lange unterbrochener Begegnung in Wahrheit und Freiheit. Sie erinnert an die geistigen Lebenszusammenhänge, die in früheren Jahrhunderten die Gestalt Ost-Mitteleuropas und das Verhältnis von Polen und Deutschen zueinander geprägt haben, und will ihnen auch in der Politik wieder zu neuer Kraft verhelfen. Ihre besondere Bedeutung aber liegt vor allem darin, dass in ihr deutsche und polnische Katholiken in der gegenwärtigen Situation des Wandels in Ost-Mitteleuropa Perspektiven für eine freiheitliche und demokratische Zukunft entwickelt haben, die den nationalen Interessen unserer beiden Völker in einem freien und geeinten Europa gleichermaßen gerecht werden. Sie leistet damit auch einen Beitrag zur Einigung ganz Europas.«

In der Tat waren unsere Bemühungen um eine deutsch-polnische Aussöhnung immer in die Vision von einem umfassenden vereinten Europa eingebettet. Und diese europäische Vision relativierte natürlich auch alle Grenzfragen, deutsche wie innerdeutsche. Das war bei unseren polnischen Gesprächspartnern nicht anders.

Am 31. Oktober 1989, also neun Tage vor dem Fall der Berliner Mauer, fragte mich Stanislaw Stomma, der Nestor der Aussöhnung zwischen Deutschen und Polen, in Bonn, wann ich mit der deutschen Wiedervereinigung rechne. Als er meine Überraschung spürte, lächelte er auf die ihm eigene Art und sagte, ich solle damit rechnen – bald. In der Tat, die europäische Dimension unserer Versöhnungsbemühungen hat auch die Wiedervereinigung erleichtert.

Am Abend des 9. November 1989, als die Berliner Mauer fiel und wir Abgeordneten im Deutschen Bundestag als Bekenntnis zur Einheit der deutschen Nation spontan das Deutschlandlied sangen, war Helmut Kohl Gast des polnischen Ministerpräsidenten Tadeusz Mazowiecki, der auch zu den Unterzeichnern der Erklärung deutscher und polnischer Katholiken gehörte. Kohl war mit einer Delegation nach Polen gereist. Noch am Vortag war er in seinem Bericht »Zur Lage der Nation im geteilten Deutschland« auch auf das Verhältnis zwischen Deutschland und Polen eingegangen. In seinen Erinnerungen hält Kohl fest: »Fünfzig Jahre nach dem Beginn des Zweiten Weltkriegs war im November 1989 der Zeitpunkt gekommen, einen ›neuen Baum‹ für Europa zu pflanzen und mit Polen zu Ausgleich und Freundschaft zu gelangen.«[8]

Weil der Fall der Mauer die Präsenz des Bundeskanzlers in Berlin und Bonn erforderte, wurde der Besuch in Polen unterbrochen. Anschließend wurden die Gespräche fortgesetzt und mit einer gemeinsamen Erklärung abgeschlossen. »Die gemeinsame Erklärung, die von beiden Regierungschefs am 14. November 1989 in Warszawa unterzeichnet wurde, sowie der ein Jahr später unterzeichnete Vertrag zwischen der Republik Polen und der Bundesrepublik Deutschland über die Bestätigung der zwischen ihnen bestehenden Grenze und schließlich der Vertrag über gute Nachbarschaft und freundschaftliche Zusammenarbeit, der am 17. Juni 1991 in Bonn ratifiziert wurde, bildeten letztendlich den offiziellen Abschluss der tragisch belasteten Zeit in den gegenseitigen Beziehungen von Polen und Deutschen, eine optimistische Vorankündigung eines neuen Gefüges im Rahmen der gemeinsamen europäischen Ordnung.«[9]

Nach einem Besuch in Auschwitz wurde der politische Durchbruch in den deutsch-polnischen Beziehungen durch den Friedensgruß besiegelt, den Bundeskanzler Helmut Kohl und Ministerpräsident Tadeusz Mazowiecki während der von Erzbischof Alfons Nossol zelebrierten Eucharistiefeier in Kreisau austauschten, an dem Ort, der ein »Symbol für das andere, für das bessere Deutschland« (Helmut Kohl) ist und an dem sich heute ein Zentrum deutsch-polnischer Ver-

---

[8] Helmut Kohl, *Erinnerungen 1982 bis 1990*, München 2005, S. 959.
[9] Wladislaw Bartoszewski, »*Perspektiven der Versöhnung*«, Vortrag im Rahmen der Veranstaltung »Wege zur Versöhnung« der Deutschen Bischofskonferenz am 12.10.2006 in Mainz.

ständigung und Jugendbegegnung befindet. »Mit unserer Umarmung wollten wir beide zeigen, dass im Verhältnis zwischen Deutschen und Polen eine neue Zeit angebrochen war.«[10]

Mit aller Kraft hat sich Deutschland für den baldigen Beitritt Polens zur NATO und im Rahmen der Osterweiterung zur Europäischen Union eingesetzt. »In der Nacht zum 1. Mai 2004 hat die Bevölkerung der neuen Mitgliedsstaaten das Ende der Teilung Europas auf bewegende Weise gefeiert. Der polnische Ministerpräsident sprach vom glorreichsten Augenblick in der polnischen Geschichte. In Krakau – auf dem größten Marktplatz Europas, wie jedenfalls die Krakauer meinen – versammelten sich 50.000 Menschen, und der dortige Marschall Sepiol sagte: ›Die Wallfahrt Polens nach Europa ist vorbei! Wir sind wieder daheim.‹ In den Städten entlang der Oder und Neiße lagen sich Deutsche und Polen in den Armen.«[11] Heute steht die deutsch-polnische Nachbarschaft auf einer belastbaren Grundlage. Viele Schritte der Versöhnung zwischen Deutschen und Polen sind gelungen. Auch gelegentliche politische Belastungen werden gelassen durchgestanden. Der Versöhnungsprozess war auch ein Lernprozess. »Erzbischof Jozef Michalik von Przemysl sagte, angesichts der derzeit schwierigen Kontakte auf politischer Ebene seien die Bemühungen um ein positives Miteinander von polnischen und deutschen Christen umso wichtiger. Im vergleichbar komplizierten Verhältnis der Polen zur Ukraine etwa orientierten sich polnische Christen mittlerweile am Vorbild der deutsch-polnischen Aussöhnung.«[12]

Eine Politik der Partnerschaft und der Versöhnung zwischen Staaten ist nur möglich, wenn Menschen und gesellschaftliche Gruppen gemeinsame Schritte auf den Wegen der Versöhnung tun. Das heutige gute Verhältnis zwischen Polen und Deutschland wäre nicht möglich geworden, wenn die hierfür erforderlichen politischen Schritte nicht über Jahrzehnte von vielen einzelnen Personen und Gruppen in Kirche und Gesellschaft durch konkrete Schritte der Versöhnung vorbereitet worden wären. Solche Schritte sind oft mühsam und benötigen einen langen Atem.

Diese Versöhnungsschritte in Kirche und Gesellschaft sind oft dargestellt worden. Sie sollen in aller Kürze nochmals skizziert werden. Vor allem waren es Christen – weil die polnischen Partner überwiegend katholisch waren –, katholische Christen, Priester, Bischöfe und Laien, die im Laufe der Jahre eine »Avantgarde der Versöhnung« (Karl Lehmann) bildeten. Erste Gesprächskontakte gibt es bereits in den 50er Jahren. Der Nestor der deutsch-polnischen Versöhnung Stanislaw Stomma kommt 1958 als erster polnischer Parlamentarier in die Bundesrepublik Deutschland. Der Berliner Bischof Julius Döpfner tritt in der »Hedwigs-Predigt« 1960 für die Versöhnung von Deutschen und Polen ein. 1964 un-

---

[10] Kohl (wie Anm. 8), S. 981.
[11] Bernhard Vogel, *Die Versöhnung zwischen Polen und Deutschland*, in: »KAS/Auslandsinformationen«, 5 (2006), S. 17.
[12] »Christ in der Gegenwart«, 19.11.2006, S. 386.

ternehmen Mitglieder der Deutschen Sektion von Pax Christi eine Sühnewallfahrt nach Auschwitz und Alfons Erb, der Vizepräsident der Deutschen Sektion von Pax Christi, ruft im Anschluss daran zu einer »Solidaritätsspende« für Überlebende der Konzentrationslager und Ghettos auf, aus der sich 1973 das Maximilian-Kolbe-Werk entwickelt. 1965, in den letzten Tagen des Konzils, tauschen die polnischen und die deutschen Bischofe Briefe der Versöhnung aus: »Wir vergeben und bitten um Vergebung.« Kurz zuvor erscheint die Ostdenkschrift der evangelischen Kirche in Deutschland. 1966 nehmen zum ersten Mal polnische Gäste in Bamberg an einem Katholikentag teil und begründen eine entsprechende Tradition für zukünftige Katholikentage. In Bamberg wird eine zustimmende Erklärung zum Briefwechsel zwischen den polnischen und deutschen Bischöfen verabschiedet. 1968 wird das Bensberger »Memorandum deutscher Katholiken zu den polnisch-deutschen Fragen« veröffentlicht. 1971 begrüßt die Vollversammlung des Zentralkomitees der deutschen Katholiken »die seit Jahren anhaltenden Bemühungen der Verantwortlichen in Staat und Gesellschaft und Kirche, die Beziehungen des deutschen Volkes zu seinen östlichen Nachbarn zu verbessern und zu befriedigenden Regelungen zu gelangen, um eine endgültige Aussöhnung möglich zu machen«.[13]

1972 empfängt das Präsidium des ZdK eine größere polnische Gruppe, eine Delegation der ZNAK-Gruppe, eines Zusammenschlusses katholischer Intellektueller, die unter der Leitung von Stanislaw Stomma auf Einladung von Pax Christi in der Bundesrepublik Deutschland weilt. Unter anderen gehören dieser Delegation an Jerzy Turowicz, Mieczyslaw Pszon und Tadeusz Mazowiecki.[14] Bei diesem Empfang erklärt der Präsident des ZdK, Bernhard Vogel, dass alle Kräfte des deutschen Katholizismus auf Verständigung und Versöhnung mit dem polnischen Volk gerichtet seien und dass niemand früher für die Aussöhnung mit dem polnischen Volk eingetreten sei als die katholischen Heimatvertriebenen selbst.

Dieser Empfang ist der Beginn eines ständigen Dialogs zwischen dem Zentralkomitee und den genannten Laieninitiativen. In den 80er Jahren kommen Vertreter der Solidarność-Bewegung, auch Lech Walesa, hinzu. Menschlich kommt man sich rasch näher. In vielen Fragen kann man Übereinstimmung feststellen oder durch das Gespräch erreichen. Breite Zustimmung gibt es auch zu der Vision eines umfassenden vereinten Europa, in dem die Grenzen ihre trennende Bedeutung verlieren und in dem alle Völker in Freiheit ihr Recht auf Selbstbestimmung wahrnehmen können. Aber niemand rechnet mit der Verwirklichung dieser Vision in absehbarer Zeit. Daher bleibt es auch bei offenen Fragen, die uns trennen, bei der Frage der Anerkennung der Westgrenze Polens, die sich natürlich nach Abschluss des Warschauer Vertrages auch weiterhin stellt, und die Frage nach der

---

[13] »Bericht und Dokumente«, Heft 13 (1971), S. 45.
[14] Vgl. Vincens M. Lissek, *Im Dienst der Versöhnung mit Polen*, in: *Civitas – Widmungen für Bernhard Vogel zum 60. Geburtstag*, hg. von Peter Haungs u.a., Paderborn 1992, S. 119ff.

Vertreibung als ein an Deutschen verübtes Unrecht. Diese Fragen trennen uns als offene Fragen bis zu der geschilderten gemeinsamen Erklärung polnischer und deutscher Katholiken zum 1. September 1989. Beide Seiten haben aber das unbedingte Bedürfnis, miteinander im Gespräch zu bleiben, denn das Ziel einer völligen Verständigung und einer umfassenden Versöhnung ist nicht nur ein Gebot vernünftiger Einsicht, sondern auch religiöse Verpflichtung aus dem gemeinsamen Glauben.

Im Januar 1973 soll erneut eine Delegation der ZNAK-Gruppe, diesmal auf Einladung des ZdK, die Bundesrepublik Deutschland besuchen. Daraus wird nichts, weil die katholische Vereinigung »Pax«, die der kommunistischen Partei Polens nahesteht, die von der Hierarchie anerkannte ZNAK-Gruppe zu spalten versucht und so den Besuch verhindert. Kurz entschlossen verändern wir die Planung. Auf Einladung von Stomma und Turowicz besuchen der Präsident des ZdK, Bernhard Vogel, sein Vorgänger Albrecht Beckel und ich als Generalsekretär im April die polnische ZNAK-Gruppe in Warschau und Krakau, den Primas Stefan Kardinal Wyszynski, den Krakauer Erzbischof Karol Kardinal Wojtyla sowie den Stellvertretenden Außenminister und den Vizeminister im Kirchenamt der polnischen Regierung. Besonders beeindruckt sind wir von dem Gespräch mit Kardinal Wojtyla, dem späteren Papst Johannes Paul II. Nun ist der Dialog Wirklichkeit geworden, den wir erhofft haben und der uns auf dem Weg der Versöhnung wirklich voranbringt. Im Mai holt die ZNAK-Gruppe ihren Besuch in Deutschland nach, im September findet bereits der Gegenbesuch in Polen statt. 1973 wird auf Initiative des Vizepräsidenten der deutschen Sektion von Pax Christi, Alfons Erb, im ZdK gemeinsam mit dreizehn katholischen Verbänden, auch von Vertriebenen, das Maximilian-Kolbe-Werk gegründet, nachdem wir uns in Gesprächen mit unseren polnischen Partnern vergewissert haben, dass sie eine solche Initiative als Werk der Versöhnung begrüßen.

1974 spricht Tadeusz Mazowiecki auf dem Mönchengladbacher Katholikentag, was ihm von den kommunistischen Machthabern ein jahrelanges Ausreiseverbot einträgt. 1989 münden alle Gespräche und Bemühungen in die gemeinsame Erklärung polnischer und deutscher Katholiken zur 50. Wiederkehr des Kriegsbeginns.

Auch auf bischöflicher Ebene ist der Weg der Versöhnung zwischen Polen und Deutschen nach dem Briefwechsel am Ende des Konzils energisch und erfolgreich weiterbeschritten worden. Viele Bischöfe haben sich persönlich engagiert, besonders die beiden Vorsitzenden der Bischofskonferenz, Kardinal Döpfner und später Kardinal Höffner, Kardinal Volk und sein Nachfolger Kardinal Lehmann, Kardinal Hengsbach sowie Bischof Hemmerle, der sein Engagement in der deutsch-polnischen Versöhnung als Geistlicher Assistent des ZdK auch als Bischof fortführte. Im Mittelpunkt der Bemühungen stand immer Josef Homeyer, der damalige Sekretär der Bischofskonferenz und spätere Bischof von Hildesheim, der sich in außergewöhnlichem Einsatz um den deutsch-polnischen Dialog verdient gemacht hat.

In den 70er Jahren wurden durch die Vatikanische Ostpolitik unter Papst Paul VI. die Bemühungen der Bischofskonferenz und des ZdK im deutsch-polnischen Dialog komplizierter und einer besonderen Belastungsprobe unterzogen. Der Heilige Stuhl wollte nach dem Warschauer Vertrag endgültige kirchenrechtliche Konsequenzen aus den Grenzen ziehen, die sich als Ergebnis des Zweiten Weltkriegs ergeben hatten, und die Circumscription der kirchlichen Territorien ändern, neue Bistümer errichten und entsprechende Bischöfe ernennen; auch ein Nuntius sollte in die DDR entsandt werden. Mit Recht haben sich Bischöfe wie Laien in Deutschland entsprechend zur Wehr gesetzt, weil für sie die Vollendung der Einheit Deutschlands, das Selbstbestimmungsrecht aller Deutschen und der Friedensvertragsvorbehalt keine inhaltsleeren Formeln waren. Schließlich waren wir aus pastoralen Gründen damit einverstanden, dass östlich der Oder-Neiße-Linie die kirchliche Neuregelung erfolgte und dass in der DDR die Veränderung auf die Berufung von Administratoren beschränkt blieb. So konnten nachhaltige Irritationen im deutsch-polnischen Gespräch vermieden werden. Durch den Amtsantritt von Papst Johannes Paul II. war diese Art von Ostpolitik ohnedies beendet.

Der Höhepunkt der Ereignisse auf bischöflicher Ebene war ohne Zweifel 1978 der Besuch der polnischen Bischofsdelegation in Deutschland unter Leitung des Primas Kardinal Wyszynski und unter Beteiligung des Krakauer Kardinals Wojtyla, der kurz darauf zum Papst gewählt wurde. Bei allem, was noch an Fragen offen war und was infolgedessen auch trennte – eine ausgeprägte Gemeinsamkeit im Denken und Handeln war erkennbar und der Blick war in die Zukunft gerichtet.

Über die kirchlichen Bemühungen hinaus gab es mannigfache Anstrengungen von Kommunen und Bundesländern sowie von gesellschaftlichen, kulturellen und politischen Einrichtungen. In der Bundesrepublik Deutschland war ein beachtliches Programm von Gesprächen und Austausch entstanden, das nach 1989/90 weiter anwuchs und sich vervielfältigte. Diese Vielfalt wird beispielhaft sichtbar, wenn man sich die deutsch-polnischen Aktivitäten des Ministerpräsidenten von Rheinland-Pfalz, später von Thüringen, des heutigen Vorsitzenden der Konrad-Adenauer-Stiftung, Prof. Dr. Bernhard Vogel, vor Augen führt, der über seine kirchlichen Funktionen als Präsident des ZdK und des Maximilian-Kolbe-Werks hinaus als Politiker unermüdlich in der deutsch-polnischen Verständigung tätig war. Bereits Ende der 60er Jahre engagierte er sich als Kultusminister im Auftrag seines Ministerpräsidenten Helmut Kohl in der Frage der Darstellung deutscher und polnischer Geschichte in den Schulbüchern beider Länder, ein Engagement, das zur Gründung der deutsch-polnischen Schulbuchkommission beitrug. In Darmstadt wurde gemeinsam mit dem Land Hessen das Deutsche Polen-Institut gegründet. An der Universität Mainz bildete er einen eigenen Studienschwerpunkt »Polonistik«. Seine Bemühungen um Verständigung und Versöhnung setzte der Ministerpräsident von Rheinland-Pfalz später in Thüringen fort und begründete eine Tradition, die heute von seinem Nachfolger Dieter Althaus fortgeführt wird. Die Beziehungen des Freistaats Thüringen zur Woiwodschaft Krakau, später Kleinpolen, und zur Universität Krakau sind vorbildlich. Als Vorsitzender der Konrad-Adenauer-Stiftung konnte Bernhard Vogel Initiativen fortführen, die Anfang der 80er Jahre von seinem Vorgänger Dr. Bruno Heck ergriffen worden waren.

Die Bemühungen um Verständigung und Partnerschaft haben im Verlauf der zurückliegenden Jahrzehnte zu Initiativen in Politik, Gesellschaft, Kultur und Wirtschaft geführt, die eine breite Verankerung des Willens zu Versöhnung und Freundschaft mit dem polnischen Volk in Deutschland bewirkt haben. Dabei handelt es sich keineswegs um einseitige deutsche Bestrebungen. Sie treffen vielmehr auf eine deutliche Erwiderung in Polen. Das gilt auch angesichts politischer Konflikte in letzter Zeit. »Die Konflikte der letzten Jahre zwischen Polen und Deutschland haben das Bild Deutschlands in Polen nicht verschlechtert. 78 % bewerten die Beziehungen positiv; nur 14 % stellen ein schlechtes Urteil aus.«[15]

Zu dem guten deutsch-polnischen Verhältnis haben die Ereignisse in den 80er Jahren nachhaltig beigetragen. Als im Sommer 1980 die Gewerkschaft Solidarność entstand und weite Teile des polnischen Volkes in eine Bewegung der friedlichen Revolution versetzte, löste dieser Vorgang eine große Welle tief empfundener Sympathie in Deutschland aus. Und als im Dezember 1981 das kommunistische Regime das Kriegsrecht verhängte, viele unserer Freunde in Internierungslager gesteckt wurden, darunter Tadeusz Mazowiecki und Wladyslaw Bartoszewski, und wirtschaftliche Not in Polen um sich griff, da zeigten die Deutschen, dass ihre Sympathie keine bloße Gefühlsregung war, sondern sich in tatkräftiger Hilfe und engagierter Solidarität Ausdruck verschaffte. Man beschränkte sich nicht auf Appelle, die Internierten freizulassen, sondern »man schickte riesige Hilfstransporte mit Arzneimitteln, Lebensmitteln für Kinder, aber auch für uns Erwachsene wertvolle Dinge wie Kaffee oder Tee, die man in Polen nicht kaufen konnte. Kinder und Jugendliche wurden von deutschen Familien eingeladen. ... Der Umfang der deutschen Hilfe übertraf diejenige aus allen anderen Ländern. ... Angesichts solch einer Hilfslawine aus Deutschland wuchs die Erkenntnis, dass das gegenwärtige deutsche Volk mit dem früheren deutschen Volk nicht mehr identisch sein kann.«[16]

Auch das Maximilian-Kolbe-Werk war an dieser »Hilfslawine« tatkräftig beteiligt. Bei diesen Hilfsaktionen kam dem Werk zugute, dass durch seine Tätigkeit inzwischen ein Netzwerk von ehrenamtlichen Mitarbeiterinnen und Mitarbeitern in Deutschland und in Polen entstanden war, das nicht nur die Hilfen organisatorisch abzuwickeln half, sondern das über die materiellen Hilfen hinaus zu zahlreichen Begegnungen von Mensch zu Mensch führte. Hier bewährte sich der

---

[15] Stefan Raabe, *Mehr Akzeptanz und Sympathie, Deutschland und die Deutschen in den Augen der Polen 1999 bis 2005. Ergebnisse einer repräsentativen Umfrage*, in: KAS/Auslandsinformationen 6 (2006), S. 7.
[16] Bartoszewski (wie Anm. 2), S. 192ff.

Grundsatz, der die Tätigkeit des Maximilian-Kolbe-Werks von der Gründung an geprägt hatte, dass der einzelne Mensch im Mittelpunkt aller seiner Bemühungen steht. Nur auf diese Weise kann Versöhnung wirklich ermöglicht werden. Dies gilt für alle Tätigkeitsbereiche, die das Maximilian-Kolbe-Werk im Laufe seiner Geschichte entwickelt hat: Hilfen für Überlebende der Konzentrationslager und der Ghettos, Besuche und Begegnungen in Deutschland und Polen, Entwicklung von Netzwerken Ehrenamtlicher in Deutschland und in Polen und Verknüpfung ihrer Arbeit mit den Spendern, Zeitzeugenprogramme, insbesondere in Schulen, Dokumentation von Zeitzeugenberichten.

Die Gründung des Werks war zu einer Zeit erfolgt, in der die Tätigkeit weithin nur unter Ausschluss der Öffentlichkeit und gegen den Widerstand des kommunistischen Regimes in Polen entwickelt werden konnte. Das änderte sich im Laufe der Zeit, zunächst nach Abschluss des Warschauer Vertrags, vor allem aber nach Wegfall des Eisernen Vorhangs. Versöhnungshandeln in Gesellschaft und Staat ist natürlich auf Öffentlichkeit zwingend angewiesen. Heute ist das möglich. Aus den politischen Widerständen der Gründungszeit ist heute politische Anerkennung geworden. Nichts zeigt das mehr als das Verhalten von Aleksander Kwasniewski, der zum Zeitpunkt der Gründung des Maximilian-Kolbe-Werks junger Funktionär der uns bekämpfenden kommunistischen Partei Polens wurde und der mir 30 Jahre später als frei gewählter Staatspräsident der Republik Polen aus Anlass des 30. Jahrestags der Tätigkeit des Maximilian-Kolbe-Werks einen Brief höchster Anerkennung geschrieben hat. Er schreibt, ich möchte »Ihnen und Ihren Mitarbeitern, die sich für ehemalige KZ-Häftlinge und Ghetto-Überlebende engagieren und ihnen Hilfe zukommen lassen, meine aufrichtige Anerkennung und Dank für Ihre langjährige Mühe und das beharrliche Streben bekunden, menschliches Leid und Unrecht, das vom Nazi-Regime begangen worden war, wiedergutzumachen. Ich weiß die Tatsache sehr wohl zu schätzen, dass die polnisch-deutsche Versöhnung zu einer wichtigen, in die Zukunft gerichteten Botschaft und zu einem Leitmotiv ihrer Tätigkeit im Rahmen des Maximilian-Kolbe-Werks geworden ist. Das Gedenken der tragischen Kapitel der Geschichte unserer beiden Völker gebietet es, dass wir uns aktiv an der Gestaltung der gemeinsamen Zukunft beteiligen, die eine gut nachbarliche, auf gegenseitiges Verständnis und Vertrauen gestützte Zusammenarbeit gewährleistet. Ich danke dafür, dass Sie Sensibilität und Verantwortung wecken, ohne die wahre Versöhnung und Annäherung unerreichbar sind. Es ist großartig und ehrt uns Polen, dass Sie sich den Franziskanermönch Pater Maximilian Kolbe zum Patron Ihrer Tätigkeit erkoren haben, der durch seine märtyrerhafte Gesinnung Zeugnis von seiner großen Nächstenliebe ablegte und so zum Märtyrer der Versöhnung wurde. Ich empfinde wahre Genugtuung, dass seine Gesinnung weiterhin dazu inspiriert, Gutes zu tun, und freue mich, dass es auch heute Menschen gibt, die ihm nacheifern.«

In der Tat: Maximilian Kolbe, der sein Leben stellvertretend für einen Mithäftling im Konzentrationslager Auschwitz gegeben hat, hat ein Zeichen dafür gesetzt, dass Hass und Gewalt nicht das letzte Wort haben. Aus der Erinnerung an diesen Märtyrer der Versöhnung schöpft das Maximilian-Kolbe-Werk Kraft für seine Versöhnungsarbeit. Es will diese Versöhnungsarbeit fortführen, auch wenn die Überlebenden der Konzentrationslager und Ghettos selbst nicht mehr unter den Lebenden weilen werden. Es will auch zukünftig die Nachwirkungen von Unrecht und Gewalt in der Gegenwart sowie Unversöhntes in Europa so zur Sprache bringen, dass ein neues friedliches Miteinander praktisch erfahrbar wird. Es wird angestrebt, dass diese Initiative von deutschen und polnischen Katholiken gemeinsam ergriffen wird und dass katholische Christen aus allen europäischen Ländern zur Beteiligung an dieser Initiative sowie die Christen anderer Konfessionen und alle Menschen guten Willens in Europa zur Zusammenarbeit eingeladen werden. Auf diese Weise soll ein Beitrag zum Aufbau eines vereinten Europa, das seine Verantwortung in der Welt wahrnimmt, geleistet werden.

Die Fortführung der Arbeit des Maximilian-Kolbe-Werks in dieser Zukunftsperspektive setzt natürlich voraus, dass der bisherige Auftrag vollendet wird. Die Fortführung über den bisherigen Auftrag hinaus folgt Überlegungen, die bald nach der politischen Wende in Europa eingesetzt haben. Bereits 1991 hat Bernhard Vogel als Präsident des Maximilian-Kolbe-Werks in einer Präsidiumssitzung auf die Möglichkeit hingewiesen, dass »das Maximilian-Kolbe-Werk, das den Stellvertretungsgedanken von Pater Maximilian Kolbe aufgenommen hat und stellvertretend Hilfe leistet, ... auf Grund dieses Stellvertretungsgedankens mit einer weiteren Aufgabe betraut« wird. Diesen Gedanken habe ich beim 30-jährigen Bestehen des Werkes aufgegriffen; er nimmt jetzt mehr und mehr konkrete Gestalt an. Man darf nicht dem Irrtum erliegen, das Werk der Versöhnung zwischen Polen und Deutschen und darüber hinaus zwischen Europäern sei abgeschlossen. Es bleibt nach wie vor viel zu tun.

»Diejenigen, die nach 1945 erste Schritte auf dem Weg der Aussöhnung gegangen sind, wären heute vielleicht überrascht, was sie angestoßen haben. Dennoch: Wer meint, die Grabplatte auf die Geschichte von Nationalsozialismus und Zweitem Weltkrieg sei bereits gelegt, unterschätzt die lang anhaltende Wirkung von Gewalt und ihre bis heute im individuellen wie im kollektiven Bewusstsein der Völker nachwirkenden Folgen. Ähnliches gilt für die Herrschaft des Kommunismus. Wir dürfen deshalb der nur allzu naheliegenden Versuchung nicht nachgeben, auf den langen und mühsamen Wegen der Aussöhnung mit unseren Nachbarn – und auch mit uns selbst – Abkürzungen zu nehmen. Die Erfahrung lehrt immer aufs Neue, dass es diese Abkürzungen nicht gibt. Im Gegenteil, sich den Herausforderungen, die aus gewalt- und schuldbelasteter Geschichte herrühren, nicht mit der gebotenen Geduld und Beharrlichkeit zu stellen, führt gerade dazu, ihr in prekärer Weise verhaftet zu bleiben.«[17]

---

[17] Karl Kardinal Lehmann, »*Versöhnung als Verantwortung für die Zukunft*«, Vortrag bei der Abschlussveranstaltung des Versöhnungsfonds der katholischen Kirche »Wege zur Versöhnung« am 12.10.2006 in Mainz.

Das grundlegende Konzept der Versöhnungsarbeit aus der Kraft der Erinnerung bleibt auch bei den Zukunftsüberlegungen des Maximilian-Kolbe-Werks erhalten. Auch zukünftig lädt das Werk dazu ein, dass sich einzelne und Gruppen unterschiedlicher Herkunft gemeinsam an die mit Unrecht, Gewalt und Schuld belastete Vergangenheit sowie an die Grundlagen und Grundwerte menschlichen Miteinanders erinnern, damit aus dieser gemeinsamen Erinnerungsarbeit Weggemeinschaften der Versöhnung entstehen und so die Kraft erwächst, die Zukunft eines menschenwürdigen gerechten, freien und solidarischen Zusammenlebens in einem friedlichen Europa mitzugestalten.

Für den Christen hat das Wort Versöhnung eine religiöse Bedeutung. Versöhnung im christlichen Sinne heißt immer Versöhnung mit Gott, allerdings Versöhnung mit Gott durch Jesus Christus. Dies schließt die Versöhnung mit den Mitmenschen ein. Der Auftrag des Evangeliums lautet, an Christi Statt Zeugen und Gesandte der Versöhnung zu sein (2 Kor 5, 19–20). Theologisch gesehen bilden die Versöhnung mit Gott und die Versöhnung zwischen den Menschen eine Einheit. Geschichtlich gesehen können Weggemeinschaften der Versöhnung, zu denen sich Menschen ohne Rückgriff auf religiöse Beweggründe zusammengeschlossen haben, auf Gott hin unterwegs sein. Dessen sollten sich die Christen in Europa immer bewusst bleiben, wenn sie als Zeugen und Gesandte der Versöhnung Weggemeinschaften der Versöhnung mit Menschen eingehen, die ohne dieses religiöse Verständnis Wege der Versöhnung gehen.

Die Geschichte der deutsch-polnischen Versöhnung und Partnerschaft ist vor allem die Geschichte des gemeinsamen Unterwegsseins ungezählter Gruppen und vieler einzelner Menschen, die sich die Aufgabe der Versöhnung zu einer Lebensaufgabe gemacht haben. Ohne eine solche Basis ist eine Politik, die sich die Versöhnung von Völkern zum Ziel gesetzt hat, unmöglich. Das deutsch-polnische Beispiel zeigt, dass Versöhnung zwischen den Völkern am ehesten gelingen kann, wenn die Politiker sich nicht in der politischen Gestaltung der Verhältnisse erschöpfen, sondern wenn die Aufgabe der Versöhnung auch als eine persönliche Herausforderung angenommen wird. Bernhard Vogel hat diese Herausforderung angenommen. Die Lebensgeschichte von Bernhard Vogel ist mit der Geschichte der deutsch-polnischen Versöhnung und Partnerschaft untrennbar verbunden.

Josef Thesing

Bernhard Vogel: Kultur des Dialogs – ein glaubwürdiges Mittel in der internationalen Zusammenarbeit

Ein persönlicher Beitrag

Lange habe ich überlegt, mit welcher Überschrift ich meinen Beitrag versehen soll. Diese Frage war nicht so leicht zu entscheiden, geht es doch darum, über Bernhard Vogel anlässlich seines 75. Geburtstages etwas zu schreiben, das aus dem üblichen Rahmen fällt. Vornehmlich persönliche Erfahrungen und Erinnerungen aus der Zusammenarbeit mit ihm sollten es sein, so wurde mir aufgegeben. Über ihn ist inzwischen in Festschriften[1] zu bestimmten Geburtstagen und bei anderen Gelegenheiten viel Gutes geschrieben worden, ich sehe mich außerstande, den vielen und gewiss berechtigten Würdigungen und Anerkennungen noch Neues hinzuzufügen. Als Person, Politiker und Staatsmann hat er sich viel Ansehen und Anerkennung erworben. Deshalb versuche ich nicht, bereits Gesagtes zu wiederholen. Mir scheint es interessanter, einiges von dem zu berichten, was wir, Bernhard Vogel als Vorsitzender und ich als der für die internationale Arbeit der Konrad-Adenauer-Stiftung für viele Jahre Verantwortliche, gemeinsam in der vielfältigen Tagesarbeit im Ausland und in der Begegnung mit bedeutenden Persönlichkeiten erlebt haben. Es kann sich dabei nur um eine Auswahl handeln.

Dialog und Vertrauen

Die internationale Arbeit der Stiftung vollzieht sich nicht nur in der Unterstützung von Programmen und Projekten, sondern der wertvollere und wesentliche Teil ist die Begegnung und der Dialog mit Menschen aus anderen Kulturen und Ländern. Menschen aus anderen Kulturen geben in der Begegnung und im Gespräch ihrer Kultur ein Gesicht; es entstehen konkrete Bilder von diesen Menschen, von ihren Lebensweisen, Wertvorstellungen, Ideen und Visionen. So erkennt man, wie viel man eigentlich gemeinsam hat. Für die Stiftung ist dieser Teil der internationalen Arbeit von besonderer Bedeutung. Daraus erwächst politisches und menschliches Vertrauen, die »Partnerschaft des aufrichtigen und auf-

---

[1] Peter Haungs/Karl Martin Graß/Hans Maier/Hans-Joachim Veen (Hg.), *Civitas. Widmungen für Bernhard Vogel zum 60. Geburtstag*, Paderborn 1992; *Vita activa – Vita contemplativa. Politik denken und gestalten. Bernhard Vogel zum 70. Geburtstag*, hg. von Günter Buchstab im Auftrag der Konrad-Adenauer-Stiftung e.V., Düsseldorf 2003.

rechten Dialogs«. So hat Martin Buber diese »Partnerschaft des Dialogs« beschrieben. Offenbar sind nur Kirchen und Politische Stiftungen in der Lage, dieser Notwendigkeit in der internationalen Zusammenarbeit besonders gerecht zu werden. Das hängt wohl auch mit einem Aspekt des politischen Grundverständnisses der Stiftung zusammen. Konrad Adenauer, unser Namenspatron, hat das so formuliert: »In der Außenpolitik wie überall spielt das persönliche Verhältnis derjenigen, die die Geschichte in der Hand haben, zueinander eine außerordentlich große Rolle. Das Vertrauen, das der eine zum anderen hat, die freundschaftliche Art, in der man sich ausspricht, die Würdigung und der Respekt, den einer vor dem anderen hat und den er damit auch ohne weiteres den von den anderen vorgebrachten Interessen entgegenbringt, ist bei solchen Verhandlungen ein Moment größter Tragweite.«[2] Mir scheint es richtig, an diese Merkmale politischen Verhaltens zu erinnern. Die Stiftung hat davon durch ihre Vorsitzenden Bruno Heck, Günter Rinsche und Bernhard Vogel besonders profitiert. Bruno Heck, der vieles durch sein Denken, Handeln, Verhalten und die ihm eigene natürliche Autorität in der Stiftung vorgegeben hat, war derjenige, der insbesondere in der internationalen Arbeit die von Konrad Adenauer formulierten Prinzipien vorgelebt hat. Dieser von Bruno Heck geprägte Stil wurde nahtlos von Günter Rinsche und Bernhard Vogel fortgeführt. Weltweit ist daraus über die Jahre sehr viel menschliches und politisches Vertrauenskapital entstanden.

Von Erfahrungen, Ereignissen und Erlebnissen will ich berichten, von Begegnungen und Gesprächen aus der Zeit, als Bernhard Vogel in der Nachfolge von Bruno Heck Vorsitzender der Stiftung war (1989–1995) und ist (seit 2001). Wir haben gemeinsam, vor allem auf vielen Reisen in fremde Länder, aber auch in der Stiftung selbst, bedeutende Persönlichkeiten getroffen, mit ihnen in einer offenen und vertrauensvollen Atmosphäre schwierige und heikle Probleme, Konflikte und Fragen besprechen können. So entstanden zahlreiche und erfolgreiche Programme und Projekte, hin und wieder auch Kontroversen und unterschiedliche Beurteilungen. Aber insgesamt prägten den Umgang mit den Partnern die persönliche Begegnung, der Dialog, der gegenseitige Respekt, das offene und menschliche Miteinander, der Geist der partnerschaftlichen Solidarität.

DER BEGINN 1989

Als Bernhard Vogel am 12. Januar 1989 von der Mitgliederversammlung der Stiftung als Nachfolger von Bruno Heck zum neuen Vorsitzenden gewählt wurde und am 28. Februar 1989 das Amt übernahm, betrat er nicht unvorbereitet sein neues Arbeitsfeld. Die Stiftung kannte er, ihr war er seit vielen Jahren durch aktive Mitarbeit verbunden – als MdB, Kultusminister und Ministerpräsident des Landes

---

[2] Anneliese Poppinga (Hg.), *Konrad Adenauer: «Seid wach für die kommenden Jahre»* – *Grundsätze, Erfahrungen, Einsichten*, Bergisch-Gladbach 1997, S. 258.

Rheinland-Pfalz. Das galt auch für die internationale Arbeit. Als junger Bundestagsabgeordneter nahm er Anfang 1966 als Referent an einem Programm des IFEDEC – Instituto de Formación Demócrata Cristiana – in Caracas teil. Dort traf er Arístides Calvani, Rafael Caldera und Enrique Pérez Olivares. Als Präsident des Zentralkomitees der deutschen Katholiken wurden Kontakte nach Polen geknüpft. Als Kultusminister von Rheinland-Pfalz setzte er sich tatkräftig für die Versöhnung mit Israel ein. Als Ministerpräsident von Rheinland-Pfalz initiierte er durch einen Beschluss des Ministerrates vom 13. Dezember 1981 die Zusammenarbeit mit Ruanda. Die Kooperation sollte sich nicht auf die beiden Regierungen konzentrieren, sondern wesentlich die Bevölkerung in beiden Ländern einbeziehen. Mit der Volksrepublik China gab es 1985 erste Kontakte. Der internationalen Arbeit der Stiftung stand der neue Vorsitzende sehr aufgeschlossen gegenüber. Mit dem Herzen, mit soliden Grundsätzen und seiner christlichen Werteordnung, gespeist aus der christlichen Soziallehre, mit einer reichhaltigen politischen Erfahrung, mit seinen persönlichen Eigenschaften und charakterlichen Annehmlichkeiten ging er an die Arbeit. Sein Politikverständnis, beeinflusst von seinem Lehrer Dolf Sternberger, der ihm vermittelte, dass man sich in der Politik sehr wohl stilvoll, elegant und inhaltsreich verhalten und ausdrücken kann, und der den Frieden als den Gegenstand und das Ziel der Politik definierte, ist klar bestimmt. »Das Wesen der Politik ist Friede, aber ebenso gilt: Das Wesen des Friedens ist Politik.«[3] Das war die politische Leitlinie von Dolf Sternberger. Das klingt einfach, ist aber für einen christlich und demokratisch motivierten Politiker eine substantielle Herausforderung. Neben diesem Politikverständnis kann Bernhard Vogel persönliche Eigenschaften wie Bescheidenheit, Klugheit, Besonnenheit, Gelassenheit, Beharrlichkeit, Verlässlichkeit, Wahrheitsliebe, Mitmenschlichkeit, Verantwortungsbewusstsein und Fleiß einsetzen. Ergänzt werden sie durch einen festen Charakter, der berechenbar ist. Für einen Politiker ist seine Eitelkeit nur mäßig ausgeprägt. Er ist ein fröhlicher Mensch, der in sich ruht. Auf Stil achtet er sehr – in seinen Worten, Artikeln, Reden und im Auftreten. Stilfragen sind für ihn nicht gleichgültig. Auch im ungezwungenen Umgang sind seine Worte fein gewogen. Hilfreich stehen ihm sein Humor und sein gewinnendes Lachen zur Seite. Kurzum: Er ist eine überzeugende und Sympathie ausstrahlende Persönlichkeit. Dabei bleibt er durchaus auf Distanz. Für dynamische und entscheidungsfreudige Mitarbeiter braucht er manchmal zu viel Zeit für Entscheidungen. Sie fallen ihm dann nicht leicht, wenn sie für andere Menschen, besonders für die, die er schätzt, Nachteile mit sich bringen. Und für diejenigen, die mit dem Faktor Zeit besonders pünktlich umgehen, ist sein Zeitverständnis flexibler.

Als 1989 unsere Zusammenarbeit begann – ich war damals Leiter des Internationalen Institutes –, war das kein Neubeginn. Schon 1966 hatten wir beide als

---

[3] Dolf Sternberger, *Das Wort »Politik« und der Begriff des Politischen*, in: Politische Vierteljahreshefte, 24. Jg. (1983), Heft 1, S. 13.

Referenten in einem Seminar in Eichholz mitgewirkt. Hin und wieder begegneten wir uns, wenn er in der Mainzer Staatskanzlei ausländische Gäste empfing. Unvergessen bleibt mir der 6. Mai 1985. Der Ministerpräsident von Rheinland-Pfalz hatte mich anlässlich des Besuches des amerikanischen Präsidenten Ronald Reagan zu einer Begegnung mit jungen Menschen auf dem Hambacher Schloss in Neustadt an der Weinstrasse eingeladen. Neben Ronald und Nancy Reagan waren Bundeskanzler Helmut Kohl und Ministerpräsident Bernhard Vogel anwesend. Viele tausend junge Menschen bejubelten an einem sonnigen Maitag mit voller Begeisterung und mit ausgelassener Fröhlichkeit die amerikanischen Gäste. Die Begeisterung war echt. Die in englischer Sprache vorgetragene Botschaft Ronald Reagans, in der er die jungen Leute ermunterte, sich für die Gesellschaft und die Demokratie einzusetzen, verfehlte ihre Wirkung nicht.

Der Aufbruch in Osteuropa

Ende Februar 1989 konnte niemand die späteren historischen Ereignisse dieses Jahres voraussehen. Bernhard Vogel erkannte sehr schnell, dass die von Bruno Heck begonnene Zusammenarbeit mit Mittel- und Osteuropa vorangebracht werden musste. Polen stand dabei an erster Stelle. Die Stiftung hatte seit vielen Jahren Kontakte zur Katholischen Kirche und ihr nahestehenden Organisationen. Bernhard Vogel kannte Polen. Mitte der 70er Jahre hatte er ein heimliches Treffen mit Tadeusz Mazowiecki in einer Warschauer Kirche, unter ähnlichen Umständen traf er sich mit Stanislaw Stomma. Mit der Wahl des Krakauer Kardinals Karol Wojtyla 1978 zum Papst Johannes Paul II. änderte sich vieles. Ende der 80er Jahre stellten wir uns darauf ein, möglichst bald in Polen mit einer Außenstelle und mit einem eigenen Mitarbeiter präsent zu sein. In den Jahren zuvor konnte die Stiftung umfangreiche Kontakte mit den Personen und Gruppen, die eine Veränderung herbeiführen wollten, herstellen. Ich selbst unternahm vom 19. bis 24. August 1984 eine Informationsreise nach Warschau, Lodz und Oppeln. Daraus entstanden konkrete Programme. Mit der Katholischen Universität in Lublin wurden in den folgenden Jahren mehrere deutsch-polnische Konferenzen zu wichtigen Fragen der katholischen Soziallehre durchgeführt. Bruno Heck reiste mehrmals nach Polen und nach Rom, um konkrete Hilfen für die Katholische Kirche vorzubereiten. Mit den Kommunisten und der Regierung gab es Kontakte, aber die Stiftung war nicht bereit, mit ihnen eine Zusammenarbeit einzugehen. Von der propagierten Modernisierung des Kommunismus hielten wir nichts. Diese Haltung hat der Stiftung ab 1989 die Arbeit in Polen und in den anderen ehemaligen sozialistischen Ländern sehr erleichtert.

Polen

Am 20. April 1989 leitete Bernhard Vogel in Eichholz eine Arbeitskonferenz, an der Mitarbeiter aus der Stiftung und externe Fachleute teilnahmen. Die Entwicklung in Osteuropa und die Perspektiven für die Stiftungsarbeit wurden diskutiert. Wir wollten uns auf die erkennbaren neuen Herausforderungen vorbereiten. Es sollte möglichst bald ein Büro in Warschau mit einem eigenen Mitarbeiter eingerichtet werden. Gleichzeitig wurden die Kontakte mit möglichen polnischen Partnern intensiviert. Auf Einladung der Stiftung besuchte vom 6. bis 8. Juli 1989 eine Delegation der Solidarność Bonn und Sankt Augustin. Sie wurde geleitet von Prof. Bronislaw Geremek, Fraktionsvorsitzender der Gruppe des Bürgerkomitees im Sejm; er wurde begleitet von Prof. Witold Trzciakowski, Senator und Wirtschaftsexperte der Opposition, Zbigniew Bujak, stv. Vorsitzender der Solidarność, und Janusz Reiter, Publizist, der in der zweiten Jahreshälfte 1986 als Stipendiat der Stiftung in Deutschland gewesen war (später wurde er Botschafter Polens in Deutschland). Die polnischen Gäste führten Gespräche mit Bundeskanzler Helmut Kohl, Außenminister Hans-Dietrich Genscher, Bundestagspräsidentin Rita Süssmuth. Bernhard Vogel gab am 6. Juli 1989 in der Stiftung in Sankt Augustin ein Abendessen für die polnischen Besucher. An diese Begegnung erinnere ich mich noch sehr gut. Es lag eine gewisse Spannung in der Luft. Wir wussten, dass Bronislaw Geremek Sohn eines Warschauer Rabbis war, der im KZ Auschwitz umgebracht wurde. Bronislaw Geremek machte seine erste Reise in die Bundesrepublik Deutschland. Wir wussten nicht, wie er, ein enger Vertrauter Lech Walesas, sich darstellen und verhalten würde. Es lagen soviel geschichtliche Schrecklichkeiten noch unaufgearbeitet zwischen uns. Doch die Besorgnis erwies sich schnell als unbegründet. Bernhard Vogel verstand es, eine der Sache angemessene Atmosphäre des Vertrauens und des offenen Gespräches zu schaffen. So etwas kann er. Er geht auf Menschen zu, verbreitet ein ehrliches Gefühl des Willkommens und strahlt menschliche Wärme aus. Und das alles stil- und würdevoll. Dann verfügt er noch über eine Fähigkeit, die nicht bei allen Politikern ausgeprägt ist. Er kann aufmerksam zuhören und durch eine fein gewogene Wortwahl auch sensible und heikle Themen ansprechen. So war es auch am 6. Juli 1989. Für beide Seiten war das Zusammentreffen gut und ergiebig. Geremek war auch mit den anderen Gesprächen zufrieden. Uns half das, schon am 1. August 1989 schickten wir einen Mitarbeiter nach Warschau.

Zwei Monate später kam Lech Walesa nach Deutschland. Am 6. September 1989 war er in Essen. Bernhard Vogel und ich waren zu einem Treffen eingeladen. Zusammen mit Norbert Blüm flogen wir am frühen Morgen mit dem Hubschrauber von Bonn nach Essen. Dort war um 8 Uhr eine Messe im Essener Dom vorgesehen. Sie wurde von Franz Kardinal Hengsbach gelesen. Walesa saß vorne links in der ersten Bank, wir dahinter. Am Ende ging Lech Walesa auf den Altar und sagte:

»Ich bringe Polen nach Europa zurück.« Beifall brandete auf. Seine Botschaft wurde verstanden. Anschließend fand das Treffen mit Lech Walesa im Hause des Kardinals statt. Alfred Herrhausen, Sprecher des Vorstandes der Deutschen Bank, Bundesminister Norbert Blüm, Franz Kardinal Hengsbach, Bernhard Vogel und ich nahmen daran teil. Es ging um den wirtschaftlichen Wiederaufbau Polens. Alfred Herrhausen hatte dazu Bundeskanzler Helmut Kohl einen Plan vorgelegt. Er sah die Gründung einer Bank für den Wiederaufbau mit einem fünfköpfigen Vorstand vor, drei Vorstandsmitglieder sollten aus westlichen Ländern, zwei aus Polen kommen. Vorsitzender sollte ein Niederländer sein. Die Bank sollte den wirtschaftlichen Aufbau des Landes auf privatwirtschaftlicher Basis fördern. Das notwendige Kapital sollte der Bank von westlicher Seite zur Verfügung gestellt, aber nicht zurückgezahlt werden, sondern als Revolving Fund in Polen bleiben. Nach Herrhausens Vorstellung sollte die Verwaltung des Kapitals nach fünf bis sieben Jahren in polnische Hände übergehen. Er hatte seinen Plan mit der Weltbank und mit einigen westlichen Regierungen vorher besprochen. Dann wurde Lech Walesa aktiv. Ich sah ihn erstmals aus unmittelbarer Nähe. Sein Auftreten beeindruckte zunächst: Von kleiner Statur, aber mit viel Energie, wortreicher Gestik und dargestelltem Selbstbewusstsein ausgestattet. Er verbarg nicht, dass er etwas Bedeutendes in Polen vollbracht hatte. Seine Sachkenntnis in wirtschaftlichen Fragen blieb weit hinter dem Selbstbewusstsein zurück. Er verlor sich schnell in unverbindlichen Allgemeinheiten und eher sachfernen Visionen über die Zukunft. Herrhausen, hinter dem ich saß, konnte ein verzweifeltes leises Stöhnen über die wirtschaftspolitischen Vorstellungen des polnischen »Revolutionärs« nicht unterdrücken. Bernhard Vogel suchte die Situation durch einen praktischen Vorschlag zu retten. Er regte an, möglichst bald unter der Federführung der Stiftung in Polen eine Konferenz zu dem Vorschlag mit der Teilnahme von 10 bis 15 polnischen und 10 deutschen Fachleuten durchzuführen, um die einzelnen Elemente des Projektes von Alfred Herrhausen zu konkretisieren. Auf Rückfrage stimmte Lech Walesa dem zu und versprach, entsprechende Vorschläge bezüglich der polnischen Teilnehmer zu machen. Das Projekt konnte, so Herrhausen, nur starten, wenn dazu die politische Zustimmung von polnischer Seite bald getroffen werde. Daraus wurde aber nichts. Lech Walesa hat das Projekt nicht weiter verfolgt. Ich wusste nicht, ob er das Projekt richtig verstanden hatte. Alfred Herrhausen hatte ein ähnliches Empfinden. Er ging nicht besonders ermutigt aus dem Gespräch.

In Warschau kam die Stiftung gut voran. Bundeskanzler Helmut Kohl wollte vom 9. bis 13. November 1989 Polen besuchen. Die neue Regierung mit Ministerpräsident Mazowiecki sollte unterstützt werden. Uns schien der Kanzlerbesuch in Polen eine günstige Gelegenheit zu sein, um die Außenstelle der Stiftung auch offiziell zu eröffnen. Wir stellten uns vor, den neuen polnischen Ministerpräsidenten Tadeusz Mazowiecki, der seit dem 24. August 1989 im Amt war, und Bundeskanzler Helmut Kohl zu bitten, als Ehrengäste an der Eröffnung teilzunehmen. Nach mühsamen Gesprächen in Warschau konnte erreicht werden, dass auch die polnische Seite dem Wunsche der Stiftung zustimmte. Beim deutschen Bundeskanzler war das einfacher. Er lud den Vorsitzenden der Stiftung Bernhard Vogel ein, ihn als Mitglied seiner Delegation nach Warschau zu begleiten. Wir machten uns an die Vorbereitung. Am 10. November 1989 abends sollte die Veranstaltung im Warschauer Schloss stattfinden.

Aber es kam anders. Bernhard Vogel, als Mitglied der offiziellen Delegation, und die Mitarbeiter der Stiftung reisten am 9. November 1989 nach Warschau. Es war ein nebliger, kühler, unfreundlicher Novembertag. Der alte Flughafen in Warschau empfing uns mit der verkommenen Infrastruktur eines abgewirtschafteten sozialistischen Systems mit lustloser und unpersönlicher Gleichgültigkeit. Wir wurden in dem gerade neu eröffneten Marriott-Hotel in Warschau untergebracht. Das Hotelmanagement befand sich noch in einer ersten Lernphase und hatte so seine Schwierigkeiten. Bernhard Vogel suchte seinen Koffer, ich wurde zunächst in eine luxuriöse zweistöckige Suite mit drei Schlafzimmern einquartiert. Und dann mischte sich Berlin ein. Die Ereignisse um die Mauer waren plötzlich das Thema. Die Mauer war offen. Als ich die ersten Fernsehbilder in Warschau sah, konnte ich es zunächst nicht glauben. Doch die Gewissheit stellte sich schnell ein. Bundeskanzler Helmut Kohl entschied abends in einer Besprechung in einer kleinen Runde im Marriott-Hotel, er müsse seinen Aufenthalt in Warschau unterbrechen und nach Berlin fahren.

So geschah es dann auch. Unser Bemühen, wenigstens den polnischen Ministerpräsidenten als Ehrengast auf der am nächsten Abend stattfindenden Eröffnung unserer Außenstelle begrüßen zu können, scheiterte. Die Eröffnung fand natürlich statt. Zahlreiche polnische Gäste aus Wirtschaft, Wissenschaft, Politik, Kirche und Medien waren gekommen. Natürlich standen die Geschehnisse in Berlin im Mittelpunkt der Gespräche. Uns war schon bewusst, dass die Eröffnung der Außenstelle in Warschau irgendwie in einem Zusammenhang mit den sich in Berlin ankündigenden Ereignissen stand. Es blieb etwas Symbolhaftes. Die polnischen Gäste und Gesprächspartner waren übrigens in der Frage der deutschen Einheit viel optimistischer. Die Präsenz historischer Entwicklung war spürbar. Bernhard Vogel ging in seiner Begrüßungsansprache darauf ein. Er sagte: »Dies ist für uns eine bewegende Stunde: Unsere Stiftung, die den Namen Konrad Adenauers trägt, schlägt eine Brücke zu unserem östlichen Nachbarn. Wir beginnen mit Zustimmung der polnischen Regierung unsere Arbeit in Polen. Wir sehen darin ein Zeichen für den historischen Wandel, der sich zurzeit vollzieht. ... Polen kehrt in die Gemeinschaft der Völker zurück, die ihre Politik nach innen und außen an den Grundwerten der Freiheit, den Menschenrechten und der Selbstbestimmung ausrichten. Nach Jahrzehnten der Verhärtung und des Misstrauens sind wir Zeugen einer Entwicklung in Europa, die uns hoffen lässt, endgültig aus dem Schatten des Ost-West-Konfliktes herauszutreten.«[4] Die zukünftigen Aufgaben der Stif-

---
4   Redetext vom 10.11.1989, S. 2.

tung beschrieb er so: »Mit unserer Arbeit in Warschau wollen wir dazu beitragen, zu Polen Brücken zu bauen. Damit sich Polen und Deutsche besser verstehen, wollen wir die Verbindung zu gesellschaftlichen Gruppen, auch zu den Kirchen, und zu den staatlichen Institutionen pflegen.«[5] Die Stimmung unter den Teilnehmern während des Empfanges war ungezwungen und herzlich. Die Rede Bernhard Vogels wurde im Inhalt und im Ton freundlich aufgenommen.

Budapest und Prag

Die Stiftung wollte ihre osteuropäischen Aktivitäten nicht auf Polen beschränken. Ungarn und die Tschechoslowakei – ab 1993 Tschechische und Slowakische Republik – folgten. Am 1. Januar 1990 nahm ein Mitarbeiter seine Tätigkeit in Budapest auf, am 1. Oktober 1990 konnte ein weiterer Mitarbeiter in Prag tätig werden. In Ungarn fand die Stiftung in József Antall, 1988 Mitbegründer des Forums der Ungarischen Demokraten (MDF) und am 23. Mai 1990 zum Ministerpräsidenten der Republik Ungarn gewählt, einen herausragenden Partner. Mit ihm und seiner Regierungspartei entwickelte sich schnell eine gute Zusammenarbeit. Auf Einladung der Stiftung besuchte er am 28. Januar 1990 Bonn. Bundeskanzler Helmut Kohl empfing ihn zu einem Gespräch. Er selbst erläuterte in einem Kolloquium in der Stiftung in Sankt Augustin die Entwicklung in Ungarn. Antall sprach sehr gut deutsch, ein Umstand, der das Gespräch und den Umgang mit ihm wesentlich erleichterte.

Bei den Kontakten und Gesprächen von Politikern aus Osteuropa spielte ein Gesichtspunkt eine wichtige Rolle: Viele politische Führungskräfte aus den mittel- und osteuropäischen Ländern suchten den Kontakt mit Deutschland, der Christlich-Demokratischen Union und der Bundesregierung unter Bundeskanzler Helmut Kohl. Die Stiftung lud vornehmlich christlich-demokratisch orientierte Persönlichkeiten aus den sich bildenden Parteien oder Gruppierungen nach Bonn ein, um nach Möglichkeit auch mit dem Vorsitzenden der CDU und Bundeskanzler Helmut Kohl zu sprechen und ein Foto mit ihm mit nach Hause nehmen zu können. Für die Besucher war das eine besondere Auszeichnung. Daheim bedeutete das viel. Dem Bundeskanzler waren wir dankbar, dass er für diese Begegnungen zur Verfügung stand. Die Gäste ihrerseits waren tief beeindruckt von der Anteilnahme, dem Interesse und den europapolitischen Ideen und Visionen des deutschen Bundeskanzlers. Die Besucher waren von der menschlichen Überzeugungskraft und der politischen Solidarität nachhaltig beeindruckt. In der Begegnung mit Helmut Kohl erlebten sie einen Politiker, den sie so nicht kannten und der Vertrauen inspirierte. Das Menschliche war in diesen Situationen ungewöhnlich wichtig. Historiker kümmern sich im Nachhinein kaum darum.

---

[5] Ebd., S. 7.

Aber ich habe immer wieder erlebt, wie vertrauensbildend diese Menschlichkeit war. Das hing wohl auch mit der politischen Erfahrung zusammen, die man zuvor im eigenen Lande unter einem anderen System gemacht hatte.

Die Stiftung selbst konnte schon damals im Wettbewerb mit anderen Stiftungen einen Vorteil einbringen. Unser Name war und ist ein Vorteil. Schon damals habe ich immer wieder feststellen können, dass ich ausländischen Besuchern nicht den Namen und die politische Leistung Konrad Adenauers erklären musste. Schwieriger war es, die Frage zu beantworten, was man für den Aufbau einer neuen Staats-, Verfassungs- und Wirtschaftsordnung in den osteuropäischen Ländern oder anderswo von Adenauer lernen könne. Er sei es doch gewesen, der ein fast total zerstörtes Land in wenigen Jahren wieder aufgebaut habe. In der Antwort auf diese Frage erhofften sich die Fragesteller Hinweise für die Lösung der Probleme in ihren Ländern zu finden. Vieles konnte man erklären, aber keine konkreten Rezepte anbieten.

Am 18. Dezember 1990 konnten wir die Außenstelle in Budapest offiziell eröffnen. Bernhard Vogel und ich flogen nach Budapest, um abends im Ethnographischen Museum mit dem Ehrengast Ministerpräsident József Antall und mit zahlreichen Gästen die Außenstelle der Öffentlichkeit zu präsentieren. Bernhard Vogel und József Antall hielten Ansprachen, in denen das in kurzer Zeit entstandene freundschaftliche Einvernehmen zum Ausdruck kam. Bernhard Vogel vergaß nicht, den Ungarn und der vorherigen Regierung für ihre mutige Entscheidung in der Flüchtlingsfrage zu danken.

Nach Budapest folgte Prag. Am 1. Oktober 1990 schickten wir einen Mitarbeiter in die tschechoslowakische Hauptstadt. Der Beginn in Prag war mühsamer. Schließlich konnten wir am 15. Oktober 1990 die feierliche Eröffnung der Außenstelle durchführen. Bernhard Vogel und ich nutzten die Gelegenheit, um Gespräche mit dem Staatspräsidenten, dem Kanzler im Präsidialamt und Erzbischof Miloslav Vlk zu führen. Eindrucksvoll war die Begegnung auf der Prager Burg. Zunächst hatten wir ein Gespräch mit Karel Johannes Fürst Schwarzenberg, Kanzler im Präsidialamt. Fürst Schwarzenberg und Bernhard Vogel verstanden sich auf Anhieb. Man sprach sehr offen über die Probleme des Wandels in der Tschechoslowakei. Schwarzenberg ermunterte Bernhard Vogel und die Stiftung, sich aktiv an dem Aufbauprozess zu beteiligen. Dann folgte eine kurze Begegnung mit dem Staatspräsidenten Vaclav Havel. Er wirkte etwas schüchtern, freundlich, höflich, sehr bescheiden in seinem Auftreten und ohne die professionellen Attitüden, die man bei erfahrenen Berufspolitikern beobachten kann. Das Gespräch musste übersetzt werden. Das war kein Hindernis, Bernhard Vogel gelang es schnell, dem Gespräch eine ungezwungene Note zu geben. Seine Worte erreichten die erhoffte Wirkung. Vaclav Havel blühte auf. Er begrüßte ausdrücklich die Tätigkeit der Stiftung in seinem Lande. Bernhard Vogel überreichte ihm mit der entsprechenden Erläuterung einen Gedichtband. Darüber freute sich der Präsident sichtlich. Die Begegnung endete in einer herzlichen Atmosphäre. Alle waren sehr angetan. Vaclav Havel auf der Prager Burg mit Fürst Schwarzenberg im Vorzimmer – das war eine interessante und reizvolle Konstellation. Für die Eröffnung der Außenstelle im Kaiserstein-Palais mit vielen Gästen war das ein schöner Auftakt.

Auf Bernhard Vogel wartete noch eine Überraschung. Als wir das Gebäude verließen, wurde er von einer Reisegruppe aus Rheinland-Pfalz jubelnd begrüßt. Die Sympathiebekundung für den ehemaligen Ministerpräsidenten war spürbar. Bernhard Vogel tat das sichtlich gut.

Lateinamerika, Afrika und Asien

Die Arbeit der Stiftung in Osteuropa war ein Feld, mit dem sich Bernhard Vogel aufgrund der politischen Entwicklung nach seiner Amtsübernahme befassen musste. Daneben durfte das entwicklungspolitische Engagement, das Hauptfeld der internationalen Arbeit der Stiftung, nicht vernachlässigt werden. Die Entwicklung in Afrika, Asien und Lateinamerika erforderte ebenfalls viel Aufmerksamkeit. In diesen Kontinenten änderte sich vieles. Vom 2. bis 9. April 1989 nahm er an der Konferenz der Mitarbeiter in Lateinamerika in Punta del Este, Uruguay, teil. Auch sein Vorgänger Bruno Heck, nunmehr Ehrenvorsitzender, war dabei. Für Bernhard Vogel war es nach langer Zeit eine neue Kontaktaufnahme mit Lateinamerika. Die Mitarbeiter und ihre Arbeit vor Ort wollte er kennenlernen. In einem eher bescheidenen Hotel in Punta del Este, wo zu dieser Jahreszeit kaum Touristen anzutreffen waren, entwickelte sich bald der von ihm gesuchte Kontakt. Er ging auf die Mitarbeiter zu, stellte viele Fragen und ließ sich über Projekte, Probleme und Partner informieren. Durch die Zusammenarbeit des Landes Rheinland-Pfalz mit Ruanda kannte er die entwicklungspolitischen Problemfelder. Er folgte dem intensiven Arbeitsprogramm mit Interesse und Aufmerksamkeit. Als ein Ergebnis dieses Treffens wurde das Rechtsstaatsprogramm für Lateinamerika konzipiert. Der neue Vorsitzende hatte bei den »Lateinamerikanern« einen guten Einstand.

Die Mitarbeiter in Asien traf er auf der Konferenz vom 4. bis 10. März 1990 in Kuala Lumpur und Kota Kinabalu. Auf einer Wildfarm in Namibia (27. Januar bis 3. Februar 1991) stellten sich die Mitarbeiter in Afrika mit ihren Projekten, Problemen und Perspektiven vor. Damit war der Vorsitzende Bernhard Vogel in den drei Entwicklungskontinenten bei den Mitarbeitern und einigen Partnern bekannt. Neben der intensiven Arbeit und den umfangreichen Diskussionen wurden auf den Mitarbeiterkonferenzen Programme und Projekte kritisch überprüft. Die Mitarbeiter erfuhren, was der neue Vorsitzende dachte, welche Vorstellungen er und die Zentrale über die zukünftige Arbeit hatten. Die Mitarbeiter konnten daneben den Vorsitzenden unmittelbar erleben. Dafür boten sich viele Gelegenheiten, vor allem außerhalb des Arbeitsprogramms. Wir suchten Tagungsorte aus, die etwas abgelegen waren, kreative Ruhe und keine Ablenkungsmöglichkeiten boten. Für eine Woche konnte man miteinander ungezwungen umgehen. Das war gut und wichtig. Auf allen Konferenzen stellte sich eine persönliche Bindung der Mitarbeiter mit dem Vorsitzenden ein. Man mochte ihn, schätzte ihn und identifizierte sich mit ihm als Chef der Stiftung. Man war stolz auf ihn und mit ihm.

Bernhard Vogel ist ein Mensch, der abends nicht sehr früh schlafen geht, sondern nach der Arbeit gern noch Menschen um sich hat, mit denen er sich unterhalten kann, sei es beim Bier oder einem Glas Wein; solche form- und zwanglosen Unterhaltungen schaffen eine angenehme »familiäre« Vertrautheit, der es aber an der natürlichen Distanz nicht fehlt. Bernhard Vogel ist besonders zufrieden, wenn er bei solchen Gelegenheiten noch seine Zigarre rauchen kann. Meistens hat er aber keine dabei. Ich hatte es mir zur Gewohnheit gemacht, eine Schachtel »Churchill Brasil« oder »Ministros Brasil« mitzunehmen. Dankbar nahm er die Aushilfe an.

Viele hochrangige Persönlichkeiten und Partner besuchten die Stiftung in Sankt Augustin. Natürlich wollten sie alle auch mit dem neuen Vorsitzenden sprechen. Umgekehrt war es ebenso. Am 11. Mai 1989 besuchte uns der berühmte peruanische Schriftsteller Mario Vargas Llosa. Er hatte sich entschlossen, in seinem Land Präsident zu werden, um die sozialen, wirtschaftlichen und politischen Verhältnisse in Peru zu ändern. Seine politischen Vorstellungen, die er mit der Brillanz des großen Literaten formulierte und vortrug, waren überzeugend. Das Treffen mit ihm war ein Erlebnis. Das Gespräch mit Bernhard Vogel und Mitarbeitern der Stiftung beeindruckte uns sehr. Ich selbst hatte alle seine Bücher in spanischer Sprache gelesen, war ihm persönlich aber noch nicht begegnet. Nach dem Gespräch kamen mir Zweifel, ob dieser brillante und sympathische Mann mit seinen Ideen von den Wählern, darunter viele Indígenas, verstanden würde. Die Stiftung entschloss sich, ihm im Rahmen ihrer Möglichkeiten zu helfen. Erfolgreich waren wir damit nicht. Mario Vargas Llosa verlor die Wahl. Mit Fujimori bekam Peru einen schlechten Präsidenten, der Literatur blieb ein bedeutender Schriftsteller erhalten.

Am 19. September 1989 war Patricio Aylwin, der Präsidentschaftskandidat der Opposition in Chile, Gast der Stiftung. Er sprach mit Bundeskanzler Helmut Kohl, Mitgliedern der Bundesregierung und natürlich mit uns in der Stiftung. Aylwin und Bernhard Vogel trafen sich zum ersten Mal. Das Treffen war besonders herzlich und ausführlich. Patricio Aylwin, u.a. mit Eduardo Frei Montalva Mitbegründer der Partido Demócrata Cristiana (PDC), war nach Bonn gekommen, um vor der entscheidenden Wahl am 14. Dezember 1989 politische Unterstützung durch den Vorsitzenden der CDU und Bundeskanzler Helmut Kohl zu erhalten. Gegenüber der Stiftung fühlte er sich zu besonderem Dank verpflichtet, war sie es doch, die die christlichen Demokraten von 1973 bis 1989 während der Militärdiktatur Pinochets mit umfangreichen Programmen und Projekten unterstützt hatte. Im Rahmen einer abgesprochenen Überlebensstrategie konnten die

PDC und viele Mitglieder und Führungskräfte die Parteistruktur erhalten und auch selbst die schwierige Zeit überstehen. Gleichzeitig konnte die Partei sich politisch und programmatisch auf die Zeit nach der Militärdiktatur vorbereiten. Die war nun gekommen. Die Opposition mit dem Kandidaten Patricio Aylwin gewann die Wahl. Bernhard Vogel und ich wurden zur Teilnahme an der Amtseinführung des neuen Präsidenten am 11. März 1990 nach Santiago de Chile eingeladen. Chile befand sich in einer Festtagsstimmung. Am 10. März 1990 wurden wir von Patricio Aylwin in seinem Privathaus empfangen. Am nächsten Tag folgte die Zeremonie der Amtsübergabe. In Chile vollzog sich nach den bitteren Jahren der Diktatur ein demokratischer Neubeginn. Wir in der Stiftung ließen uns ein wenig von der freudigen Stimmung mitreißen. So ganz unbeteiligt waren wir ja nicht gewesen. Solche Tage sind auch in der Stiftungsarbeit besondere Glanzpunkte.

Mitte November 1989 hatten wir Besuch aus Nicaragua. Violeta de Chamorro, die Kandidatin der Opposition für die nächste Präsidentschaftswahl, war unserer Einladung gefolgt. Sie wurde von Bundeskanzler Helmut Kohl empfangen, in der Stiftung führte sie mehrere Gespräche. Sie traf auch Bernhard Vogel. Violeta de Chamorro, Witwe des vom Somoza-Regime 1978 umgebrachten Herausgebers der Zeitung »La Prensa«, Pedro Chamorro, wollte zunächst nicht Präsidentin Nicaraguas werden. Die verschiedenen und teilweise zerstrittenen Oppositionsgruppen, die sich nach mühsamen Gesprächen und mit tatkräftiger Hilfe der Stiftung zusammenschlossen, konnten sich nur auf Violeta de Chamorro als Präsidentschaftskandidatin einigen. Diesem Wunsch beugte sie sich. Ihr Besuch in Deutschland diente dazu, ihr öffentlich Unterstützung zu geben. Die Nicaraguaner sollten wissen, dass die »demokratische Alternative« internationale Hilfe und Zuspruch erhielt.

Violeta de Chamorro ist eine ungewöhnliche Frau. Tiefgläubig, von einer außergewöhnlichen und echten Einfachheit und Herzlichkeit, mit spontanem und einnehmendem Charme, eine warmherzige Mutter, die jetzt Politikerin werden musste. Die Nicaraguaner sahen in ihr die »Mutter des Landes«, die in einer schwierigen Situation helfen musste. Bei der Bewältigung der neuen Herausforderung half ihr ein praktischer und gesunder Menschenverstand. So eroberte sie die Herzen und die Stimmen vieler Nicaraguaner. Als sie am 13./14. November 1989 bei uns war, hatte sie natürlich die Ereignisse in Berlin mitbekommen. Im Gespräch mit mir brachte sie spontan die Idee ein, ihr ein Stück Stein aus der Berliner Mauer zu besorgen. »Mit diesem Stein werde ich in Nicaragua in den Wahlkampf gehen und den Menschen und Sandinisten zeigen, wohin der Sozialismus führt.« Wir beschafften ihr zwei Stücke aus der Berliner Mauer, die sie im Wahlkampf stets mit sich führte und als symbolische Beweisstücke für den Zusammenbruch des Sozialismus präsentierte. Zur Überraschung vieler, auch der siegesgewissen Sandinisten, gewann sie die Wahl überlegen. Als Präsidentin war sie der einzige Mensch, der Papst Johannes Paul II., als er zum zweiten Mal Nicaragua besuchte, herzlich umarmte. Dem Papst gefiel das offensichtlich.

Bernhard Vogel hatte sich gut in die internationale Arbeit der Stiftung eingearbeitet. Lothar Kraft, Hauptgeschäftsführer der Stiftung, drückte das allgemeine Empfinden der Mitarbeiterinnen und Mitarbeiter so aus: »Bernhard Vogel ist ein Glücksfall für die Stiftung, ein idealer Vorsitzender. Aufbauend auf der über Jahrzehnte gereiften Professionalität, hat er die neuen Aufgaben für die Stiftung mit schnellem Gespür aufgegriffen, Mitarbeiter und Organisation auf die zukünftigen Herausforderungen vorbereitet. Die Stiftung hat wichtige neue Aufgaben übernommen und durch ihn zusätzliches Ansehen erworben. Bernhard Vogel verdient unsere Achtung und Dankbarkeit.«[6]

27. Januar 1992

Doch dann kam der 27. Januar 1992. Bernhard Vogel, Lothar Kraft und ich machten uns auf den Weg nach München. Mit der Leitung der Hanns-Seidel-Stiftung war ein Abstimmungsgespräch verabredet worden. Über die Arbeit der beiden Stiftungen, mögliche Konfliktfelder und Fragen der Abstimmung und Koordination wollten wir uns unterhalten. In München lag Schnee. Das Gespräch verlief gut. Die Spannungen, die es u.a. mit Strauß und wegen Chile gegeben hatte, standen nicht mehr auf der Tagesordnung. Man kam miteinander aus. Nach Abschluss des Gespräches trafen wir uns in einer Münchner Gaststätte zum Mittagessen. Wir waren gerade mit der Vorspeise fertig, da wurde Bernhard Vogel von einer kräftigen Kellnerin auf bayrisch ans Telefon gerufen. Aus Bonn kam der Anruf. Bundeskanzler Helmut Kohl wollte den Vorsitzenden der KAS sprechen. Das Telefonat dauerte lange. Es ging um die Nachfolge des Thüringer Ministerpräsidenten Josef Duchač. Eine sehr interessierte Kandidatin war Rita Süssmuth. Helmut Kohl wollte sie aber nicht. Er setzte Bernhard Vogel als seinen Kandidaten dagegen. Dafür nahm er ihn mit der Kohl eigenen Deutlichkeit und Beharrlichkeit in die Pflicht. Daraus gab es kein Entrinnen. Nie werde ich das ernste Gesicht, das ich vorher noch nie bei ihm gesehen hatte, vergessen, mit dem Bernhard Vogel nach Beendigung des Telefonats an den Mittagstisch zurückkam. Er berichtete uns über das Geschehene. Ich konnte bei ihm keine Begeisterung für die neue Aufgabe feststellen. Es war in diesem Augenblick reine Pflichterfüllung, die ihn dann sofort nach Erfurt fahren ließ. Lothar Kraft und mir war sofort klar, was diese Entscheidung für die Stiftung bedeuten würde. Sie war für uns und die Stiftung ein großer Verlust. Ich selbst hatte einige Mühe zu verstehen, warum Thüringen wichtiger war als das interessante und weltweite Aktionsfeld der Stiftung. Die Welt für Thüringen? Mir wollte das nicht einleuchten. Der Verstand

---

[6] Lothar Kraft, *Der Vorsitzende der Konrad-Adenauer-Stiftung*, in: Haungs u.a. (wie Anm. 1), S. 94.

sagte zwar, dass Bernhard Vogel der Bitte Helmut Kohls folgen müsse, aber aus der Sicht der Stiftung war das alles andere als wünschenswert. Lothar Kraft und ich flogen von München nach Köln mit gedämpfter Stimmung und einem Gefühl des Unbehagens zurück. Wie sollte es mit einem Vorsitzenden weitergehen, der in Zukunft vorrangig seine Aufgaben als Thüringer Ministerpräsident in einer schwierigen Aufbauphase erfüllen musste? Unsere Sorgen waren nicht unbegründet. In den folgenden Jahren bekamen wir das noch zu spüren.

Als Thüringer Ministerpräsident blieb Bernhard Vogel noch bis 1995 Vorsitzender der Stiftung. Das Amt musste er abgeben, da nach seiner Wahl zum Landesvorsitzenden der CDU beide Ämter nicht kompatibel waren. Nachdem er 2001 den Landesvorsitz der CDU Thüringens abgegeben hatte, wurde er wieder zum Vorsitzenden der Stiftung gewählt. Als er auch 2003 die Nachfolge im Amt des Thüringer Ministerpräsidenten gut und problemlos geregelt hatte, konzentrierte er sich mit voller Kraft auf die Aufgaben in der Stiftung. Erwähnenswert und hervorzuheben ist, dass er auch in der Zwischenzeit der Stiftung zur Verfügung stand. Immer, wenn es seine Zeit erlaubte, empfing er ausländische Gäste, wirkte bei Veranstaltungen im In- und Ausland mit. Erstaunlich und anerkennenswert sind sein Fleiß, seine enorme Arbeitskraft und seine Fähigkeit, sich auf Gespräche, Begegnungen und Vorträge gründlich vorzubereiten. Seine Gegenüber hatten immer das Gefühl, einen sachkundigen, interessierten und wissbegierigen Dialogpartner vor sich zu haben.

BEIM KÖNIG

Von einer letzten gemeinsamen Erfahrung im Ausland will ich noch berichten. Wir nahmen beide an der Mitarbeiterkonferenz in Kambodscha (24. bis 28. Juni 2002) teil. Die Mitarbeiter der Stiftung in Asien trafen sich mit der Leitung in der kambodschanischen Hauptstadt Phnom Penh. Im Programm war für den 25. Juni 2002 eine Begegnung mit dem König Norodom Sihanuk im Königspalast vorgesehen. Unserem Mitarbeiter war dieses Arrangement gelungen. Das hing mit dem Ansehen zusammen, das die Stiftung in Kambodscha genoss. Die Audienz fand am späten Vormittag statt. Rechtzeitig kamen wir im Königspalast an. Das Protokoll war streng und vollzog sich nach einem traditionellen Ritual. Die Bediensteten des Palastes, gekleidet in besondere Uniformen, bewegten sich nur kriechend auf dem Fußboden. Ihr Blick war immer nach unten gerichtet. Der Palast war mit wunderschönen Blumen geschmückt. Die Sitzordnung war stufenweise geregelt. Der König und der Ehrengast – in diesem Falle Bernhard Vogel – nahmen auf einer etwa zwei Meter erhöhten Sitzgruppe Platz, der König rechts, ihm gegenüber Bernhard Vogel, durch einen kleinen Tisch getrennt. Wir nahmen unten Platz. Der König erschien und begrüßte mit der üblichen Verbeugung und einem Händedruck die Gäste. König Norodom Sihanuk war ein jovialer, gewiefter Mann von Welt. Er hatte eine schillernde Vergangenheit hinter sich. Aber irgendwie hatte er es immer wieder verstanden, sein Land aus den zahlreichen und blutigen Konflikten wieder zu einen. Er war von kleiner Statur, quirlig und mit der stets lächelnden asiatischen Freundlichkeit ausgestattet. Im Lande, vor allem von der Landbevölkerung, wurde er als Gottkönig verehrt. Der französische Einfluss auf seine Erziehung und Bildung war unverkennbar. Englisch und Französisch sprach er perfekt. Eine ungewöhnliche Persönlichkeit. Bernhard Vogel saß nun diesem König gegenüber. In der Vorbereitung war mit dem Protokoll vereinbart worden, dass das Gespräch übersetzt werden sollte – von der Landessprache Khmer in die deutsche Sprache. Doch der König hielt sich nicht daran. Er begann in fließendem Englisch. Zunächst bedankte er sich bei der Stiftung für die Arbeit, die sie in Kambodscha leiste. Für sein Land sei das sehr wichtig. Dann erklärte er die politische, wirtschaftliche und soziale Situation Kambodschas. Der Redefluss war schnell und ohne Unterbrechung. Bernhard Vogel fühlte sich sichtlich unwohl. Sollte er nur zuhören? Musste er nicht aus Gründen der Höflichkeit auch etwas sagen? Nach einigem Zögern wagte er es, etwas zu sagen. In deutscher Sprache ging das wohl nicht, also versuchte er es mit der englischen Sprache. Mit dieser Sprache kann er nicht so geläufig umgehen wie mit der eigenen. Darunter leidet der Sprachfluss. Aber immerhin brachte er in dem Redefluss des Königs eine Frage unter. Dieser reagierte mit asiatischer Höflichkeit. »Yes, Your Excellency, I thank you very much.« Dann setzte er seinen Redefluss fort. Bernhard Vogel startete noch mehrere Versuche, um wenigstens ansatzweise ein Gespräch zustande zu bringen. Es gelang aber nicht wirklich. Nach 40 Minuten war die Audienz zu Ende. Der König stellte sich noch für ein Bild zur Verfügung und verabschiedete sich. Bernhard Vogel war etwas irritiert und fragte mich nach meinem Eindruck. Was sollte ich antworten? Ich erklärte ihm, dass das Ritual für solche Audienzen festgelegt sei. Man müsse sich damit abfinden, dass der König rede und der Gast zuhöre. Trotzdem war diese Begegnung ein interessantes Erlebnis. Über die Probleme des Landes konnten wir am nächsten Tag ausführlich mit dem Ministerpräsidenten Hun Sen sprechen.

40 Jahre erfolgreiche Arbeit

Am 1. Juli 2002 konnte die Konrad-Adenauer-Stiftung auf 40 Jahre erfolgreiche internationale Zusammenarbeit zurückblicken. Die Stiftung nahm dieses Ereignis zum Anlass, am 24. Juli 2002 in Berlin im eigenen Hause eine internationale Konferenz durchzuführen. »Zukunft demokratisch gestalten – Demokratie, Rechtsstaatlichkeit, soziale Gerechtigkeit« – so lautete das Thema. Ehrengast mit einer Festansprache war Bundespräsident Johannes Rau. Hochrangige Persönlichkeiten aus dem Partnerbereich der Stiftung kamen aus vielen Ländern nach Berlin und wirkten als Referenten mit: Ex-Präsident Eduardo Frei Ruiz-Tagle, Chile; Ministerpräsident a.D. Ivan Yordanov Kostov, Bulgarien; Staatspräsident Stjépan Mesic, Kroatien; Rigoberta Menchú Tum, Friedensnobelpreisträgerin 1992, Guatemala; Minister Prince Mangosathu Buthelezi, Südafrika; Kardinal Oscar Andrés Rodríguez Maradiaga, Honduras; Ex-Präsident Miguel Angel Rodríguez Echevarria, Costa Rica. Bernhard Vogel war Gastgeber. In seiner Begrüßungsansprache sagte er u.a.: »Die Stiftung hat Erfahrung, Kompetenz und ein internationales Netzwerk. Sie hat über Grenzen hinweg eine Kultur des Dialogs und Erfahrungsaustausches geschaffen, die für alle Beteiligten gut und nützlich ist. Sie ist Partner des Dialogs, Partner der Völker und Menschen über die gemeinsamen Werte des Zusammenlebens, der Werte Freiheit, Gerechtigkeit, Frieden.«[7] Daran haben viele mitgearbeitet, die Partner in mehr als 100 Ländern der Welt, die Mitarbeiterinnen und Mitarbeiter der Stiftung im In- und Ausland, und nicht in einem geringen Maße die Vorsitzenden. Bernhard Vogel leistet durch das von ihm glaubwürdig vorgelebte Beispiel seinen eigenen und bedeutenden Beitrag für die Kultur des Dialogs. Ich selbst stelle nach den vielen Jahren einer engen und vertrauensvollen Zusammenarbeit mit Freude und Genugtuung fest: Es war eine gute und schöne Zeit, für die Stiftung und für mich selbst.

---

[7] In: Josef Thesing (Hg.), *Zukunft demokratisch gestalten*, Sankt Augustin 2002, S. 18.

GERHARD WAHLERS

Bernhard Vogel als Außenpolitiker

Wenn die Rede auf Bernhard Vogel kommt, denkt man nicht automatisch an Außenpolitik. Bernhard Vogel ist 23 Jahre lang Ministerpräsident gewesen – so lange, wie vor und nach ihm kein anderer Politiker in der Bundesrepublik Deutschland. Er hat als Landesvater erst in Rheinland-Pfalz von 1976 bis 1988 und dann in Thüringen von 1992 bis 2003 erfolgreich Politik vor allem für die dort lebenden Menschen gestaltet.

Der außenpolitische Spielraum der Bundesländer jedoch ist gering. Die Möglichkeiten der Ministerpräsidenten sind formal eingeschränkt. Das Grundgesetz sieht in Art. 32 vor, dass die Pflege der auswärtigen Beziehungen Sache des Bundes ist. Die Länder müssen gehört werden, wenn der Abschluss eines Vertrages ihre besonderen Interessen berührt. Allein wenn der Vertragsgegenstand in ihre Zuständigkeit fällt, können sie selbst Abkommen mit auswärtigen Staaten abschließen – allerdings nur mit Zustimmung des Bundes.

In der bundespolitischen Praxis haben Ministerpräsidenten drei Möglichkeiten, außenpolitisch aktiv zu werden: 1. Über den Bundesrat können sie Einfluss auf die Umsetzung internationaler Verträge in nationales Recht nehmen. 2. Innerhalb der Europäischen Union bringen die Länder ihre Meinung ein – jedoch gehört dieser Bereich schon eher zu einer »europäischen Innenpolitik« als zu klassischer Außenpolitik. 3. Ministerpräsidenten können im Ausland für ihr Land werben und Kontakte für die heimische Wirtschaft vermitteln bzw. auswärtige Besucher bei sich zu Hause empfangen. Diese Tätigkeit ist aber eher als Außenhandelspolitik der Regionen aufzufassen. Bernhard Vogel selbst gelangte 1987 zu der Feststellung: »Es gibt keine Außenpolitik der Länder.«

Die langjährige Präsenz Bernhards Vogels als Ministerpräsident führt vermutlich dazu, dass er bis heute öffentlich nicht als Außenpolitiker wahrgenommen wird. Dennoch gehört er zu den Politikern, die schon seit langem Einfluss auf die deutsche außenpolitische Debatte nahmen und nehmen. Nicht umsonst erhielt er 2002 die Ehrendoktorwürde der Katholischen Universität Washington D.C. und ein Jahr später die Ehrendoktorwürde der Universität Lublin. Als Begründung für diese Auszeichnungen wurden seine außergewöhnlichen Verdienste auf dem Feld der internationalen Zusammenarbeit und sein stetes Engagement für die transatlantischen Beziehungen bzw. für die deutsch-polnische Versöhnung herangezogen.

Bernhard Vogel hat seine politischen Ämter stets dazu genutzt, ein besseres gegenseitiges Verständnis der Nationen zu fördern und vor allem für die weltweite Verantwortung der Deutschen einzutreten. So nutzte er den Vorsitz des Zentralkomitees der Deutschen Katholiken und den Vorsitz des Maximilian-Kolbe-

Werkes für die Versöhnung mit Polen. Als Herausgeber des Jahrbuchs CIVITAS sorgte er bereits 1974 dafür, dass der spätere erste demokratische Ministerpräsident Polens, Tadeusz Mazowiecki, einen Beitrag über das Wirken polnischer christlich-demokratischer Politiker in einer maßgeblichen deutschen Publikation veröffentlichen konnte. Die gute deutsch-französische Nachbarschaft und Versöhnung förderte er durch die Unterstützung der vielen Gemeindepartnerschaften zwischen dem Land Rheinland-Pfalz und der Region Burgund, das Engagement der Bürger für die Hilfe für die Dritte Welt durch die Begründung der Landespartnerschaft Rheinland-Pfalz mit dem afrikanischen Ruanda. Die Versöhnung mit Israel war ihm ein besonderes Anliegen. Für die weltweite Zusammenarbeit der konservativen und christlich-demokratischen Parteien setzte er sich als langjähriger Vorsitzender der International Democratic Union (IDU) tatkräftig ein. Viele Vorträge und Gespräche im Ausland kennzeichneten schon vor der Übernahme des Vorsitzes der Konrad-Adenauer-Stiftung (KAS) sein internationales politisches Engagement.

Es ist gerade diese Seite seines politischen Wirkens, die auch mich in den verschiedenen Funktionen meiner Tätigkeit in der Konrad-Adenauer-Stiftung begleitet und geprägt hat. Ich will mich dabei besonders auf die Zeiträume des Wirkens von Bernhard Vogel beschränken, die ich unmittelbar miterleben konnte.

Bernhard Vogels außenpolitisches Engagement beruht im Wesentlichen auf zwei Motiven. Das eine ist sein christliches Wertefundament. Er versteht sich als christlicher Politiker, der sein Handeln an christlichen Überzeugungen ausrichtet. Die auch in den internationalen Beziehungen relevanten Grundwerte Freiheit, Gerechtigkeit, Verantwortung leitet Bernhard Vogel aus seinem Glauben als Katholik ab. Für ihn ist die Freiheit des Menschen gottgegeben und Ausdruck der menschlichen Würde. Ihr kommt eine zentrale Bedeutung zu, doch findet sie dort ihre Grenzen, wo die Würde eines Mitmenschen bedroht ist. Entsprechend muss ein sinnvoller Ausgleich zwischen diesen drei Grundwerten geschaffen werden.

Das andere ist seine Zugehörigkeit zur Generation derjenigen, die den Zweiten Weltkrieg und dessen Folgen als Kinder und Jugendliche bewußt miterlebt und darunter gelitten haben. Der damalige Aufruf »Nie wieder« ist in Bernhard Vogel nach wie vor wach. Er fasst ihn als Verpflichtung auf, Verantwortung zu übernehmen und die Zukunft positiv zu gestalten.

Entsprechend sind die europäische Einigung, die Freundschaft zu Frankreich, die Verbindung zu Polen, die Pflege der transatlantischen Beziehungen, die Aussöhnung mit dem jüdischen Volk und die Unterstützung Israels für Bernhard Vogel eine historische Notwendigkeit, von der er tief überzeugt ist. Nach der politischen Wende von 1989/90 hat er dieses Engagement auf andere mittel- und osteuropäische Länder ausgedehnt.

Als Vorsitzender der Konrad-Adenauer-Stiftung liegt Bernhard Vogels Augenmerk besonders auf diesen Schwerpunkten. Daneben ist ihm vor allem daran gelegen, die Idee der christlich-demokratischen Bewegung den Fragen der Zeit anzupassen und ihr neue Strahlkraft zu verleihen. Er ist überzeugt, dass die christlichen Werte und die daraus abgeleitete katholische Soziallehre viele Antworten auf die Fragen der Zeit beinhalten, mit denen er der partiellen Rat- und Orientierungslosigkeit der außenpolitischen Akteure begegnen möchte. Bernhard Vogel gab und gibt der internationalen Arbeit der Konrad-Adenauer-Stiftung wichtige Impulse.

Mutig bei schwierigen aussenpolitischen Fragen

Bernhard Vogel sieht die Aufgabe der Stiftung auch darin, Vordenker der Politik zu sein und politische Fragestellungen ohne den alltäglichen Entscheidungszwang weiterzuentwickeln. Er ist schwierigen Fragen im internationalen Umfeld nicht ausgewichen, sondern ist diese offen und mutig angegangen. Beispielsweise in Fragen der Menschenrechte hat er deutlich Position bezogen. Dies bewies er beim Empfang des chinesischen Premierministers Li Peng im Jahr 1994 in Weimar: Da er als Ministerpräsident nicht dem Wunsch seines Gastes nachkam und eine friedliche Demonstration gegen Menschenrechtsverletzungen in China auflösen ließ, brach Li Peng seinen Besuch in Thüringen vorzeitig ab. Bernhard Vogel nahm in Kauf, dass ein Treffen von 30 Thüringer Unternehmern, die sich Handelskontakte mit China erhofft hatten, ausfiel. Seine Erklärung war eindeutig: »Es darf nicht allein um Wirtschaft gehen.« Der Öffentlichkeit hatte Bernhard Vogel damit deutlich gemacht, dass elementare Grundrechte für ihn nicht zur Disposition stehen. Seinem chinesischen Gast zeigte er, dass zu seinem Verständnis von Demokratie auch die friedliche Artikulation von politischem Protest gehört.

Auch der Frage des EU-Beitritts der Türkei hat sich Bernhard Vogel gestellt. Einen Tag, bevor die Europäische Kommission Anfang Oktober 2004 ihren Fortschrittsbericht über den Stand der Reformen in der Türkei veröffentlichte, scheute er sich nicht, in Ankara die Haltung der deutschen Christdemokraten darzulegen. Dies war angesichts der Erwartungen und Hoffnungen weiter Teile der türkischen Öffentlichkeit keine einfache Mission. Aber aufgrund seiner Ehrlichkeit, seiner Klarheit und seiner natürlichen Autorität schaffte es Bernhard Vogel, seine Position deutlich zu machen. Zunächst lobte er die Veränderungen und das bemerkenswerte Tempo hin zu Demokratisierung und Modernisierung des Landes. Dann machte er aber klar, dass die EU eine Gemeinschaft ist, deren Werte durch das christlich-jüdische Abendland geprägt worden sind: Dazu gehören etwa die Gleichberechtigung von Mann und Frau, der Schutz von Minderheiten, die religiöse Freiheit etc. Bernhard Vogel fragte seine Zuhörer, ob die Bürgerinnen und Bürger der Türkei bereit seien, diese Werte mitzutragen. Den späteren Beschluss des Europäischen Rates, Beitrittsverhandlungen mit der Türkei aufzunehmen, empfand er als voreilig: »Man sollte vorsichtig sein, etwas zuzusagen, was man zur Zeit mit gutem Gewissen nicht zusichern kann – und lieber das tun, was machbar und realistisch ist und zu substantiellen Fortschritten im Miteinander führt.« Entsprechend fasst Bernhard Vogel das langjährige Engagement der Konrad-Adenauer-Stiftung in der Türkei als Zeichen auf, dass die Stiftung das Land am Bosporus auf dem Weg nach Westen unterstützt.

Der Auftritt in Ankara ist ein gutes Beispiel für Bernhard Vogels außenpolitischen Stil. Er ist kein Politiker, der seinem Gegenüber nach dem Mund redet. Sein Auftreten hat nichts mit Anbiederung an den Gastgeber zu tun. Seine Ehrlichkeit wird von ausländischen Gesprächspartnern geschätzt. Bei ihm weiß man, woran man ist. Sein Verhalten ist von Standfestigkeit und Geradlinigkeit geprägt.

Europa als Wertegemeinschaft

Wie Bernhard Vogel sich bei seinem Besuch in Ankara zu den christlich-abendländischen Werten bekannte, ist bezeichnend für seine Sichtweise auf die Europäische Union. Für ihn ist Europa nicht ein bloßer geographischer Ort, nicht eine überstaatliche Wirtschaftsorganisation, sondern eine Wertegemeinschaft, die ein gemeinsames historisches, kulturelles und geistiges Fundament hat. Ohne Werte und Ziele, die die Europäer verbinden, hält er die Gemeinschaft dauerhaft nicht für lebensfähig. Daher setzt er sich dafür ein, dass neben der politischen und ökonomischen Dimension auch die geistig-kulturelle Dimension der europäischen Einigung gestärkt wird.

Für die Gründungsväter Europas, etwa Jean Monnet, Robert Schuman, aber auch Konrad Adenauer, standen vor dem Hintergrund der Erfahrungen des Zweiten Weltkriegs und der Bedrohung durch den Sowjet-Kommunismus die Grundwerte Freiheit, Demokratie, Rechtsstaatlichkeit, Achtung der Menschenwürde und soziale Verantwortung nicht in Frage. Bernhard Vogel hält es für notwendig, diese Grundwerte zum Fundament für das Zusammenwachsen der Völker Europas zu machen und durch sie die Identifikation der Bürger mit Europa zu stärken.

Versöhnung mit Polen

Für Bernhard Vogel ist die deutsch-polnische Partnerschaft ebenso wie die deutsch-französische Freundschaft eine wichtige Grundlage für den europäischen Einigungsprozess. Er gehörte zu denen, die den Beitritt Polens zur EU von Anfang an unterstützt haben. Gemeinsam mit Papst Johannes Paul II. und Helmut Kohl vertrat er vehement die Meinung, dass eine Europäische Union ohne Polen und die übrigen ehemaligen Ostblockstaaten nicht vollständig sein könnte. Bernhard Vogel hat den Beitritt der mittel- und osteuropäischen Staaten zur EU und

NATO stets protegiert. Um die deutsch-polnischen Beziehungen auch in den Neuen Ländern zu stärken, hat er als Thüringer Ministerpräsident die Partnerschaft des Freistaats zur Woiwodschaft Krakau aufgebaut. Dabei war die Ausgangslage für eine Versöhnung zwischen Polen und Deutschen denkbar schlecht: Die deutschen Verbrechen während des Zweiten Weltkriegs in Polen und die Vertreibung von Millionen Deutschen aus ihrer Heimat östlich von Oder und Neiße trüben bis heute die deutsch-polnischen Beziehungen. Deutschland müsse nach dem Zweiten Weltkrieg mit vielen Ländern ins Reine kommen, aber gegenüber Frankreich und Polen habe es eine besondere Verpflichtung. Dieser Satz Konrad Adenauers hat sich Bernhard Vogel tief eingeprägt. »Schritte zu wahrem Frieden und echter Versöhnung kosten viel Kraft und Überwindung«, hat Bernhard Vogel im Hinblick auf das deutsch-polnische Verhältnis festgestellt.

Schon vor der politischen Wende von 1989/90 warb Bernhard Vogel für den Aufbau einer Freundschaft zu Polen. Als Präsident des Maximilian-Kolbe-Werks wirkte er an der Versöhnung mit Polen mit. Gleichzeitig kümmerte sich Bernhard Vogel um die Lage der Menschenrechte im damaligen Ostblock. Am 10. November 1989 – einen Tag nach dem Fall der Berliner Mauer – eröffnete er unser Büro in Warschau.

Für die Schwierigkeiten der Transformationsprozesse in den Ländern Mittel- und Osteuropas hat Bernhard Vogel großes Verständnis, da er als Thüringer Ministerpräsident mit den gleichen Problemen zu kämpfen hatte. Diese Erfahrungen kann er an andere Länder weitergeben, bei denen der Transitionsprozess noch nicht soweit gediehen ist. Er wird daher vor allem in diesen Staaten als wichtiger Gesprächspartner wahrgenommen.

Gerade zu einem Zeitpunkt, als erneut Spannungen im deutsch-polnischen Verhältnis auftraten, entschied Bernhard Vogel, unsere alljährliche Klausurtagung zur Arbeitsplanung des kommenden Jahres in Kreisau in Schlesien durchzuführen. Und auch hier verbindet er einen historisch bedeutsamen Ort mit zukünftigem Gestalten. So steht Kreisau für den deutschen Widerstand gegen Hitler, es ist der Ort, an dem sich Bundeskanzler Kohl und Ministerpräsident Tadeusz Mazowiecki als Zeichen der deutsch-polnischen Versöhnung die Hände reichten, und es ist heute der Ort der Begegnung von jungen Deutschen und Polen.

Bei den immer wiederkehrenden Dissonanzen in den deutsch-polnischen Beziehungen ist Bernhard Vogel einer, der zu Besonnenheit aufruft. Bei der 2003 aufflammenden Debatte um den Aufbau eines »Zentrums gegen Vertreibung« mahnte er eine sachliche Diskussion an: »Über Vertreibung in Europa kann nicht gesprochen werden, ohne nach den Gründen zu fragen, die zur Vertreibung führten. Es dürfen aber auch die Folgen nicht übersehen werden.« Ein Unrecht müsse auch als Unrecht bezeichnet werden dürfen. Dass Vergessen Frieden schaffen könnte, hält Bernhard Vogel für einen schweren Irrtum.

Bernhard Vogel als Transatlantiker

Bernhard Vogel ist nicht nur ein überzeugter Europäer, sondern auch ein überzeugter Transatlantiker. Die USA sind für ihn ein Garant der internationalen Zusammenarbeit und als internationale Ordnungsmacht unverzichtbar. Er ist überzeugt, dass eine friedliche Weltordnung auch in Zukunft von guten transatlantischen Beziehungen abhängig ist. Die europäischen Staaten und die Vereinigten Staaten sind die wichtigsten Repräsentanten von Demokratie, Freiheit, Rechtsstaat und Marktwirtschaft. Bernhard Vogel hat die Hoffnung, dass aus der Wertegemeinschaft der USA und Europas neue Impulse für die Lebensbedingungen der Menschen in der ganzen Welt erwachsen können. Die USA und Europa dürfen sich daher nicht spalten lassen.

Auch aus diesem Grunde hat er die Haltung von Bundeskanzler Gerhard Schröder im Vorfeld des Irakkriegs 2002/2003 heftig kritisiert. Aus seiner Sicht hat die Politik der rot-grünen Bundesregierung den weltweiten Druck auf den Irak aufgeweicht, die Strategie der USA unterlaufen und der Einheit der Europäer geschadet. Die Ursache für den Ausbruch des Krieges sah Bernhard Vogel unter anderem im Versagen der von Schröder verantworteten Politik: »Schuld am Krieg trifft all die Politiker, die es nicht verstanden haben, eine gemeinsame starke Haltung gegenüber Saddam Hussein zu erreichen.«

Bernhard Vogel ließ seine Haltung zu den Amerikanern gerade von Freundschaft und Solidarität leiten. Als Thüringer Ministerpräsident war er der erste CDU-Politiker, der nach den Anschlägen vom 11. September 2001 in die USA reiste. Da ich damals die Außenstelle in Washington leitete, erinnere ich mich noch gut an die bewegende Begegnung mit Amerikanern und die Dankbarkeit, die sie Bernhard Vogel angesichts dieser Geste entgegenbrachten. Er bezeugte Mitgefühl und die Unterstützung Deutschlands nach den Attentaten und übergab dem Kongressabgeordneten, zu dessen Wahlkreis das zerstörte Pentagon gehörte, einige Kondolenzbücher aus Thüringen. Seinen Gesprächspartnern versicherte er die Solidarität der Bundesrepublik mit den Vereinigten Staaten – und blieb bei seinem Wort.

Für Bernhard Vogel gehörte es zu dieser Solidarität, dass die nach dem 11. September 2001 entstandene Allianz gegen den Terror mit gemeinsamen Aktionen Stärke zeigt: »Der Kampf gegen die terroristische Bedrohung kann nur dann erfolgreich sein, wenn er entschlossen und mit vereinten Kräften geführt wird.« Daher kritisierte er das Ausscheren der rot-grünen Bundesregierung ebenso wie die Alleingänge der USA. Er befürwortete eine Beteiligung Deutschlands an der Bekämpfung des internationalen Terrorismus. Deutschland habe die Pflicht, Verantwortung zu übernehmen und einen angemessenen Beitrag zu Sicherheit und Frieden in der Welt zu leisten. Die Krise in den deutsch-amerikanischen Beziehungen hielt er in dieser Schärfe für unnötig und vermeidbar. Auf dem Höhepunkt der Entfremdung der rot-grünen Bundesregierung vom US-Präsidenten wurde

Bernhard Vogel für sein Engagement für die deutsch-amerikanischen Beziehungen mit der Lucius-D.-Clay-Medaille und mit der bereits erwähnten Ehrendoktorwürde der Katholischen Universität von Washington ausgezeichnet.

Was ihn besonders ärgerte, war, dass die verantwortlichen Politiker bewusst die Chance versäumten, die transatlantischen Beziehungen in der Situation nach dem 11. September 2001 mit neuem Leben zu erfüllen. Bernhard Vogel entstammt einer Generation, deren Verbundenheit mit den USA allein schon aus historischen Gründen besonders eng ist. Nach 1945 wuchs er in der amerikanischen Besatzungszone auf. In seiner Zeit als Ministerpräsident von Rheinland-Pfalz lebten über 175.000 US-Amerikaner zwischen Rhein und Mosel, überwiegend Soldaten und Angehörige der US-Army. Als Thüringer Ministerpräsident erinnerte Bernhard Vogel häufig daran, dass das Land 1945 von den Amerikanern befreit worden war, und legte Wert darauf, dass bei der Neukonzeption der Gedenkstätte Buchenwald die Rolle der US-Army bei der Befreiung des KZs gewürdigt wurde.

Bernhard Vogel ist überzeugt, dass Deutschland nicht auf die USA verzichten kann. Nach den Erfahrungen des vergangenen Jahrhunderts darf es keinen deutschen Sonderweg geben, sondern nur die Einbettung Deutschlands in eine europäische, transatlantische oder internationale Zusammenarbeit. Daher definiert er die Partnerschaft zu den USA als einen Eckpfeiler der Arbeit der KAS.

KONSEQUENT AN DER SEITE ISRAELS

Ein anderer Eckpfeiler der Arbeit der Konrad-Adenauer-Stiftung ist die Unterstützung Israels. Für die Bundesrepublik Deutschland ist Israel nicht ein Staat wie jeder andere. Konrad Adenauer bezeichnete in seiner ersten Regierungserklärung die Unterstützung des kurz zuvor gegründeten Staates als eine Verpflichtung Deutschlands. Auch für Bernhard Vogel gilt unumstößlich: Deutschlands Platz ist an der Seite Israels. Wo seine Sicherheit gefährdet und sein Existenzrecht bestritten wird, kann es für Deutschland keine Neutralität geben. Diese Maxime hat seine Haltung zu Israel geleitet – sei es als Mitglied der deutschen Sektion der Jerusalem Foundation, sei es als Ministerpräsident oder als Vorsitzender der KAS.

Bernhard Vogel sieht es als wichtige Aufgabe der Stiftung an, Verständnis für die besondere Situation Israels zu wecken. Er mahnt immer wieder, dass Deutschland der entschiedenste Fürsprecher Israels sein muss: »Unsere Verantwortung nehmen wir Deutschen nur dann wirklich wahr, wenn wir Israel als Freunde auf dem schwierigen Weg zum Frieden begleiten.«

Dieses besondere Engagement für Israel durchzieht sein ganzes politisches Leben. Er wollte immer auf dem Laufenden gehalten werden, gab meiner Arbeit während meiner Zeit als Vertreter der Konrad-Adenauer-Stiftung in Jerusalem immer wieder Anstöße und forderte auch in schwierigen Zeiten dazu auf, nicht den Mut zu verlieren. Sein großes Engagement für die Versöhnung mit den Juden war mir von Beginn meiner Arbeit für die Stiftung an präsent – damals, 1990, als ich die Dialogprogramme mit dem American Jewish Committee betreute, natürlich während meiner Zeit in Israel, aber auch in Washington, wenn es um die Vertiefung der Beziehung zu den verschiedenen Verbänden und Organisationen jüdischen Lebens in den USA ging.

Engagiert für Entwicklungsländer

Die Unterstützung der Beziehungen zu Ländern in Afrika, Lateinamerika und Asien, die lange Zeit unter dem Sammelbegriff »Dritte Welt« zusammengefasst wurden, sind Bernhard Vogel ein Anliegen, das zuvorderst seinem christlichen Verständnis entspringt. Die wohlhabenden Länder sollen dazu beitragen, dass die Menschen in armen Ländern ein menschenwürdiges Dasein leben können. Bereits als Ministerpräsident in Rheinland-Pfalz hat er eine Partnerschaft zu Ruanda aufgebaut, die die erste ihrer Art war und bis heute Bestand hat.

Bernhard Vogel ist überzeugt, dass die Globalisierung die Chance bietet, weltweit zu mehr Wohlstand und Gerechtigkeit zu gelangen. Gerade für Entwicklungsländer eröffnen sich große Möglichkeiten. Er widerspricht der weitverbreiteten Auffassung, dass die Industrieländer Gewinner und die Entwicklungsländer die Verlierer sein werden. Für ihn ist die Globalisierung vielmehr ein Phänomen, die »den jungen Menschen in Indien und Brasilien die Möglichkeit gibt, ihre Fähigkeiten so zu entwickeln, wie das junge Menschen in Deutschland ganz selbstverständlich tun und damit auch ihre Lebenschancen vergrößern können«.

Allerdings darf die soziale Komponente nicht übersehen werden. Wo sich die Kluft zwischen Gewinnern und Verlierern vertieft und sich soziale Ungerechtigkeiten entwickeln, werden die negativen Auswirkungen der Globalisierung offensichtlich. Eine Sorge, die Bernhard Vogel in jüngster Zeit zunehmend bewegt, ist das Phänomen eines Kapitalismus, der weltweit immer zügellosere Formen annimmt. Die Globalisierung scheint vielfach unternehmerische Verantwortungslosigkeit und maßlose Spekulation befördert zu haben. Mit klaren Worten hat er in den entsprechenden Situationen nicht gespart. Vor allem in den Ländern, in denen die Demokratie noch jung oder wenig gefestigt ist, sorgen solche Beispiele eines zügellosen Kapitalismus, von dessen Erträgen nur eine kleine Elite des Landes profitiert, für Verwerfungen und für die Empfänglichkeit der Wähler für extreme Lösungen. Der erstarkende Populismus in Lateinamerika ist nur eines der alarmierenden Zeichen, die dies bestätigen.

Bernhard Vogel ist dabei klar, dass die sozialökonomischen Realitäten auch einen absoluten Freiheitsbegriff in Frage stellen: Wer von Arbeitslosigkeit und Perspektivlosigkeit betroffen ist, erlebt Freiheit weniger als Vorrecht und Ausdruck menschlicher Würde denn als Verlust der Daseinssicherung und des persönlichen Selbstwertgefühls. Vor allem gilt es daher, die Verlierer im Strukturwandel aufzufangen und ihnen eine menschenwürdige Perspektive zu geben. Dafür sprechen für Bernhard Vogel einerseits Gerechtigkeitserwägungen, andererseits sieht er auch eine Gefährdung der sozialen und politischen Stabilität.

Bernhard Vogel bedauert, dass die Wertedebatte mit den ökonomischen und wissenschaftlich-technischen Entwicklungen nicht Schritt gehalten habe. Er ist überzeugt, dass der globalen Wirtschaftsordnung verbindliche Wertpositionen zugrunde gelegt werden müssen: »Der Verzicht darauf würde bedeuten, die Regeln, die weltweit über den Erfolg des Wirtschaftens von Menschen und Unternehmen entscheiden, der Beliebigkeit offener und verdeckter Marktpositionen ... zu überlassen.« Die Eliten müssen sich ihrer Verantwortung bewusst werden und ihr Handeln von Werten leiten lassen.

Bernhard Vogel betont immer wieder, dass eine Balance zwischen den Grundwerten Freiheit, Gerechtigkeit und soziale Verantwortung bestehen muss: Einerseits dürfen Unternehmen nicht am erfolgreichen Wirtschaften gehindert werden. Andererseits darf dies aber nicht auf Kosten menschlicher, sozialer und ökologischer Bedürfnisse geschehen. Dabei sollen die Chancen der Globalisierung nicht blockiert werden, sondern durch verantwortliche Steuerung zum Nutzen der Menschen eingesetzt werden.

Die christlich-demokratische Bewegung in Europa hat eine solche Politik immer befördert. Ihr Werteverständnis geht von einem Menschenbild aus, das dem Einzelnen Verantwortungsfähigkeit und Entscheidungsspielräume zubilligt, ihm aber gleichzeitig moralische Grenzen aufzeigt. Bernhard Vogel ist überzeugt, dass die katholische Soziallehre einen wirklichen »Dritten Weg« zwischen bevormundendem Sozialismus und ungehemmtem Liberalismus weist. Die Freiheit des Eigentums, die Freiheit des Unternehmers verbindet sich mit dem Prinzip des sozialen Ausgleichs und der sozialen Verantwortung.

Bernhard Vogel und die internationale Arbeit der KAS

Bernhard Vogel misst der internationalen Arbeit der Konrad-Adenauer-Stiftung große Bedeutung bei. Nach den Zielen der KAS im Ausland gefragt, hat er einmal geantwortet, Adenauer selbst sei das Programm – er stehe für Freiheit, Rechtsstaatlichkeit und Frieden. Aus der Überzeugung und der historischen Erfahrung heraus, dass Demokratie nur mit Demokraten funktionieren kann, entschied sich die Stiftung zu Beginn der 60er Jahre, sich auch im Ausland, vor allem in Entwicklungsländern, zu engagieren und dort beim Aufbau von demokratischen, rechtsstaatlichen und parlamentarischen Strukturen zu helfen.

Demokratie lässt sich nicht verordnen, sie kann nur gefördert werden. Dieser Aufgabe nehmen sich die politischen Stiftungen an. Ihre Arbeit ist als wichtige Ergänzung der staatlichen Entwicklungszusammenarbeit unverzichtbar geworden. Sie werden überwiegend staatlich finanziert, aber in ihren Aktivitäten sind sie unabhängig. Die Arbeit der KAS basiert auf dem christlich geprägten Menschenbild. Es ist der Maßstab unseres Handelns. Daraus leiten sich Menschenwürde und Menschenrechte ab. Es verpflichtet zum Streben nach Freiheit, Gerechtigkeit, Frieden und zu einer Politik, die dem Wohle aller Menschen dienen soll.

Die KAS ist ein erfolgreicher Akteur für den Schutz von Menschenrechten, für den Aufbau freiheitlicher, demokratischer und rechtsstaatlicher Strukturen. Sie fördert den politischen und gesellschaftlichen Dialog. Aufgrund ihrer oftmals langjährigen Erfahrungen in einzelnen Ländern und Regionen genießt sie das Vertrauen unserer weltweiten Partner. Das ermöglicht den offenen Umgang miteinander und die Bereitschaft zu einem kritischen und konstruktiven Dialog.

Die Generation von Bernhard Vogel hat das Glück zu erfahren, dass ihre Überzeugungen sich letztlich durchsetzen konnten. Seit dem Zusammenbruch des Kommunismus in den mittel- und osteuropäischen Ländern unterstützt die KAS die Transformationsprozesse und den Aufbau demokratischer, rechtsstaatlicher und marktwirtschaftlicher Strukturen. Der Beitritt von zehn Staaten des früheren Ostblocks entspricht Bernhard Vogels politischen Visionen. Die KAS hat dort unter seiner Leitung im Rahmen der Förderung von Demokratie, Rechtsstaatlichkeit und Sozialer Marktwirtschaft in den vergangenen Jahren einen Beitrag zur Integration geleistet.

In einer Zeit der Umbrüche und der wachsenden Intoleranz zwischen den Kulturen ist die internationale Arbeit der Konrad-Adenauer-Stiftung noch wichtiger geworden. Bernhard Vogel vertritt die Meinung, dass Deutschland eine aktivere Rolle zur Erhaltung und Bewahrung des Friedens und zur Vertiefung der politischen Zusammenarbeit spielen muss. Es wird immer wichtiger, Außen-, Sicherheits- und Entwicklungspolitik miteinander zu verzahnen. Der dringende Bedarf eines vertieften Dialogs der Kulturen und Religionen ist uns heute bewusst. Völker, Kulturen und Religionen müssen einander kennenlernen, Vorurteile abbauen und gegenseitigen Respekt und Toleranz aufbauen. Dafür leisten rund 300 Mitarbeiter in knapp 70 Außenstellen der KAS im Ausland und der rund 80 Mitarbeiter im Inland einen unverzichtbaren Beitrag.

Es wäre verfehlt zu glauben, dass die Aufgaben der internationalen Arbeit der KAS eines Tages erfolgreich abgeschlossen sein werden. Denn die Menschen werden immer wieder neu fragen, ob Aufgaben und Lösungsansätze zeitgemäß definiert sind. Demokratie braucht für ihre Akzeptanz und Stabilität wirtschaftlichen Erfolg und soziale Gerechtigkeit. Damit dies gelingt, unterstützt die KAS Programme in Afrika, Asien, Lateinamerika sowie in Ost- und Südosteuropa, die eine an freiheitlicher und rechtsstaatlicher Demokratie und Sozialer Marktwirtschaft ausgerichtete politische und gesellschaftliche Ordnung zum Ziel haben.

Den Europäischen Einigungsprozess, die Versöhnung der Deutschen mit Israel, den Ausgleich mit Polen, die Freundschaft mit den Vereinigten Staaten von

Amerika zu vertiefen und die Völkerverständigung und Entwicklung weltweit voranzutreiben, das sind die internationalen Anliegen Bernhard Vogels. Sie sind Wegweiser für die internationale Arbeit der Konrad-Adenauer-Stiftung.

BERNHARD VOGEL

Lebenslauf
Publikationen

LEBENSLAUF

19. Dezember 1932	geboren in Göttingen
1953	Abitur am Maximilian-Gymnasium in München
1953 – 1960	Studium der Politischen Wissenschaft, Geschichte, Soziologie und Volkswirtschaft in München und Heidelberg
1956	Tätigkeit in der Jugend- und Erwachsenenbildung am Mannheimer Heinrich-Pesch-Haus, Schriftleiter der Reihe »Freiheit und Ordnung« sowie des wissenschaftlichen Jahrbuchs »Civitas«
1960	Eintritt in die CDU (Kreisverband Heidelberg)
1960	Promotion zum Dr. phil. bei Dolf Sternberger mit der Dissertation über »Die Unabhängigen in den Kommunalwahlen westdeutscher Länder«
1961 – 1967	Lehrbeauftragter am Institut für Politische Wissenschaft der Universität Heidelberg (Dolf Sternberger)
1961 – 1967	Jugend- und Erwachsenenbildungsreferent am Heinrich-Pesch-Haus in Mannheim
1963 – 1965	Mitglied des Heidelberger Stadtrats
1965 – 1967	Mitglied des Deutschen Bundestags für den Wahlkreis Neustadt-Speyer
1967 – 1975	Vorsitzender des CDU-Bezirksverbands Pfalz (1967–1969) bzw. Rheinhessen-Pfalz (1969–1975)
1967 – 1976	Minister für Unterricht und Kultus in Rheinland-Pfalz
1968 – 1977	Präsident der Deutsch-Französischen Gesellschaft, Mainz
1970/1971	Vorsitzender der Kultusministerkonferenz
1970 – 1976	Vorsitzender bzw. stellvertretender Vorsitzender (im jährlichen Wechsel) der Bund-Länder-Kommission für Bildungsplanung und Forschungsförderung (BLK)
1971 – 1988	Mitglied des Landtags Rheinland-Pfalz
1972 – 1976	Präsident des Zentralkomitees der deutschen Katholiken (ZdK)
1974 – 1988	Vorsitzender des CDU-Landesverbands Rheinland-Pfalz
1975 – 2006	Mitglied des Bundesvorstands der CDU
2. Dezember 1976 – 2. Dezember 1988	Ministerpräsident von Rheinland-Pfalz
1976 – 1988	Vorsitzender der Rundfunkkommission der Ministerpräsidenten
1976/1977 und 1987/1988	Präsident des Bundesrats

1979 – 1982	Bevollmächtigter der Bundesrepublik Deutschland für kulturelle Angelegenheiten im Rahmen des Vertrags über die deutsch-französische Zusammenarbeit
1979 – 1992	Vorsitzender des Verwaltungsrats des Zweiten Deutschen Fernsehens und 1992–2007 stellvertretender Vorsitzender
1980 – 1984	Präsident der »Schutzgemeinschaft Deutscher Wald«
1980 – 1993	Vorsitzender der Jerusalem-Foundation Deutschland e.V.
1981 – 1982	Vorsitzender der Ministerpräsidentenkonferenz
1981 – 1992	Vorsitzender des Ausschusses »Europäische Politik« der Europäischen Demokratischen Union (EDU)
seit 1984	Senator der Max-Planck-Gesellschaft
1984 – 1992	Präsident des Maximilian-Kolbe-Werks
1984 – 1992	Vorstandsvorsitzender der Stiftung »Wald in Not«, seit 1992 Vorsitzender des Stiftungsrats
1985 – 2002	Vizepräsident der Europäischen Demokratischen Union (EDU)
1989 – 1995	Vorsitzender der Konrad-Adenauer-Stiftung e.V.
5. Februar 1992 – 5. Juni 2003	Ministerpräsident in Thüringen
1993 – 2000	Landesvorsitzender der CDU-Thüringen
1994 – 2004	Mitglied des Landtags Thüringen
1996 – 1997	Vorsitzender der Ministerpräsidentenkonferenz
seit 2001	Vorsitzender der Konrad-Adenauer-Stiftung e.V.

Hochschulgründungen

1969/70	Gründung von Fachhochschulen, die später zu einer Fachhochschule Rheinland-Pfalz zusammengefaßt wurden
1969	Errichtung der Erziehungswissenschaftlichen Hochschule (EWH) Rheinland-Pfalz mit den Abteilungen Koblenz, Landau und Worms (1978 aufgelöst); 1990 Umwandlung der EWH zur Universität Koblenz-Landau
1994	Gründung der Universität Erfurt mit Max-Weber-Kolleg

Ehrungen

1970	Kommandeur des Ordens der Palmes académiques (Frankreich)
1975	Großkreuz des Gregorius-Ordens (Vatikan)
1976	Großes Verdienstkreuz der Bundesrepublik Deutschland
1977	Großkreuz des Ordens der Eichenkrone (Luxemburg)
1978	Großkreuz des Ordens des St. Michael und St. George (Großbritannien)

1980	Großes Verdienstkreuz mit Stern und Schulterband der Bundesrepublik Deutschland
1981	Großoffizier des nationalen Verdienstordens (Frankreich)
1983	Großoffizier des nationalen Ordens der Ehrenlegion (Frankreich)
1984	Grand Officier de L'Ordre National des Mille Collines (Ruanda)
1984	Großkreuz der Bundesrepublik Deutschland
1984	Medien- und Fernsehpreis »Bambi«
1988	Ehrenmedaille der Stadt Speyer
1988	Großes Goldenes Ehrenzeichen am Bande für Verdienste um die Republik Österreich
1993	Orden 2. Klasse der Aufgehenden Sonne mit Schulterband (Japan)
1993	Europamedaille des Europäischen Parlaments
1994	Großkreuz des Königlichen Norwegischen Verdienstordens
1995	Ehrensenator der Universität Kaiserslautern
1995	Ehrenbürger der Universität Trier
1995	Großkreuz des Leopold-II-Ordens (Belgien)
1996	Großkreuz Phönix-Orden (Griechenland)
1997	Cavaliere di Gran Croce (Italien)
1998	Großkreuz des »Ordem do Infante Dom Henrique« (Portugal)
2002	Ehrenbürgerrecht der Stadt Speyer
2002	Ehrendoktor der Catholic University of America, Washington
2003	Ehrendoktor der Katholischen Universität Lublin
2003	Ernennung zum Professor durch den Ministerpräsidenten von Baden-Württemberg
2004	Ehrendoktor der Deutschen Hochschule für Verwaltungswissenschaften, Speyer
2005	Thüringer Verdienstorden

Publikationen

(chronologisch)

1. EINZELVERÖFFENTLICHUNGEN

Vom Abitur zum Studium. Eine Einführung für Abiturienten und erste Semester. Hrsg. von der Hauptstelle des Bundes der Deutschen Katholischen Jugend. Schriftleitung Peter Molt und Bernhard Vogel. Düsseldorf [1955].

Der Weg zur Fachschule. Eine Einführung in das Fachschulstudium und eine Übersicht über das deutsche Fachschulwesen. Hrsg. von Peter Molt und Bernhard Vogel. Düsseldorf 1959.

Die Unabhängigen in den Kommunalwahlen westdeutscher Länder. Diss. Universität Heidelberg 1960.

Wahlen und Wahlsysteme (Freiheit und Ordnung. Soziale Fragen der Gegenwart 19). Hrsg. vom Heinrich-Pesch-Haus. Mannheim 1961.

Civitas. Jahrbuch für Sozialwissenschaften. Hrsg. von der Görres-Gesellschaft in Verbindung mit Bernhard Vogel u.a. Mainz 1962–1979 (Bde. 1–16).

Kontrolliert der Bundestag die Regierung? (Freiheit und Ordnung 39). Hrsg. vom Heinrich-Pesch-Haus. Mannheim 1964.

Wahlkampf und Wählertradition. Eine Studie zur Bundestagswahl 1961. Von Bernhard Vogel und Peter Haungs (Politische Forschungen 7). Köln 1965.

Die Wahl der Parlamente und anderer Staatsorgane. Ein Handbuch. Hrsg. von Dolf Sternberger, Bernhard Vogel und Dieter Nohlen. Berlin 1969 (Bd. 1), 1978 (Bd. 2).

Wahlen in Deutschland. Theorie – Geschichte – Dokumente 1848–1970. Von Bernhard Vogel, Dieter Nohlen und Rainer-Olaf Schultze. Berlin 1971.

Bildungspolitik. Plädoyer für ein realistisches Konzept. Hrsg. von Berthold Martin und Bernhard Vogel. Herford 1972.

Schule am Scheideweg. Die hessischen Rahmenrichtlinien in der Diskussion. Hrsg. von Bernhard Vogel (Geschichte und Staat 186). München 1974.

Neue Bildungspolitik. Plädoyer für ein realistisches Konzept. Hrsg. von Bernhard Vogel. 2. Aufl. Herford 1976.

Wie wir leben wollen. Grundsätze einer Politik für morgen. München 1986.

Deutsche Einheit und Föderalismus in Deutschland. Vortrag anlässlich der Eröffnung des Sommersemesters 1990 und der Verleihung der Würde eines Ehrensenators an Herrn Dr. Bernhard Vogel, Speyer, 8. Mai 1990 (Speyerer Vorträge 15). Speyer 1990.

Heinrich Köppler. Christ und Politik 1925–1980. Hrsg. von Bernhard Vogel und Friedrich Kronenberg. Düsseldorf 1990.

Normative und institutionelle Ordnungsprobleme des modernen Staates. Festschrift zum 65. Geburtstag von Manfred Hättich. Hrsg. von Manfred Mols, Hans-Otto Mühleisen, Theo Stammen und Bernhard Vogel (Studien zur Politik 15). Paderborn 1990.

Das Phänomen. Helmut Kohl im Urteil der Presse 1960–1990. Hrsg. von Bernhard Vogel. Stuttgart 1990.

Sternberger, Dolf: Verfassungspatriotismus. Hrsg. von Peter Haungs, Klaus Landfried, Elsbet Orth und Bernhard Vogel. Frankfurt/M. 1990.

Kultur und Bildung in Europa. Hrsg. von Bernhard Vogel, Hanna-Renate Laurien und Theodor Berchem (Beiträge zur Gesellschafts- und Bildungspolitik 157). Köln 1990.

Föderalismus in der Bewährung. Die deutschen Länder vor der Herausforderung fortschreitender EG-Integration. Hrsg. von Bernhard Vogel und Günther H. Oettinger. Köln 1992.
Zwischen Aussaat und Ernte. Reden im wiedervereinigten Deutschland. Hrsg. von Ulrich Frank-Planitz. Stuttgart 1998.
10 Jahre deutsche Einheit (Kirche und Gesellschaft 274). Köln 2000.
Der Euro. Gemeinsame Währung für eine gemeinsame Zukunft. Hrsg. von Bernhard Vogel. Sankt Augustin 2002.
Der Freiheit das Wort. Literaturpreis der Konrad-Adenauer-Stiftung 1993–2002. Hrsg. von Bernhard Vogel. Sankt Augustin 2002.
Rede. Thüringer Staatskanzlei 15. Januar 2002 (Erfurter Dialog). Erfurt 2002.
Sorge tragen für die Zukunft. Reden 1998–2002. Hrsg. von Michael Borchard und Uwe Spindeldreier. Berlin 2002.
Gerhard Stoltenberg – Ein großer Politiker und sein Vermächtnis. Hrsg. von Bernhard Vogel. Bornheim 2002.
Religion und Politik. Ergebnisse und Analysen einer Umfrage. Hrsg. von Bernhard Vogel. Freiburg i.Br. 2003.
Risiken und Chancen der EU-Osterweiterung. Vortrag im Sommersemester 2004, Speyer, 17. Mai 2004. Hrsg. von der Deutschen Hochschule für Verwaltungswissenschaften (Speyerer Vorträge 78). Speyer 2004.
Grenzen der Gesundheit. Beiträge des Symposiums vom 27. bis 30. September 2003 in Cadenabbia. Hrsg. von Volker Schumpelick und Bernhard Vogel. Freiburg i.Br. 2004.
Heutige Prioritäten einer Politik aus christlicher Verantwortung. Hrsg. vom Presseamt des Erzbistums Köln. Skript. Köln 2004.
Europa – vereint oder entzweit? Die Rolle der katholischen Kirche im Prozess der europäischen Integration. Hrsg. von Bernhard Vogel. Sankt Augustin 2004.
Die Zukunft der UNO und des Völkerrechts. Beiträge und Thesen einer internationalen Konferenz. Hrsg. von Bernhard Vogel, Rudolf Dolzer und Matthias Herdegen. Freiburg i.Br. 2004. Engl. Ausg. u.d.T.: After the Iraq war. The future of the UN and international law. New Delhi 2005.
Ein Leben für Deutschland und Europa. Helmut Kohl – Stationen eines politischen Weges. Hrsg. von Bernhard Vogel. Düsseldorf 2005.
Globalisierung. Wege zu Gerechtigkeit und Solidarität. Vortrag am 31. Januar 2005 in New Delhi. Sankt Augustin 2005.
Alter als Last und Chance. Beiträge des Symposiums vom 30. September bis 3. Oktober 2004 in Cadenabbia. Hrsg. von Volker Schumpelick und Bernhard Vogel. Freiburg i.Br. 2005.
Biowissenschaften und ihre völkerrechtlichen Herausforderungen. Hrsg. von Rudolf Dolzer, Matthias Herdegen und Bernhard Vogel. Freiburg i.Br. 2005.
Im Zentrum: Menschenwürde. Politisches Handeln aus christlicher Verantwortung, christliche Ethik als Orientierungshilfe. Hrsg. von Bernhard Vogel. Sankt Augustin 2006.
Solidarische Leistungsgesellschaft. Eine Alternative zu Wohlfahrtsstaat und Ellbogengesellschaft. Hrsg. von Alois Glück, Bernhard Vogel und Hans Zehetmair. Freiburg i.Br. 2006.
Arzt und Patient. Eine Beziehung im Wandel. Beiträge des Symposiums vom 15. bis 18. September 2005 in Cadenabbia. Hrsg. von Volker Schumpelick und Bernhard Vogel. Freiburg i.Br. 2006.
Auslandsinvestitionen. Ihre Bedeutung für Wirtschaftswachstum, Armutsbekämpfung und Rechtskultur. Hrsg. von Rudolf Dolzer, Matthias Herdegen und Bernhard Vogel. Freiburg i.Br. 2006. Engl. Ausg. u.d.T.: Foreign Investment. Its significance in relation to the fight against poverty, economic growth and legal culture. Singapore 2006.

Cadenabbia als literarischer Ort. Schriftsteller am Comer See. Hrsg. von Bernhard Vogel. Münster 2006.
Sozial ist, was Arbeit schafft? (Kirche und Gesellschaft 340). Köln 2007.
Was ist uns die Gesundheit wert? Gerechte Verteilung knapper Ressourcen. Hrsg. von Volker Schumpelick und Bernhard Vogel. Freiburg i.Br. 2007.
Zukunft gemeinsam gestalten. Christliche Demokraten für Europa. Hrsg. von Bernhard Vogel. Sankt Augustin 2007.
Deutschland aus der Vogelperspektive. Eine kleine Geschichte der Bundesrepublik. Von Bernhard Vogel und Hans-Jochen Vogel. Freiburg i.Br. 2007.
Zukunft der Gewerkschaften in einer sich wandelnden Arbeitswelt. Hrsg. von Bernhard Vogel. Sankt Augustin 2007.

2. Beiträge in Zeitschriften und Sammelwerken

Unbehagen an der Bundesrepublik. Kritische Bemerkungen zu Karl Jaspers. In: Civitas 5 (1966), S. 231–247.
Politische Bildung und politisches Engagement. In: Politik als Gedanke und Tat. Hrsg. von Richard Wisser. Mainz 1967, S. 351–360.
Probleme einer Wahlrechtsreform. In: Zeitschrift für Politik 14 (1967), S. 246–258.
Die Hochschulpolitik zwischen den Anforderungen der Forschung und der Lehre. In: Hochschulpolitik und Gesellschaftspolitik. Tagung vom 18. bis 21. März 1968. Hrsg. von Hans Bolewski (Loccumer Protokolle 8). Loccum 1968, S. 1–14.
Ist die Jugend antidemokratisch? In: Die Politische Meinung 13 (1968) 123, S. 37–42.
Gesichtspunkte der Politik. In: Wer ist das eigentlich – Gott? Hrsg. von Hans J. Schultz. München 1969, S. 66–75.
Deutschland. Historischer Teil. Von Bernhard Vogel und Rainer-Olaf Schultze. In: Die Wahl der Parlamente und anderer Staatsorgane. Ein Handbuch hrsg. von Dolf Sternberger, Bernhard Vogel und Dieter Nohlen. Berlin 1969 (Bd. 1), S. 189–411.
Bildungspolitik für die Zukunft. Thesen und Taten. In: Bildungsreform und Finanzplanung (DIHT-Schriftenreihe 121). Bonn 1970, S. 21–37.
Das Fernstudium im Spannungsfeld von Staat und autonomer Hochschule. In: Rechtsfragen des Studiums im Medienverbund. Vortragsveranstaltung vom 14./15. Mai 1970. Hrsg. von Fritz Holthoff (Schriftenreihe des Instituts für Rundfunkrecht an der Universität zu Köln 7). München 1970, S. 100–112.
Bildungspolitik am Scheideweg: Die Schule. In: Bildungspolitik. Plädoyer für ein realistisches Konzept. Hrsg. von Berthold Martin und Bernhard Vogel. Herford 1972, S. 13–38.
Bildungsplanung und Hochschulpolitik. In: Was erwartet der Staat von der Mitwirkung der Hochschulen bei der Hochschulplanung? Referate sowie Diskussion der 104. Plenarversammlung der Westdeutschen Rektorenkonferenz. Mainz, 28. Mai 1973 (Dokumente zur Hochschulreform 22). Bonn-Bad Godesberg 1973, S. 19–37.
Der Deutschunterricht. Ein Politikum. Gibt es brauchbare und unbrauchbare Literatur? In: Die Politische Meinung 18 (1973) 148, S. 25–34.
Landesverteidigung – Schule – Bundeswehr. In: Demokratie fordert Mitarbeit. Hrsg. von Arno Taulien (Dienen und gestalten 5). Bonn [1973], S. 35–42.
Schule am Scheideweg. In: Schule am Scheideweg. Die hessischen Rahmenrichtlinien in der Diskussion. Hrsg. von Bernhard Vogel (Geschichte und Staat 186). München 1974, S. 10–19.
Im Realitätsbezug liegt die Chance – Impulse für die überregionale Bildungsplanung. In: Bildungspolitik mit Ziel und Maß. Wilhelm Hahn zu seinem zehnjährigen Wirken gewidmet. Stuttgart 1974, S. 67–77.

Die Aufgabe von Wirtschaft und Staat in der beruflichen Bildung. In: Die Zukunft der Bundesrepublik Deutschland. Hrsg. von Otmar Franz. Stuttgart 1975, S. 64–77.

Konkurrenz von Kirche und Staat bei der Verwirklichung der Menschenrechte. In: Die Wiedergewinnung des Humanen. Beiträge zur gesellschaftlichen Relevanz der Menschenrechte. Hrsg. von Hermann Vogt. Stuttgart 1975, S. 180–188.

Kurskorrektur für die Schulpolitik. In: Neue Bildungspolitik. Plädoyer für ein realistisches Konzept. Hrsg. von Bernhard Vogel. 2. Aufl. Herford 1976, S. 91–118.

Jugendliche, Schulen, Lehrer. Stiefkinder Berufsbildungsreform. In: Die Berufsbildenden Schulen 28 (1976) 5, S. 278–284.

Die Zukunft der Bildungspolitik aus der Sicht der CDU. In: Tutzinger Studien (1976) 1, S. 49–61.

Die Aufgaben der Katholiken für Europa. In: Christen und Europa. Der Beitrag der christlichen Kirchen zur europäischen Integration (Kleine Europabibliothek 10). Andernach 1977, S. 65–70.

Machtkontrolle und Machtbalance. Zur Rolle des Bundesrats. In: Res publica. Studien zum Verfassungswesen. Dolf Sternberger zum 70. Geburtstag. Hrsg. von Peter Haungs. München 1977, S. 384–391.

Literatur und Politik in der Bundesrepublik Deutschland. In: Bitburger Gespräche. Jahrbuch 1977–1978. Trier 1978, S. 223–230.

Auf dem Wege zu einer europäischen Bildungspolitik? Das deutsch-französische Modell. In: Dokumente 35 (1979) 3, S. 187–193.

Heimat für Christen. In: Die Politische Meinung 24 (1979) 185, S. 6–11.

Pour une politique européenne de l'éducation. Le modèle franco-allemand. In: Documents 34 (1979) 4, S. 89–99.

Der Umgang von Journalisten und Politikern im Wahlkampf. In: Wahlkampf und Fernsehen. Hrsg. von der Hanns-Seidel-Stiftung e.V. (Akademie für Politik und Zeitgeschehen, Schriftenreihe 20). München 1980, S. 83–88.

Die CDU und die Intellektuellen. In: CDU-Programmatik. Hrsg. von Wulf Schönbohm. München 1981, S. 149–154.

Die Christen und der Frieden. In: »Friede den Menschen auf Erden«. Läßt sich der Frieden sichern? (Hohenheimer Protokolle). Stuttgart 1982, S. 77–98.

Karl Marx 1818–1883–1983. Rede zum 100sten Todestag von Karl Marx am 13. März 1983 in Trier. In: Jahrbuch für westdeutsche Landesgeschichte 9 (1983), S. 379–397.

Leitlinien deutscher Politik. In: Hans Filbinger. Ein Mann in unserer Zeit. Festschrift zum 70. Geburtstag. Hrsg. von Lothar Bossle. München 1983, S. 64–74.

Die Aufgaben der Christen in der Welt. In: Kreuz-Wege. Festschrift für Wilhelm Hahn zum 75. Geburtstag. Hrsg. von Heinz Reutlinger. Heidelberg 1984, S. 112–117.

Die Kunst des Möglichen. In: Begegnungen mit Kurt Georg Kiesinger. Festgabe zum 80. Geburtstag. Hrsg. von Dieter Oberndörfer. Stuttgart 1984, S. 341–346.

Politik für neue Medien. In: Neue Medien (Konrad-Adenauer-Stiftung, Forschungsbericht 33). Melle 1984, S. 51–57.

Wirtschaftlich-technischer und gesellschaftlich-humaner Fortschritt – ein christlicher Auftrag. In: Kirche und Unternehmen in Verantwortung für die Probleme unserer Zeit. Hrsg. von Gerhard Fels. Köln 1984, S. 67–81.

Zur gegenwärtigen politischen Situation Westeuropas. In: Der Beitrag Europas – Erbe und Auftrag. Europäisches Forum. Hrsg. von Otto Molden. Wien 1984, S. 395–404.

Wege in die Medienlandschaft der 80er Jahre. In: Kabel zwischen Kunst und Konsum. Plädoyer für eine kulturelle Medienpolitik. Hrsg. von Markus Schöneberger und Dieter Weirich. Berlin 1985, S. 49–65.

Wirtschaft und Staat. Technologische Herausforderungen und freiheitliche Ordnungspolitik. In: Kongreß Junge Wissenschaft und Wirtschaft. Quellen des Wachstums. Hrsg. von Clemens-August Andreae (Veröffentlichungen der Hanns-Martin-Schleyer-Stiftung 17). Köln 1985, S. 109–122.

Verfügen über das Unverfügbare? Unsere Verantwortung für den Schutz des Lebens. In: Wie wir leben wollen. Grundsätze einer Politik für morgen. Hrsg. von Bernhard Vogel. Stuttgart 1986, S. 31–57.

Vom Umgang mit der Technik. In: Wie wir leben wollen. Grundsätze einer Politik für morgen. Hrsg. von Bernhard Vogel. Stuttgart 1986, S. 135–154.

Dolf Sternberger zum 80. Geburtstag. In: Zeitschrift für Politik N.F. 34 (1987) 4, S. 371–377.

Schutz und Hilfe für das Leben. Die Verantwortung des Politikers. In: Caritas 88 (1987) 4, S. 226–234.

Christliches Menschenbild. Politische Orientierungshilfe oder politische Rhetorik. In: Sonde 21 (1988) 3, S. 18–24.

Europa ist möglich. In: Zwischen Pflicht und Neigung. Hrsg. von Günter Diehl. Mainz 1988, S. 55–60.

Föderalismus und Parlamentarismus. Erfahrungen in der Bundesrepublik Deutschland mit zwei Strukturprinzipien des demokratischen Bundesstaates. In: Zeitschrift für Parlamentsfragen 19 (1988) 4, S. 540–548.

Gibt es eine Außenpolitik der Länder? Eine Klarstellung aus der Sicht eines Ministerpräsidenten. In: Politik, Philosophie, Praxis. Festschrift für Wilhelm Hennis zum 65. Geburtstag. Hrsg. von Hans Maier. Stuttgart 1988, S. 477–488.

Politik. In: Staatslexikon. Vierter Band. 7. Aufl. Freiburg 1988, Sp. 431–439.

Rundfunklandschaft im Umbruch. In: Machiavellismus, Parteien und Wahlen, Medien und Politik. Politische Studien zum 65. Geburtstag von Erwin Faul. Teil III. Hrsg. von Rupert Breitling. Gerlingen 1988, S. 110–123.

Der Verfassungskonvent auf Herrenchiemsee. Grundlage für die Entstehung der Bundesrepublik Deutschland. In: Stationen auf dem Weg zum Grundgesetz. Festansprachen aus Anlaß des 40. Jahrestages der Rittersturz-Konferenz, des Verfassungskonvents auf Herrenchiemsee und des Zusammentretens des Parlamentarischen Rates. Hrsg. vom Bundesrat. Bonn 1988, S. 51–65.

Freizeit – eine Aufgabe der Politik? In: Beiträge zur politischen Ökonomie. Festschrift für Clemens-August Andreae. Hrsg. von Peter M. Schmidhuber. Bonn 1989, S. 435–444.

Geistige Führung in der Politik. In: Eichholzbrief (1989) 3, S. 1–10.

Politische Bildung und Deutschlandpolitik. In: Politik und Kultur 16 (1989) 5, S. 12–27.

Volksparteien – was nun? Die Bewegung in der deutschen Parteienlandschaft. In: Die Politische Meinung 34 (1989) 245, S. 23–27. [Auch abgedruckt in: Academia 82 (1989) 5, S. 182–185]. Engl. Fassung: The Future of the Major Parties. The Shifting Contours of Germany's Political Landscape. In: German Comments (1989) 16, S. 6–11.

Die Zukunft des europäischen Medienmarktes. In: Europas Medienmarkt von morgen. Hrsg. von Dieter Weirich. Berlin 1989, S. 45–59.

Zur Auswahl politischen Führungspersonals. In: Sonde 22 (1989) 4, S. 47–53.

Christliche Verantwortung in der Demokratie. In: Christen und Demokratie. Hrsg. von Günter Baadte (Kirche heute 4). Graz 1990, S. 41–55.

Der deutsche Katholizismus im 20. Jahrhundert. Vortrag gehalten auf der Jahresversammlung der Gesellschaft für mittelrheinische Kirchengeschichte am 25. April 1990 im Görreshaus in Koblenz. In: Archiv für Mittelrheinische Kirchengeschichte 42 (1990), S. 494–505.

Föderalismus in Deutschland und Europa. In: Zeitschrift für politische Bildung und Information (1990) 4, S. 95–103.

Die Erneuerung einer Volkspartei – Heinrich Köppler und der Weg der CDU. In: Heinrich Köppler. Christ und Politik 1925–1980. Hrsg. von Bernhard Vogel und Friedrich Kronenberg. Düsseldorf 1990, S. 121–135.

Perspektiven des gesellschaftlichen Reformprozesses in Osteuropa. In: Demokratie und Entwicklung. Herausforderungen für die neunziger Jahre – Osteuropa und Entwicklungsländer. Hrsg. von der Konrad-Adenauer-Stiftung. Sankt Augustin 1990, S. 71–89.

Unternehmenskultur und politische Führung am Beispiel eines Bundeslandes. In: Herausforderung Unternehmenskultur. Hrsg. von Hermann Simon. Stuttgart 1990, S. 189–194.

Europas Werte in Geschichte und Zukunft. In: Kultur und Bildung in Europa (Beiträge zur Gesellschafts- und Bildungspolitik 157). Köln 1990, S. 6–19.

Parteiensystem im Umbruch? Die Parteienlandschaft in Deutschland zu Beginn der neunziger Jahre. In: Normative und institutionelle Ordnungsprobleme des modernen Staates. Festschrift zum 65. Geburtstag von Manfred Hättich. Hrsg. von Bernhard Vogel u.a. (Studien zur Politik 15). Paderborn 1990, S. 328–342.

Bildung als Zukunftsinvestition. In: Bildung und Erziehung. Grundlage humaner Zukunftsgestaltung. Hrsg. von Jörg-Dieter Gauger. Bonn 1991, S. 29–38.

Bildung gesamtdeutsch. In: Die Politische Meinung 36 (1991) 261, S. 4–12.

Formelle und informelle Komponenten des Regierens – Erfahrungen aus der Praxis. In: Regieren in der Bundesrepublik. Band 2: Formale und informale Komponenten des Regierens in den Bereichen Führung, Entscheidung, Personal und Organisation. Hrsg. von Hans-Hermann Hartwich und Göttrik Wewer. Opladen 1991, S. 97–110.

Die Vereinigung Deutschlands im europäischen Kontext. In: Der Binnenmarkt – eine Etappe auf dem Weg zur politischen Union Europas. Hrsg. von Manfred H. Daeuwel (Marienberger Arbeitshefte 6). Bonn 1991, S. 27–36.

Die Zukunftssicherung als politische Aufgabe. In: Die Zukunft der Menschheit als Gegenwartsaufgabe. Hrsg. von Bernhard Mensen (Akademie Völker und Kulturen, Vortragsreihe 1990/1991, 14). Nettetal 1991, S. 87–99.

Grundlagen und Leitbilder der Bildungspolitik der christlichen Demokratie. In: Grundlagen und Perspektiven christlich-demokratischer Bildungspolitik. Fachkongreß der Konrad-Adenauer-Stiftung in Heidelberg am 14./15. September 1992. Hrsg. von Jörg-Dieter Gauger (Beiträge zur Bildungspolitik 1). Bonn 1992, S. 9–16.

Werte und Orientierungen. In: Persönlichkeitsbildung und Arbeitsmarktorientierung. Grundlagen und Perspektiven christlich-demokratischer Bildungspolitik. Hrsg. von Norbert Lammert. Baden-Baden 1992, S. 39–55.

Der Aufbau der jungen Länder – Am Beispiel Thüringens. In: Rechtsordnung und Integration. Probleme und Perspektiven der Rechts- und Innenpolitik in Europa und im wiedervereinigten Deutschland. Hrsg. von Günter Rinsche. Hamm 1993, S. 159–164.

Die deutschen Länder als föderale Herausforderung einer Europäischen Union. In: Ein Kontinent im Umbruch. Perspektiven für eine europäische Außenpolitik. Festschrift für Hans Stercken. Hrsg. von Armin Laschet. Berlin 1993, S. 105–117.

Die innere Einheit schaffen. Das wiedervereinigte Deutschland – ein Glücksfall der Geschichte. In: Mut 305 (1993), S. 48–53.

Die neuen Länder, die neue Bundesrepublik, das neue Europa. In: Föderalismus im deutsch-britischen Meinungsstreit. Historische Dimension und politische Aktualität = The federalism debate in Britain and Germany. Hrsg. von Adolf M. Birke (Prinz-Albert-Studien 10). München 1993, S. 15–25.

Perspektiven für Europa. Überlegungen aus deutscher Sicht. In: Europa als Aufgabe. Hrsg. von Klaus Weigelt (Brüsseler Vorträge der Konrad-Adenauer-Stiftung 1). Bonn 1993, S. 27–38.

Reinhold Schneider – seine Botschaft heute. In: Die Politische Meinung 38 (1993) 287, S. 87–95.

Federalism and Parliamentarism. Two structural principles of a democratic federal state – the German experience. In: The example of federalism in the Federal Republic of Germany. A reader. Hrsg. von Josef Thesing. Sankt Augustin 1994, S. 31–37.

Die öffentlich-rechtlichen Anstalten haben Zukunft. In: Gestern begann die Zukunft. Entwicklung und gesellschaftliche Bedeutung der Medienvielfalt. Hrsg. von Hilmar Hoffmann. Darmstadt 1994, S. 45–54.

Staatsvolk Bundesrepublik – eine Wertegemeinschaft. In: Werte. Worthülsen oder Wegweiser? (Symposien des Heidelberger Clubs für Wirtschaft und Kultur 2). Red. bearb. von Ferdinand Knapp. Münster 1994, S. 205–213.

Unser Vaterland in guter Verfassung. In: 75 Jahre Weimarer Reichsverfassung. Festakt am 3. September 1994 im Deutschen Nationaltheater. Hrsg. vom Presse- und Informationsamt der Thüringer Landesregierung. Erfurt [1994], S. 19–30.

Vom Osten lernen. In: Die Politische Meinung 39 (1994) 295, S. 4–11.

Wachsen wir zusammen oder wachsen die Vorurteile? In: Republik und Dritte Welt. Festschrift für Dieter Oberndörfer zum 65. Geburtstag. Hrsg. von Wolfgang Jäger (Studien zur Politik 27). Paderborn 1994, S. 479–487. Engl. Fassung: Are we growing together or is prejudice growing. In: German Comments 12 (1994) 35, S. 4–12.

Medienherrschaft. In: Die Politische Meinung 40 (1995) 312, S. 11–19.

Unternehmer und Mitarbeiter: Partnerschaft zur Überlebensfähigkeit der Betriebe im Marktgeschehen. In: Durch Mitarbeiterbeteiligung und Venture-Capital zu mehr Eigenkapital im Unternehmen. Hrsg. vom Bayerischen Staatsministerium für Wirtschaft, Verkehr und Technologie (Tagungsberichte 23). München 1995, S. 31–36.

Wissenstransfer – Chancen in den jungen Ländern. In: Wieviel Forschung braucht Deutschland? Hrsg. von der Konrad-Adenauer-Stiftung (Aktuelle Fragen der Politik 28). Sankt Augustin 1995, S. 17–26.

From rerum novarum. Social teaching in Germany. In: German Comments 14 (1996) 41, S. 57–63.

Grenzen der Medien – Medien ohne Grenzen? In: Inhalt gestalten – Technik nutzen. Festschrift für Claus Detjen. Hrsg. von Helmut G. Bauer und Stephan Ory (Beiträge zur Medienentwicklung im vereinten Deutschland). Berlin 1996, S. 11–22.

Option für ein zukunftsfähiges Europa. In: Wirtschaftliche Zukunft und soziale Verantwortung. Stimmen zum Konsultationsprozeß der Kirchen und der europäischen Einigung. Hrsg. von Christian Koecke. Sankt Augustin 1996, S. 47–57.

»Ridentem dicere verum«. In: Politik – Bildung – Religion. Hans Maier zum 65. Geburtstag. Hrsg. von Theo Stammen. Paderborn 1996, S. 18–24.

Subsidiarität und Solidarität in der Bewährung. Bürgerschaftliches Engagement braucht auch Unterstützung durch die Politik. In: Bürgersinn in Kommunen. Neue Formen bürgerschaftlichen Engagements. Hrsg. von Horst Kanitz. Sankt Augustin 1996, S. 117–122.

7 Jahre deutsche Einigung im Kontext der europäischen Integration. In: Internationale Zusammenarbeit – Herausforderung für Politik und Gesellschaft. Festschrift zum 60. Geburtstag von Josef Thesing. Hrsg. von Franz-Josef Reuter und Wilhelm Hofmeister. Bornheim 1997, S.18–25.

Deutsch-französische Zusammenarbeit – gesunde Säule europäischer Integration. In: Erfolg im Binnenmarkt durch Kooperation. Deutsch-Französische Unternehmertage. Hrsg. vom Bayerischen Staatsministerium für Wirtschaft, Verkehr und Technologie (Tagungsberichte 28). München 1997, S. 53–58.

Ordnungspolitische Leitlinien und Maßnahmen. In: Bürgersinn in Kommunen. Neue Formen bürgerschaftlichen Engagements. Hrsg. von Horst Kanitz. 2. erw. Aufl. Sankt Augustin 1997, S. 123–130.

Die Soziale Marktwirtschaft ist dabei, ihre zweite Feuerprobe zu bestehen. In: 100 Jahre Ludwig Erhard. Das Buch zur Sozialen Marktwirtschaft. Ein Jubiläumsband zum 100. Geburtstag. Hrsg. von Roland Ermrich. Düsseldorf 1997, S. 254–262. Überarb. Neuaufl. u.d.T.: Das Buch zur Sozialen Marktwirtschaft, 1998.

Auf dem Weg zur inneren Einheit. In: Einheit in der Vielfalt. 50 Jahre Kultusministerkonferenz 1948–1998. Hrsg. vom Sekretariat der Ständigen Konferenz der Kultusminister der Länder in der Bundesrepublik Deutschland. Neuwied 1998, S. 91–100.

Deutschland – wächst wirklich zusammen, was zusammengehört? In: Zeitzeichen 2000. Herausforderung für Religion und Gesellschaft. Hrsg. von Udo Hahn. Gütersloh 1999, S. 60–66.

Deutschland am Vorabend des 21. Jahrhunderts. In: Ost-West Informationsdienst des Katholischen Arbeitskreises für zeitgeschichtliche Fragen (1999) 203, S. 3–8.

Die europäischen Regionen – Laboratorien für Europas Zukunft. In: Eichholzbrief 36 (1999) 2, S. 43–48.

Der Aufbau aus Ruinen. In: Einheit, die ich meine 1990–2000. Hrsg. von Reinhard Appel. Eltville/Rhein 2000, S. 274–281.

Spuren, die in die Zukunft weisen – Zeugnisse jüdischer Kultur in Thüringen. In: »Hinauf und zurück, in die herzhelle Zukunft«. Deutsch-jüdische Literatur im 20. Jahrhundert. Festschrift für Birgit Lermen. Hrsg. von Michael Braun. Bonn 2000, S. 147–159.

Zur Übernahme von Verantwortung in der Politik. In: Politik & Verantwortung. Festgabe für Wolfgang Jäger zum 60. Geburtstag. Hrsg. von Ingeborg Villinger. Freiburg i.Br. 2000, S. 83–86.

Parlament und Regierung. Zum Verhältnis zweier Verfassungsorgane. In: Aufbau und Leistung des Parlamentarismus in den neuen Bundesländern. Hrsg. von Christine Lieberknecht. Rheinbreitbach 2001, S. 158–170.

Der Euro – gemeinsame Währung für eine gemeinsame Zukunft. In: Der Euro. Gemeinsame Währung für eine gemeinsame Zukunft. Hrsg. von Bernhard Vogel. Sankt Augustin 2002, S. 7–11.

Kulturpolitik – Aufgabe und Verantwortung der Länder in Deutschland. In: Thema: Kulturföderalismus. Kulturstatistik, Chronik, Literatur, Adressen. Hrsg. von Thomas Röbke und Bernd Wagner (Jahrbuch für Kulturpolitik 2). Essen 2002, S. 57–62.

Das Verhältnis von Politik und Religion. In: Die Politische Meinung 47 (2002) 386, S. 5–12.

Gerhard Stoltenberg – Ein Leuchtturm der deutschen Politik. In: Die Politische Meinung 47 (2002) 388, S. 71–75.

»Immer für das Ganze ...«. Gerhard Stoltenberg – ein Leben für das Gemeinwohl. In: Gerhard Stoltenberg – ein großer Politiker und sein Vermächtnis. Hrsg. von Bernhard Vogel. Sankt Augustin 2002, S. 7–15.

Der Kampf um die neue Medienordnung. Initiativen und Innovationen. In: Historisch-Politische Mitteilungen 9 (2002), S. 169–175.

Thomas Mann in Thüringen. In: »Man erzählt Geschichten, formt die Wahrheit«. Thomas Mann – Deutscher, Europäer, Weltbürger. Hrsg. von Michael Braun und Birgit Lermen. Frankfurt/M. 2002, S. 49–58.

Zukunft demokratisch gestalten. In: Zukunft demokratisch gestalten. Demokratie, Rechtsstaatlichkeit, Soziale Gerechtigkeit. Konferenzbeiträge aus Anlass des 40-jährigen Jubiläums der internationalen Arbeit der Konrad-Adenauer-Stiftung, Berlin, 24. Juli 2002. Hrsg. von Josef Thesing. Sankt Augustin 2002, S. 9–18.

Zum Widerstand gegen totalitäre Systeme gestern und vorgestern und totalitäre Tendenzen heute. In: Jahrbuch Preußischer Kulturbesitz. Stiftung Preußischer Kulturbesitz 38 (2002), S. 159–166.

Die tiefere Dimension der Wirklichkeit. Warum Politik und Kultur einen zukunftsbeständigen Dialog führen müssen. In: Einblicke. Berichte aus der Konrad-Adenauer-Stiftung. Nr. 1. Sankt Augustin 2003, S. 28–31.

»Grund zu wechselseitiger Dankbarkeit«. Bernhard Vogel im Gespräch mit Alexander Foitzik. In: Herder-Korrespondenz 57 (2003) 8, S. 394–398.

Im Jahr der Bibel. Politik aus christlicher Verantwortung. In: Die Bibel. Zweitausend Jahre zeitgemäß. Bibel, Christentum, Literatur und Kunst. Hrsg. von Josef Thesing. Sankt Augustin 2003, S. 14–16.

Thüringen zwölf Jahre nach der Wende. Zwischenbilanz eines jungen Landes. In: Nach der Diktatur. Demokratische Umbrüche in Europa – zwölf Jahre später. Hrsg. von Hans-Joachim Veen. Weimar 2003, S. 23–34.

Kulturföderalismus. In: Alles nur Theater? Beiträge zur Debatte über Kulturstaat und Bürgergesellschaft. Hrsg. von Norbert Lammert. Köln 2004, S. 36–49.

Die obersten Bundesorgane im Europäisierungsprozess: Der Bundesrat. Bernhard Vogel im Gespräch mit Joachim Jens Hesse. In: Zeitschrift für Staats- und Europawissenschaften 2 (2004) 1, S. 144–153.

Deutsch-polnische Beziehungen im zusammenwachsenden Europa. In: Europa im Wandel. Literatur, Werte und europäische Identität. Dokumentation der Internationalen Fachtagung der Konrad-Adenauer-Stiftung und der Universität Danzig, 23.–26. Oktober 2003 in Danzig. Hrsg. von Birgit Lermen und Mirosław Ossowski. Warschau 2004, S. 15–23.

Demokratie und abendländische Werte – Bausteine europäischer Identität. In: Europa im Wandel. Literatur, Werte und europäische Identität. Dokumentation der Internationalen Fachtagung der Konrad-Adenauer-Stiftung, der Andrássy-Universität und der ELTE-Universität Budapest, 3.–6. März 2005 in Budapest. Hrsg. von Michael Braun. Budapest 2005, S. 17–29.

Von der Vision zur Realität. Zur Wiederbegründung der Universität Erfurt. In: Erfurter Universitätsreden 2004. Hrsg. von Wolfgang Bergsdorf. München 2005, S. 43–52.

Geschichte als Mahnung und Orientierung. In: Erinnerungskultur. Hrsg. von Norbert Lammert. Sankt Augustin 2005, S. 15–20.

Ministerpräsidenten als Hüter des Föderalismus. In: Rechtspolitische Herausforderungen. Kolloquium anlässlich des 75. Geburtstages von Ministerpräsident a.D. Dr. Carl-Ludwig Wagner (Rechtspolitisches Symposium 5). Hrsg. von Bernd von Hoffmann. Frankfurt/M. 2005, S. 15–23.

Orientierung geben. Konrad Adenauer wusste: Ausdauer und Geduld führen zum Erfolg. In: Die Politische Meinung 50 (2005) 432, S. 9–14.

Die Versöhnung zwischen Polen und Deutschland. Europas Zukunft aus der Perspektive zweier Päpste. In: KAS-Auslandsinformationen 22 (2006) 5, S. 4–20.

Die fortwährende Aktualität der humanistischen Bildung. In: Bildung der Persönlichkeit. Hrsg. von Jörg-Dieter Gauger. Freiburg i.Br. 2006, S. 85–100.

25 Jahre Besinnungstage für Politiker in Maria Laach. In: Laacher Lesebuch. Zum Jubiläum der Kirchweihe 1156–2006. Hrsg. von Angelus A. Häußling und Augustinus Sander. St. Ottilien 2006, S. 148-150.

Dolf Sternberger und die Politische Wissenschaft. In: Dolf Sternberger zum 100. Geburtstag. Hrsg. von Michael Borchard. Sankt Augustin 2007, S. 13–22.

Die Bedeutung der Parteienförderung für die Konsolidierung der Demokratie. In: Parteien und Demokratie. Hrsg. von Gerhard Wahlers und Karsten Grabow. Sankt Augustin 2007, S. 9–13.

Dolf Sternberger, Vater des Verfassungspatriotismus. Eine Würdigung zum 100. Geburtstag. In: Die Politische Meinung 52 (2007) 452, S. 69–72.

3. Festschriften und Würdigungen

Civitas. Widmungen für Bernhard Vogel zum 60. Geburtstag. Hrsg. von Peter Haungs u.a. (Studien zur Politik 19). Paderborn 1992.

Bernhard Vogel. Reden und Taten in drei Jahrzehnten. Hrsg. von Bernhard Vogel und Wolfgang Wiedemeyer. Bonn 1997.

Böhr, Christoph: Vom Geist und Ton der Politik. Bernhard Vogel zum Siebzigsten. In: Die Politische Meinung 47 (2002) 397, S. 7–9.

Althaus, Dieter: Bernhard Vogel – ein Glücksfall für Thüringen. Vom Helfer in der Not zum Landesvater. In: Die Politische Meinung 47 (2002) 397, S. 11–16.

Schmitt, Karl: Bernhard Vogel zum 70. Geburtstag. Den Wandel gestalten und sich im Wandel bewähren. In: Die Politische Meinung 47 (2002) 397, S. 17–22.

Vita activa – Vita contemplativa. Politik denken und gestalten. Bernhard Vogel zum 70. Geburtstag. Hrsg. von Günter Buchstab. Düsseldorf 2003.

Bernhard Vogels Thüringer Kaleidoskop. Eine bunte Sammlung überraschender und unterhaltsamer Informationen. Hrsg. von Christine Lieberknecht, Michael Krapp und Otto Preu. Stuttgart 2007.

Autoren und Herausgeber

Dieter Althaus, geb. 1958, seit 1990 MdL, 1992–1999 Kultusminister, seit 2003 Ministerpräsident von Thüringen

Günter Buchstab, geb. 1944, Dr. phil., 1976 stv. Leiter des Archivs für Christlich-Demokratische Politik der Konrad-Adenauer-Stiftung, seit 1989 Leiter der Wissenschaftlichen Dienste/Archiv für Christlich-Demokratische Politik

Otto Depenheuer, geb. 1953, Dr. iur., seit 1999 Professor für Staatsrecht und Rechtsphilosophie an der Universität Köln

Alois Glück, geb. 1940, seit 1970 MdL, 1988–2003 Vorsitzender der CSU-Landtagsfraktion, seit 2003 Präsident des Bayerischen Landtags

Georg Gölter, geb. 1938, Dr. phil., 1969–1977 MdB, 1977–2006 MdL, 1977–1979 Minister für Soziales, Gesundheit und Sport, 1979–1981 Minister für Soziales, Gesundheit und Umwelt, 1981–1991 Kultusminister in Rheinland-Pfalz

Karl Martin Graß, geb. 1937, Dr. phil., 1976 MdB, Ltd. Ministerialrat a.D. in der Staatskanzlei und im Wissenschaftsministerium Rheinland-Pfalz

Helmut Herles, geb. 1940, Dr. phil., Korrespondent der FAZ, 1991–1999 Chefredakteur, 1999–2005 Chefkorrespondent des »General-Anzeiger«, Bonn

Andreas Khol, geb. 1941, Dr. iur., ao. Universitätsprofessor, 1983–2006 Abgeordneter (ÖVP) zum Nationalrat, 2002–2006 Präsident des österreichischen Nationalrats

Michael Krapp, geb. 1944, Dr. Ing. habil., 1990–1991 und seit 2004 MdL, 1990–1999 Staatssekretär und Chef der Thüringer Staatskanzlei, 1999–2004 Kultusminister

Friedrich Kronenberg, geb. 1933, Dr. rer. pol., 1966–1999 Generalsekretär des Zentralkomitees der deutschen Katholiken, 1983–1990 MdB, seit 2001 Präsident des Maximilian-Kolbe-Werks e.V.

Norbert Lammert, geb. 1948, Dr. phil., seit 1980 MdB, seit 2005 Präsident des Deutschen Bundestages, stv. Vorsitzender der Konrad-Adenauer-Stiftung

Hans Maier, geb. 1931, Dr. phil., Professor für Politische Wissenschaft bzw. Christliche Weltanschauung an der Universität München, 1970–1986 bayerischer Staatsminister für Unterricht und Kultus, 1976–1988 Präsident des Zentralkomitees der Deutschen Katholiken

Hans Joachim Meyer, geb. 1936, Dr. sc. phil., Professor für angewandte Sprachwissenschaft an der Humboldt-Universität, 1990 Minister für Bildung und Wissenschaft der DDR, 1990–2002 sächsischer Staatsminister für Wissenschaft und Kunst, seit 1997 Präsident des Zentralkomitees der Deutschen Katholiken

Peter Molt, geb. 1929, Dr. phil., 1982–1992 Ministerialrat im rheinland-pfälzischen Innenministerium, Honorarprofessor an der Universität Trier

Heinrich Oberreuter, geb. 1942, Dr. phil., Professor für Politikwissenschaft an der Universität Passau, seit 1993 auch Direktor der Akademie für Politische Bildung Tutzing

Karl Schmitt, geb. 1944, Dr. phil., Professor für Politische Wissenschaft an der Universität Jena

Hermann Ströbel, geb. 1941, 1991–2004 Staatssekretär im Thüringer Kultusministerium

Erwin Teufel, geb. 1939, Diplom-Verwaltungswirt, 1972–2006 MdL, 1991–2005 Ministerpräsident von Baden-Württemberg und Landesvorsitzender der CDU

Josef Thesing, geb. 1937, Dr. h.c., 1965 Mitarbeiter der Konrad-Adenauer-Stiftung, 1984–2000 Leiter des Internationalen Instituts und 2000–2002 stv. Generalsekretär der Konrad-Adenauer-Stiftung

Hans-Joachim Veen, geb. 1944, Dr. phil., 1983–2000 Leiter des Forschungsinstituts der Konrad-Adenauer-Stiftung, Honorarprofessor für Politikwissenschaft an der Universität Trier, seit 2002 Vorstandsvorsitzender der Stiftung Ettersberg, Weimar

Gerhard Wahlers, geb. 1959, Dr. phil., 1990 Mitarbeiter der Konrad-Adenauer-Stiftung, seit 2003 Leiter der Hauptabteilung Internationale Politik und seit 2007 stv. Generalsekretär der Konrad-Adenauer-Stiftung

Jürgen Wilke, geb. 1943, Dr. phil., 1988 Professor für Publizistik an der Universität Mainz